中西古代史学比较的实践与探索丛书

丛书主编／王成军

中西早期历史比较研究

赵世超／著

科学出版社

北京

图书在版编目(CIP)数据

中西早期历史比较研究/赵世超著．—北京：科学出版社，2015.12
(中西古代史学比较的实践与探索丛书)
ISBN 978-7-03-047014-0

Ⅰ.①中… Ⅱ.①赵… Ⅲ.①古代史-比较历史学-中国、西方国家 Ⅳ.①K220.7 ②K12

中国版本图书馆 CIP 数据核字（2015）第 318485 号

责任编辑：陈 亮 任晓刚/责任校对：何艳萍
责任印制：徐晓晨/封面设计：黄华斌 陈 敬
编辑部电话：010-64026975
E-mail：chenliang@mail.sciencep.com

科学出版社 出版
北京东黄城根北街 16 号
邮政编码：100717
http://www.sciencep.com

北京九州迅驰传媒文化有限公司 印刷
科学出版社发行 各地新华书店经销

*

2016 年 6 月第 一 版 开本：720×1000 1/16
2021 年 1 月第四次印刷 印张：17 1/2
字数：300 000

定价：108.00 元
（如有印装质量问题，我社负责调换）

丛书总序

中西史学比较研究魅力无穷。这样作不仅可以为认识中国历史提供蓝本和参照,在阐释某些疑难现象时获得灵感和启发,更重要的是,只有把中国放在世界大背景下观察,才能定准坐标,判明是非,剥离假象,找到方向。因此,中西史学比较不单是个方法问题,更是一个学理问题。

陕西师范大学为西北学术重镇。新中国成立以后,朱本源先生曾长期执教于此。他不仅著有专书,对史学比较在理论上作过系统分析和归纳,而且非常善于用比较的眼光审视中国古代,在西周社会性质等热点问题上发表过重要文章,其见解之独到,早为世所公认,这又在实践层面为我们树立了进行比较研究的典范。如今,朱先生虽已仙逝,但他的影响却十分深远。近些年来,一批青年才俊先后从北京大学、清华大学、北京师范大学、中国人民大学、南开大学、南京大学等老大哥院校获得博士学位后到西安任职,既壮大了我们的队伍,也带来了重理论、重融通的学术风尚,陕西师范大学由朱先生开创的史学比较老传统后继有人。

也许正是基于这样的考量,一向对西部地区关爱有加、大力扶持的北京师范大学资深教授刘家和先生建议我们成立中西史学比较研究中心,得到了学校的批准,并拟定就聘刘先生作主任,但他坚辞不就,只答应以名誉主任的身份作坚强后盾,而把我和他的弟子王成军教授推到前台。刘先生的设想是以中心为平台,团聚队伍,凝炼方向,形成特色,扩大影响。作为具体措施,则有招收研究生、在中西比较的总体框架下相对集中确定科研选题、编辑出版丛书,等等。他的主张得到了大家一致赞同。2012年中心正式挂牌时,刘先生不顾年高体弱,亲临西安,向全院师生阐扬中西比较的意义,又分头与相关年轻教师谈话，用耳提面命的方式循循善诱。2013年招收的中西史学比较方向的博士生也在王成军教授的带领下赶赴北京，向刘先生当面问安和请益。

时光流逝，如白驹过隙，2012年至今，转眼三年有余，朱、刘诸先生播撒的种子初见收获，我们将已杀青的书稿编在一起，算作丛书的第一辑。从内容上看，既涉及具体历史事件，也涉及中西早期社会规范、发展道路、史学观念、哲学思想的异与同。我们深知，刚刚摸着门径的作者还远不能得心应手，加之从专业背景看，中心成员又以教中国古代史的老师居多，对于世界历史还有一个重新再学习的过程，所以，这第一批成果并不光鲜甜美，甚至有些青涩，与其说是比较研究，不如说是仅仅有了一点比较意识。但驽马十驾，不舍千里，只要坚持、坚持、再坚持，刘先生为中心设定的目标就一定能实现，并会有更多的人加入到我们的队伍中。

我们诚挚欢迎史学界对丛书提出批评，并对为丛书出版付出大量心血的院领导和科学出版社的编辑深表谢忱。

赵世超

2015年11月10日

序言

一个史学工作者的求索之路

我是一个很普通的老师，很普通的史学工作者。随着年龄的增长，王国维先生的两句诗常常萦绕在我的脑际："人生过处唯存悔，知识增时只益疑"。意思是说人到了老年，脑子里边留下来的只有两个字："悔"与"疑"。我想我目前就是这样一种状态。"悔"，既有对公事的"悔"，也有对家事的"悔"；"疑"，既有学术上的"疑"，也有思想上的"疑"，年龄越大，怀疑越多。自己尚处在"悔"和"疑"的状态，为什么还要写文章呢？与其说是在继续从事学术研究，还不如说是想把自己的疑与惑都端出来，和大家共同"释疑"。孔子曰："学而不思则罔，思而不学则殆"。在思与学中度过老年生活，恐怕要比王国维先生的最终选择积极得多。不过，大家也不要把我所提的一些观点看得太认真。我一向不敢以专家、教授自居，总感觉自己只是个"学者"，即正在学习的人。看法有不成熟之处，随时欢迎指教和批评。

一、我与史学研究的结缘

我年轻的时候就比较喜欢历史，老实说，更喜欢的还是文学。我在念初中的时候，当时有个比较著名的作家叫李準，著有小说《李双双小传》，拍成电影，风靡全国。他曾经到我所在的中学去访问，对我影响颇大，也激发了一个十几岁少年的文学梦。所以我一直想从事文学写作，当个作家。高中毕业填报志愿的时候，我所选择的十个高校第一志愿全部填的是中文系，准备交表时，遇到了我高中二年级的班主任。这个班主任是教历史的，他看了我的志愿表以后说，你这个娃啥都不懂，大学的中文系不是培养作家的，大学的中文系主要有两个专业，一个是文学专业，主干课程是文艺理论和文学史；另一个是语言专业，讲的主要是音韵、文字、训诂、语法这些东西，很枯燥的，学这干啥呢？历史不一样啊，是人文学科的基础，你把历史学好了，将来往哪个方向发展都可以。说着便亲自动手把我的十个第一志愿改成了历史系。现在想来，这位老师帮我确定的人生路径，简直太重要了。如果我没有学习历史专业，可能也会到处开讲，把学生往沟里领。

就这样，1965年我被北京大学录取时，进的是历史系。那时候北大历史系的主任是翦伯赞，副主任是周一良、张芝联，齐思和、邓广铭、邵循正、杨人楩、许大龄等一批知名教授都活跃在教学第一线，像汪篯、田余庆、张传玺、魏纪文、王文清等都曾为我们授课，马克垚还兼任我们这个年级世界史班的辅导员。可以说，北大历史系名师荟萃，学习条件很好。非常遗憾的是，我进校刚刚一年就开始了"文化大革命"，老师们不能上课了。但我们并没有停止对学问的渴望与追求，大家都在偷偷地读书，到图书馆选择自己喜欢的书，或者读同学当中传阅的书籍，而且是对什么感兴趣就读什么。现在流行的说法是"文化大革命"中青年都不读书，文脉断了。这并不符合实际。那时是不让读偏要读、偷着读；今天是让读也不读，差别很大。自由读书这样一种方式自有它的好处，就是有助于拓宽知识面，调动大家学习的积极性和主动性。但也有弊端，就是缺乏严格、科学、系统的训练。从后一点说，由于"文化大革命"的原因，我的大学五年，在一定程度上算是虚度了。每当想起这些，我都感到非常遗憾。

1970年我毕业离开北大，到河北省定县接受"贫下中农再教育"。随后在县"三支两军"办公室和革命委员会承担文字工作。但自己内心仍非常向往从事历史方面的学术研究，并且一直为此寻找机会。当时全国都在开展"农业学大寨"，各地在修梯田、平整土地、兴修水利的过程中，大量古代的遗址和墓葬被发现，也有严重破坏，所以急切需要进行抢救性的发掘和清理。为此，河北省文物局特派一名文物干部到定县，县里再出干部予以配合。我和我的同班同学信立祥就借此主动把配合清理文物的工作应承了下来。那段时间，我们主要清理了一些塔基和小型墓葬，并在河北省文物工作队刘来成同志的带领下，参与了定县八角廊大型汉墓的发掘、清理和报告编写工作，同时参加了一个由河北省文物局在工地现场办的文物考古短期培训班，填补了自己在文物考古知识方面的空白。也许自己在考古方面干的时间较长，以至于后来有一次在成都遇到了俞伟超老师，被他误以为是考古专业毕业的，就对我说："你也归队吧"，而我却以单位领导已另有安排为由，婉拒了俞老师的好意。至于为什么没有答应俞老师"归队"的要求，主要是经过几年实践，我个人感到考古工作要求心细，而我的心比较粗，似乎不适合在这方面发展，所以最终没有走上这条"探索与发现"的神秘之路。

1976 年，为了解决两地分居问题，我离开定县，设法调入开封师范学院，也就是后来的河南师范大学，现在已更名为河南大学。当时系里中国古代史的教研室主任朱绍侯老师安排我做孙作云教授的助手。我很高兴，因为孙作云教授曾是闻一多先生的研究生，是《诗经》、《楚辞》和神话考古方面全国知名的专家。在孙先生的帮助下，我主要过了"教学关"，完成了几篇学术论文，初步掌握了从事科研的方法，收获很大。然而，还不到两年，孙先生竟溘然长逝，这令我感到非常悲痛，也顿时失去了学术研究上的依靠，自己陷入了彷徨与苦闷中。这时候，系里研究宋史的周宝珠老师跟我说，我们系的郭人民老师曾做过孙海波的助手，郭老师是先秦史方面的专家，你去找他，请教他，所以我就转而找郭人民老师请教教学和学问上的疑难。当时郭老师的右派帽子已摘，但还没有获得彻底改正，因而被限定不准担任"阶级性"较强的历史课，只能教历史文选，颇有空余时间。他见我基础尚不坚牢，便主动提出要给我系统讲授一遍《左传》。在接下来的一年多里，每周三次，从不间断，边讲边议，到这部大经读完，郭老师长期积累的心得，也如春风化雨，融入我的胸中，使我在三方面得到了提高：一是提高了我的古文阅读能力；二是对先秦史有了系统、整体的了解；三是对先秦史方面存在争议的问题渐渐有了自己独立的看法，不再人云亦云，被动盲从。随着"四人帮"的覆灭，政治气氛终于轻松起来，郭老师的境况越来越好，也越来越忙了。他觉得百废待举，急需为学科建设培养人才，于是，就建议系里送我到外边去进修。

在郭老师的直接关心和支持下，我先后参加了教育部委托四川大学徐中舒教授主办的先秦史师资培训班和国家教委委托华中师大张舜徽教授主办的中国文献学研究班，从而得见大家风范，开阔了学术眼界。尤其是徐中舒教授，他是史学界重量级的人物，在培训班上，更是以80多岁的高龄坚持每个礼拜给我们上两次课，讲的都是他一生当中积累下来的、千锤百炼的学术结晶。对我影响最深的是这样一句话，他说："在研究古代历史时，倘能取民族材料、考古材料、古文字材料同文献材料相互印证，便有左右逢源之乐。"这便是现在所谓的"多重证据法"。但在多重证据法中，徐老特别强调民族材料，我觉得这一点在我们内地的学校，特别是我们西北地区的学校，做得不够好，需要弥补。

徐老的这个研究方法和学术观点成了我努力去践行的一个目标，也很想多找一些机会跟他学习。1985年，我又考回四川大学，做徐老的博士生。然而，徐老的身体却大不如前。由于四川大学对博士培养高度重视，历史系成立了一个由伍仕谦、唐嘉弘、常正光、缪文远、罗世烈五位教授组成的指导小组，并指定罗世烈教授做我的论文指导教师，协助徐老来指导写作。在徐老的关怀和上述老师的具体帮助下，我于1987年年底完成了20多万字的博士论文《周代国野制度研究》。自己虽然投入了一定精力，但书中更多凝结了各位导师的心血。不少地方则是对郭人民老师学术观点的整理与归纳。

可以说，我走上先秦史研究的道路完全是仰赖于前辈学者的引领和帮助，他们中无论是卓然名世的大家，还是当时尚在盛年的学术骨干，都毫无例外有一个共同的特点，就是把培育人才当做他们最大的乐事，当做最大的享受，都愿意主动地来帮助青年人成长。所以相比之下，我觉得我们现在的校园里可能少了这些精神，多了一点市侩习气。

二、1974—2004年：30年的学术探索

我大约1974年进入学术领域，到2004年卸掉行政职务，又回归教师队伍，自己冒昧地将这30年的学术活动分成三个阶段。东施效颦，诸位不要见笑。

第一个阶段：1974—1985年。这段时间主要是发表了《殷周大量使用青铜农具说质疑》、《殷周农业劳动组合演变略述》、《周代家长制家庭公社简论》等十几篇文章，进行了一定的学术积累。这十几篇文章一方面使自己初步地掌握了科研的方法，进入了学术研究的角色；另一方面也为博士论文的写作打下了基础。

第二个阶段：1985—1988年，也就是在四川大学读博的三年。我入校的时

候是39岁,作为一名真正的老童生,那种时不我待的紧迫感很强烈,想趁着这三年认真做一个自成体系的东西。恩格斯研究过家庭、私有制和国家的起源,我以为还应继续研究家庭、私有制和国家起源之后的发展。因为家庭、私有制和国家实际上是人类早期社会的鼎之三足,把它们的起源和发展都弄清了,先秦史整体的面貌也就弄清了,这是一个很有意义的工作。基于这种考虑,我就以《周代国野制度研究》为题进行梳理,从国野问题入手来统领整个先秦史。这篇文章尽管存在很多缺陷,但是我觉得自己对家庭、私有制、国家早期形态的看法基本上得到了表达,而且这些看法到了今天还不过时。后来陕西人民出版社和台湾文津出版社分别出版了该论文的简体字本和繁体字本。我也曾在美国一所大学的图书馆看到了这本书,似乎还没有被冷落到无人借阅的程度。

第三个阶段:1988—2004年。1988年我从四川大学如期获得博士学位,应陕西师范大学斯维至教授和何清谷教授的邀请,正式转来西安工作。当时的王国俊校长把我作为引进人才,在住房、职称、家属调动、孩子上学等方面给予了很多优待,使我得以充分利用西安丰富的先秦史料,安心地在陕西师范大学潜心于学术研究。因此,从1988—1994年,我又发表了十几篇文章,并在中国史学界较早使用"早期国家"这个概念,原想把这些研究补充到我的《周代国野制度研究》中,对这本书进行修订,让它真正成为自己安身立命的学术奠基之作。然而,正当学术思想渐趋成熟,准备在业务上进一步发展的时候,1994年,教育部突然任命我做陕西师范大学校长,千头万绪的行政事务一齐向身上压过来,学术活动受到了严重影响。待诸事粗定,才暗自定了个硬指标,即一年至少完成一篇论文。从1994—2004年,我主要发表了《藏冰新解》、《浴日和御日》、《铸鼎象物说》、《天人合一论述》等文章,除后一篇接近两万字外,前三篇都稍短些,因为从行政工作的空隙里抢时间,只能"短促出击"。在写作过程中,我运用了詹·乔·弗雷泽的巫术理论,对张光直的断章取义做了批评,一些想法则得益于孙作云先生早年对我的教诲。

在30年的学术研究中,我也总结出一些感悟与体会,主要有以下五点。

第一个体会,通过这些年的学术活动,我认识到社会是很复杂的。在每一个社会发展阶段,都有多种文化因素,不是唯一的,这些因素大致上可以分为新和旧两大类。新和旧两种因素并存,应当是我们观察社会、观察历史的一个切入点,两种因素此消彼长就构成了全部的人类社会史。因此,我们今天从事历史研究，必须将两类因素的消长作为重点。如果能够把两种因素的消长生动地、具体地描述出来，我们的研究对象也就活起来了，我们的历史也就活起来了。

第二个体会，一定的文化因素和各类文化因素之间的消长都与一定的社会环境相联系，有什么样的社会环境就有什么样的文化元素，社会环境变了，文化元素以及各种文化元素之间的结构也会随着发生变化。换句话说，旧因素的衰亡和消退，新因素的产生与发展，新旧之间的相互消长与走势，都取决于社会环境的变化和人民的最基本的祈望。环境变了，文化习俗也变了，这才构成了不同的时代。研究环境的变化，找出文化更新的原因，对我们的学术工作很有好处。

第三个体会，一般来说，新因素要战胜旧因素，甚至要取代旧因素，社会才能够不断地向前走，才能够进步，这才符合最大多数人的最根本的利益，也才真正代表了历史前进的方向。历史上有很多杰出人物，他们后来被人怀念、被人肯定，我觉得主要就是因为他们在某一个领域为促进新因素的成长做出过有益的贡献。我们对历史人物和事件进行评价的时候，要看他究竟是支持了新因素还是维护了旧因素，这应该成为一个重要的标准，这样评价得出来的结论才较为准确，较有意义。但同时我也赞成侯外庐先生的一个观点，即：中国的历史既是新旧消长的历史，同时也是一部"死的拖住活的"的历史，我们每前进一步都非常困难。"死的拖住活的"这句话，是侯外庐先生在《中国古代社会史论》里边正式提出来的。"该死的"老不死，"活的"老是成长不起来，这是中国历史很独特的地方。正因为如此，史学工作者不仅要探索新和旧之间的消长及原因，同时，我们每个人对两种走势取何种立场，也应该作出正确的抉择，如果是没有抉择，或者是抉择错了，也会影响到论文的学术影响力及致用功能的发挥。

第四个体会，当前，特别是十七届六中全会以后，增强文化自觉意识的呼声越来越高，甚至可以说已经成为潮流。但我发现，有些人在讲文化自觉和文化建设的时候，并不知道我们要建设一种什么样的文化。十七届六中全会的决定讲得很清楚，我们要建设的是面向现代化、面向世界、面向未来的，民族的、科学的、大众的社会主义文化。但是在我们一些学者的口中、文章中、著作中，我们看不到三个面向，甚至也看不到科学的、大众的，只剩下了一个民族的。

"民族的才是世界的"、"儒教救国论"都不妥当,都经不起推敲。我觉得我们对待传统文化的态度应该回到十七届六中全会的决定上去,也就是回到我们党一贯坚持的"取其精华,去其糟粕,古为今用,推陈出新"的文化方针上去,对其他各国优秀的文明成果也要积极地吸收。可能只有这样才是既不同于民族虚无主义,又不同于狭隘民族主义的历史唯物主义的立场和态度。

第五个体会,谈到立场和态度,这又是个"公说公有理,婆说婆有理"的大难题,正如《庄子·齐物论》所言:"既使我与若辩矣,若胜我,我不若胜,若果是也,我果非也邪?""吾谁使正之?"[①] 经反复考虑,我觉得只有诉诸理性,即一切言说都得合乎常理。是否做到了这一点,则必须扪心自问。检验的办法是若干年后不要为自己写过的东西脸红,或如泰斗级的国学大师季羡林先生教导的那样:"真话不全说,假话全不说"。康德的标准是"在一切事情上"都"公开运用自己的理性"。"一切"和"公开"是难点,连季先生都不敢保证完全做到,何况吾侪凡夫俗子。但日暮途远,再不朝这个方向努力,就来不及了。

三、2004年至今:重拾知识分子的社会责任

1999年,我得了非常严重的糖尿病,在治疗的过程中又发现了胃癌,感谢疾病,它让我下定了辞去行政职务的决心。几经周折,终于在2004年获得解脱。从领导岗位上退下来,我原来打算继续按照孙作云先生的方法,阐释一些古文化现象,选一些文化史方面的小题目做做算了。但是后来反躬自省,既然身体和思想还没有完全衰竭,为什么不去尽一点知识分子应尽的社会责任呢?因此我决定用历史来观照现实,发挥历史学经世致用的作用和功能。

从2004年到现在,除了一些应景之作,我主要写了以下四篇论文。

第一篇文章是《夹缝中的自由》,45 000字,发表时,学报张积玉主编建议我把题目改成《论战国时期的百家争鸣运动》,实际是用副标题代替了正标题。这篇文章一方面谈了战国时期百家争鸣的特征,即学术自由;另一方面谈了在百家争鸣这样一种学术自由中孕育出来的诸子文化,我认为诸子文化才是中国的原创文化。同时我还提出,我们今天应该让诸子时代的自由精神在更高的层次上获得提升,而且是螺旋式的提升。更重要的是,在这篇文章里,我着力分

[①] (清)郭庆藩辑、王孝鱼整理:《庄子集释》卷一下《齐物论》,北京:中华书局,1961年。

析了战国时期学术自由产生的三个历史条件，其中最主要的一个是战国时期两种专制在交替，也就是说以礼乐制度为核心的古典式专制主义"崩坏"了，而以秦始皇为集中代表的新的中央集权式的专制主义还没有完全长成，还不成熟，所以政府的控制能力打了折扣，这才让战国诸子有了自由著述、自由讲学、自由批评、自由流动的可能。到了秦汉时期，新的集权统治逐渐成熟了，学术自由就被禁止了，所以百家争鸣成了中国历史上的绝唱。在我看来，这是一个很值得我们关注的焦点。

同时我还想到，在中国的近代史上也还有一个"夹缝"，就是从清王朝垮台、结束帝制到国民党党天下和训政的确立。这两个"夹缝"在时间的跨度上相差很远，但却有惊人的相似。主要的相似性有三点：一是这两个"夹缝"都处在新旧交替时期，旧制度垮台，新制度没有建立起来；二是这两个时期都是分裂割据时期，前一个是战国七雄，后一个是军阀割据；三是在这两个时期都出现了学术大家，前一个出现了诸子文化，后一个出现了我们今天所能够屈指而数的大师，从陈独秀、李大钊、胡适，到鲁迅、郭沫若，以及刚才谈到的徐中舒先生，还有清华园的梁启超、王国维、陈寅恪、赵元任四位教授，他们都是在第二个"夹缝"中产生的。

第二个"夹缝"过后，就进入了"没有大师的时代"。这就存在一个问题，究竟是"统一"好，还是"分裂"好呢？这是一个非常尖锐的问题，我觉得不能简单化轻置可否。"统一"，可以把人民从更加琐细的分裂和更加激烈的战争局面当中拯救出来，这是社会走向安定的一个重要前提，也是社会发展的重要前提，这点是不能动摇的，应当肯定"统一"。但是，我们也不能绝对化地赞美"统一"，绝对化地批判"分裂"。我们至少应该看到，在"天下事无大小，皆决于上"的高度集权统一下，会出现扼杀个性、扼杀学术自由的局面，相反，在分裂的状态当中，由于控制不严，不同政治势力都注重争夺人才，反而给学术自由提供了一定的环境和条件。因此我觉得我们应该这样来看，我们肯定"统一"，但是我们不主张绝对的高度集权的"统一"，我们要在坚持统一的前提下，给地方、给个人、尤其是给思想和内在行为留下自由的空间，如果是不给地方、不给个人、不给思想和内在行为任何的自由，这种绝对化的高度集权的"统一"本身就埋藏着要将自己炸毁的火药桶，总有一天会使专制统一走向毁灭。"物极必反"，这是一个简单的哲学道理。中国历史存在周期性的循环，原因就在于我们只有高度的集权，从而常使事物走向反面。

第二篇文章是《拨不开的迷雾》，3万多字，我列举了黄帝和炎帝作为案例来说明历史和文化既相互关联又有区别，不能把两者完全混同。文化简单说来它是可以传播的，一切物化的崇拜对象，例如，陵、庙都是可以人造的，但是历史不能够伪造。在这样一个理念下，我经过分析，认为黄帝是被神化了的传说人物或历史人物；各地的陵、庙、故里等都是纪念性建筑，没有必要争论真假；但历代王朝用规范礼制的办法确定下来的公祭地点却有约定俗成的意义，有助于加强统一，应当沿袭和遵守。同时又指出，湖南的炎帝文化肯定与汉代阴阳五行学说流行起来以后把炎帝配成了"南方之帝"有关；浙江缙云县也有黄帝文化，则应是魏晋以后道教中心南移的产物，道教把黄帝封为大神，于是，在南方的浙江就造出了黄帝庙和许多黄帝的遗迹。我在案例当中讲的这个道理并不深，甚至很浅显。很多学者都知道，但他就是不说话。我现在只看见葛剑雄教授对黄帝祭祀有所评论，其他的人都闷声不响，结果让历史和文化相混淆，几乎搅成一团乱麻。我觉得这个现象反映了我们学术界缺乏责任心，因此我认为现在存在着"迷雾"，而且是"迷雾"重重，很难拨得动，所以我才这样命名这篇文章。尽管自己势单力薄，"迷雾"拨不动，但我还是拟了一些题目，将来准备在有机会时一个一个去做"拨雾见日"的工作，比如女娲、尧、舜、禹、诸葛亮、关羽等，我准备一个一个去写。因为受到地方政府邀请，参加过防风氏文化、商汤祷雨文化的讨论会，写了两篇还很粗率的文章，也附在炎、黄的案例之后，算作"拨雾"工作的初步尝试。

第三篇文章是《引礼入法的得与失》，5万字。战国法家通过改革致力于构建"法治"统治，可以说是中国法治史上的一个进步。但他们彻底否定了教化的作用，这就太片面了，并且主张"以刑去刑，以杀去杀"，主张轻罪重罚，也过于严酷，已经背离了刑罪相应的原则。因此，大规模的战争环境结束以后，自汉代开始，就通过"引礼入法"来矫正先秦法治的失误，经西汉、东汉、魏晋南北朝发展到隋唐，基本上实现了礼与法的结合。法学界认为礼法结合、以礼统法，这是中国古代法律的基本特征。这个特征好不好呢？也不能简单回答。好的地方是有，主要是纠正了先秦苛法过于严酷的一面，既有主观的善意，也有巨大的实践意义，甚至提出了刑罪相应的先进司法理念。但也带来了新问题：第一个问题，就是"引礼入法"以后出现了双重标准，礼也是个判断标准，法也是个判断标准。既然是两个标准,就造成了司法过程中的随意性,形成了有法而不循法的情况。第二个问题,就是"引礼入法"以后,规定要"准五服以制罪",造成了"抑卑幼以奉尊长",断案时按血缘关系,按五服图来判决。犯了同样的罪,如果是尊长伤害了卑幼,可以减轻处罚,甚至可以减轻到杀人而不处死,但如果是卑幼上犯了尊长,反而要加重处罚,所以中国古代的法律有着严重的血缘性,主要是用压制卑幼的办法来巩固尊长的地位。第三个问题,就是它通过八议、爵减、官当、收赎这四种手段使一些权贵得不到惩处。有爵、有官、有贵族身份可以免罪,家里有钱也可以赎罪,"急于黎庶,缓于权贵",对权贵温柔轻缓,对普通老百姓则极端严厉,这就是等级性的特点。第四个问题,就是中国"引礼入法"以后,法律变成道德警察,以违背礼制为名,干涉人们的日常生活,更造出了大量的文字狱,甚至还有"腹诽"罪,不仅管人的外在行为,也管人的内在行为。这篇文章发表以后,在《中国社会科学文摘》、《新华文摘》和《高等学校文科学报文摘》都有摘登,产生了一定影响。但我在文中批评过的人却不出来回应。

第四篇文章是《挡不住的诱惑》,副标题是《中国古代等级制度述论》。可以说,每一种古文明,都有自己的等级制度。我早有兴趣梳理中国古代等级制度的发展脉络,评估其利弊得失,观察其未来走向。正当我积极构思,紧张收集材料之时,忽然从报上看到一则消息:被誉为"当代武训"、"苦力教育家"的陕西蓝田人李小棚,在为受助学童买书的归途中遇车祸身亡,家属及律师提出的丧葬费、死亡赔偿金、被抚养人生活费等加起来应为63万多元,法院的判决结果则为29万元,理由是李小棚虽为代课教师,但户口尚在农村,不能按城镇居民标准计算。可见,城乡差别的残余仍在,等级制度需要清理。三易寒暑,文章终于杀青,有六七万字。我的基本看法是:等级制度虽是由野蛮进入文明的推进器,并在早期社会中,充当过历史进步的不自觉的工具,但它重特权,尚差等,以牺牲民众基本权利为代价,其本质是恶,不是善。因此便与以工业文明、市场经济、民主政治、法律至上为特征的近代社会格格不入。平等与否,实为近代与古代的分水岭,也是鉴别先进与落后的试金石。平等不是平均。平等是相对的,不是绝对的。不平等的能力和努力在自由发挥之后会造成不平等的结果,所以,不能建立平均分配商品的制度,任何开放的社会都不可避免地存在贫富差别。然而,更大的原则是,人人都是人,且人生而平等;后来的不平等都是人为的，或与环境条件有关，因而也是反自然的。国家的目标是实现正义，正义即平等地对待每一个人，让所有公民都从阶级、等级的束缚下解放出来，充分享有政治平等、法律平等、机会平等、宗教平等、性别平等和尊重的平等。这样做不仅是为了让不幸的人们也能在经济发展中获得相应的利益，更是为了调动全社会的潜能，争取进步与繁荣。平等的生活可以激发激情与活力，角色随时转换，大门为所有人洞开，可以产生意想不到的智慧与创造，国家发展的快慢实取决于它能在多大程度上促进个人平等。平等是一个伟大的目标，中国共产党第十八次代表大会的政治报告庄严地将它纳入了社会主义核心价值观。平等没有终点，与已取得的成就相比，总还有一些地方是没有做到的。但是，采取行动和不采取行动效果截然不同。只要我们坚定地把平等的程序当做立国的出发点和重要方法，我们就能在广大人口中体现出近似的平等。

  这四篇文章做完，我刚好也70岁了。接下来是修订我的《周代国野制度研究》呢，还是接着做文化史方面的小题目呢，还是把我上述这四篇论文扩充成书呢？现在还没有盘算好，一切都要视自己的身体状况和精神状态而定。但不管做什么，北大的精神不能丢，科学、民主的传统不能丢，理性的立场、态度不能丢。不然，就太对不起人民的哺育和母校地培养了。

赵世超

2015年11月20日

目录

丛书总序 …………………………………………………………… i
序言 ………………………………………………………………… iii
夹缝中的自由——论战国时期的百家争鸣运动 ………………… 1
拨不开的迷雾 ……………………………………………………… 49
引礼入法的得与失 ………………………………………………… 101
挡不住的诱惑——中国古代等级制度述论 ……………………… 172

夹缝中的自由——论战国时期的百家争鸣运动

先秦诸子思想研究汗牛充栋,其间,假冒伪劣的唯上、阿世、媚俗之作也复不少。相对而言,如何把战国时期的百家争鸣当做一场思想解放运动进行科学把握,当下学术界似乎关注不够。本人不揣浅陋,愿在综述前人成果的基础上略陈管见[①],以与同好者切磋。

一、百家争鸣的核心特征是学术自由

像战国时期那样的百家争鸣,在中国古代的历史上只有一次。关于这场思想解放运动的特征,有的学者将其概括为实用理性、人道立场、理想人格和哲学的突破等[②],可谓言之成理,持之有据。然而,百家争鸣之所以勃兴和发展,关键却是自由。

(一) 自由著述

西周所谓文献,除行礼的乐歌和卜筮的记录外,尽为政典或史书。虽有古

---

① 关于百家争鸣运动的特点,梁启超、徐复观、李泽厚、余英时等论之较多,卓见迭出,本文多有吸收。
② 李泽厚:《中国古代思想史论》,合肥:安徽文艺出版社,1994年;余英时:《士与中国文化》,上海:上海人民出版社,1987年。

代圣哲的理想寄寓其中，但都不是私家著作。它们经由史官之手记录下来，宝藏于盟府之中，一般人难于得见。既数量种类有限，又文字古奥，有严重的格式化倾向，凝练中透着呆滞，充满贵族气息。

到春秋后期，礼乐制度崩坏，太史乐官向四方流散，典籍落入民间，实为我国历史上第一次档案大解密。士子国人，初则竞相传诵，转而家自立说，犹如决河溃堤，一泻千里，终至酿成自由著述的新局面。

孔子对文献的收集和整理用力最多。他自称"述而不作，信而好古"，实际上却采取"笔则笔，削则削"的办法，"去其重，取可施于礼义"①，对"禨祥不法"的文字和图籍，均按"纪异而说不书"的原则处理②，并"因兴以立功，就败以成罚"，"贬损大人当世君臣"③，在继承的旗帜下进行了不少改造和创新。

进入战国，儒墨渐成显学，阴阳、道、法、名、农诸家蜂起，学者"各著书，言治乱之事，以干世主"，不可胜道。仅据《史记》记载，就有孟子与万章之徒作书七篇，邹衍作终始大圣之篇十余万言，老子著上下篇，慎到著十二论，庄周著书十余万言，荀子列数万言而卒，等等。而田骈、接子诸人也皆有所论，邹奭则"颇采邹衍之术以为文"。除上述外，司马迁又略述当时私家著作的盛况说：赵有公孙龙的"坚白同异之辩"、"剧子之言"，"魏有李悝，尽地力之教；楚有尸子、长卢、阿之吁子焉。自如孟子至于吁子，世多有其书。"足见学术活动已由整理正式转为创作④。但在战国中前期，以儒、墨为主的一些学者，常常取法先王，祖述尧、舜、禹、汤、文、武、周公，却又"取舍不同"，"皆自谓真尧、舜"，各引一端，崇其所善，以此驰说，争辩不休，竟使先王的历史变得相互矛盾，面目全非。正所谓："虑事定计，必是人也，然不能以一言说人主意，故言必称先王，语必道上古。"很显然，他们标榜先王是假，借重先王宣传自己的主张是真。这种不敢离事言理、离古言理的做法是私家著述初兴阶段的正常现象。一方面，比起孔子的借整理六经以寓褒贬已进了一步；另一方面，却又为新说的成长设置了框框，不利于各种思想的自由发展。所以，到了战国中后期，便理所当然地受到学术界的广泛批评。庄周说："道隐于小成，言隐于

---

① 《史记》卷四十七《孔子世家》，北京：中华书局，1959年标点本，第1936页。
② 《史记》卷二十七《天官书》，北京：中华书局，1959年标点本，第1343页。
③ 《汉书》卷三十《艺文志》，北京：中华书局，1962年标点本，第1715页。
④ 《史记》卷七十四《孟子荀卿列传》，北京：中华书局，1959年标点本，第2349页。

荣华"，"儒墨之是非"不过是"以是其所非而非其所是"①。荀况说："五帝之外无传人"，"五帝之中无传政"，"禹、汤有传政而不若周之察也"，因此，"道过三代谓之荡，法贰后王谓之不雅"，"百家之说不及后王，则不听也"②。韩非说："尧舜不复生，将谁使定儒、墨之诚乎？"③这位战国百家争鸣中的最后一位大师自己也曾"作孤愤、五蠹、内外储、说林、说难十余万言"，在《五蠹》篇中，他客观分析了上古之世、中古之世、近古之世和当今之世的区别，深刻阐明了"有美尧、舜、禹、汤、武之道于当今之世者，必为新圣笑矣"的道理，提出了"圣人不期修古，不法常可"的进化的历史观。这种"法与时转"、"治与世宜"的与时俱进思想，在《商君书》和吕不韦令其门客所著的长达20余万言的《吕氏春秋》中都有反映。

批判"明据先王，必定尧舜"的愚诬之学，就是要进一步打破一切条条框框，让思想冲破牢笼。从战国中期开始，越往后发展，离事言理越蔚然成风。渐渐地，"道术将为天下裂"，"好恶殊方"的诸子之学终于取代由西周延续下来的、一个腔调的贵族学，成为引领社会进步的思想库。由于可以不受局限而独立创作，从而使战国的学术园地充满了勃勃生机。"老耽贵柔，孔子贵仁，墨翟贵廉，关尹贵清，子列子贵虚，陈骈贵齐，阳生贵己，孙膑贵势，王廖贵先，儿良贵后"④；他们中有的以用言道，有的以欲言道，有的以法言道，有的以势言道，有的以辞言道，有的则以天言道⑤，真可谓百花竞放。从著作的风格看，或严谨，或放论，或明达，或微眇，或深远，或卑近，又见其异彩纷呈。据《汉书·艺文志》在秦焚书后所做的统计，"凡诸子百八十九家"，共著文4324篇，除部分作者及作品属于汉代外，绝大多数应出自战国。若将六艺、诗赋、兵书、数术、方技类的书也包括进来，则更要多至596家，13 269卷。这在贵族和政府垄断典籍、不许个人自由著述的时代是根本无法想象的。另外，诸子之书已接近战国时期的口语，文章多气势磅礴，且转折多变，喜欢通过穿插故事或寓言化深奥为浅显，并增加其感染力，其活泼生动的程度更远非旧籍中的

---

① （清）郭庆藩辑、王孝鱼整理：《庄子集释》卷一下《齐物论》，北京：中华书局，1961年。
② （清）王先谦：《荀子集解》卷三《非相篇》，沈啸寰、王星贤点校，北京：中华书局，1988年；（清）王先谦：《荀子集解》卷四《儒效篇》，沈啸寰、王星贤点校，北京：中华书局，1988年。
③ （清）王先慎：《韩非子集解》卷十九《显学》，锺哲点校，北京：中华书局，1998年。
④ 许维遹：《吕氏春秋集释》卷十七《不二》，北京：中华书局，2009年。
⑤ （清）王先谦：《荀子集解》卷十五《解蔽篇》，沈啸寰、王星贤点校，北京：中华书局，1988年。

典、谟、誓、诰、春秋之类所能比。可以说诸子之学已脱尽了贵族气,正朝民间化的方向发展。没有数量可观且又凝结着各派学者独立思考结晶的私家著作,百家争鸣就无由产生。

(二)自由讲学

西周也有教育。施教的场所就是《礼经》所说的辟雍、泮宫,同于《孟子》所说的庠序学校。由于古代文武不分、治教不分、父师不分,执教者最初为既任太师、师氏之类的高级军职、又居首领之位的宗族长老,后来逐渐专门化为主司教导之责的师氏和保氏①。教学的内容被《周礼》概括为三德、六艺,即至德、敏德、孝德和礼、乐、射、驭、书、数,除"日恪位著以儆其官"及"执干戈以卫社稷"所必需的知识、技能外,无非是君臣、父子、上下之道和进退、揖让、周旋之节。其中,基于"国之大事,在祀与戎"的考虑,礼乐和射驭就尤其重要。而乐和射技术性又很强,更是经常加以练习的课目,以教授乐舞见长的乐官也因此获得了师的称呼②。能够入学受教育的人,文献称为国子、国之俊选等,实为王、侯、公、卿、大夫之子弟。很显然,这种教育在本质上是一种贵族养成教育。

周礼原本就很盛大,号为"礼经三百,威仪三千",随着时间的推移,"曲为之防,事为之制",又变得越来越烦琐,竟至于"累世不能殚其学,当年不能究其礼"③;而与礼相配的古乐又十分地沉闷,听来令人昏然欲卧④。于是,在春秋后期,贵族中便普遍出现了"不悦学"和"不能相礼"的现象⑤。加之积久生惰,射艺不修,乐官云散,执教乏人,周代贵族养成教育在延续了数百年之后终于自行废弛。

正是在这种情况下,孔子开始用他自己整理的典籍作为教材,招收门徒,兴办私学。孔子认为,人"性相近也,习相远也",除了最上等的智者和最下等的愚人难于改变外,绝大多数人都是可以通过教育使之向善的,有的甚至可以成为"君子"。所以,他便提出了"有教无类"的办学原则,公开表示:凡"自

---

① 阎步克:《士大夫政治演生史稿》,北京:北京大学出版社,1996年,第128—129页。
② 杨宽:《西周史》,上海:上海人民出版社,1999年,第682页。
③ 《史记》卷四十七《孔子世家》,北京:中华书局,1959年标点本。
④ 《史记》卷二十四《乐书》,北京:中华书局,1959年标点本。
⑤ 杨伯峻:《春秋左传注》昭公七年,北京,中华书局,1990年;杨伯峻:《春秋左传注》昭公十八年,北京:中华书局,1990年。

行束修以上,吾未尝无诲焉"①。束修是指捆扎成小捆的长条形的肉干,属于"贽见礼"中极微薄的拜师礼。而类,在古代则专指族类。《左传》僖公十年(前650)曰:"神不歆非类,民不祀非族。"成公四年(前587)曰:"非我族类,其心必异。"《国语·楚语上》载:"教之训典,使知族类。"《诗经·大雅·皇矣》中也有"克明克类,克君克长"之语。在上述引文中,区分类的标准只有一个,那就是族姓,即血统的贵贱。西周时,贵族在政治上占据主导地位,血统是否高贵自然就成了能否入学接受贵族养成教育的界限,而善于辨明族类,也被当作为君、为长的必备条件。到春秋末,贵族政治日趋崩坏,贵族教育一片颓势,孔子适时地高举起施教不问族类的旗帜,无论来自哪个国家、哪个阶层,只要带点见面礼,认他作老师,他都乐于教诲,这就把在社会下层人士面前一向闭锁着的学校大门彻底掀翻了。我们完全可以说,孔子的聚徒讲学对传统的贵族式教育起到了颠覆性作用,他是古代推进教育改革的第一人。

事实上,孔门弟子确实多数出身贫贱。例如,子路为"卞之野人",子张是"鲁之鄙家",原宪"终身空室蓬户,褐衣疏食",颜回居在陋巷,箪食瓢饮,颜涿聚曾为梁父之大盗,公冶长无罪而被囚,仲弓之父为贱人,等等②,均其显例。孔子以一人之力,竟能招致弟子三千,在其死后,虽有分化,但"徒属弥众"、"充满天下"、"无时乏绝"③,这不能不归功于"有教无类"原则的确立和教育大门的敞开。而他对教育改革的贡献还远不止此。就教育目的而言,他突破了贵族养成教育的局限,设立了德行、言语、政事、文学四科,有针对性地培养从政的专门人才和理想化的仁人君子。就教学内容而言,他虽没有放弃旧传统,但却突出了其中的诗书礼乐,按照"博学于文,约之以礼"的教育思想,要求学生"志于道,据于德,依于仁,游于艺,"④即把弘道作为最终目标,把德行作为弘道的根据,把仁作为教育的核心贯穿始终,把六艺只看作造就高尚品格的手段,从而使教学的重心在实质上发生了转移。在教学方法上,他强调

---

① 杨伯峻:《论语译注》阳货篇,北京:中华书局,1980年;杨伯峻:《论语译注》卫灵公篇,北京:中华书局,1980年;杨伯峻:《论语译注》述而篇,北京:中华书局,1980年。
② 许维遹:《吕氏春秋集释》卷四《尊师》,北京:中华书局,2009年;《史记》卷一百二十四《游侠列传》,北京:中华书局,1959年标点本;(南朝·宋)裴骃:《史记集解》引徐广说,北京:中华书局,1959年标点本。
③ 许维遹:《吕氏春秋集释》卷二《当染》,北京:中华书局,2009年。
④ 杨伯峻:《论语译注》颜渊篇,北京:中华书局,1980年;杨伯峻:《论语译注》述而篇,北京:中华书局,1980年。

因材施教，学思结合，倡导以"不愤不启，不悱不发"为原则的启发式教学，完全摆脱了以往仅限于演练的旧模式。至于应由什么样的人来执掌教职，孔子也提出了诸如"见贤思齐"、"不耻下问"、"就有道而正焉"、"温故而知新"即"可以为师"之类的带有学无常师倾向的新主张。正是这些做法的逐一实施，才使旧式贵族教育的影响得到了全面清理。

由孔子发其端，自由讲学如雨后春笋，蓬勃兴起。不仅儒墨显学"有爱弟子者随而学焉"，不可胜数，就连惠施这样的辩者，外出时追随他的门徒也常常"多者数百乘，步者数百人；少者数十乘，步者数十人"①。在齐国，更筑有规模宏大的稷下学宫，容纳师生"数百千人"，专供各派学者到此"不治而议论"②。伴随着贵族养成教育和世卿世禄制度的解体，人欲"贱而贵，愚而智，贫而富"，便只有"学"这一条途径了③，"遂至使民延颈举踵曰：'某所有贤者'，赢粮而趋之，则内弃其亲而外去其主之事，足迹接乎诸侯之境，车轨结乎千里之外。"出自《庄子·胠箧》篇的这段描述虽不免夸张，却充分展现了民间私学的巨大号召力。

战国时期，已有择师"不论其贵贱贫富"的说法④，"尊严而惮，可以为师；耆艾而信，可以为师；诵说而不陵不犯，可以为师"；"知微而论"，也"可以为师"⑤，可知聚徒讲学的贤者早已不是文武不分、治教不分、父师不分的宗族长老，而是从士阶层中涌现出来的自由知识分子。虽然多数人不免要对"文武之道"有所继承，但所谓"诸子出于王官"则纯属无稽之谈。⑥从讲学的内容看，更分明是不仅超越了六艺，甚至也超越了孔子所强调的"诗书礼乐"，传授的是包括政治论、人生论、宇宙论在内的各自因时势世变所创立的一家之言。由于观点不同，师承各异，渐渐地，出现了"师法"，出现了"树落则粪本，弟子通利则思师"的报恩思想和"言不称师谓之畔，教而不称师谓之倍"的道德观念⑦。进而，以师为核心，以师承为纽带，以师法为准则，形成了许多不同的学派。其中，墨家团体还演变为中国最早的民间结社。

---

① 许维遹：《吕氏春秋集释》卷十八《不屈》，北京：中华书局，2009年。
② 《史记》卷四十六《田敬仲完世家》，北京：中华书局，1959年标点本。
③ （清）王先谦：《荀子集解》卷四《儒效篇》，沈啸寰、王星贤点校，北京：中华书局，1988年。
④ 许维遹：《吕氏春秋集释》卷四《劝学》，北京：中华书局，2009年。
⑤ （清）王先谦：《荀子集解》卷九《致士篇》，沈啸寰、王星贤点校，北京：中华书局，1988年。
⑥ 胡适：《诸子不出王官论》，《胡适学术文集》，北京：中华书局，1991年，第591页。
⑦ （清）王先谦：《荀子集解》卷四《儒效篇》，沈啸寰、王星贤点校，北京：中华书局，1988年；（清）王先谦：《荀子集解》卷九《致士篇》，沈啸寰、王星贤点校，北京：中华书局，1988年；（清）王先谦：《荀子集解》卷十九《大略篇》，沈啸寰、王星贤点校，北京：中华书局，1988年。

某些名师仅为"布衣之士",既"无地为君",也"无官为长",却起着设计治国平天下方案和化民成俗的作用,使"万乘之主不能与之争士"①。他们的弟子"显荣于天下者众矣",因此,不仅普通的向学之人"至自远方","愿安利之",就连在上位者也莫不"从而显之"②,竟至出现了魏文侯"师卜子夏"、"友田子方"、"礼段干木",费惠公师子思,燕昭王师郭隗、邹衍之类的千古佳话,说明随着自由讲学的普遍化,这时真正进入了"贵师而重传"的历史新阶段。社会公认师、友、臣属于三个不同的层次,君所与处,"上皆其师,中皆其友,下尽其使也"③,"为师之务,在于胜理,在于行义。理胜义立则位尊矣,王公大人弗敢骄也",即使"天子入太学",也要"齿尝为师者而弗臣"④。衡量诸侯是否有德,更要看他是否善于拜贤于己者为师。正如《吕氏春秋·骄恣》篇所说:"能自为取师者王,能自取友者存,其所择而莫如己者亡。"把择师与国家的存亡相联系,师的地位可以说已经至高无上了。师的独立和自由讲学促进了学派的发展,这对百家争鸣运动的兴起起到了至关重要的作用。

(三) 自由批评

这里说的自由批评包括学术批评和政治批评两个方面。

战国人公认:"世之显学,儒墨也。儒之所至,孔丘也。墨之所至,墨翟也"⑤。至,指造诣最高。然而,在学术自由的氛围中,越是显赫的学派,越是顶尖级的人物,越容易成为批评的重点。以下试举数例以明之。

孔子标榜"爱人",虽含有爱惜民力之意,但又十分强调"亲亲为大"⑥,实则是要求人们以孝悌为本,亲其亲者,首先在家族内部做到"己欲立而立人,己欲达而达人","己所不欲勿施于人"⑦。他试图通过稳定家族来稳定社会,不

---

① 许维遹:《吕氏春秋集释》卷十二《不侵》,北京:中华书局,2009年;许维遹:《吕氏春秋集释》卷十五《顺说》,北京:中华书局,2009年。
② 许维遹:《吕氏春秋集解》卷二《当染》,北京:中华书局,2009年;《史记》卷四十七《孔子世家》,北京:中华书局,1959年标点本。
③ (清)王先慎:《韩非子集解》卷十二《外储说左下》,锺哲点校,北京:中华书局,1998年。
④ 许维遹:《吕氏春秋集解》卷四《劝学》,北京:中华书局,2009年;许维遹:《吕氏春秋集解》卷四《尊师》,北京:中华书局,2009年。
⑤ (清)王先慎:《韩非子集解》卷十九《显学》,锺哲点校,北京:中华书局,1998年。
⑥ (清)孙希旦:《礼记集解》卷五十《中庸》,沈啸寰、王星贤点校,北京:中华书局,1989年。
⑦ 杨伯峻:《论语译注》雍也篇,北京:中华书局,1980年;杨伯峻:《论语译注》卫灵公篇,北京:中华书局,1980年。

能不说有一定的现实合理性。可是墨子却敏锐地意识到,这种以爱父母为核心、逐级扩展开来的由近及远的爱,并未脱离"吾先从事乎爱利吾亲"的窠臼。如此走下去,必然会"生天下之大害",导致"处大国则攻小国,处大家则乱小家,强劫弱,众暴寡,诈欺愚,贵傲贱"的乱局。因此,他把"本于孝悌"的爱叫做"别",提出要"兼以易别",坚决主张用兼爱打倒儒家的别爱①。

"礼辨异,乐统同。"儒家"别"的思想不仅体现在"爱有等差"上,更体现在用礼区分君臣、父子、夫妇、长幼之序上。"礼义立则贵贱等矣","上好礼,则民莫敢不敬,上好义则民莫敢不服";"上好礼,则民易使也","博学于文,约之以礼,亦可以弗畔矣"②!照他们想来,若论到稳定统治秩序,似乎就没有比礼更管用的东西了。但与儒家对礼的推崇备至相反,道家却从"存性葆真"出发,把礼看作束缚精神自由的枷锁,认为自从所谓的圣人"摘擗为礼",才使"天下始分",破坏了人类的纯真和朴实③。纵观以前的历史,恰恰是"失道而后德,失德而后仁,失仁而后义,失义而后礼","夫礼者,忠信之薄也,而乱之首④",完全用不着对它津津乐道。死抱着礼不放,岂不是"明乎礼义"而"陋乎知人心⑤",忽视了最值得珍爱的东西吗?

直接从原始传统延续下来、带有鲜明血缘性和等级性的周礼,到春秋后期便走向崩坏了。孔子适时地提出了仁,并以仁释礼,试图为复礼的政治主张构建新的理论支点,从而使礼由外在的强制性的规范变成了人们追求君子境界的自觉理念和内在需求,并发展出了中国独特的伦理学和修身模式,影响是相当深远的。但道家却像蔑弃礼一样地蔑弃仁,宣称"大道废,有仁义","毁道德以为仁义,圣人之过也",只有"绝仁弃义",才能使"民复孝慈⑥"。法家从建立法治统治的需要出发,也对仁义大加挞伐。例如,韩非说:"夫施与贫困者,此世之所谓仁义;哀怜百姓,不忍诛罚者,此世之所谓惠爱也。夫施与贫困,

---

① 吴毓江撰:《墨子校注》卷四《兼爱下》,孙启治点校,北京:中华书局,1993年。
② 《礼记正义》卷三十八《乐记》,北京:中华书局,1980年影印清阮元校《十三经注疏》本。杨伯峻:《论语译注》子路篇,北京:中华书局,1980年;杨伯峻:《论语译注》宪问篇,北京:中华书局,1980年;杨伯峻:《论语译注》颜渊篇,北京:中华书局,1980年。
③ (清)郭庆藩辑、王孝鱼整理:《庄子集解》卷四中《马蹄》,北京:中华书局,1961年。摘擗,烦琐之意。
④ 朱谦之撰:《老子校释》第38章,北京:中华书局,1984年。
⑤ (清)郭庆藩辑、王孝鱼整理:《庄子》卷七《田子方》,北京:中华书局,1961年。
⑥ 朱谦之撰:《老子校释》第18、19章,北京:中华书局,1984年;(清)郭庆藩辑、王孝鱼整理《庄子集解》卷四《马蹄》,北京:中华书局,1961年。

则无功者得赏；不忍诛罚，则暴乱者不止"，"有过不罪，无功受赏，虽亡，不亦可乎？"因此，在他看来，儒家所谓的仁，"亦可以戏而不可以为治也"。相反，只有"君通于不仁"，即不温情，不心软；"臣通于不忠"，即只知尽职和立功，而不愚忠于私人，才可称王天下①。

墨家代表小生产者的愿望，强调要通过力强和节约来解决社会财富不足的问题，以便消除由不足引起的祸乱争夺。他们反对一切浪费和统治者的享乐行为，主张《非命》、《节用》、《节葬》和《非乐》。同时，由于刚刚摆脱了家族羁绊的个体经济十分脆弱，最害怕来自战争和社会倾轧的摧残，故而他们又大力提倡《兼爱》，宣传《非攻》，并"不暇暖席"，以"自苦为极"，身体力行，到处奔走呼号，反对战争，其坚忍不拔的殉道精神，似乎值得称道。但道家却认为墨学过于苛刻，"反天下之心"，使"天下不堪"，"其行难为也，恐其不可以为圣人之道"②。儒家的孟子更说："杨氏为我，是无君也；墨氏兼爱，是无父也。无父无君是禽兽也。"③ 荀子则从建立新的等级制度的必要性入手，说明只有通过"以财物为用，以贵贱为文，以多少为异，以隆杀为要"，先对统治者"安之、美之、佚之、贵之"，才能赏行罚威，上下秩然，万物得其宜，事变得其应，上得天时，下得地利，中得人和，到那时，财货自会"浑浑如泉源，汸汸如河海"，滚滚而来，"夫何患乎不足也？"所以，他的结论是："儒术诚行，则天下大而富，使而功，撞钟击鼓而和"，"墨术诚行，则天下尚俭而弥贫，非斗而日争，劳苦顿萃而愈无功，愀然忧戚非乐而日不和"④。

很显然，由于立场不同，对社会矛盾产生的根源认识不同，各派学者的政治观点不仅大相径庭，而且往往是尖锐对立的。真可谓"是墨子之俭，将非孔子之侈"，"是孔子之孝，将非墨子之戾"，"世之学老者，则绌儒，儒学亦绌老子，""道不同不相为谋"⑤。

---

① （清）王先慎：《韩非子集解》卷四《奸劫弑臣》，锺哲点校，北京：中华书局，1998年；（清）王先慎：《韩非子集解》卷九《内储说上》，锺哲点校，北京：中华书局，1998年；（清）王先慎：《韩非子集解》卷十一《外储说左上》，锺哲点校，北京：中华书局，1998年；（清）王先慎：《韩非子集解》卷十四《外储说右下》，锺哲点校，北京：中华书局，1998年。
② （清）郭庆藩辑、王孝鱼整理：《庄子集释》卷十下《天下》，北京：中华书局，1961年。
③ 杨伯峻：《孟子译注》卷六《滕文公下》，北京：中华书局，1960年。
④ （清）王先谦：《荀子集解》卷十三《礼论篇》，沈啸寰、王星贤点校，北京：中华书局，1988年；（清）王先谦：《荀子集解》卷六《富国篇》，沈啸寰、王星贤点校，北京：中华书局，1988年。
⑤ （清）王先慎：《韩非子集解》卷十九《显学》，锺哲点校，北京：中华书局，1998年；《史记》卷六十三《老子韩非传》，北京：中华书局，1959年标点本。

儒墨尚且倍遭讥评，其他各家岂能幸免？诸子书中，比如它嚣、魏牟、陈仲、史鳅、宋钘、尹文、彭蒙、田骈、慎到、许行、惠施、邓析、公孙龙等，都常被驳得体无完肤。即使同一学派，相互争论也属常态。孟子曾机智地用水虽无分于东西，却必"就下"，来批评告子的人性"无分于善不善"之说①，荀子又著《性恶》篇专批孟子的性善论。韩非说："孔墨之后，儒分为八，墨离为三，取舍相反不同，皆自谓真孔、墨"②，庄子说："相里勤之弟子，五侯之徒，南方之墨者苦获、己齿、邓陵子之属，俱诵墨经而倍谲不同，相谓别墨，以坚白异同之辩相訾，以觭偶不仵之辞相应，以巨子为圣人，皆愿为之尸，冀得为其后世，至今不决。"③正是从一个侧面反映了自由批评之风是何等的炽烈。

本文对诸子观点的优劣高下不拟置评，但略观上述已可看出，战国时期虽有显学，却没有主流意识和非主流意识的差别，更无法确定谁是统治思想，谁不是统治思想，各家地位平等，竞流并逐，都可能通过"上说下教"，进入王者的殿堂，或在民众中产生重要影响，但却都没有取得经的地位，不存在不可摇撼、不可亵渎的最高权威，社会在多元文化的碰撞中，普遍呈现出一种活泼动进的开放气象。

因为不承认权威，所以诸子在开展批评时，便百无禁忌，直抒胸臆，常对被批评者提名道姓，毫不容情，绝无什么扭捏之态或谦退之风。上举孟子直斥杨朱、墨翟为禽兽便是一例，他还当面指责告子说："率天下之人而祸仁义者，必子之言夫！"④而荀子也用"纵情性，安恣睢，禽兽行，不足以合文通治"来论它嚣、魏牟；又用"好治怪说，玩琦辞，甚察而不惠，辩而无用，多事而寡功，不可以为治纲纪"来论惠施、邓析，等等⑤，都显得既切中要害，又直截了当。最为大胆和奇特的则是《庄子》这本书。它不仅在一些篇章中说，"曾、史、杨、墨、师旷、工倕、离朱，皆外立其德而以爚乱天下者也"，"焉知曾、史之不为桀、跖嚆矢也！"说子贡"独弦哀歌以卖名声于天下"；说杨、墨如"鸠鸮之在于笼"、"虎豹在于囊槛"，却自以为得；说儒家企图行周礼于战国之世是"以舟之可行于水也而求推之于陆"，必"没世不行寻常"，终至"劳而无

---

① 杨伯峻：《孟子译注》卷十一《告子上》，北京：中华书局，1960年。
② （清）王先慎：《韩非子集解》卷十九《显学》，钟哲点校，北京：中华书局，1998年。
③ （清）郭庆藩辑、王孝鱼整理：《庄子集释》卷十下《天下》，北京：中华书局，1961年。
④ 杨伯峻：《孟子译注》卷十一《告子上》，北京：中华书局，1960年。
⑤ （清）王先谦：《荀子集解》卷三《非十二子篇》，沈啸寰、王星贤点校，北京：中华书局，1988年。

功"。更有甚者，它竟借老聃之口骂儒、墨不知耻，借盗跖之口骂孔子为"巧伪人"和"盗丘"，说孔子是"作言造语，妄称文武……多辞谬说，不耕而食，不织而衣，摇唇鼓舌，擅生是非，以迷天下之主，使天下学士不反其本，妄作孝弟而徼幸于封侯富贵者也"，真正的"罪大极重"。同时，还编了"儒以诗礼发冢"的寓言，把大儒、小儒口称诗书，实怀追名逐利之机心的自私虚伪和矫揉造作描绘得惟妙惟肖①，虽有几分荒唐，却代表了战国末庄门后学对儒家的真实看法。

但百家争鸣中的学术批评又往往是充分说理的。例如，墨子为了辩明"别非而兼是"，不仅提出人皆本之于天、天对天下之百姓"兼而有之"、"兼而食焉"的"天志"思想，借以对抗儒家由人皆本之于父母出发的孝悌观，而且历举《泰誓》、《禹誓》、《汤说》、《周诗》，以证禹、汤、文、武、周公的成功皆在于"均分赏贤罚暴，无有亲戚兄弟之所阿"，因"先从事乎爱利人之亲"，才换来了"人报我以爱利吾亲"的结果②，虑之不可谓不密，论之不可谓不详；韩非为了说明法、术、势结合的必要性，收集了350多个故事或传说，写成《说林》、《内外储说》等八篇文章，以备游说或驳斥他人之用，所下的工夫不可谓不深；而庄子为了张扬"独与天地精神往来而不敖倪于万物"的逍遥论，不惜"以卮言为曼衍，以重言为真，以寓言为广"③，反复譬喻，使其文辞既参差奇丽，又和适通达，也算用心良苦。正是在自由批评的氛围中，这时出现了我国学术批评史上带有开创性的几篇千古名文，主要有《庄子·天下》篇、《荀子·非十二子》、《解蔽》篇和《韩非子·显学》篇等。《天下》篇每述一家之学，必溯其渊源，颂其成就，然后指出其不足。庄子认为：诸子犹如"百家众技也"，"皆有所长，时有所用"，然而却"不该不遍"，皆"一曲之士也"。其看法堪称公允。荀子在《非十二子》中专讲六说十二子之失，似嫌过苛，但其《解蔽》篇也是在肯定各家皆有所见的前提下，责其"蔽于一曲，而暗于大理"，基本与《天下》篇同调。而韩非在《显学》篇中提出，如果用没有经过验证的材料做根

---

① （清）郭庆藩辑、王孝鱼整理：《庄子集释》卷四中《胠箧》，北京：中华书局，1961年；（清）郭庆藩辑、王孝鱼整理：《庄子集释》卷四下《在宥》，北京：中华书局，1961年；（清）郭庆藩辑、王孝鱼整理：《庄子集解》卷五上《天地》，北京：中华书局，1961年；（清）郭庆藩辑、王孝鱼整理：《庄子集解》卷五下《天运》，北京：中华书局，1961年；（清）郭庆藩辑、王孝鱼整理：《庄子集释》卷九下《盗跖》，北京：中华书局，1961年。

② 吴毓江撰：《墨子校注》卷七《天志上》，孙启治点校，北京：中华书局，1993年；吴毓江撰：《墨子校注》卷四《兼爱下》，孙启治点校，北京：中华书局，1993年。

③ （清）郭庆藩辑、王孝鱼整理：《庄子集释》卷十下《天下》，北京：中华书局，1961年。

据,就胡乱判定是非,必然会产生"愚诬之学,杂反之行",更属不易之论,至今仍有参考价值。

礼乐崩坏,古之道术灭裂,处士横议,诸子蜂出并作,各引一端,以崇其所善,表面看纷然淆乱,实际上,不仅形成了真正的学术繁荣,而且还有大量的新知通过不同观点间的相反相成、相生相灭被创造出来。其中,比如孔子所创立的仁学体系和孟子的仁政理想;墨子所提倡的兼爱、非攻和大同精神;老子所构建的宇宙论以及宇宙论同社会论、人生论之间的逻辑联系;庄子宣扬的应把心的逍遥置于一切之上的人生观;荀子为证明阶级存在的合理性而提出的"维齐非齐"论和天人相分、人可"制天命而用之"的世界观;韩非等人建立的进化的历史观和"世异则事异,事异则备变"的与时俱进理念;《吕氏春秋》中所反映的"天下非一人之天下也,天下人之天下也"、"君之所以立,出乎众也"的国家观①等,在两千多年的历史长河中,始终熠熠生辉。到了今天,我们不能不承认其具有原创性,一方面,需要从中汲取营养,寻求启迪;另一方面,又要为如何阐释这些原创文化争论不休。战国学术界的生机勃发与今日常生产文字垃圾而不见思想创新的情况迥异,区别即在于能否自由开展学术批评。因此,对自由学术批评所产生的进步作用,必须做出更充分的估价。

至于积极开展政治批评,以揭露人间的不公、抨击统治阶级的黑暗,也是诸子驰说放言的重要方面,构成了百家争鸣的另外一大特色。孔子叹"苛政猛于虎",主张"周急而不继富"②。老子认为"民之饥,以其上取食税之多",他把"朝甚除,田甚芜,仓甚虚",自己却"服文采,带利剑,厌饮食,财货有余"的统治者比作强盗头子(盗夸),明确警告这些人说,一旦"民不畏威","则大威至"矣,"民不畏死,奈何以死惧之?"③孟子斥责梁惠王之流"庖有肥肉,厩有肥马,民有饥色,野有饿莩"是"率兽而食人",并提出了"民为贵,社稷次之,君为轻"的民本思想④。庄子也揭露国君们"轻用民死",以至于使

---

① 许维遹:《吕氏春秋集释》卷一《贵公》,北京:中华书局,2009年;许维遹:《吕氏春秋集释》卷四《用众》,北京:中华书局,2009年。
② 杨伯峻:《论语译注》雍也篇,北京:中华书局,1980年;《礼记正义》卷十《檀弓》,北京:中华书局,1980年影印清阮元校刻《十三经注疏》本。
③ 朱谦之撰:《老子校释》第75、53、72、74章,北京:中华书局,1984年。
④ 杨伯峻:《孟子译注》卷一《梁惠王上》,北京:中华书局,1960年;杨伯峻:《孟子译注》卷十四《尽心下》,北京:中华书局,1960年。

"死者以量乎泽,若蕉",说自己处"昏上乱相"之间,犹如腾猿处于"柘棘枳枸","危行侧视,振动悼慄"而不得丝毫自由①。类似的言词向为大家熟知,不烦枚举。仅此已足以说明,战国时期的思想家虽好恶殊方,但都具有强烈的社会责任感和鲜明的人道立场。

(四) 自由流动

西周的士有一定的禄田,可以指使子弟及家内奴隶为其劳作,自身以执干戈、卫社稷为世职。到了春秋时期,各国内乱频仍,一些贵族在斗争中失败而被夺位分室,部分士人因此失去宗主的庇荫,开始流入他乡异域,投入异姓之家,用"策名委质"、"委质而策死"的形式同新主子结成次生的主从关系。进入战国时期,家族普遍解体,打破了迫使士人处于依附地位的最后枷锁,同时也使他们终于丧失了赖以立足的血缘凭借,而被彻底抛向社会。于是,或负书,或带剑,不远海内之路,往来于王公之朝,便成为这一阶层的新动向。出自文士的战国诸子具有自由流动的特征,应该说正是士人历史发展的必然结果。而教育的开放可以使平民通过学习变成文士,又让这支自由流动的队伍在来源上不断得到新的补充。

春秋战国之际,文士、武士已开始分途。武士奉"士为知己者死"为信条,以"国士蓄我者,我亦国士事之",成为游侠或刺客。文士以弘道为己任,"笃信善学,守死善道。危邦不入,乱邦不居","道不行,乘桴浮于海"②。曾子认为:士不可以"怀居",士不可以不弘毅",因为"任重而道远"。他进一步解释说:"仁以为己任,不亦重乎?死而后已,不亦远乎③?"可见儒家的弘道就是宣传以仁学为核心的思想体系。实际上,诸子各有其道,"皆自以为至极,而思以其道易天下"。④ 他们或徒众如云,招摇过市,或裂裳裹足,仆仆于途,就是受着弘道目的的驱动,要去完成自己心目中的"以道易天下"的伟大使命。

"义者宜也",既然诸子都怀有弘道的理想,那么,环境、条件宜于梦想成

---

① (清)郭庆藩辑、王孝鱼整理:《庄子集释》卷二中《人间世》,北京:中华书局,1961年;(清)郭庆藩辑、王孝鱼整理:《庄子集释》卷七上《山木》,北京:中华书局,1961年。
② 杨伯峻:《论语译注》泰伯篇,北京:中华书局,1980年;杨伯峻:《论语译注》公冶长篇,北京:中华书局,1980年。
③ 杨伯峻:《论语译注》泰伯篇,北京:中华书局,1980年。
④ (清)章学诚:《文史通义》原道,上海:上海书店,1988年,第37页。

真的就是义，相反，便是不义。"士穷不失义，达不离道"，"以为可为，故为之；为之，天下弗能禁矣。以为不可为，故释之；释之天下弗能使矣①，"义或不义成了士人决定进退去就的准则。

到底怎样才算是义呢？在诸子看来，第一标准也是最要紧的就是"谏行言听"。孟子认为："立乎人之本朝，而道不行，耻也"，"谏行言听，膏泽下于民"，才可以出仕，君臣关系才算成立，否则君臣关系就不能成立，国君死了，也不必为他服丧②。墨子的态度与此差不多。有一次，他派弟子公上过到越国去宣传墨家之道，越王很是喜爱，就对公上过说："子之师苟肯至越，请以故吴之地，阴江之浦，书社三百，以封夫子。"公上过赶紧回来报告，墨子问："子之观越王也，能听吾言，用吾道乎？"公上过说："殆未能也。"墨子便叹道："不唯越王不知翟之意，虽子亦不知翟之意。若越王听吾言，用吾道，翟度身而衣，量腹而食，比于宾萌，未敢求仕。越王不听吾言，不用吾道，虽全越以与我，吾无所用之。"③ 于是，便不再考虑去越国的事。孟子、墨子的话都是孔子所谓君子"谋道不谋食"、"忧道不忧贫"的具体体现④。其实，并不独儒、墨为然，除极少数见利忘义者外，百家争鸣中的各家代表人物都能做到"非其义也，非其道也，一介不以与人，一介不以取诸人"⑤。他们"志意修则骄富贵，道义重则轻王公"，"塊然独立天地之间而不畏，"⑥ 或远，或近，或留，或行，或仕，或不仕，均以其道是否被采纳为指归，才真是值得敬佩的比游侠、刺客品格更高的大勇之人。

除了"谏行言听"，衡量义与不义的第二个标准可以叫做知、诚而有礼。三者既有区别，又有内在关联。知谓知遇、赏识。"柱厉叔事莒敖公，自以为不知，而去居于海上。""子列子穷，容貌有饥色，客有言之于郑子阳者，曰：'列御寇，盖有道之士也，居君之国而穷，君无乃为不好士乎？'郑子阳令官遗之粟

---

① 杨伯峻：《孟子译注》卷十三《尽心上》，北京：中华书局，1960年；许维遹：《吕氏春秋集释》卷二十《恃君览》，北京：中华书局，2009年。
② 杨伯峻：《孟子译注》卷八《离娄下》，北京：中华书局，1960年；杨伯峻：《孟子译注》卷十《万章下》，北京：中华书局，1960年。
③ 许维遹：《吕氏春秋集释》卷十九《高义》，北京：中华书局，2009年。
④ 杨伯俊：《论语译注》卫灵公篇，北京：中华书局，1980年。
⑤ 杨伯俊：《孟子译注》卷九《万章上》，北京：中华书局，1960年。
⑥ （清）王先谦：《荀子集解》卷一《修身篇》，沈啸寰、王星贤点校，北京：中华书局，1988年；（清）王先谦：《荀子集解》卷十七《性恶篇》，沈啸寰、王星贤点校，北京：中华书局，1988年。

数十秉",子列子坚辞不受,笑谓其妻曰:"君非自知我也。以人之言而遗我粟也,至已而罪我也,又且以人之言。此吾所以不受也。"① 可见士人都把能否被知看得很重,正如《管子·四称》篇所说:"君知则仕,君不知则不仕。"岂止不仕,连你的馈赠都不肯收。既然"尊贵富大"皆"不足以来士矣","必自知之然后可",所以"贤主必自知士"②,即要主动了解士,认识他们所持守的道,让他们感受到知遇之恩。要做到这一点是很不容易的,关键在一个诚字。荀子说:"父子为亲矣,不诚则疏;君上为尊矣,不诚则卑。"③ 父子之间尚且不可无诚,战国国君与游士之间已毫无血缘联系,若再缺乏诚意,那还有什么相互信任可言呢?在上者不为在下者所尊谓之卑,弄到上待下不诚,下对上不尊的地步,局面就很尴尬了,最后只有分手。例如,孔子说齐景公,言未行而"致廪丘以为养","听其言而不问其礼",显然是虚与委蛇,孔子便"令弟子趣驾,辞而行",离齐而去④。知和诚存之胸中,发乎四体,形于颜色,便是有礼。"贤者非礼不进,非义不受,"⑤ 国君"欲见贤人而不以其道,犹欲其入而闭之门也。""夫义,路也;礼,门也,"唯有贤君才能"由是路,出入是门"⑥。像魏文侯见段干木,"立倦而不敢息",每过其闾必轼⑦,才堪称有礼的典范,算是摸到了见贤的门径。至于有些人,说是向贤者请教,却又"挟贵而问,挟贤而问,挟长而问,挟有勋劳而问,挟故而问"⑧,架子端得很大,贤者是不屑于回答的。当时的看法是:朝廷上可以用爵别尊卑,乡党间可以用年齿序长幼,论辅世长民,则只能看谁有德、有道。国君充其量不过是爵尊,"恶得有其一而慢其二哉?"所以,"将大有为之君,必有所不召之臣;欲有谋焉,则就之",绝不可呼之即来,挥之即去⑨。齐宣王见颜斶,喝令曰:"斶前!"又见王斗先生,自己不亲身出迎,却让谒者延入,齐襄王与安平君谈话,指名道姓地直呼田单,等等,均

---

① 许维遹:《吕氏春秋集释》卷二十《恃君》,北京:中华书局,2009年;许维遹:《吕氏春秋集释》卷八《观世》,北京:中华书局,2009年。
② 许维遹:《吕氏春秋集释》卷十二《不侵》,北京:中华书局,2009年。
③ (清)王先谦:《荀子集解》卷二《不苟篇》,沈啸寰、王星贤点校,北京:中华书局,1988年。
④ 许维遹:《吕氏春秋集释》卷十九《高义》,北京:中华书局,2009年。
⑤ (清)王先谦:《荀子集解》卷十九《大略篇》,沈啸寰、王星贤点校,北京:中华书局,1988年。
⑥ 杨伯峻:《孟子译注》卷十《万章下》,北京:中华书局,1960年。
⑦ 许维遹:《吕氏春秋集释》卷十五《下贤》,北京:中华书局,2009年;《史记》卷四十四《魏世家》,北京:中华书局,1959年标点本。
⑧ 杨伯峻:《孟子译注》卷十三《尽心上》,北京:中华书局,1960年。
⑨ 杨伯峻:《孟子译注》卷四《公孙丑下》,北京:中华书局,1960年。

不礼之甚。故颜斶亦曰："王前！"并向王指出了"斶前为慕势，王前为趋士"的差异，不肯有丝毫退让。宣王忿然作色曰："王者贵乎？士贵乎？"颜斶理直气壮地回答道："士贵耳，王者不贵。"接着就以秦曾同时下令用重罚保护柳下惠的坟墓、用重赏购取齐王之头为例，证明"生王之头"不若"死士之垄"。当宣王幡然醒悟、要委以官职时，他又表示：只盼"晚食以当肉，安步以当车，无罪以当贵，清静贞正以自虞，安行而反臣之邑屋"，如此足矣！看来还是对宣王是否真正做到了"知、诚而有礼"信不过。王斗先生等对齐王们的态度与颜斶差不多①，说明贤士对自己标榜的义都能身体力行，并非说说而已。

　　通过对历史经验和游说实践的总结，孔、墨、孟、荀、韩诸大师还提出了一些融汇各项指标在内的综合性的入仕原则。例如，孔子对伯夷的"治则进，乱则退"和伊尹的"治亦进，乱亦进"加以折中，开始强调士的价值取向必须以道为依归，认为正确的态度是："可以仕则仕，可以止则止，可以久则久，可以速则速"②。墨子主张"背禄而向义"，反对"背义而向禄"③。孟子表示要学习孔子的做法，在"君子何如则仕"这一问题上，他总结了"三就三去"。即"迎之致敬以有礼；言，将行其言也，则就之。礼貌未衰，言弗行也，则去之。其次，虽未行其言也，迎之致敬以有礼，则就之。礼貌衰，则去之。其下，朝不食，夕不食，饥饿不能出门户……周之，亦可受也。"但又立即补充说：若为贫而仕，只能"辞尊居卑，辞富居贫"，弄个"抱关击柝"的位置就可以了，绝不可欲仕而不由其道，如钻穴隙。孟子的"三就三去"说看似尺度很宽，实乃是针对战国中期士的复杂情况分等而言的，下层的"抑禄之士"为免冻饿，不妨曲就，作为上层的"正身之士"，他们"无恒产而有恒心"，一向以"安贫乐道"自命，认为"胁肩谄笑，病于夏畦"，怎肯为犬马之养而"枉道仕人"呢？④ 到了荀子，社会更加开放，他便进一步以"从道不从君"相标榜，公开宣称："诸

---

① （西汉）刘向：《战国策》卷十一《齐策四》，上海：上海古籍出版社，1978年；（西汉）刘向：《战国策》卷十三《齐策六》，上海：上海古籍出版社，1978年。
② 杨伯俊：《孟子译注》卷三《公孙丑上》，北京：中华书局，1960年。
③ 吴毓江撰：《墨子校注》卷十一《耕柱》，孙启治点校，北京：中华书局，1993年。
④ 杨伯峻：《孟子译注》卷十二《告子下》，北京：中华书局，1960年；杨伯峻：《孟子译注》卷十《万章下》，北京：中华书局，1960年；杨伯峻：《孟子译注》卷六《滕文公下》，北京：中华书局，1960年；杨伯峻：《孟子译注》卷一《梁惠王上》，北京：中华书局，1960年。

侯之骄我者，吾不为臣；大夫之骄我者，吾不复见。"① 他的学生韩非也曾表示："夫为人臣者，君有过则谏，谏不听则轻爵禄而去，此人臣之礼义也"。② 从总体上来看，诸家大师的意见对战国士人的影响是非常深远的。

由于士人多能死守善道，不慕势利，崇尚直言正谏而不肯轻为附就，所以，这个阶层在历史发展过程中形成的流动性特征又因风气的激扬进一步被加强了。孔子周游列国，历经齐、卫、曹、宋、陈、蔡、叶、楚；墨子曾仕于宋，北至齐，西使卫，屡游楚，客于鲁阳，又欲适越而未果；孟子先后两次到过齐国，又去过宋国、滕国、鲁国、梁国，其间，两次回到他的母邦邹国，最后终老于邹；荀子年五十（一说年十五）游学于齐，齐襄王时，复入稷下学宫为祭酒，又去齐适楚，去楚归赵，应聘赴秦，晚年居于楚之兰陵，等等，所举虽为显例，但窥一斑而可知全豹，仅此已足证战国士人自由流动之剧烈。其中，孔、孟或阨于陈蔡，或困于齐梁，固然可归咎于学说的曲高和寡，同时，恐怕更是他们坚持"进以礼，退以义"、取舍不苟等原则所能带来的必然结果。孔子每到一地，总是先试一下，各种征兆证明他的主张能行得通，而国君却不肯去做，便会选择动身离开，"是以未尝有所终三年淹也③"，这句话一语破的，道出了士无不游的一个重要原因。而部分士人为了洁其身不汙于乱世，竟终生不出来做官，只同国君保持一种师、友关系，那就另是一番境界了。更有甚者，认为世间只有生命最重要，"论其贵贱，爵为天子，不足以比焉；论其轻重，富有天下，不可以易之；论其安危，一曙失之，终身不可复得"，所以主张"全生为上，亏生次之，迫生为下④，"把在名利重压下的苟活看得连死都不如，实已发"不自由，毋宁死"之先声。他们或"称匹夫，徒步而处农亩"，"生耕稼以老十室之邑"；或离俗弃尘，身处山林岩穴，"聚橡栗藜藿而食之"；或不为有国者所羁，"宁游戏污渎之中自快"，代表了士人流动的另一独特趋向。《吕氏春秋·谨听》篇说：欲求真正的"有道之士"，需要让眼界超越市朝，必"于四海之内，山谷之中，僻远幽闲之所"，反映出这一趋向也颇具规模，不可小视。

综上所述，自由著述、自由讲学是百家争鸣的前提和基础；自由批评是百

---

① （清）王先谦：《荀子集解》卷九《臣道篇》，沈啸寰、王星贤点校，北京：中华书局，1988年；（清）王先谦：《荀子集解》卷十九《大略篇》，沈啸寰、王星贤点校，北京：中华书局，1988年。
② （清）王先慎撰：《韩非子集解》卷十五《难一》，锺哲点校，北京：中华书局，1998年。
③ 杨伯峻：《孟子译注》卷十《万章下》，北京：中华书局，1960年。
④ 许维遹：《吕氏春秋集释》卷一《重己》，北京：中华书局，1985年。

家争鸣的基本内容；人格独立和自由流动是百家争鸣的重要保障。四项皆备，百家争鸣就可以成立，否则，百家争鸣就无从谈起。有自由就有创造，有自由才能使各种思想火花竞相迸发，使各种新知喷涌而出，从而造成百花齐放式的真正的学术繁荣。因此，我们完全可以说自由是百家争鸣诸特征中的核心特征。

二、战国时期的百家争鸣成了历史的绝唱

战国时期，要求由分裂割据走向统一渐成大势所趋，加之"得一察焉以自好"原为天下人之通病，学者难免要"各为其所欲焉以自为方"①，以至于走到"人以自是，反以相非"②。故而，在百家争鸣的大潮中，早就隐藏着渴望规范舆论的潜流，姹紫嫣红的学术园地里，文化专制主义的根苗一直都在悄然继长增高，并终于成为参天大树，造成"松柏之下，其草不殖"的局面，更不给自由的思想之花留下得以绽放的条件和机会。

孔子在《论语·为政》篇里说："攻乎异端，斯害也已。"异端是指与儒学不合的议论。攻字在《论语》中出现过四次，除此篇外，有《先进》篇的"小子鸣鼓而攻之"，《颜渊》篇的"攻其恶，无攻人之恶"等，句中的三个攻字都当攻击讲，这里也不应例外，但可引申为批判。有人主张把《为政》篇的攻字理解为治学的治，不仅缺乏证据，而且与《论语》词法、句法不合，甚不足取③。强调通过批判异端邪说来消除祸害，正反映出孔子的思想里已含有文化专制主义的因素。至于他"为鲁摄相，朝七日而诛少正卯"一段公案，《荀子·宥坐》篇、《史记·孔子世家》、《尹文子·大道》篇下、《吕氏春秋》、《说苑》、《家语》等，均有明确记录，而阎若璩的《四书释地》、崔述的《洙泗考信录》、梁玉绳的《史记志疑》却力辨其无，至今信疑参半。倘孔子果行此举，他便不仅是一个文化专制主义的倡导者，而且已开始付诸实践了。因为在少正卯的罪状中，就有"言伪而辩"、"聚徒成群"、"饰邪营众"等条目，很显然是被当做思想异端分子处死的。总之，我们起码可以说，孔子虽然是百家争鸣的奠基人，但他却并不赞成百家争鸣。他所希望的是儒家之道大行于天下，而不是诸说并存，竞流并逐，以至造成纷然淆乱的局面。

---

① （清）郭庆藩辑、王孝鱼整理：《庄子集释》卷十下《天下》，北京：中华书局，1961年。
② 许维遹：《吕氏春秋集释》卷十五《察今》，北京：中华书局，1985年。
③ 杨伯峻：《论语译注》为政篇，北京：中华书局，1980年，第18页。

稍后于孔子的墨子也为"天下之人异义"的问题忧心忡忡。他说:"一人则一义,二人则二义,十人则十义,其人兹众,其所谓义者亦兹众",如果任凭"人是其义,以非人之义"的"交相非"发展下去,必然带来"内者父子兄弟作怨恶,离散不能相和合,天下之百姓,皆以水火毒药相亏害"的结果,有余力者"不能以相劳",富者"腐朽余财不以相分",贤者"隐匿良道不以相教",岂不是要天下大乱、社会分崩离析、人变得与禽兽无别了吗?他开出的治世良药叫"尚同"。其具体做法为:里之万民皆尚同于里长,去已不善言,学里长之善言;去已不善行,学里长之善行;里长之所是,必皆是之;里长之所非,必皆非之。依次类推,里长尚同于乡长,乡长尚同于国君,国君尚同于天子,天子尚同于天,最终即可达到"一同天下之义"、"治天下之国若治一家,使天下之民若使一夫"的目的。尽管墨子在讲尚同的同时,又强调尚贤,甚至提出过"官无常贵而民无终贱"、"虽在农与工肆之人,有能则举之"的任官原则,他理想中的天子、国君、乡长、里长都是经过选择的"贤可者",但只允许天下有一种声音,只允许在下位的人照着在上位者的样子去想、去说、去做,这便不能不说具有极端专制主义的明显倾向。墨子自己也知道真的要做到"一同天下之义"是有困难的,所以早就想好了"富贵以道其前,明罚以率其后"、"以连收天下之百姓不尚同其上者"的高招①,并在《天志》、《明鬼》篇中,反复论证天与鬼神均有赏善罚暴的功能,以资恐吓。由此可见,文化专制主义从一开始就很注意借助于利诱、强权和迷信。

《孟子》一书与《论语》不同,已不是简单的语录体。"观七篇笔势如镕铸而成,非缀辑可就","首尾文字一体,无些字瑕疵",分明是孟老夫子亲自动手,才得如此之好。所以,其中的文化专制主义情绪也表现得活灵活现。公都子曰:"外人皆称夫子好辩,敢问何也?"孟子立即十分激动地回答说:"昔者禹抑洪水而天下平,周公兼夷狄,驱猛兽而百姓宁,孔子成《春秋》而乱臣贼子惧……我亦欲正人心,息邪说,距诐行,放淫辞,以承三圣者;岂好辩哉?予不得已也。"是什么情况让他按捺不住,非要站出来大声疾呼呢?据孟子自己说,那便是"世道衰微,邪说暴行有(又)作","诸侯放恣,处士横议"。尤其

---

① 吴毓江撰:《墨子校注》卷三《尚同上》,孙启治点校,北京:中华书局,1993年;吴毓江撰:《墨子校注》卷三《尚同下》,孙启治点校,北京:中华书局,1993年;吴毓江撰:《墨子校注》卷二《尚贤上》,孙启治点校,北京:中华书局,1993年。

让他看不下去的是"杨朱、墨翟之言盈天下,天下之言不归杨,则归墨。"任其下去,儒家的学说便得不到阐扬,仁义的道路便被堵塞了。于是,他公开向杨、墨两家宣战说:"杨氏为我,是无君也;墨氏兼爱,是无父也。无父无君是禽兽也。"而用杨、墨的邪说欺骗百姓、堵塞仁义,简直就是"率兽而食人"。可见,孟子所说的"息邪说,距诐行,放淫辞",首先就是要把杨朱、墨翟两派的学说彻底扑灭,使它们不得"作于其心,害于其事;作于其事,害于其政"①。此外,孟子还对许行的"贤者与民并耕而食"、告子的"仁内义外"、"人性之无分于善不善",以及齐士巨擘陈仲所标榜的廉等,进行过严厉的批评和痛斥,并骂背离儒者陈良、而服膺许行学说的陈相兄弟是"下乔木而入于幽谷者"。② 这些情况说明,孟子虽常以"先王之道"的捍卫者自居,他所捍卫的实际只不过是儒者的一家之言。

荀子生活的时代又后于孟子,已近战国晚期了。为了呼唤即将出现的统一,他对规范舆论的重要性做了较为充分的论证。首先,荀子明确提出了"天下无二道,圣人无二心"的观点,认为正是"诸侯异政,百家异说"才造成了社会的动乱。并分析出现这种现象的认识根源说:万物不过是道的一偏,一物又是万物的一偏,愚者仅看到了一物的某一方面,就自以为知"道",实际上是最大的无知,各派学者虽"辩说譬喻,齐给便利",却都"蔽于一曲,暗于大理",统统是"无用之辩","无用之辩"是"治之大殃"、"古之大禁也",必须予以根绝③。其次,荀子对孔子"民可使由之,不可使知之"的说法加以继承和发展④,形成了"民易一以道而不可与共故"的愚民思想。故,指事物之理,谓所以然也。在荀子看来,对民众只可用道来整齐其行为,完全没有必要让他们明其所以然。因此,什么虚实之别,什么坚白异同之辩,"王公好之则乱法,百姓好之

---

① 杨伯峻:《孟子译注》卷六《滕文公下》,北京:中华书局,1960年。
② 杨伯峻:《孟子译注》卷五《滕文公上》,北京:中华书局,1960年;杨伯峻:《孟子译注》卷十一《告子上》,北京:中华书局,1960年;杨伯峻:《孟子译注》卷六《滕文公下》,北京:中华书局,1960年。
③ (清)王先谦:《荀子集解》卷十五《解蔽篇》,沈啸寰、王星贤点校,北京:中华书局,1988年;(清)王先谦:《荀子集解》卷十一《天论篇》,沈啸寰、王星贤点校,北京:中华书局,1988年;(清)王先谦:《荀子集解》卷三《非十二子篇》,沈啸寰、王星贤点校,北京:中华书局,1988年。
④ 杨伯峻:《论语译注》泰伯篇,北京:中华书局,1980年。

则乱事",还是尽量不要让人们接触为好。① 再次,对如何禁绝"无用之辩"而"一民以道",荀子设计了进行综合治理的政策框架,叫做:"临之以势,导之以道,申之以命,章之以论,禁之以刑。"又特别强调说:以往之所以辩说起、奸言繁,关键是"君子无势以临之,无刑以禁之。"可见在五者当中,他虽然不忘像持绳墨以正曲直那样,通过弘扬正道、正论来驳倒奸言、奸说,但凭倚的却是威权、政令和刑罚。最后,荀子正式把孔子抬到超迈诸子的至尊地位,试图打出一块金字招牌来"总方略,齐言行,壹统类,群天下之英杰",表面上是要用大儒之教统一思想,统一认识,统一行动,实际上是要大家都接受他通过继承孔子而创立的礼治学说。为此,他专门著有《非十二子》一篇,在对六说十二子逐个痛斥、做足了铺垫之后,俨然以学术裁判长的身份宣布说:"告之以太古,教之以至顺,奥窔之间,簟席之上,敛然圣王文章具焉,佛然平世之俗起焉,六说者不能入也,十二子者不能亲也,无置锥之地,而王公不能与之争名……仲尼、子弓是也。"既然有如此伟大的人物和他们的"圣王文章",那么,"今夫仁人也,将何务哉?"没有别的选择,只要"务息十二子之说"、务法仲尼之义就可以了,哪里还用得着辩论不休?大家若都肯这样做,"则天下之害除,仁人之事毕,圣王之迹著矣。"荀子对儒家的作用被忽视大为不满,他对秦昭王说:大儒之效就是"谨乎臣子而致贵其上",你们为什么看不到呢?细品荀书,觉得他吐露的确为肺腑之言。试想,倘若上述他向统治者提供的条陈都落实了,则"慎墨不得进其谈,惠施、邓析不得窜其察",全天下之人皆一于道,"农以力尽田,贾以察尽财,百工以巧尽械器,士大夫以上莫不以仁厚智能尽官职"②,再无其他杂音,在上位者焉得不贵,臣子焉得不谨,而下民又焉得不顺!所以,荀子才是中国文化专制主义理论的奠基人,荀派儒学对古代专制制度的建设产生了不可估量的影响。

韩非是荀子的学生。他和荀子一样,主张"一统类,齐言行",反对"兼听杂学缪行同异之辞"③。但他又突破了荀子的学说,在构建文化专制主义理论的道路上走得更远。第一,由于统一在即,兼并愈益激烈,韩非便把是否有利于

---

① (清)王先谦:《荀子集解》卷十六《正名篇》,沈啸寰、王星贤点校,北京:中华书局,1988年。
② (清)王先谦:《荀子集解》卷四《儒效篇》,沈啸寰、王星贤点校,北京:中华书局,1988年;(清)王先谦:《荀子集解》卷二《荣辱篇》,沈啸寰、王星贤点校,北京:中华书局,1988年。
③ (清)王先慎:《韩非子集解》卷十九《显学》,锺哲点校,北京:中华书局,1998年。

治强、有利于耕战看成衡量学术活动的主要标准。他说："居学之士，国无事不用力，有难不披甲"，居然还受到统治者的礼敬，"耕者则重税，学士则受赏"，其结果必然会"惰修耕战之功"，造成国中"儒服带剑者众而耕战之士寡"，这样下去，"索民之疾作"不可得也，"索民之疾战距敌"也不可得也，"索国之富强"更不可得也。因此，唯一的出路是绝"辩说文丽之声"而"谋治强之功"①。第二，韩非的"治强之功"完全要靠法令来维持。从确保法令尊严的立场出发，他更把私学当做加强统治、稳定社会的对立物。韩非认为，"所以治者，法也；所以乱者，私也"，法和私的矛盾就是治和乱的矛盾，是永远不能调和的。允许士人有二心于私学，就会"大者非世，细者惑下"，假如再"从而尊之以名，货之以富"，他们必定益发嚣张，会故作巧诈，诽谤法令，做出种种"与世相反"的事情来。察古观今，"凡乱上反世者，常士之有二心于私学者也"，所以他便得出结论：听任"圣智成群，造言作辞"，就是"教下不听上，不从法"，只有对私学严加"禁塞"，才能使"上不胜下"的问题得到彻底解决②。第三，既然耕战和法治是硬道理，其他什么都可以不考虑，那么，韩非所要禁止的便不是某家学说，而是包括儒家在内的一切学派和这些学派的一切学术活动。他不仅把"贵生之士"说成是"畏死远难"的"降北之民"，把"文学之士"说成是"学道立方"的"离法之民"，把"有能之士"说成是"游居厚养"的"牟食之民"，把"辩知之士"说成是"语曲牟知"的"伪诈之民"，把"磏勇之士"说成是"行剑攻杀"的"暴憿之民"，把"任誉之士"说成是"活贼匿奸"的"当死之民"；而且公开斥责儒、墨之学为"愚诬之学"，并特别挑出"儒以文乱法，侠以武犯禁"的现象，作为重点整治的目标③。在《韩非子》一书中，他还用较多的篇幅对儒家的仁义惠爱进行了系统批判。在韩非看来，只有"赴险殉诚"的"死节之民"，"寡闻从令"的"全法之民"，"力作而食"的"生利之民"，"嘉厚纯粹"的"整穀之民"，"重命畏事"的"尊上之民"，"挫贼遏奸"的"明

---

① （清）王先慎：《韩非子集解》卷十一《外储说左上》，锺哲点校，北京：中华书局，1998年；（清）王先慎：《韩非子集解》卷十七《问辩》，锺哲点校，北京：中华书局，1998年。
② （清）王先慎：《韩非子集解》卷十七《诡使》，锺哲点校，北京：中华书局，1998年；（清）王先慎：《韩非子集解》卷一《难言》，锺哲点校，北京：中华书局，1998年。
③ （清）王先慎：《韩非子集解》卷十八《六反》，锺哲点校，北京：中华书局，1998年；（清）王先慎：《韩非子集解》卷十九《显学》，锺哲点校，北京：中华书局，1998年；（清）王先慎：《韩非子集解》卷十九《五蠹》，锺哲点校，北京：中华书局，1998年。

上之民",才是真正的好百姓,社会由这些人构成就够了,根本不需要什么"贤察之士"、"博习辩智之徒"、"修孝寡欲"之行或"坚白"、"无厚"之词①,甚至也不需要荀子所谓的"导之以道"、"章之以论"。这样,在其老师提出的加强文化专制的五大措施中,至少有两条已被他扬弃了。第四,在彻底否定了"道"和"论"的作用之后,可用的手段自然只剩下了威势、法令和严刑。韩非明确提出要"息文学而明法度",要废"书简之文"而"以法为教",废先王之语而"以吏为师",并把学者、言古者、带剑者、患御者和商工之民视作危害国家的五大蠹虫,要求以"行诛无赦"的原则加以铲除②,这样,文化专制主义便终于被集中体现为惩罚主义,从而达到了登峰造极的程度。

但是,我们又必须看到,如果少正卯被杀一事不能坐实的话,上述文化专制主义的理论大致仍停留在字面上。这一来是因为,从孔子到韩非终其一生基本上未能改变自身学者身份,自己尚且常常叹息于"说难","悲廉直不容于邪枉之臣",甚至"干七十余君无所遇",自然无法凭借政治强势将理想化为现实;二来应该说也与中原地区的文化风貌有密切关联。那时,六国的统治者热衷于尊贤、兴学和养士,即使民间,似乎也洋溢着饱满的学术热情。《史记·儒林列传》说:"天下并争于战国,儒术既绌焉,然齐、鲁之间独不废也。"又说:"夫齐、鲁之间于文学,自古以来其天性也。"所谓天性,可以理解为一种文化底蕴,而文中的儒术、文学等词语,则实为对各家学术的总括。专制主义的理论之树虽已长成,但在已习惯于培植百花的园圃里,一时还难于找到合适的气候和土壤,这也是一种十分自然的社会现象。

幸而中国很大,正所谓东方不亮西方亮,黑了南方有北方。文化专制主义在中原各国之君那里没有博得十分的垂爱,却在西边的秦国,找到了得以大行其道的舞台。

据说秦人出自东夷,但长期僻处西陲,难免会与西方的羌戎同风同俗。洞室墓、屈肢葬和带铲形足端的袋足鬲,被考古界视为秦、羌戎共有的文化现象,不无道理;进而把秦、戎文化视为同一文化系统,也未尝不可。只是后来情况发生了较大变化。秦襄公被周平王封为诸侯;秦文公大败戎人,迁居于汧渭之

---

① (清)王先慎:《韩非子集解》卷十八《六反》,锺哲点校,北京:中华书局,1998年。
② (清)王先慎:《韩非子集解》卷十八《八说》,锺哲点校,北京:中华书局,1998年;(清)王先慎:《韩非子集解》卷十九《五蠹》,锺哲点校,北京:中华书局,1998年。

会，遂收周之余民而有之，占领了周的全部西土；秦穆公西向讨戎，灭国十二，开地千里，成为一方霸主；这些重大政治事件奠定了秦足以与东边各诸侯国抗衡的基础。而统治者积极采用周的礼俗，又使秦文化从羌戎文化中分离出来，开始走上了融入华夏文化的道路。进入岐周地区后，秦人除依照传统继续祭祀白帝外，开始兼祭黄帝、炎帝和青帝，并自称是帝颛顼之苗裔，这种主动和华夏族的祖神联系起来的做法，既是为了更便于统治"周之余民"，也表明了自身对华夏文化的仰慕。据《史记·秦本纪》记载：秦文公十年，"初作鄜畤，用三牢，十三年，初有史以记事"；秦德公二年，"初伏，以狗御蛊"。上层贵族带头用周的牢礼祭祀，设史官以记事，于四门杀狗驱疫，居然使"民多化者"，可见秦文化脱开羌戎文化而渐行渐远，已是不争的事实。不巧的是，当秦人开始大量吸收华夏文化的时候，华夏各国却出现了礼坏乐崩，他们所学到的，很可能只是残余和皮毛。相对而言，秦国始终都没有成为真正的礼乐之邦，当然也不是与礼乐文化有千丝万缕联系的各派学术传播和辩论的中心区。在秦地，人民住的是板屋；父子男女无别，同室而居；高兴时，"击瓮叩缶，弹筝搏髀，而歌呼呜呜以快耳"，"纵情性，安恣睢，慢于礼义"，远不如"齐鲁之孝具敬父。①"北地、上郡一带，更是高尚气力，以射猎为先，故《诗经·秦风》多言车马田狩之事。直到秦孝公时，各国对秦仍"夷狄遇之"，不与会盟，以致使秦孝公感到"诸侯卑秦，丑莫大焉"②。总之一句话，这里文化积淀不厚，尚有野蛮遗风，固然很不值得炫耀，却因较少因袭的负担而为专制学说的推行提供了方便。

正在此时，商鞅到了秦国。商鞅原为卫之庶孽公子，少好刑名之学。魏文侯时，李悝为相，务尽地力之教，又集诸国刑典，著为《法经》六篇，颁行境内。鞅之居地既近，自当耳目习之，学业益进。及长，事魏相公叔痤，为中庶子，却始终得不到魏惠王的信任。公叔痤既死，鞅闻秦孝公下令求贤，乃西入秦，先以帝道、王道说君，君之志"不开悟"，"时时睡弗听"，又说以"强国之术"，孝公才大悦之，"不自知膝之前于席也，语数日不厌。"于是，"以鞅为左庶长，卒定变法之令"，"行之十年，秦民大悦"，"妇人婴儿皆言商君之法"，以

---

① 程俊英：《诗经译注》秦风，上海：上海古籍出版社，1985年；《史记》卷六十八《商君列传》，北京：中华书局，1959年标点本；《史记》卷八十七《李斯传》，北京：中华书局，1959年标点本；（清）王先谦：《荀子集解》卷十七《性恶篇》，沈啸寰、王星贤点校，北京：中华书局，1988年。

② 《史记》卷五《秦本纪》，北京：中华书局，1959年标点本。

至于后来"孝公商君死,惠王即位",而"秦法未败也"①。

商鞅所谓的强国之术核心就是以"农战"为"一务",围绕富国强兵的目标,构建专制统治体系。要了解这个体系的内容,当然要看《商君书》。但学者普遍认为,该书今存24篇并非出自一人之手,而是从秦孝公到秦始皇统一天下后共一百多年间、由商鞅及其历代传人陆续写成的,郑良树先生将成书过程划分为五期②。除写于秦统一以后的篇章外,在前四期中,不仅文化专制主义的倾向越来越强烈,而且越来越明确地把诗书礼乐之士视作首先需要打击的目标。这就意味着秦国本来就很孱弱的礼乐文化,很快又在有碍农战的罪名下遭到封杀。

例如,在第一期的《垦令》篇里,商鞅就已提出要打击五类有害于农战的人,但其所指还只有褊急之民,狠刚之民,怠惰之民,费资之民,巧谀、恶心之民,大体仅以人性为断。到他死后,在第二期的作品《算地》篇里,打击的对象仍是五类,具体内容却变成了《诗》、《书》谈说之士、处士、勇士、技艺之士、商贾之士;首列儒家学者,其次是道家、游侠及工商。而在该期的《农战》篇里,又把打击的对象扩大为十类,即《诗》、《书》、礼、乐、善、修、仁、廉、辨、慧,儒家学者至少要占六种。第三期的《去强》篇把打击的对象归纳为"八者"或"十者"。"八者"是:《诗》、《书》、礼、乐、孝、弟、善、修。儒家依旧作为指斥的主要目标,其变化是赫然列入了孔子倡导最力的孝悌。第四期的作品别出心裁地把要打击的人称为"六虱"。如《靳令》篇说,"六虱:曰礼、乐;曰《诗》、《书》;曰修善、曰孝悌;曰诚信、曰贞廉;曰仁、义;曰非兵、羞战。"礼、乐、《诗》、《书》、修善、孝悌、诚信、贞廉、仁、义等自为儒家无疑,非兵、羞战所指则应是墨家。从其他各篇的文字看,对于任侠、纵横家、商贾,也始终不肯放过。商鞅应死于秦惠文王元年,其后,在秦陆续主政的有张仪、樗里疾、甘茂、魏冉、范雎、蔡泽、吕不韦、李斯等。除吕不韦曾"使其客人人著所闻"、编《吕氏春秋》、试图为秦引进一点新风而终遭失败外,其余诸人在治国理论上均无建树,反而屡屡称述商君之法③。我们完全有理

---

① 《史记》卷六十八《商君传》,北京:中华书局,1959年标点本;(清)王先慎:《韩非子集解》卷十七《定法》,锺哲点校,北京:中华书局,1998年。
② 郑良树:《商鞅及其学派》,上海:上海古籍出版社,1989年。
③ 《史记·范雎蔡泽传》,北京:中华书局,1959年标点本;《史记》卷八十七《李斯传》,北京:中华书局,1959年标点本。

由相信，秦自孝公以后，始终仍以商鞅及商鞅学派的学说作为政治上的指导思想，甚至《商君书》中的多数篇章就是商门后学为适应变化了的形势向统治者所提供的政策法案。荀子在应对范雎"入秦何见"的提问时，明确回答说："无儒"乃"秦之所短也"①。在一定意义上，荀子所谓的"无儒"就是无文化。"无儒"局面的造成正是秦国长期实践商鞅及商鞅学派专制主义政策的直接结果。

荀子知道秦国用"劫之以势，隐之以阨，狃之以庆赏，鰌之以刑罚"的办法，使"民所以要利于上者，非斗无由"②，不失为应对激烈竞争局面的良策，但却深以"无儒"为憾，故仅到秦做了短期的考察和游历，即匆匆而返。而他的另一位学生李斯却不甘"久处卑贱之位，困苦之地"，并认为方今"六国皆弱"，"秦王欲吞天下，称帝而治"，正"布衣驰鹜之时，而游说者之秋也"，于是，怀着"得时毋怠"的抱负，毅然辞别荀卿，西说秦王，先后被任命为长史、廷尉、丞相。秦听其计，亲信倚重达二十余年③。其间，韩非的著作也开始西传，秦王政见《孤愤》、《五蠹》之篇曰："嗟乎！寡人得见此人与之游，死不恨矣。"便派兵攻韩，韩王不得已，只好遣韩非使秦，秦王悦之。虽未及信用而被李斯、姚贾害死，但由于统治者高度重视，其书却得以保存，"传于后世，学者多有。"④。很显然，通过韩非、李斯的桥梁作用，文化专制主义的东西壁垒打破了，理论和实践的距离进一步拉近了，荀子的某些"局限性"也被他的两个大弟子突破了。而且，韩非还对在各国变法改革中涌现出来的早期法家思想进行了批判性的总结。他说："公孙鞅之治秦也，设告坐而责其实，连什伍而司其罪，赏厚而信，刑重而必。是以其民用力，劳而不休，逐敌而不却，故其国富而兵强；然而无术以知奸，则以其富强也资人臣而已"；"申不害言术"，却"不擅其法，不一其宪令，则奸多。""故托万乘之劲韩十七年而不至于霸王者，虽用术于上，法不勤饰于官之患也。"他的结论是："君无术则弊于上，臣无法则乱于下，此不可一无，皆帝王之具也。"⑤ 不仅如此，他还认为"贤智之未足以服众，而势位足以屈贤"，"民者固服于势，寡能怀于义"，因而十分赞赏慎到的

---

① （清）王先谦：《荀子集解》卷十一《强国篇》，沈啸寰、王星贤点校，北京：中华书局，1988年。
② （清）王先谦：《荀子集解》卷十《议兵篇》，沈啸寰、王星贤点校，北京：中华书局，1988年。
③ 《史记》卷八十七《李斯传》，北京：中华书局，1959年标点本。
④ 《史记》卷六十三《老子韩非传》，北京：中华书局，1959年标点本。
⑤ （清）王先慎：《韩非子集解》卷十七《定法》，锺哲点校，北京：中华书局，1998年。

"势治主义",高度强调保持国君绝对威势的重要性,主张以抱法、处势、用术三位一体的办法来治理国家①。正是有了韩非,早期法家各派才得以扬长避短而熔为一炉,变得既系统又完备。秦王政对韩非的书击节赞叹,可能就是由于它有效弥补了商君之法的不足。然而,在今天看来,韩非把法置于至高无上的地位,要求法令公开,罚不避亲贵等,固然有其值得肯定的一面,但他的法治学说却出自性恶论,提倡法治的唯一目的是维护君主独裁。这就不能不在讲法律至上的同时,又讲权力至上,造成自相矛盾,并且必须乞灵于以深藏不露、不择手段为特色的阴谋权术。所以,韩非的法治思想在本质上是专制、集权与阴谋,与以保护基本人权为宗旨的现代法制精神根本相悖谬。韩商合流并借李斯之手化理论为行动,与其说是中国法治的进步,毋宁说预示着文化悲剧的正式开场。

果然,秦始皇不久即完成了统一,由商鞅及其后继者长期实践,又经韩非修正的法家思想挟政治威势成为笼盖全国的统治思想。随之,以取缔自由、毁灭知识、对学者实行全面专政为内容的文化专制主义惨剧便结束了它稍嫌拖沓的序幕,闪电雷鸣般地敲响了出台锣鼓。公元前213年,借博士淳于越建言师古分封,李斯上书曰:"古者天下散乱,莫之能一,是以诸侯并作,语皆道古以害今,饰虚言以乱实,人善其所私学,以非上之所建立。今皇帝并有天下,别黑白而定一尊,私学而相与非法教,人闻令下,则各以其学议之。入则心非,出则巷议,夸主以为名,异取以为高,率群下以造谤,如此弗禁,则主势降乎上,党与成乎下。"为此,他提请皇上批准,把《秦纪》以外的史书和天下百姓所藏的"诗、书、百家语"全部焚毁,今后有敢偶语诗书者弃市,以古非今者灭族,官吏发现后不及时举报则与犯禁者连坐同罚,令下三十日不烧者"黥为城旦",发配北地服筑作之役。秦始皇"可其议",一时间,代表古代人类文化结晶的儒书和诸子著作多被付之一炬,只剩下《秦纪》和纯属实用性质的医药、卜筮、种树之书。次年,又因卢生、侯生见秦始皇"贪于权势",不愿为其求仙药而亡去,始皇大怒,乃以诽谤的罪名将诸生四百六十余人"皆坑之咸阳,使天下知之以惩其后",并将各地读书人大量徙往边郡②。后来,秦始皇病死于沙

---

① (清)王先慎:《韩非子集解》卷十七《难势》,锺哲点校,北京:中华书局,1998年;(清)王先慎:《韩非子集解》卷十九《五蠹》,锺哲点校,北京:中华书局,1998年。
② 《史记》卷六《秦始皇本纪》,北京:中华书局,1959年标点本。

丘，李斯与赵高共谋立秦二世为皇帝，却受到赵高的一再陷害和排挤，为邀宠固位，他竟丧心病狂地建议秦二世"行督责之术"，说什么"督责之术设"，群臣百姓就会"救过不给，何变之敢图？"秦二世深以为然，不仅益发致力于"灭仁义之途，掩驰说之口，困烈士之行，塞聪掩明，内独视听"，而且以"税民深者为明吏"、"杀人众者为忠臣"，在严厉的督责下，最终造成"刑者相半于道，而死人成积于市"的局面①。

在冷兵器时代，决定战争胜负的主要是勇力而不是科学技术，这就使得互斗的结果往往是落后打败先进，野蛮战胜文明。商灭夏、周灭商是如此，秦灭六国也是如此。所以，统一固然符合时代的潮流，但它所带来的却未必都是历史的进步。孔子要"攻乎异端"，墨子要"一同天下之义"，孟子要"息邪说，正人心"，荀子要"齐言行，壹统类"，他们的理想由法家用剑与火的形式实现了，孔、墨、孟、荀之书和百家之言也统统被当做异端邪说而遭禁绝，他们碰在了自己理想的碑上。沐浴着自由之风成长起来的各派学者在变故面前束手无策，活泼生动的诸子学术顷刻间灰飞烟灭，中国的知识界一下子落入了万丈深渊。

可是，秦的做法毕竟太严苛了。"重禁文学，不得挟书"，"专为自恣苟简之治"，又"繁刑严诛，吏治刻深，赏罚不当，赋敛无度"，搞得"群臣人人自危，欲叛者众②"。秦始皇"自以为关中之固，金城千里，子孙帝王万世之业"，可以"二世、三世至千万世，传之无穷"③，岂料"坑灰未冷山东乱"，在他死后的第二年，轰轰烈烈的秦末农民起义便爆发了。一些学者趁机从壁藏中偷偷取出保存下来的典籍，在民间私相传授，讲诵演习；而另一些人，则直接加入了起义军，投身到反秦斗争的行列中来。如孔子之后孔甲就"持孔氏之礼器，往归陈王"，"卒与陈涉俱死"④；叔孙通、郦食其、陆贾等，则襄赞刘邦，各有建树。由此看来，文化就像深植于土地中的草木，"野火烧不尽，春风吹又生"，是无法斩尽杀绝的。用极端的办法对待它，除了招致激烈反抗之外，不会有别的结果。

---

① 《史记》卷八十七《李斯传》，北京：中华书局，1959年标点本。
② 《汉书》卷五十六《董仲舒传》，北京：中华书局，1962年标点本；《史记》卷六《秦始皇本纪》，北京：中华书局，1959年标点本；《史记》卷八十七《李斯传》，北京，中华书局，1959年标点本。
③ 《史记》卷六《秦始皇本纪》，北京：中华书局，1959年标点本。
④ 《史记》卷一百二十一《儒林传》，北京：中华书局，1959年标点本。

夹缝中的自由——论战国时期的百家争鸣运动

不可一世的秦王朝灭亡了,刘邦建立了西汉。虽然直到汉惠帝四年最高统治者才想到要明令废除《挟书律》,但实际上禁令早已不解自除,像战国时期那样的自由学术空气又重新在各地鼓荡。伏生口授《尚书》,鲁中诸儒讲习礼乐,《诗》学开始萌芽,而"天下众书往往颇出,皆诸子传说",在前代留下的"唯有易卜,未有它书"的文化沙漠上,渐现绿洲①。只是国家尚有兵戈,"未暇遑庠序之事",文帝好刑名之言,窦太后爱黄老之术,公卿又尽为"武力有功之臣",如何建设专制主义新文化的问题一直未能提上议事日程。直到窦太后去世,汉武帝才于元光元年(前134)公开下诏,策问方正贤良文学之士,讨论"古今王事之体"和统治之术。董仲舒对以"天人三策",拔萃群伦,天子掇其切当,施于朝廷。

今观董氏之策,除大谈天人感应以资包装和部分经济措施外,涉及政治思想者,主要是更化、举贤、兴学数条。具体内容有:改变秦的"自恣苟简之治",清理"遗毒余烈",构筑可使在上位者长治久安的统治思想体系,以免"以汤止沸,抱薪救火";"使诸列侯、郡守、二千石各择其吏民之贤者",岁贡二人于朝廷,"量材而授官,录德而定位",让天下之士都能获得仕进的机会,克服郎中、中郎、吏二千石子弟"累日以取贵,积久以致官"、"贤不肖混淆"的积弊;"兴太学,置明师","数考问",积极培养青年,扭转"以一郡一国之众",竟无一人能应举贤良文学诏书的局面。上述所云,乍看并无不妥,直到第三策的结语,才露出了他的真实用心,其文曰:"《春秋》大一统者,天地之常经,古今之通谊也。今师异道,人异论,百家殊方,指意不同,是以上无以持一统;法制数变,下不知所守。臣愚以为诸不在六艺之科孔子之术者,皆绝其道,勿使并进。邪辟之说灭息,然后统纪可一而法度可明,民知所从矣。"② 原来,董氏所谓"更化",并不是化回到百家争鸣去,而只是把秦的定法家为一尊化为定儒家为一尊,树立一个新的绝对权威,借以整齐舆论,实现思想上的高度统一。至于举贤和兴学,所要举的为儒生,所要学的为儒书,则不过是整个宏观文化控制战略的配套措施罢了。这样,汉初"往往颇出"的"诸子传说"又不得不到儒家的法庭上接受审判,并再度被戴上异端邪说的帽子遭受贬黜。

---

① 《史记》卷一百二十一《儒林列传》,北京:中华书局,1959 年标点本;《汉书》卷三十六《刘歆传》,北京:中华书局,1962 年标点本。
② 《汉书》卷五十六《董仲舒传》,北京:中华书局,1962 年标点本。

从此，读儒家的书不仅没有危险，而且还有官做，固守本派学说，则永难沐浴皇恩，恐怕连西北风都喝不上，利禄之心未泯的后辈学子哪能不争先恐后地改换门庭呢？汉武帝还亲自抓了个典型，把一边放猪、一边苦读《春秋》，"习文法吏事，而又缘饰以儒术"的公孙弘擢为对策第一，又屡加超拔，直至以白衣为三公，破例封平津侯①，时人为之语曰："朝为田舍郎，暮登天子堂"，天下学士闻之，"靡然向风矣"。经过董仲舒的出谋划策和汉武帝的大力推行，儒学被提高到经的地位，而战国时期的其他诸子学则从根本上被禁住了。

不过，被汉武帝定为一尊的儒学，已不是孔、孟、荀所代表的原始儒学，而是经过董仲舒改造的新儒学。除特别强调大一统外，其主要特点是：采用阴阳家所创的天人感应宇宙图式为框架，以儒家的"五常之道"为核心，积极吸收法家的专制主义思想，主张德刑并用，正式提出王道三纲，并把《春秋公羊》学作为最基本的经典。《春秋》是孔子正名分的著作，最符合加强专制统治的需要且又文字简单隐晦，便于穿凿和引申，而《公羊传》则只重义例，不重史实。董仲舒以之为利器剪裁诸说，"解弦而更张之"，尽情予以发挥，从而使号为"霸王道杂之"的汉家制度在"更化"之后取得了带有儒家戳记的理论支撑，可以打出孔子的旗号，堂而皇之地颁行天下，而不必像秦朝那样，去担刻深、暴虐的骂名，真是一举两得。

就其实质而言，不准人们读书固然是文化专制主义，只准读一家之书，说一家之言，又何尝不是文化专制主义？秦始皇、李斯失败了，汉武帝和董仲舒却取得了巨大的成功。这证明，就加强思想控制而言，胡萝卜加大棒和诱以官、禄、德，才是比较现实的选择。正如翦伯赞先生所说："董仲舒的办法，从表面看来，似乎比李斯的办法要和平得多，因为他不用火烧，也不用活埋。但在实际上，董仲舒的办法比之李斯的办法，更要刻毒。因为李斯的办法，是盲目地毁灭文化，而董仲舒的办法，是有意识的统制文化。换言之，董仲舒用文化反对文化，用知识分子反对知识分子。"② 这一由董氏发明的制胜法宝虽然"更要刻毒"，毕竟是隐蔽、有效和稳妥的。所以，一经汉代实验成功，便为历代皇帝所沿袭，成为加强专制独裁、阻止文化自由发展的最基本的工具。

在此后2000年的古代社会中，虽出过少数不十分尊儒的皇帝，但已绝对不

---

① 《史记》卷一百一十二《平津侯主父传》，北京：中华书局，1959年标点本。
② 翦伯赞：《秦汉史》，北京：北京大学出版社，1983年，第489页。

是历史的主流；虽仍产生过不少著作，却大都变成了对儒家思想的阐释，"诸子为经籍之鼓吹，文章乃政化之黼黻"，学术被纳入了"为治之具"的轨道①，完全失去了创造力；批评辩难依旧存在，但除儒、佛、道互相排斥外，大体都属于儒学各派间的争论，今古文之争，郑学（郑玄）王学（王肃）之争，程（二程）王（安石）之争，朱（朱熹）陆（陆九渊）之争，白虎观会议、鹅湖之会等，视为一家之内的歧见迭出、且有面议之盛尚可，据以标榜学术繁荣则谬；经过不断的"新故相除"，儒学由汉代经学，经隋唐的义疏之学发展出程朱理学、陆王心学、乾嘉朴学，而其他各家或销声匿迹，或在严重扭曲后倚宗教而苟延，或被归入左道旁门，诸家齐流并逐的局面一去不复返；到南宋，朱熹著《四书集注》，既把三纲五常哲学化、理论化，又使儒家思想变得更具体、更通俗、更简单易行，从而，儒学精神又深入到每个家庭，在全社会增强了影响力②；教育的作用进一步受到重视，从设于首都的国子学、太学、四门学，到地方的府、州、县学，覆盖面在扩大，但所学的内容从九经到四书，却越来越单一，最后集中为因经过净化而最为朝廷所推崇的程朱理学；学而优则仕早就是知识阶层的普遍追求，而选官办法则由汉之察举经九品中正制最终确定为科举制，在明初，又明令用八股取士，并编了《五经四书大全》作为钦定的统一应考读本，从此，不仅天下英雄"尽入皇帝之彀中"，而且全中国人的思想完全被僵化为一个思想，即孔孟程朱的思想；不过，即便是圣人之言，有不合时宜之处也可随时删除，朱元璋就曾令刘三五监修洁本《孟子》，大约砍掉了 85 段，只留下 170 多节，把有碍集权的民本主张全部洗去③，看来，所谓孔孟程朱只是个幌子，藏在背后的则是最高统治者强烈的权势欲和独裁欲；既然个人不用再思考，只用牢记圣人的教导，照着去做就是了，那么，但凡有点"离经叛道"想法的人，自然就成了另类，无不被视为当时的异端，或为士林贬抑，或遭免官禁锢，或竟困毙牢笼，更不待说历朝文字狱的严酷和惨烈了。总而言之，正是由于把儒家提高到经的地位，把孔子由布衣学者封为大成至圣文宣王，正是有了董仲舒到朱熹等众多儒家学者的努力，才把诸子时代彻底摧毁，战国时期

---

① 《隋书》卷三十二《经籍志一》，北京：中华书局，1973 年标点本。
② 范文澜：《中国通史》第七册，北京：人民出版社，1983 年，第 434 页。
③ （美）牟复礼、（英）崔瑞德：《剑桥中国明代史》，北京：中国社会科学出版社，1992 年，第 190 页。

出现的以自由著述、自由讲学、自由批评、自由流动为特征的百家争鸣真正成了历史的绝唱。

三、百家争鸣成为历史绝唱的原因

在活泼动进、充满自由精神的百家争鸣中形成了中国以诸子学为代表的原创文化，而孕育了原创文化的百家争鸣运动却一去不返，犹如绚丽的彩虹，转瞬即逝，岂非咄咄怪事？见怪不怪，此实由历史环境所限，非人力所能左右者也。

（一）百家争鸣是古典专制主义向中央集权专制主义过渡的产物

周人是在"西土"独立由原始社会进入文明的。由于周王的权力源自氏族制后期父系家族族长对家族成员和家族财产的支配权，所以，由氏族机关脱胎而来的国家政权——周王室，从本质上说是专制的。随着灭殷和东征，周人取代殷人，成为天下共主，遂把这种专制统治推向全国。不过，周族原为小邦，为了有效占领广大的东方，他们不得不把族人和姻亲分封到各地，建立带有军事据点性质的国，借以控制广漠无垠的野和野中形形色色的敌对族群。这就使国人集体的强大和团结，在事实上成了周王朝得以存续的保证和繁荣昌盛的基础。王公贵族在不断动用甲兵对付野人的同时，却始终坚持以礼乐制度为主来治理国中，并把由部落制旧规演化而成的辅贰制、朝议制和国人参政制一直实行到春秋①，其目的就是为了防止国人内部过度分化，以保作为王室屏藩的盘石之宗永结不散。从最近陕西眉县杨家村出土的单氏铜器群来看，西周家族的内向团聚力确实十分持久②，这说明周人采取的统治方式曾经取得过巨大成功。为了避免陷入关于社会性质的争论，我们姑且把西周这种从原始社会自然延续下来的、兼有君主专制和原始民主两种成分的专制政体叫做古典专制主义。古典专制主义是西周政权长治久安的制胜法宝，而既别异又统同的礼乐制度，则是古典专制主义的核心。

---

① 徐鸿修：《周代贵族专制政体中的原始民主遗存》，《中国社会科学》1981年第2期，第75—96页。

② 眉县单氏家族铜器铭文表明，该家族在周文王时期已十分显赫；而从《左传》、《国语》来看，单氏在春秋时仍是王室重臣，可谓源远流长。

但是，物盛而衰，原为理之固然。礼之设，犹如河道上的堤防，目的在于明尊卑贵贱之序，使"事有宜适，物有节文"，"防其淫侈，救其彫弊"，以便有效地"宰制万物，役使群众。"到了春秋战国间，却出现了"礼废乐坏，大小相踰"，堤防对河水失去了约束力①。发号施令之权由天子转到诸侯，由诸侯转到大夫，一些地方竟至"陪臣执国命"。各国之君依天子之制"设两观，乘大路"，管仲、季氏之流也"三归雍彻，八佾舞廷"，"循法守正者见侮于世，奢溢僭差者，谓之显荣"，连子夏都说："出见纷华盛丽而悦，入闻夫子之道而乐，二者心战，未能自决"，中人以下者，都要"渐渍于失教，被服于成俗"，更是不言而喻之事②。周人用"礼经三百，威仪三千"，"事为之制，曲为之防"，结果却是"民犹犯齿"，"民犹犯贵"，"民犹犯君"，"民犹忘其亲"，"民犹争利而忘义"，"民犹淫佚而乱于族"③，可见筑堤防水的办法并非万能。同时，又有"王官失业，雅颂相错"，"桑间、濮上、郑、卫、宋、赵之声并出"，号称"最为好古"的魏文侯尚且"听古乐则欲卧"，"及闻郑、卫"则"不知倦"④，再用"协比声律"的办法来"和民声"、"同民心"、"出治道"、"補短移化，助流政教"，也已很不现实。

与之相应，自春秋到战国，各国通过辟土服远和建都设县，已把直接统治区扩大到了鄙野。私有制的发展、激烈的政治斗争和变法改革又促使国中的家族纷纷解体。野人因转化为受田小农并被征当兵而地位上升，国人却失去了宗族的庇荫和统治部族成员的资格，在国为"市井之臣"，在野为"草莽之臣"，"皆为庶人"，统统成了新兴领土国家的编户齐民。国野界线消失，国野对立的格局不复存在，用既别异又统同的特殊政策来团聚国人、对付野人已无必要，礼乐制度注定会成为政治上的昔日黄花。顾炎武《日知录·周末风俗》条云："春秋时犹尊礼重信，而七国则绝不言礼与信矣；春秋时犹宗周王，而七国则绝不言王矣；春秋时犹论宗姓氏族，而七国则无一言及之矣；春秋时犹宴会赋诗，而七国则不闻矣；春秋时犹有赴告策书，而七国则无有矣。"说明从内政、民事到外交，一切都脱出了旧的运作轨道，古典专制主义在被奉行了数百年之后，终于寿终正寝。

---

① 《史记》卷二十三《礼书》，北京：中华书局，1959年标点本。
② 《汉书》卷二十二《礼乐志》，北京：中华书局，1962年标点本；《史记》卷二十三《礼书》，北京：中华书局，1959年标点本。
③ （清）孙希旦：《礼记集解》卷五十《坊记》，沈啸寰、王星贤点校，北京：中华书局，1989年。
④ 《汉书》卷二十二《礼乐志》，北京：中华书局，1962年标点本。

实际上，伴随着领土国家的形成，与政治关系及地域关系相适应的集权专制主义统治早就应运而生了。郡县制代替国都鄙野制，任官制和禄米制代替分封制和赐邑制，符玺制、年终考绩制代替朝觐会同制，成文法代替"议事以制，不为刑辟"和习惯法，以贫富贵贱为基础的新等级代替以亲亲为基础的旧等级，等等，已经成为战国政治发展的总趋势。然而，由于传统的影响根深蒂固，死的拖住活的，所以，新制的完善又颇费时日，集权专制主义的不成熟性随处可见。其重要表现有：

（1）不健全。往往因事定制，头痛医头，脚痛医脚，缺乏系统规划。例如，李悝认为："王者之政，莫急于盗贼"，所以他在变法改革中为魏国制订的《法经》六篇便首列《盗法》和《贼法》，因"盗、贼须劾捕"，故其次讲《囚法》和《捕法》，《具法》是根据情况加重或减轻刑罚的法律，只有《杂法》，才涉及其他犯罪行为①，可见惩治盗贼是这部法典最为注重的核心内容。这种倾向在商鞅变法和湖北云梦秦墓出土的《秦律》竹简中也反映得十分突出。而后世在隋《开皇律》基础上形成的《唐律》情形正相反，在其数量已扩大到十二篇五百条的同时，却将《贼律》、《盗律》压缩为一篇，称为《贼盗》，从十二篇所列的"五刑之名"、"十恶之条"来看，维护皇权和各级官僚特权、钳制民众日常行为的部分显著增加了。而且，在"正刑定罪"的律文之外，还有发挥"设范立制"、"禁违正邪"、"轨物程事"作用的令、格、式以资补充，新的等级制度从不同角度得到了充分体现②。两相比较，我们不能不说战国的法律还很粗疏，不能满足统治者加强专制集权的多方面需求。另外，除秦国已有二十级军功爵和楚的爵秩较为特殊外，战国时三晋、齐、燕的爵秩等级仅分别为卿和大夫两级③；各国虽有"精士练才"作为常备兵，但应付大规模战争仍靠临时从农民中征发，等等，都可视作集权专制主义机制不健全的例证，恕文繁不赘。

（2）不一致。由于战国七雄所处的地域不同，历史和文化传统不同，所以，他们各自创设的集权制度也有较大差异，发展很不平衡。例如，各国差不多都先于边地设郡，借以巩固边防，后发展为郡县制，齐国却始终没有设郡，而是将全国划分为五都；为了适应政治、经济的需要和加强国君对臣下的控制，各

---

① 《晋书》卷三十《刑法志》，北京：中华书局，1974年标点本。
② 韩国磐：《中国古代法制史研究》，北京：人民出版社，1993年，第282、292页。
③ 杨宽：《战国史》，上海：上海人民出版社，1980年，第235页。

国的官僚机构基本都走上了"官分文武"的道路,以相和将为文官系统和武官系统的首脑,而且,原为秘书性质的御史因成为国君的耳目,也渐负监察之责,但楚国却始终未设相位,仍沿袭春秋旧制,以令尹为最高官职;至于相、将、令尹以下的官职设置,则更加五花八门,异多于同;在官吏的待遇上,各国都已实行以粮计俸的禄米制,而齐国却兼用颁赐田里的办法,臣子离职时"收其田里";同时,齐有"相壤定籍"制,即按土地的质量规定田租的等级,似又为他国所无。战国时,官僚制虽已被普遍采用,封君制也仍有不同程度的保留,而封君的来源却又差别很大,三晋、齐、楚诸国,国君的亲属、外戚、国君和太后的宠臣所占比例较高,唯有秦国行二十级军功爵制,又规定"宗室非有军功,论不得为属籍",故有功大臣居多。总之,战国政制不一,大体上三晋为一个系统,齐、秦、楚各自另为一个系统①,离统一的中央集权的专制制度的确立还相距遥远。

(3)不确定。在礼乐制度解体之后,用什么样的办法来维持政权和社会秩序,用什么样的思想作为实施统治的指导思想,不可能每个人都很明确。例如,《管子·国蓄》篇说:"夫以室庑籍,谓之毁成;以六畜籍,谓之止生;以田亩籍,谓之禁耕;以正人籍,谓之离情;以正户籍,谓之养赢。五者不可毕用,故王者偏行而不尽也。"偏行就是要有所侧重,但在五种都有缺陷的税制中,究竟以哪一种为主才好,连作者自己也未予明言。荀子就如何建立新制的问题论述最多,贡献最大,但他所勾画的不过是个基本框架和蓝图,一深入到操作层面,却只能建议各国,不妨"刑名从商,爵名从周,文名从礼,散名之加于万物者,则从诸夏之成俗曲期,远方异俗之乡,则因之而为通。"② 显然并没有把各种制度融会贯通,铸为一体。学者们在讨论、在选择、在综合、在争鸣,并先后出现过以齐国的稷下学宫和吕不韦的相府为基地的两个大的研究中心;国君们更为丧地辱师、"天下恶乎定"、如何才能"称帝而王"等问题烦恼焦虑。究竟是行王道,还是行霸道?究竟是用德治,还是用礼治、贤治、势治、法治,抑或干脆无为而治?真让人眼花缭乱,举棋不定。以至于竟真出现过燕王哙相

---

① 杨宽:《战国史》,上海:上海人民出版社,1980年,第207页。
② (清)王先谦:《荀子集解》卷十六《正名篇》,沈啸寰、王星贤点校,北京:中华书局,1988年。

信"禅让"说，把君位传于燕相子之的荒唐举动。① 可以说除秦自商鞅变法之后，一直遵循商鞅学派的治国方针，基本未曾动摇外，其他各国都在不同程度上存在着何去何从的犹豫和徘徊。

以礼乐制度为核心的古典专制主义死了，新的中央集权的专制主义统治还没有长大，政府的控驭能力打了折扣，这就不能不给学者留下许多自由活动的空间。贤士"一君不能独畜，一国不能独容"②，鸟儿般地"择木而栖"，进可以出将入相，演出一幕幕威武雄壮的活剧，退可以为王者师友，受到特殊的尊崇，不然，则聚徒讲学，著书立说，传之天下。纵然放言高论，也不必担心触禁犯忌，充其量不过是"有道则见，无道则隐而已"。国君听了他们的宣传，也常"于心有戚戚焉"。这种情况在秦汉以后是绝难见到的。所以，我们说百家争鸣是古典专制主义向集权专制主义过渡期间的产物。

（二）百家争鸣是由七国并立走向统一时期的特有的文化现象

战国是个无天子的时代。岂止无天子，连能被公认的霸主也没有。七雄并立，"强者胜弱，众者暴寡，以兵相划，不得休息"③，打了败仗，吃了亏，没有人出来主持公道。一不小心，就可能兵挫地削，再不小心，就可能身死国亡。所以，弱者以谋图强，强者日欲霸王，是每个国君所面临的严肃课题。

怎样才能强起来呢？七国大小不一，但其领土，截长补短，都有数千里，比起汤起家时的七十里、文王起家时的百里，不知大多少倍，不能说没有发展的条件，关键要看是否得人。"百姓不安其居则轻民处而重民散，轻民处重民散则地不辟，地不辟则六畜不育，六畜不育则国贫而用不足，国贫而用不足则兵弱而士不厉，兵弱而士不厉，则战不胜而守不固，战不胜而守不固则国不安矣。"④ 所谓重民是指因谨厚淳朴、遵法守令、顺从长上而有利于农战的人，他们才是各国走向强盛的基础。

为了解决"邻国之民不加少，寡人之民不加多"和"民之不足以实其地"的问题，各国出台了不少政策来"驱众移民"，试图打破"民犹无走"的僵局，

---

① （西汉）刘向：《战国策》卷二十九《燕策一》，上海：上海古籍出版社，1978年。
② （清）王先谦：《荀子集解》卷三《非十二子篇》，沈啸寰、王星贤点校，北京：中华书局，1988年。
③ 许维遹：《吕氏春秋集释》卷十六《观世》，北京：中华书局，2009年。
④ 黎翔凤：《管子校注》卷二《七法》，北京：中华书局，2004年。

把别人的"重民"都拉到自己这里来。如秦国用"利其田宅，而复之三世"的办法招徕三晋之民"使之事本"；齐国提出予夺、险易、利害、难易、开闭、生杀六个"决之则行，塞之则止"的关键点要求政府高度关注，认为假如"不明于决塞，而欲驱众移民，犹使水逆流"，不可得也，等等，均其显例①。但是，高明的国君更懂得"地从于城，城从于民，民从于贤"的道理，深信"得贤者而民得，民得而城得，城得而地得"，可以说有了贤者就有了一切。所以，他们不指望通过"足行其地，户说其民"来吸引民众，而是强调"得其要"，即用提纲挈领的战略，从尊贤做起，凭借贤者的道义和影响力使天下人归之②。这样一来，战国的尊贤便有了非比寻常的意义：一些有道的大贤之人显然是被当做足以感召民众的精神领袖才受到特别礼敬的。魏文侯欲见段干木而不肯受，乃"致禄百万，而时往馆之"，于是国人皆喜，相与诵之曰："吾君好正，段干木之敬；吾君好忠，段干木之隆。"居无何，秦兴兵欲攻魏，司马唐谏秦君曰："段干木，贤者也，而魏礼之，天下莫不闻，无乃不可加兵乎？"秦君以为然，乃按兵辍不敢攻之③。据此，段干木发挥的就是对内稳定人心、对外扩大政治影响的作用。关键时刻，一贤可抵百万兵，尊贤之效，不可谓不大。

《说文解字》曰："贤，多才也。"从字之初形看，贤之古义更多的是指能力。除少数大贤能以其道义替统治者团聚和稳定民众外，多数所谓贤者仅有一技之长。但他们有的"敢直言而决郁塞"，有的如明镜而烛幽隐，有的能出谋划策，有的能奔走游说，有的能攻城野战，有的能辟土积谷，有的能经办事物，有的能著书立说，大至合纵连横，"一怒而天下惧，安居而天下息"，小至鸡鸣狗盗，足以替主人排扰解纷，其作用虽在一时一事，却也都为国君贵族须臾不可暂离。这主要是因为旧的礼乐制、宗法制到战国已进一步崩坏，世官世禄制的弊端暴露无遗，宗室子弟不足依恃，兼并和竞争又使军政事务日趋重要和繁杂，客观形势已发展到"得贤人，国无不安，名无不荣；失贤人，国无不危，名无不辱"的地步了④。

早先，孔、墨都不同程度地讲过"尚贤用智"的道理，但人们还没有深切

---

① 蒋鸿礼：《商君书锥指》卷四《徕民》，北京：中华书局，1986年；黎翔凤：《管子校注》卷二《七法》，北京：中华书局，2004年。
② 许维遹：《吕氏春秋集释》卷十六《先识》，北京：中华书局，2009年。
③ 许维遹：《吕氏春秋集释》卷二十一《期贤》，北京：中华书局，2009年。
④ 许维遹：《吕氏春秋集释》卷二十二《求人》，北京：中华书局，2009年。

体会，都如耳旁风一般，吹过去了。渐渐地，七国对立的形势越来越严重，这才有了"尊贤者王，用贤者霸，失贤者亡"的紧迫感。于是，魏文侯最先用李悝变法，"食有劳而禄有功"，"夺淫民之禄以徕四方之士"，"师卜子夏，友田子方，礼段干木"，重用乐羊、吴起、李克、西门豹、翟角①，一度形成了魏国独强的局面；继之，赵烈侯接受荀欣的建议，"选练举贤，任官使能"，以公仲连为相，牛畜为师，荀欣为中尉，徐越为内史，使赵的国力得到很大的提升②；吴起自魏入楚后帮助楚悼王进行改革，"废公族之疏远者"，"使封君之子孙三世收其爵禄"，虽还要照顾三代，留有一个尾巴，但一切"无贵于举贤"的理念也在楚国扎根③；邹忌用鼓琴的节奏来说明"治国家而弭人民"的道理，被齐威王任为相，在齐推行"谨择君子，毋杂小人其间"的用贤政策，奠定了齐国数世富强之基④；后起的秦国到秦孝公才下令求贤，征聘"能出奇计强秦者"，商鞅闻风而西，被任为左庶长，两度进行变法，在建立二十级军功爵制的同时，明确规定"宗室非有军功，论不得为属籍"，"有功者显荣，无功者虽富无所芬华"，因对旧制度破坏最彻底，反而后来居上，带来了"士不产于秦而愿忠者众"的巨大效应，凡欲建立功业者，如张仪、甘茂、范雎、蔡泽、李斯之徒，纷纷入秦，为之效力⑤；燕昭王在燕国破败的情况下即位，"卑身厚币，以招贤者"，先尊郭隗为师，结果竟使"乐毅自魏往，邹衍自齐往，士争凑燕。"⑥上述做法的意义是：通过改革和新政策的出台，进一步清算世官制度，把举贤原则付诸实践，从根本上代替了举亲。乐毅回答燕惠王说："先王过举，擢之乎宾客之中，而立之乎群臣之上，不谋于父兄，而使臣为亚卿。"⑦李斯《谏逐客书》曰：秦自穆公、孝公、惠王、昭王四世有胜，"皆以客之功"⑧。触龙问赵太后曰："今三世以前，至于赵之为赵，赵王之子孙侯者，其继有在者乎？"曰："无有。"

---

① （西汉）刘向撰、向宗鲁校注：《说苑校注》卷七《政理篇》，北京：中华书局，1987年；许维遹：《吕氏春秋集释》卷二十一《察贤》，北京：中华书局，2009年。
② 《史记》卷四十三《赵世家》，北京：中华书局，1959年标点本。
③ 《史记》卷六十五《孙子吴起传》，北京：中华书局，1959年标点本；（清）王先慎：《韩非子集解》卷四《和氏》，钟哲点校，北京：中华书局，1998年。
④ 《史记》卷四十六《田敬仲完世家》，北京：中华书局，1959年标点本。
⑤ 《史记》卷六十八《商君传》，北京：中华书局，1959年标点本；《史记》卷八十七《李斯传》，北京：中华书局，1959年标点本。
⑥ （西汉）刘向：《战国策》卷二十九《燕策一》，上海：上海古籍出版社，1978年。
⑦ （西汉）刘向：《战国策》卷二十九《燕策二》，上海：上海古籍出版社，1978年。
⑧ 《史记》卷八十七《李斯传》，北京：中华书局，1959年标点本。

曰："微独赵，诸侯有在者乎？"曰："老妇不闻也。"① 类似的记录反映这场变革的影响极为深远。从此以后，大批贤者进入决策中心，而没有能力和功劳的贵族则作为"淫民"而遭剥夺，甚至逐步沦落，最终退出政治舞台。尽管变革的过程充满痛苦、矛盾和斗争，但既然关乎国家存亡，有作为的国君就只能义无反顾地推行下去。

据《史记·田敬仲完世家》记载，齐威王曾与魏惠王会猎于郊，魏惠王以自己有可以"照车前后各十二乘"的"径寸之珠"十枚为宝，大事夸耀。齐威王回答道："寡人之所以为宝者与王异"，接着他列举了檀子、盼子、黔夫、种首等人在治理齐国过程中所发挥的重要作用，最后，齐威王说：有了他们，"将以照千里，岂特十二乘哉！"魏惠王惭，不怿而去。这个故事表明，在战国特殊的国际环境下，秉持道义、博于学问、有治国强兵才能的贤者已被抬得很高，真正成为有人珍视的宝贝。某些国君和掌权者不仅看到了许多"贤人在而天下服，一人用而天下从"的例证，进一步增强了对用贤重要性的认识，而且摸准了贤人最需要给予尊重的心理，总结出了吸引贤人的一套基本办法。他们知道，"自贤而少人"，"则说者持容而不极"，对真正的"有道之士"，"必礼必知，然后其智能可尽也。"② 正如郭隗对燕昭王说的那样："诎指而事之，北面而受学，则百己者至；先趋而后息，先问而后嘿，则什己者至；人趋己趋，则若己者至；凭几据杖，眄视指使，则廝役之人至。若恣睢奋击，呴籍叱咄，则徒隶之人至矣！"③ 倘若颐指气使，"其所择莫如己"，引进的都是蠢材，其国不亡何待！所以，明君多能"去其帝王之色"，虚心待贤。或为贤者"开第康庄之衢，高门大屋以尊宠之"；或与贤者"曲席而坐，传器而食"，"衣裘与之同之"，恣其所欲，以顺适其意；闻贤者之善言，或"立倦而不敢息"，或"不自知膝之前于席"、"语数日不厌"；对贤者的过失，也常"错之勿言"，"人非之不为沮"，不肯"以人之小恶，亡人之大美"。其中，有的国君甚至能做到"士虽骄之，而己愈礼之"，胸襟如此宽广，"士安得不归之"，国安得不强大？风气所及，一些卿相大

---

① （西汉）刘向：《战国策》卷二十一《赵策四》，上海：上海古籍出版社，1978年。
② 许维遹：《吕氏春秋集释》卷十三《谨听》，北京：中华书局，2009年；许维遹：《吕氏春秋集释》卷十五《下贤》，北京：中华书局，2009年。
③ （西汉）刘向：《战国策》卷二十九《燕策一》，上海：上海古籍出版社，1978年。

臣也以养士相尚，竟有"食禄千钟，什九在外"，用以养贤者。① 可以说战国七雄间的竞争及大臣间的竞争，其核心都是对人才的竞争。

正是因为七国并立的紧张局势使某些明君认识到了用贤的意义，才给贤者提供了进行创造和选择的自由，并通过创造及相互批评辩难，形成了政治上的开放和学术上的百家争鸣。但好景不长，这种局面在秦的"焚书坑儒"和《挟书律》的打击下，骤然结束了。如前所云，汉代虽曾解弦更张，由于大一统的政权已不能容忍诸流并进、众道杂陈，所以，代替秦朝苛政的新办法不过是把以王霸相杂为特色的儒家思想定为一尊。从此，天子变得"炎之如日，威之如神"，诸子学遭到严厉禁止，"当涂者入青云，失路者委沟渠"，影响所及，则"县令不请士，郡守不迎师，群卿不揖客，将相不俛眉，言奇者见疑，行殊者得辟"，"欲谈者宛（卷）舌而固声，欲行者擬足而投迹"②，过去凡贤者皆能"恣意所存"、四处"抵掌而谈"、"决疑应猝"、"颇得伸其舌而奋其笔"的情况再也见不到了。以贤者自由活动为基础的百家争鸣成了由分裂走向统一时期的罕有的文化现象。

（三）百家争鸣既是私有制发展的结果，又与土地私有制发展不充分有关

毫无疑问，西周已是私有制社会。但私有制的存在并不意味着它已发展成熟。农业社会最基本的生产资料是土地，而西周土地私有的现象就不明显。这恰恰是阶级社会初期应有的正常情况。

依照部落制旧规，氏族占有的土地应归氏族全体。这在西周，已演化为"普天之下，莫非王土"。表面上，看似出现了王有制；实际上，周王只是以征服者和周族共同体最高代表人的身份，取得了对所占土地的分配权。

分配的形式有两种，即大规模的分封和日常的颁赐。而贵族得到的土地也

---

① 《史记》卷七十四《孟子荀卿列传》，北京：中华书局，1959年标点本；《史记》卷四十四《魏世家》，北京：中华书局，1959年标点本；许维遹：《吕氏春秋集释》卷十五《下贤》，北京：中华书局，2009年；许维遹：《吕氏春秋集释》卷十九《举难》，北京：中华书局，2009年；（西汉）刘向：《战国策》卷十《齐策三》，上海：上海古籍出版社，1978年；（西汉）刘向：《战国策》卷十一《齐策四》，上海：上海古籍出版社，1978年。

② 《汉书》卷一百《叙传》，北京：中华书局，1962年标点本；《汉书》卷八十七《杨雄传》，北京：中华书局，1962年标点本。

有两类。一类由受封者直接占有，可以叫做家族自占地；另一类范围很大，上边分布有许多邑、里，显然属于被征服族群的居住区，如少昊之墟、有阎之土等。这样，受封者凭借对家族自占地的支配权，就掌握了榨取家族成员和家内奴隶的物质基础，而由于获取了对广大被征服地区的统治权，又可以通过剥削散处于封地上的氏族或家族共同体得到收益。因此，我们完全可以说，在西周的土地制度下，已经出现了对生产者剩余劳动实行无酬占有的私有制关系，"公食贡，大夫食邑，士食田，庶人食力"，公、卿、大夫、士便是无酬剩余劳动的等级分享人。

然而，这种私有制关系的不完整性又是显而易见的。一方面，贵族在分封和赏赐中得到的只是对家族土地的占有权、使用权和对采地贡纳的收益权，同真正的所有权有很大的距离，作为周族共同体的化身，周王可以把已封赐的土地收回，转赐他人。另一方面，同封主一样，对接受封赏者也不能孤立看待，他们隶属于家族，而且是各家族的大家长，受封者在获得采地贡纳的同时，也肩负着收族、恤族的责任，所谓的家族自占地，则由他以家族代表的身份领取和管理，真正的使用权并不属于个人，而是属于家族全体。"诸侯有国以处其子孙，大夫有采以处其子孙"，子孙即泛指贵族的同族或同宗。由于生产力水平低下，必须借助于多个人的协作才能提高劳动生产率，所以，连主要的生产活动也是由家族集体进行的，一族之人"出必共洫间而作，入必共族中而居"①，就像一个生产队。只是显赫家族的族长因长期"奔走于公家"而"有位于朝"，必须"日恪位著以傲其官"，普通家族的族长又多以士的身份"执干戈以卫社稷"，才渐渐地脱离劳动，而把"力于农穑以供其上"的责任推到了由子弟构成的下层国人和家内奴隶身上②。

自西周至春秋，血缘关系在剧烈的政治斗争中不断遭受冲击，"亲亲"观念逐步淡化。但旧的宗主被杀或出亡，可以改立新的宗主来代替，一些家族衰落了，另一些家族又起来补充，家族社会的基本格局没有发生根本变化。贵族家庭的家长已经过着"作福作威玉食"的生活，这同受家长支配的下层成员相比，

---

① 程俊英：《诗经译注》良耜，上海：上海古籍出版社，1985年；（宋）朱熹：《诗集传》，北京：中华书局，1958年。

② 关于西周的土地制度，本文只能根据需要，简要介绍，难免失之于片面。详论请阅拙著《周代国野制度研究》一书。

当然不可同日而语，但既是家族的子弟，作为共同体的"直接肢体"，凭借同共同体的天然联系，就仍能占有和使用土地，并在政治和经济上受到家长的庇荫。与此同时，家长对外的行为则均由全族代为负责，族存与存，族亡与亡，每个家族都有很强的内向团聚力，家族成员心目中只有家主，没有国君，而社会上也只重视分辨人的"族姓班位"，而不知人性为何物，个人还深深地淹没在家族中。

到了战国，情况就变得完全不同了。用铁器武装起来的农民具备了从事个体经营的条件，靠血缘纽带维系的集体劳动压抑了生产积极性，分地私耕成为势所必行的迫切要求。于是，土地由家族共同占有到归个人占有的演变应运而生①，但族长凭借权势多占地和占好地，又使疏属子弟及失去家族庇护的孤寡受到排挤，从而变成最早的"无置锥之地"者被抛向社会。这对七国推行的富国强兵政策极为不利。出于巩固统治和对外战争的需要，以行政干预经济为主要内容的授田制被提上议事日程。诸子书及《周礼》中说的制土、行田、制地、颁田里等，都指的是国家授田，而所谓的"开阡陌"、"正阡陌"、"修封疆"等，则是依照各地亩积，打破家族局限，为承担赋役的个体生产者划定田界。不过，授田制只是加速了土地私有化进程，却并未直接导致个体私有。战国农民授田后，到一定的时间又须退田于官。由于有还有授，政府便要经常地"审端径术"，核验田界，防止"盗徙封"，以便"定什伍口数，别男女大小"，"案家人比地②"，有的地方还要"三岁而壹更赋田"，使各户所受之地美恶平均③。劳动者若要离开家乡，便需"弃其田耘"，可出卖者仅小块宅圃而已④。

分散劳动的普遍化以及工商业的发展在推动私有制走向成熟的同时，又造成了家族的全面解体。反映战国史实的《管子·问篇》既问"国之弃人，何族之别也？"又问宗子"以贫从昆弟者几何家？"说明随着收族制度的破坏，一方面，大小宗关系出现了颠倒，小宗余子既可能因穷困而辗转流移，云散四方，也可能凭借财富或能力超迈宗主，从湮没无闻的状态中独立出来。另一方面，

---

① 战国土地向私有化发展的原因并非只有分地私耕一点，如封君地主、官僚地主、军功地主的产生便走的是另一条道路，本文因内容所限，无法涉及。

② （清）孙希旦：《礼记集解》月令，沈啸寰、王星贤点校，北京：中华书局，1989年；黎翔凤：《管子校注》卷十八《度地》，北京：中华书局，2004年。

③ 《银雀山竹书〈守法〉、〈守令〉等十三篇》，《文物》1985年第4期，第27—38、101页。

④ （清）王先慎：《韩非子集解》卷十一《外储说左上》，锺哲点校，北京：中华书局，1998年。

有还有授的授田制又意味着土地私有化还没有正式完成,人与最基本的生产资料之间缺乏牢固地结合,安土重迁观念也未见之于史籍,在各国徕民和招贤政策的吸引下,既可以在这里受田,也可以在那里受田,甚至能获得大量的土地赏赐。所以,战国人事实上成了既无血缘枷锁也无地产羁绊的自由人。正是在这一背景下,族姓班位渐渐无人提起,有关人性的讨论日趋激烈,各种体现个人政治理念的新学说纷纷产生,甚至出现了杨朱、子华子、庄周等把精神解放看得高于一切、极度张扬个性的思想家。苏秦曰:"且使我有雒阳负郭田二顷,吾岂能佩六国相印乎?"① 可见有了固定的地产,情况就会大不相同。不仅可能销蚀建功立业的斗志,恐怕连"游心于淡,合气于漠,顺物自然而无容私焉"的心境也将破坏无遗。

授田制是自秦至汉逐步废弛、并最终走向解体的。② 随着土地的私有化和商品化,很快出现了"富者田连阡陌"的情况,而士人也纷纷开始朝着地主化的道路迈进,政府一边用种种禁令和严格的户籍管理"驱民皆归之农",一边大肆奖励孝弟力田,在诱导人民"僇力本业"的同时,又试图通过重建血缘组织来稳定民间社会。汉元帝在一通诏书中说:"安土重迁,黎民之性;骨肉相附,人情所愿"③,表明到这时多数人又被地产和宗法两张大网套住,动弹不得了。政府公开打击游侠、游说、游行,士人又失去了冲决网罗的雄心和"矫翼利翮",以自由著述、自由讲学、自由批评、自由流动为特征的百家争鸣销声匿迹,便成了理所当然之事。由此可见,中国古代的知识活动一下子失去了战国时的原创精神,由活泼动进,转而步入沉闷停滞,不仅与专制制度的强化和统一局面形成密切相关,而且还有十分深刻的经济原因。有人说,战国时已"具有在专制以外向其他方向发展的可能性"④,我们觉得这完全是不切实际的空想,因为由人的实践活动决定的社会发展阶段,往往无法超越。

总之,百家争鸣不可能出现于战国前,也不可能存在于战国后。百家争鸣式的自由是历史夹缝中的自由。

---

① 《史记》卷六十九《苏秦传》,北京:中华书局,1959年标点本。
② 吴荣曾:《战国授田制研究》,《思想战线》1989年第3期,第73—80页。
③ 《汉书》卷九《元帝纪》,北京:中华书局,1962年标点本。
④ 徐复观:《两汉思想史》第一卷,上海:华东师范大学出版社,2001年,第39页。

四、余　论

"自由是一个具有魔力但难以言表的词"①。在不同的历史时期，不同社会阶层对自由的内涵有着完全不同的理解。关于自由定义的争论至今也远远没有结束。但对于生活在现代社会的人来说，却至少应该在以下几点上达成共识。

第一，自由是人的天性，因为只有人在进化中产生了高级的认知能力，即理性思维能力，并可以通过开发这种潜能，形成主观世界，使人本身成为受自己意志支配的能动之物，而不是受本能支配和环境左右的受动之物。同时，人会制造和使用工具，人的行动比起动物来具有更大的自由度和自由空间。② 近代启蒙思想家把自由说成"天赋人权"，虽有忽视人的社会属性的弊端，但却抓住了人的自然本质。在当时，强调自由是人与生俱来的自然权利，就是要把它看成是一种普遍性权利，这对批判人权神授论和认为只有一部分人可以享受自由的特权思想来说，所起的作用是不可估量的。过分注重人的阶级性，不适当地批判所谓抽象人性，不利于落实以人为本理念，促进人的全面发展。

第二，马克思说："我们越往前追溯历史，个人，也就是进行生产的个人，就显得越不独立，越是从属于一个更大的整体。"③ 依照此理，从奴隶制到封建制，再到以市场为导向的商业社会，从自由劳动到自由市场，再到自由消费，人类越往后发展，个人的独立性就越强，所获得的自由就应该越多。马克思主义经典作家的最高目标是推动人类社会由必然王国进入自由王国，建立自由人的联合体，最终实现真正的个性自由和人的全面成长。要达到这一目标，就必须通过不断的社会变革，消除对人的生命本能的压抑，建立既有利于解放人性、又有利于人性自觉的合理制度。从一定意义来看，人类的历史就是不断除旧布新、不断追求和扩大自由的历史。

第三，关注个体、容忍差异是自由的灵魂，也是民族走向强大的法宝。因为"真理是伟大的，如果听其自然，它终将占上风"，真理还"是错误的有力反对

---

① （美）埃里克·方纳：《美国自由的故事》，王希译，北京：商务印书馆，2002年，第10页。
② 武天林：《实践生成论人学》，北京：中国社会科学出版社，2005年，第169页。
③ 马克思：《政治经济学批判导言》，《马克思恩格斯选集》第二卷，北京：人民出版社，1995年，第2页。

者，对斗争毫不畏惧"，"如果允许人们自由地驳斥错误，错误也就没有什么危险"。① 所以，允许思想和言论自由，提倡不同观点之间的自由辩论，不仅对政治真理的发现和传播是必不可少的，对科学真理的发现和传播也是必不可少的。只有实现了真正的思想、言论自由，谬误才能受到彻底批判，妨碍社会进步的愚昧、落后、腐朽的东西才能被廓清，人的创造力才能竞相迸发，民族和国家才能充满活力，才能自立于世界民族之林，并走在世界的前列。相反，多数人缺乏个性，众口一词，千篇一律，乃至于毫无生气、惰性十足，则正是一个民族的最大悲哀。

对自由可作如是观，对专制又应怎样看呢？似乎也不能一概而论，轻下判词。专制制度和专制主义思想既是历史的产物，自然有其一定的历史合理性。如儒家鼓吹纲常伦理，主张移孝作忠，就是与个人"像单个蜜蜂离不开蜂房一样"的小农社会及血缘宗法制家庭相适应的；而秦的焚书坑儒和汉的罢黜百家、独尊儒术也起到过巩固统一、稳定社会、实现文化融合、规范文字等作用。正如恩格斯所说："自从阶级对立发生以来，正是人的恶劣的情欲——贪欲和权势欲成了历史发展的杠杆。"② 但是，承认恶曾在历史进步中充当过"不自觉的工具"，不等于要放弃对恶性本质的揭露和谴责，更不能颠倒黑白，混淆是非，视痈疽为至宝。马克思在评论"不列颠在印度的统治"时，一方面肯定正是这种统治破坏了"小小的半野蛮半文明的公社"，从而摧毁了"东方专制制度的牢固基础"，"在亚洲造成了一场最大的，老实说也是亚洲历来仅有的一次社会革命"；另一方面又尖锐地指出："英国在印度斯坦造成的社会革命完全是被极卑鄙的利益驱使的，在谋取这些利益的方式上也很愚钝"③，当时所采取的"凶恶的勒索手段"和"极端伪善"赤裸裸地暴露了资产阶级文明的"野蛮本性"④。并且强调："从纯粹的人的感情上来说，亲眼看到无数勤劳的宗法制的和平的社会组织崩溃、瓦解、被投入苦海，亲眼看到它们的成员既丧失自己的古老形式

---

① （美）托马斯·杰斐逊：《建立宗教自由法案》，《杰斐逊选集》，朱曾汶译，北京：商务印书馆，1999年，第297页。
② 恩格斯：《费尔巴哈与德国古典哲学的终结》，《马克思恩格斯选集》第四卷，北京：人民出版社，1995年，第237页。
③ 马克思：《不列颠在印度的统治》，《马克思恩格斯选集》第一卷，北京：人民出版社，1995年，第766页。
④ 马克思：《不列颠在印度统治的未来结果》，《马克思恩格斯选集》第一卷，北京：人民出版社1995年，第772页。

的文明又丧失祖传的谋生手段,是会感到悲伤的。"① 这样,马克思就在如何运用二律背反定律研究历史问题方面为我们树立了一个光辉的典范。从马克思主义的立场、观点、方法出发,看待中国古代的专制制度和专制主义,对其"恶的历史作用"固然不能一笔抹杀,对它所产生的诸如残害人性、毁灭文化、压制自由、阻碍进步等种种罪恶,恐怕更不能置之不问。否则,我们将无法面对因同暴政抗争而献出生命的无数先哲的英灵,也无法体会司马迁受宫刑后"肠一日而九回,居则忽忽若有所亡,出则不知其所往"的撕心裂肺般的惨痛。更重要的是,我们已经进入二十一世纪了,科学技术的突飞猛进和社会主义市场经济体系的确立正深刻地改变着全部社会结构,并强烈呼唤政治现代化加快其已经日益迫近的脚步。在专制主义赖以存在的基础发生根本性动摇的时候,如果再对专制主义的功用津津乐道,岂不与党和国家领导人一再倡导的与时俱进的历史观大相径庭?

既然自由和专制代表着不同文化的前进方向,那么,当弘扬中国传统文化的口号响彻云天的时候,各自所期盼的究竟是复兴诸子时代的思想自由,并以思想创新为基础,构建创新型社会,还是修补束缚了中国两千多年的纲常伦理和等级秩序,每个人都必须接受良心的拷问。自先秦到明清,自由消而专制长,万马齐喑。辛亥革命推翻了帝制,实现了共和,《中华民国临时约法》规定:"中华民国人民一律平等",人民享有人身、居住、财产、言论、出版、结社、通讯、信仰等自由②,从而敲响了专制主义的丧钟,开启了自由长而专制消的新时代。到五四新文化运动兴起,更迎来了思想空前活跃,大家层出不穷的喜人局面。作为生活在二十一世纪、正尽情享受着新文化运动一切积极成果的知识分子,本应继往开来,在民主和法制的轨道上,努力创建新文化,使诸子时代的自由精神在更高层次上获得新生,为人从对整体的依赖性形态,经由相对独立性形态,过渡到个人与社会相一致的自由个性形态做贡献。但是,有些人既不研究自由的历史,也不关注自由的未来,却热衷于通过对新文化运动的否定振兴"国学",并要用"国学"筑起中华民族的精神长城③,拒各种异质文化于

---

① 马克思:《不列颠在印度的统治》,《马克思恩格斯选集》第一卷,北京:人民出版社,1995年,第765页。
② 彭明:《论20世纪中国的第一次历史巨变》,《史学月刊》2003年第11期,第5—8页。
③ 中央电视台十频道2005年12月17日《大家》栏目某红学家语。

境外；有些人硬说儒学的核心是礼，而不是仁，并绞尽脑汁挖掘礼的精义，为现实生活中残存的等级特权寻找依据；更有甚者，居然把自由民主与和谐稳定相对立，将自由民主妖魔化，公开宣称："民主化是一个祸国殃民的选择"，"中国应该拒绝民主化"，接受"儒化"，"在上层，儒化共产党，在基层儒化社会"，"建立儒教国①。"听到这些言论，不仅令人惊诧莫名，同时也感到反对专制主义、争取享有完全自由的道路必将曲折而漫长。

理论和实践一再证明：社会主义市场经济要比小农经济好，自由民主要比集权专制好，法治要比人治好，开放要比封闭好，构建各种文明兼容并蓄的和谐世界要比坚持狭隘的民族主义好。所以，我们斗胆动问诸位先生，当你对民族文化中的自由精神弃若敝屣，而对儒家的纲常伦理眷恋不舍的时候，你是否想过："每个人的自由发展是一切人的自由发展的条件"，只有每个人获得了自由发展的机会，整个人类才能彻底获得解放？当你以学者的身份在媒体和课堂上宣讲"礼经"的时候，你可否记得，礼学大师荀子曾明确表白，大儒之效恰恰就是"谨乎臣子而致贵其上"？当你十分可笑地试图用新的长城圈禁精神时，你是否明白，文化的相互交流不仅不会对本民族的优秀传统造成威胁，相反，这对保持民族文化的生命力来说，正是至关重要的？当你对以民主和科学为标志的"五四新文化运动"横加责难的时候，你是否知道，作为新文化运动的主将，胡适所抱的基本宗旨是"以评判的态度"，研究问题，输入学理，整理国故，再造文明②，陈独秀所坚决反对的也仅限于同现代公民权对立的儒家的三纲五常，而不是"温良恭俭让信义廉耻诸德及忠恕之道③，"他们的态度堪称公允，而钱玄同、吴稚晖、吴虞等人的激愤之论能够发表，则正是民国初年言论自由、思想活跃的进步表现，怎能用文化复古主义的眼光，作出相反的观察？最后，当你叹息中国没有诺贝尔奖获得者、各个领域都不出学术大师、而年轻人又缺乏远大理想时，你是否意识到：既没有伟大的爱，也没有深沉的恨，缺乏创造精神和身上所拥有的热情少得可怜，才是一代学人尤其是青年学子的病源所在？至于对建立"儒教国家"一类的狂言，似乎根本不值一问。我只想提醒这些怪

---

① 康晓光：《我为什么主张"儒化"——关于中国未来政治发展的保守主义思考》，转引自《社会科学评论》2005 年第 4 期，第 7 页，原为在中国社会科学院研究生院的讲演，见北京大学燕南网站。
② 唐德刚：《胡适口述自传》，桂林：广西师范大学出版社，2005 年，第 200 页。
③ 陈独秀：《陈独秀文章选编》，北京：生活·读书·新知三联书店，1984 年，第 222 页。

论的发明者:"沉舟侧畔千帆过,病树前头万木春",历史的脚步是阻挡不住的,倒退没有出路。

原载(《陕西师范大学学报》2006年第4期)

拨不开的迷雾

《老子》第十二章曰:"五色令人目盲;五音令人耳聋;五味令人口爽;驰骋畋猎令人心发狂;难得之货,令人行妨。"我们正处在计划经济向市场经济的转型期,旧制度尚未清理干净,新的运作模式更有待进一步规范。光怪陆离,岂止五色;龙肝凤胆,岂止五味;莺歌燕舞,岂止五声;老虎机,轮盘赌,高尔夫、赛马场,又岂是驰骋畋猎所能比。追逐物质观感享受和所谓的经济目标成了多数人的唯一志趣和社会的时尚,连一向清醒的学术界也因部分学者甘于随波逐流而被蒙上了浓浓的迷雾,真是拨不开、廓不清、扯不断、理还乱。

案例一:黄帝陵所在地之我见

长期以来,我不愿意谈黄帝。因为既有历史上的黄帝,又有文化史上的黄帝,更有作为民族统一象征的政治化的黄帝,我应该从哪个角度谈呢?更何况,黄帝真正是"层累式"塑造起来的人物,他的不断被改塑的过程至少已二千多年,个中演变的脉络非大专家莫能窥其究竟。然而,自顾颉刚先生去世以后,大专家到哪里找呢?所以,就我本心而言,最好是不谈,越谈越乱,越谈越失真,解决不了任何问题,还会陷于自相矛盾。现在会议要求发言,只好略陈浅见,恳请各位批评指正。

一

黄帝本事见于各类古书,但其史料价值却不一样。以我陋见,《左传》、《国语》勉强算是第一等的材料,《史记》、《汉书》、《后汉书》已在第二等了。这不仅因为两类著作成书年代早晚不同,更因为后者经过较大的剪裁,加进了作者的主观判断,也受到了当时所流行的主体文化的影响。例如,司马迁自己就说:"学者多称五帝,尚矣,然《尚书》独载尧以来。百家言黄帝,其文不雅驯,缙绅先生难言之。"故而,他在"论次"时,就仅"择其言尤雅者","著为本纪之首"①,可见已对原始记录做了改造。诸子书是思想史研究的第一手材料,但有"以事言理"的传统,书中的黄帝或出自传闻,或因争鸣需要编造而成,不能都视为铁定的证据;《水经注》之类的地理书因作者多赴实地考察,可信度不亚于诸子,基于此,我将这两类书列为第三等。第四等则是《帝王世纪》、《路史》和类似《龙鱼河图》这样的谶纬之书,何以将其置于末位,其原因应该算是个常识问题,真正学过历史的人都清楚,无须多言。

二

《国语·晋语四》:"黄帝以姬水成,炎帝以姜水成,成而异德。故黄帝为姬,炎帝为姜,二帝用师以相济也。"很显然,确定姬水、姜水为哪条水,对弄清黄帝、炎帝的发祥地及活动区具有很大意义。《水经注·渭水》条下说:"歧水又东,经姜氏城南,为姜水。"歧水即今西出岐山、东过武功、折南流入渭河的小水,因其流域正是姜族繁育的中心,故这一段的歧水自古又有姜水之称。至于姬水,郦道元引南安姚瞻的说法,认为就是天水"上邽城东七十里的轩辕谷水"。以此为基本依据,徐旭生等学者提出了以炎、黄为主的华夏集团起自西北的假设,逐渐东迁后,炎帝族在陕西境内的渭水上游一带,黄帝族在甘肃及陕北一带,获得了重要发展,以后分别沿偏南和偏北的路线继进,开始抵达中原,与东夷集团产生接触和争夺。从目前来看,我个人觉得这一看法较为平实②,除炎、黄后裔多保有关于昆仑的古老记忆和考古学文化可以提供一些佐证

---

① 《史记》卷一《五帝本纪》,北京:中华书局,1959年标点本。
② 徐旭生:《中国古史的传说时代》,桂林:广西师范大学出版社,2003年,第43—55页。

外，就是因为《国语》、《水经注》一类的书相对可靠。

然而，近来祭黄活动搞得颇具声势的河南却另有说辞。他们坚持认为，不仅黄帝生于新郑，县城北关就有轩辕故里旧址，而且，黄帝宫在新密，黄帝铸鼎处及黄帝陵在灵宝，总之，都不能出于现今该省的行政管辖范围之外。① 由于观点因大胆而新奇，很惹人关注，我便翻了一些文章，发现作者所引用的较早材料只有两条。其一是皇甫谧的《帝王世纪》，主要的一段文字为："黄帝都涿鹿，于《周官》幽州之域，在汉为上谷。……今上谷有涿鹿县及蚩尤城。阪泉地又有黄帝祠。皆黄帝战蚩尤之处也。或曰：黄帝都有熊，今河南新郑县是也。"为了突出重点，引者多用断章取义的手法，舍弃"或曰"及其以前的部分，只保留最后两句。于是，古书为增广异闻而采入的"或说"就变成"正说"了。其二是《续汉书·郡国志》梁人刘昭的注。但引者多将志文"河南尹，新郑县"与注文"古有熊国，黄帝之所都"拼接，造成结论出自于司马彪的印象。而且注文前的"皇甫谧曰"四字也被径行删去。实际上，不仅"黄帝都新郑"仅是注释家梁人刘昭的意见，而且刘昭早已老实承认自己的意见是袭自皇甫谧的《帝王世纪》。至于被用作证据的其他典籍，如宋代乐史的《太平寰宇记》、明代陆应明的《广舆记》、清代吴乘权等辑的《纲鉴易知录》、郭袁恒的《历代帝都考》、康熙二十四年的《开封府志》及王先谦的《汉书补注》等，其成书年代更较晚近，且因袭之迹，斑斑可寻。如此看来，对"河南说"的鼓吹与炒作虽然万人汹汹，势头甚猛，而风源却只有一个，那就是《帝王世纪》。而如前所言，《帝王世纪》远远算不上是上乘的史学著作，若仅凭此立论，起码也有"孤证不立"之弊，况且，作者皇甫谧把黄帝"都新郑"列为"或说"，表明连他本人都不十分自信。

三

皇甫谧于《晋书》有传，籍隶安定朝那，为汉末名将皇甫嵩曾孙。初时并不好学，乃至游荡无度。后受叔母教诲激励，折节而为善士，躬自耕稼，带经而农，博综典籍百家之言，以著述为务，终年手不辍卷。自以为居田里之中亦可以乐尧舜之道，故屡征不仕，即便是晋武帝频下诏敦逼，也仍上疏坚辞，朝

---

① 马世之：《试析炎黄文化的发祥地》，郑州：河南科学技术出版社，1993年。

廷见其辞切言至，遂特听许，并送一车书与之，以示鼓励。谧著有《帝王世纪》、《年历》、《高士传》、《逸士传》、《列女传》、《玄晏春秋》等，堪称高产，六十八岁卒于家。细读传文，我们在对他的淡泊利禄、勤奋好学深表赞佩的同时，又不能不承认，这是一个因终身未离偏远乡野而眼界未开的人，是一个"守学好古"的食古不化者。例如，他在《帝王世纪》中根据所见古籍计算，说"禹平水土，还为九州"时，"九州之地"总共是"二千四百三十万八千二十四顷，定垦者九百一十万八千二十四顷，不垦者千五百万二千顷"，"民口千三百五十五万三千九百二十三人"，且不说"定垦者"与"不垦者"相加与前边的总数不合，原文就有错误，更重要的是，对这种精确到个位数的统计，您能相信是真的吗？故而，当时人即称皇甫谧为"书淫"，现代严肃的学者及其著作也认为《帝王世纪》是皇甫谧"大抵依据汉以来纬书等之说"、"自己编造的"①。今天，借《帝王世纪》招摇过市者，大有人在，一类是无知，一类是蓄意为之。在我看来，后一类人更为可恶。因无知而出错，可以原谅。为迎合某种倾向而明知故犯，就是别有用心了。

尽管如此，《帝王世纪》毕竟保留有晋以后已失传的古史材料，这才是此书真正的价值所在。同时，皇甫谧既然在叙述过"黄帝都涿鹿"后，又将"都新郑"列为"或说"，证明后一说法在汉晋间也取得了相当大的势力和影响。那么，新郑说是在什么样的文化背景下形成和发展起来的呢？我们不妨多费些笔墨，追述一下战国人邹衍所创立的阴阳五行说。

自春秋末到战国，王室衰微，礼坏乐崩，孔、孟叹世风日下，谋"克己复礼"，以期使"天下归仁"。但儒家讲究的"登降之礼，趋详之节"却让人十分厌烦，他们虽周游列国，以光大其道，结果竟是"持方枘欲纳圆凿"，终不能入，甚至四处碰壁，"皇皇如丧家之犬"。

邹衍则是个随时而化的聪明人。他接受"仲尼菜色陈蔡，孟轲困于齐梁"的教训，不直接讲礼义忠信，而是采取"作先合然后引之大道"的办法，先在心理上把人抓住，后诱导诸侯逐步走仁义节俭的正路。正因为他不按常规出牌，"其语闳大不经"，又常"先验小物，推而大之，至于无垠"，反而能使"王公大人惧然顾化"，产生了意想不到的效果。而邹衍也受到各国的热烈欢迎，与孔、

---

① 刘起釪撰：《西周春秋战国史史料》，陈高华、陈智超主编：《中国古代史史料学》，北京：北京出版社，1983年。

孟的遭际截然不同。

对邹衍打出的王牌,司马迁做过很好的概括,其核心部分是"先序今以上至于黄帝","载其禨祥度制,推而远之,至于天地未生,窈冥不可考而原","深观阴阳消息","散消息之分以显诸侯"。① 大意是说,邹衍通过对阳长(息)则阴消、阴长(息)则阳消的自然规律做深入考察,来总结自黄帝到战国的历史,并把阴阳消长的过程分散到五行中去,以五行能否顺利运转作为阴阳能否正常消息(长)的前提,进而既用五行相生原理解释一年中阴阳的变化、节候的更替、万物的生长收藏,乃至风霜雨雪、祸福休咎,又用五行相克的原理解释政治的盛衰、朝代的兴亡和历史的循环。

在邹衍一派学者看来,一年之内,从冬至到夏至,阳气理应一天天增长(息),阴气理应一天天减弱(消),此可谓之阳轨;从夏至到冬至,阴气理应一天天增长(息),阳气理应一天天减弱(消),此可谓之阴轨。倘若在阳轨上多做助阳抑阴之事,在阴轨上多做助阴抑阳之事,就能使五行顺利地运动轮回,阴阳正常地交感交合,达于和谐,从而带来风调雨顺、疠疾不降、民不夭折的好结果,万物生生不息,繁衍不绝。反之,如行事悖谬,使阴阳二气不能如期生长或消退,则会存在愆阳、伏阴,并酿成干旱、蝗灾、霜雪、霹雳、凄风、苦雨,出现禾稼不熟、五谷不实、民殃于疫之类的惨局,甚至引起暴兵来至、土地侵削。进一步推而大之,长期阴阳不调,又不恐惧敬改,更意味着旧德已衰,新德将兴,于是,"天必现祥乎下民",一场除旧布新的"革命"就要开始了。这种新德代旧德的循环就叫五德终始说。

不难看出,融阴阳与五行为一体,用五行生克、阴阳消长、五德转移的理论,解释一年四季的诸多变化和历史演变的规律,并借以规范人类、特别是王者的行为,这便是邹衍学说的实质。到战国中期,居火德的周朝经历了 700 来年的发展,早已衰落得不成样子了,强大的诸侯无不急于取而代之,但究竟谁能稳居帝位,局势并不明朗。依照邹衍的理论,"代火者必将水",而且他推断说,天很快就要降下"水气胜"的符应,"水气至而不知,数备,将徙于土"。这一旷世稀有的大预言为诸侯们的觊觎之心提供了理论依据,自然会一拍即合,受到他们的热切关注。

---

① 《史记》卷七十四《孟子荀卿传》,北京:中华书局,1959 年标点本。

上有好之，下必甚焉。邹衍死后，燕齐海上之方士传其术者，不可胜数。或许正是经过这些人，做什么、如何做才能起到助阳抑阴或助阴抑阳的作用，以便促进五行顺利运转、阴阳正常消息（长），又被具体化为《时则》或《月令》。到秦统一天下，齐人上邹衍的"五德终始说"，始皇采用之，依水德推德定制，从此，阴阳五行理论正式进入宫廷，成为具有最高权威的官方哲学。自刘邦建汉，改德的做法便为历代所沿袭，成为统治阶级政治生活中的大事；而两汉诸帝，则更以调和阴阳的最高责任人自居，随时提醒自己和臣下，在处理各类政务时，必须严格遵守《月令》的规定，绝不能妨碍五行完成其一年中相继生的循环。至于民间，从宗教活动到生活习俗，也全部阴阳五行化了。连董仲舒改造儒学，也不得不以阴阳五行宇宙图式为框架，把儒法结合、王霸相杂的政治论包装起来，才能献给皇帝。可以说，汉代的社会是弥漫着阴阳五行观念的社会，汉代的政治是以燮理阴阳为基本宗旨的《月令》政治。

说了半天，这与黄帝"都新郑"又有什么关系呢？原来，在汉代的《月令》政治下，五行与方位、季节、颜色、人事及宗教活动等，都整齐地搭配起来了。为了促进阴阳正常消息（长），《月令》不仅规定了帝王每月应住什么朝向的宫殿、外出驾什么马拉车、吃什么粮食和牲肉、用什么器皿、行什么政令，而且还规定了分别主管各季及各方的帝和神，以供人们崇拜。而黄帝在五行家看来，就是中央之帝，同时派给中央的神叫后土。《淮南子·天文训》曰："中央，土也。其帝黄帝，其佐后土。"《淮南子·时则训》又说："中央之极，自昆仑东绝两恒山，日月之所道，江、汉之所出，众民之野，五谷之所宜，龙门、河、济相贯，以息壤湮洪水之州，东至于碣石，黄帝、后土之所司者，万二千里。"据此，我们完全可以看出，并不是黄帝的活动区一定就在中原，而是由于受到笼盖一切的阴阳五行理论的影响，黄帝被人为地配到了中央。所谓中央"钧天"为"韩郑之分野"及郑地确有黄帝后裔等，则不过是促成这一设计的"辅料"。东汉末的高诱在注《淮南子》时说：黄帝"死托祀于中央之帝"，"托祀"二字准确地反映了当时人眼中的事物真相。

阴阳五行化的《月令》政治及人的行为可以通过助阳抑阴或助阴抑阳来感天的天人感应学说，虽在强调"四时之大顺，不可失也"方面有重要价值，但却"大祥而众忌讳，使人拘而多畏"，发展到后来，即成为谶纬迷信，连带着使接受了阴阳五行宇宙图式的儒学也谶纬化了。物极必反，到魏晋之际终于出现了玄学兴而谶纬消的新转折。然而皇甫谧终生未离开乡间,没进过城,他的家——安定朝那,又远离作为政治文化中心的洛阳。这就使他失去了与玄学家们交流的机会,他读的书相信绝大多数都是汉代流行的纬书,他的知识完全没有得到更新。因此,他不仅没有竹林七贤那样的思辨与洒脱,也远不及高诱的多识与通明,他看见有什么材料,就抱着"行不敢离缝际,动不敢出裈裆"的态度照录下来,不做任何的分析和判断,不成想,他录下的一条"或说"在给某些后人带来便利的同时,也给历史增添了混乱。

四

与河南的祭黄中心新郑遥遥相对,陕西祭拜黄帝的场所设在黄陵县的桥山。理由很充足,因为多部古书都说,黄帝死后是"葬于桥山"的。可是,如果新郑的确是黄帝出生地和活动区的话,他在亡故以后为什么要辗转千里,返葬桥山呢?而且,这在当时的运输条件下,能够做得到吗?甚至,今天位于陕西黄陵县的桥山,是否就确实是黄帝的埋葬地呢?如果要用历史的眼光考察,可以说处处都存在问题。

汉武帝时,汾阳地方上名字叫锦的巫师在脽上后土祠旁,发现了"异于众鼎"的特大号鼎,著名的方士公孙卿就趁机上书附会,曰:"黄帝采首山铜,铸鼎于荆山下。鼎既成,有龙垂胡䯿,下迎黄帝。黄帝上骑,群臣后宫从者七十余人,龙乃上去。"① 意思是说,昔日黄帝曾经铸鼎升天,现在您运气好,黄帝之鼎竟自动出于地下,不用再铸,只要用此鼎行封禅礼,也可升天。这本是一派缺乏逻辑的胡言,但武帝信了,叹道:"嗟乎!吾诚得如黄帝,吾视去妻子如脱躧耳。"于是,乃拜公孙卿为郎,"使候神于太室"。可见当时的思想界还无力揭破祠灶、辟谷、却老、能仙登天这套方术的本质,在人们的脑海里,黄帝不仅是远祖和英雄,更是飞升仙化的先行者。

不过,没过多久,武帝就起了疑心。元封元年冬,他听说古者必先"振兵释旅",然后才能行封禅礼,于是乃"勒兵十余万骑","北巡朔方","还祭黄帝冢于桥山"。这位雄才大略的皇帝虽屡受方士蒙蔽,但毕竟很聪明,他忆起五六年前公孙卿描绘过的乘龙升天那一幕,就向随员发问道:"吾闻黄帝不死,有

---

① 《史记》卷二十八《封禅书》,北京:中华书局,1959年标点本。

冢，何也？"① 从行诸人不免也有机敏而善谀者，乃抢着回答说："黄帝已仙上天，群臣葬其衣冠。"如此搪塞能否让武帝释怀，不得而知，但却在无意间透露出，连元封元年皇上正式拜祭过的桥山黄帝冢，也是在秦汉陵寝制度的影响下而营建的纪念性墓园，是否真有黄帝葬于其中，根本靠不住。

非但如此，《汉书·地理志》记上郡阳周县时说"桥山南，有黄帝冢"，王莽时改称"上陵畤"。《水经注·河水》曰："奢延水又东，走马水注之，水出西南长城北，阳周县故城南桥山，昔二世赐蒙恬死于此，王莽更名上陵畤，山上有黄帝冢故也。"汉之阳周县，后魏为显州，隋改为罗川，天宝初改为真宁②，在今延安市子长县一带，其地与奢延、走马二水均距位于延安之南、西安以北的黄陵县较远，可知汉武帝北巡朔方时所祭的衣冠冢与今日的桥山黄陵并不在一处。

另外，《魏书》卷三说：太宗拓跋嗣于神瑞二年（415）夏四月壬申"幸涿鹿，登桥山，观温泉，使使者以太牢祠黄帝庙"。很显然，此桥山在河北，也不在今日的黄陵县。

但是，今陕西黄陵县有黄帝陵庙又是千真万确的。黄陵，旧称中部，姚兴于坊州南设中部都尉，后魏太武帝正式设县。唐代宗大历五年（770），鄜坊节度使臧希让上言："坊州有轩辕黄帝陵阙，请置庙，四时享祭，列于祀典。"得到了代宗的批准③。坊州黄帝陵阙就是过去中部县、今日黄陵县的桥山黄陵。将在此地祭黄帝纳入皇家礼制，除离京城较近外，也说明这里素有上陵传统，影响较为深远。

《尔雅》云："山锐而高曰桥也。"或曰：水从山底经过为桥。既然到处都可找到这样的地形，既然黄帝是普遍接受的崇拜对象，而较古的史书又说过"黄帝葬于桥山"的话，那么，在广大的地区内，同时或先后出现若干个黄帝陵，以供大家拜祭，有什么不可能呢？正如《山海经·海外南经》注所说："圣人久于其位，仁化广及，恩洽鸟兽，至于殂亡，四海若丧考妣，无思不哀。故绝域殊俗之人，闻天子崩，各自立坐而祭醊哭泣，起土为冢，是以所在有焉。"④ 注者郭璞是西晋著名的学者兼术士，他观察问题的视角，可以说已是一种文化史

---

① 《史记》卷二十八《封禅书》，北京：中华书局，1959年标点本。
② （唐）杜佑：《通典》卷一百七十三，北京：中华书局，1988年。
③ （宋）王溥：《唐会要》卷二十二，上海：上海古籍出版社，2006年。
④ 李勇先主编：《山海经穆天子传集成》，上海：上海交通大学出版社，2009年，第45页。

的视角，即各地的陵庙都是因文化崇拜需要而形成的纪念性建筑，但纪念性的陵墓里却不一定真有圣人的尸骨。如果能够接受这一观点，则河南的黄帝故里、黄帝宫、黄帝陵，还有甘肃庆阳的黄帝陵、山西曲沃的轩辕庙，等等，都可得到更加合理的解释。对于各地相互争夺剧烈的其他传说人物或历史名人，如伏羲、女娲、尧、舜、禹乃至诸葛亮、关羽等，也可用同样的方法进行分析。

司马迁"西至空桐，东渐于海，北至涿鹿，南浮江淮"，备尝辛苦，进行实地考察，所至，"长老皆各往往称黄帝、尧、舜之处"，于是，便在《五帝本纪》中说：黄帝"披山通道，未尝宁居"，曾"东至于海，登丸山，及岱宗，西至于空桐，登鸡头，南至于江，登熊湘，北逐荤粥，合符釜山，而邑于涿鹿之阿。"本纪中黄帝的经历之处与作者本人的考察路线居然基本一致，可知他是把在各地听到的传说和与之相配套的物化崇拜形式当做历史了[①]。司马迁这样做，本意是让因材料太少而面目不清的黄帝变得丰满起来，以便系统成篇。这完全符合他自己确定的"述故事，整齐其世传"的著述原则。尽管他在纪文之末做了"百家言黄帝，其文不雅训，缙绅先生难言之"的声明，承认自己仅是"择其言尤雅者"，勉强予以"论次"，但此种以传闻充史实的方法所产生的误导仍不可小视，害得无数后人在事迹钩沉、地理考证诸方面耗费了大量精力。我们是现代人，除了历史之外，我们还掌握有文化人类学的知识和手段。历史和文化既有联系，又有区别，我们的任务是在厘清渊源的同时再将两者分开，而不是硬把文化现象说成历史，以便为各地争名人，或服务于某种政治需要。

五

纪念性的黄帝陵庙可以分布于各地，但朝廷只能择一处作为官方祭祀场所。历代王朝为此都用颁诏的形式做出过规定。这不仅有助于规范祀典，更在客观上起到了加强政治统治和文化认同的作用。

前言唐代宗于大历五年（770）采纳臧希让的建议一事，应是鄜坊节度使所辖中部县桥山黄帝陵得到皇家正式认可的开端。从此，这里的祭黄活动便从普通的宗教崇拜中脱颖而出，变成了官方文化和国家制度的一部分。大历七年（770），朝廷即在此大兴土木，创建黄帝庙，后又敕修之，足见一经升格，身价

---

① 顾颉刚：《顾颉刚读书笔记》卷二，北京：中华书局，2011年，第360页。

顿时倍增。然而，唐末五代，屡经离乱，"百司废坠，匮神乏祀"，前代帝王陵寝"或樵采不禁，风雨不芘"，甚者竟至"开发"、"隳毁"。鉴于典礼所阙已甚，故宋太祖一即位，就于建隆元年（960）和乾德初年（963）两次下诏，规定为黄帝陵及炎帝、高辛、唐尧、虞舜、夏禹诸陵"各置守陵五户，岁春秋祠以太牢"，"隳毁者修葺之"①。到开宝五年（972），为了祭祀方便，又降旨将唐大历中设置的黄帝庙从桥山西麓移至今址。至明朝建立，朱元璋乃于洪武三年（1370）遣使四处调查，并"命各行省具图以进"，发现散于全国的历代帝王陵寝共有七十九处。数量如此之多，自然应加筛汰，于是乃责令礼官"考其功德昭著者"。至洪武四年（1371），礼部定议，"合祀帝王"可保留三十五位，并按一人一处的原则，明确上陵致祭的地点，分别是"在河南者十：陈祀伏羲、商高宗，孟津祀汉光武，洛阳祀汉明帝、章帝，郑祀周世宗，巩祀宋太祖、太宗、真宗、仁宗。在山西者一：荥河祀商汤。在山东者二：东平祀唐尧，曲阜祀少昊。在北平者三：内黄祀商中宗，滑祀颛顼、高辛。在湖广者二：酃祀神农，宁远祀虞舜。在浙江者二：会稽祀夏禹、宋孝宗。在陕西者十五：中部祀黄帝，咸阳祀周文王、武王、成王、康王、宣王，汉高帝、景帝，咸宁祀汉文帝，兴平祀汉武帝，长安祀汉宣帝，三原祀唐高祖，醴泉祀唐太宗，蒲城祀唐宪宗，泾阳祀唐宣宗。"②皇上批准了这份名单，并规定每年在仲春和仲秋的朔日，"遣使诣各陵致祭"，每三年由皇帝"出祝文、香帛，传制遣太常寺乐舞生赍往所在，命有司致祭。"为了保证规定得到不折不扣的落实，还要求每陵"置一碑，刊祭期及牲帛之数"。单就黄帝陵墓而言，朱元璋不仅曾派秘书监丞陶谊前往勘察、修葺，派中书省管勾甘前往代表自己行祭礼，而且还在此设五品护陵官（后由县令兼护陵官、授五品衔），特旨在轩辕庙大殿内塑黄帝坐像一尊。因为元代一方面将伏羲、神农、黄帝并列为三皇，一方面又将三皇视为医家的祖先，改由医师主祭，与黄帝人文始祖的地位不合，朱元璋就下令废除了各地的三皇庙。由上所述，可以清楚地看出，经过唐代宗的开创、宋太祖的恢复和明太祖的整顿，对于历代帝王陵寝的祭祀已完全制度化，而皇家制度的确定性和严肃性，也使在中部县桥山黄帝陵进行的祭黄活动开始具有排他性和唯一性。

大体说来，洪武年间的"礼部定议"，虽有人为因素，并不合乎历史，但却

---

① 《宋史》卷一百五《礼志八》，北京：中华书局，1977年标点本。
② 《明史》卷五十《礼志四》，北京：中华书局，1974年标点本。

尊重了各地的民间习惯和文化传统。所以，它一经颁布，便得到了普遍的恪守和贯彻执行。在明代，自洪武之后，永乐、宣德、景泰、天顺、正德、嘉靖、隆庆、万历、天启年间，都屡屡遣使赴中部县桥山祭黄，至今陵区仍较系统完整地保留着当时记录致祭情况的碑刻。清代沿袭有明，一无所改，唯规模更大，仪式更加隆重，且在常祀之外，又于皇帝登基、太后寿辰、水旱灾害、五谷丰登、大功告成之际，增加了不少特祭。至于"中华民国"及中华人民共和国政府也都把祭黄仪式放在这里举行，正体现了继任者对前朝制度和固有文化的尊重。仁人志士不约而同地到此表达爱国之情，港澳台同胞及海外侨胞纷纷到此寻根问祖，更说明制度行之既久，早已约定俗成。

如果以上的分析大致不误，我便想提出如下意见以结束本文，即黄帝可以初步看做是被神话了的传说人物或历史人物；因文化崇拜，各地出现了多处纪念性的陵庙，内中均无真身尸骨，没有必要争论谁真谁假；但历代王朝用规范礼制的办法确定下来的陵庙祭祀地点却具有约定俗成的意义，因而也带有唯一性。自觉遵守成规，有助于中华民族彻底摆脱琐细的分割，巩固历史形成的统一，这是大局；相对而言，地方利益再大，也是小局；以小局服从大局，应是每个国人立言、立事、立功的基本出发点。封建帝王尚且懂得按一人一地原则规范历代帝王陵庙的重要性，今日之大人先生者流，却懵懵懂懂，随意为左右祖，岂不是太缺乏政治智慧了吗？

案例二：黄帝与黄帝文化的南迁

一

2000年10月初，忽奉浙江省缙云县人民政府大札，邀我参加"中国首届黄帝文化学术研讨会"[①]。我多年参与行政管理，已很少读书，一时竟忆不起黄帝与远在南方的缙云县有什么关系。急忙翻检旧籍，方知县名与氏名有关，而对缙云氏，历来却有两种解释。

---

① 研讨会10月5日至8日在缙云进行。会后由浙江人民出版社出版了《轩辕黄帝与缙云仙都》一书。本文参考了书中所收各位专家的大作，特别是使用了书后所附由王达钦先生整理的《轩辕黄帝缙云仙都文献资料辑录》，特此致谢。

第一种意见认为缙云氏是黄帝属下的官职。源出《左传》昭公十七年（前525）"昔者黄帝氏以云纪，故为云师而云名"等语，到《史记·五帝本纪》，已改写为黄帝"官名皆以云命，为云师"。汉儒服虔、应劭，晋人杜预，以及唐人陆德明等，一脉相承，都说因黄帝受命时有"云瑞"，故百官师长皆以云为名号，"缙云氏盖其一官也"，应劭进一步指出："春官为青云，夏官为缙云，秋官为白云，冬官为黑云，中官为黄云。"因缙云主夏，居火德，炎帝又为夏天之帝，故贾逵便附会说："缙云氏，姜姓也，炎帝之苗裔，当黄帝时任缙云之官。"① 许慎《说文解字·叙》也曰："曾曾小子，祖自炎神，缙云相黄，共承高辛"，把许姓的家世同缙云氏联系在一起。贾、许两人的看法显然受到阴阳五行说的强烈影响，是对第一种意见的引申和扩展。

第二种意见认为缙云氏就是黄帝本人。出自唐代张守节所著《史记正义》。其文曰："黄帝有熊国君，乃少典国君之次子，号曰有熊氏，又曰缙云氏，又曰帝鸿氏，亦曰帝轩氏。"因被郭沫若先生主编的《中国史稿》采用而影响巨大。不过直到《史记·五帝本纪》记述"缙云氏有不才子，贪于饮食，冒于货贿，天下谓之饕餮"时，张守节的《史记正义》才说："今括州缙云县，盖其所封也。"似又暗示封到缙云县的仅是黄帝后裔中的一支。因文字简略，尚不能完全明了，但黄帝与缙云县的密切关系，到张守节时，似乎已被正式确定下来。

黄帝为传说中的英雄，被奉为人文初祖，历史上如果实有其人的话，他只不过是原始社会后期一位杰出的部落首领罢了。同时，也很可能仅代表一个时代，或由某部族的名号渐渐转化为帝号。记录他事迹的材料，都出现在春秋战国以后的典籍中，但"百家言黄帝，其文不雅训，荐绅先生难言之"，若"择其尤雅者"，或有两点可信度较大。其一是《国语·晋语》曾说："昔少典娶于有蟜氏，生黄帝、炎帝。黄帝以姬水成，炎帝以姜水成。成而异德，故黄帝为姬，炎帝为姜，二帝用师以相济也。"由此可知，黄帝族源于少典及有蟜氏，其发祥地在姬水之旁，黄、炎两族从很早的时候起便关系较多。姬水、姜水究竟是哪条水，虽不能确指，但大致总不离今陕、甘两省，所以，我们便可进一步指出，黄帝族最初形成于我国西北。其二是黄帝曾与炎帝大战于阪泉之野，与蚩尤大战于涿鹿之野，都取得了胜利，并擒杀了蚩尤。两大战事不仅见之于《左传》、

---

① （南朝·宋）裴骃：《史记集解》引应劭、贾逵说，北京：中华书局，1959年标点本。

《逸周书》、《管子》、《山海经》、《史记》、《大戴礼记》、《淮南子》等书，而且也见之于出土文献长沙马王堆帛书《十六经》，临沂银雀山竹简《孙子兵法》、《孙膑兵法》，江陵王家台秦简《归藏》，参互印证，会有较大的真实性，又很符合氏族社会后期人们以战争为"经常性职业"的时代特征。至于阪泉、涿鹿的地望，各家的说法当然还相去较远，但都承认应是在古代黄河漫流的华北大平原上。从西北到华北，已不止千里之遥，说明在战争或其他因素的驱动下，古代部族迁徙流动的幅度相当大。关于黄帝族东迁的路线，徐旭生先生认为可能是从今陕西北部，顺北洛水南下，到今大荔、朝邑一带渡河，跟着中条山及太行山边逐渐向东北走。同时，他怀疑今山西南部沿黄河的姬姓建国里，有一部分就是黄帝族东迁时留下的分族，而非西周的封国[①]。对于徐先生的说法，至今还找不到强有力的证据将其推翻。黄帝死后，葬于桥山，近代的书全说是在旧中部县，即今黄陵县，实则北宋以前的书却说是在汉阳周县，约在今子长县境内。总之，应该肯定的是，黄帝的传说产生于北方，黄帝族的活动范围没有超出黄河流域。

然而，到了张守节生活的唐代，黄帝或黄帝之后的封地却被认为是远在江南浙东的缙云县，岂非咄咄怪事？百思不得其解，带着疑问上路了。

二

赶到温州时，已是下午。承蒙温州师范学院盛情接待，派车送我们去缙云。车子一出市区，便沿着瓯江跑，抬眼望去，天却飘起细细的雨丝来，江面被灰白色的水气罩着，偶尔看到一两支采沙船，也都变得模糊不清，倒更增加了几分神秘。不久，雨下得大了，如黛的远山纷纷用轻纱遮起了娇好的面容。夜宿缙云宾馆，窗子隔不断水的轰鸣，问过好客的主人，方知是穿城而过的好溪江迎来了第一次秋汛。

次日一大早，雨过天晴，晨光微曦中，我们先乘大巴到缙云的仙都参加公祭黄帝大典。一下汽车，我就被眼前的景色迷住了。好溪流经此处，突然变宽，蜿蜒曲折之间，汇成几泓深潭，水波不惊，其平如镜，朝阳洒下的道道金光正撩拨着乳白色的雾霭，在镜子上轻歌曼舞。此岸是丰树茂竹，青翠欲滴，对岸

[①] 徐旭生：《中国古史的传说时代》，桂林：广西师范大学出版社，2003年，第50—51页。

是长松秀岭，云雾缭绕，坐落在苍龙峡口的黄帝祠宇，红砖黄瓦，若隐若现。江面不时漂过几片竹筏，赶起几支鱼鹰，传来一串渔歌。身临其境，无论是谁都会承认，把这样的地方叫做仙都，真是再贴切不过了。更奇特的是，江边有一孤峰，状如春笋，一柱擎天，直把它无比修长的倒影横入水中。当地学者介绍说："此峰高170.8米，是世界上最大的石笋，素有天下第一峰之称。顶端在群树环抱中有一天然小湖，虽大旱而不竭。所以人们称此峰为鼎湖峰。"听到这里，脑子里一闪，我似乎有点明白了。明明是顶湖，却偏要叫鼎湖，莫非就是因为这峰、这湖，才把黄帝的传说搬到南方来了？

三

如前所言，历史上的黄帝充其量不过是一个强大部落的杰出首领，但随着时间的推移，却被幻化为无所不能的神话人物。因为黄帝族影响久远，黄帝便成了古代长寿的典型，有的书说他活了三百岁，有的书竟说活了八百岁；因为古代部族"以师兵为营卫"，"迁徙往来无常处"，便认为黄帝曾"东至于海，登丸山，及岱宗。西至于空桐，登鸡头。南至于江，登熊湘，北逐荤粥，合符釜山，而邑于涿鹿之阿"，其足迹几乎遍及华夏大地；因为在军事科技十分原始落后的情况下，战争的胜负确实与天气的变化关系极大，黄帝对蚩尤的战争便有了应龙、女魃同风伯、雨师斗法的内容；因为黄帝族的图腾与龙有关，也或许是受了南方苗蛮集团伏羲、女娲故事的影响，黄帝的形貌便成了"人面蛇身，尾交首上"；因为四方四时观念日渐发展，或是因为黄帝确曾受到各方面的拥戴，又有了比较令人费解的"黄帝四面"的说法，不一而足。而古代许多重要的发明创造，如宫室、舟车、服冕、书契、历法、音乐等，也都记到了黄帝身上。《大戴礼记·五帝德》记宰我问于孔子曰："昔者闻诸荣伊令，黄帝三百年。请问黄帝者，人耶？抑非人耶？何以至于三百年乎？"孔子解释说："生而民得其利百年，死而民畏其神百年，亡而民用其教百年，故曰三百年。"如此强为解人，自然未必能使疑问冰释，却反映出以实用理性为特征的原始儒家对上边这套近乎"怪力乱神"的东西是不相信的。但谬误一旦成为风气，便会推着人往前走。"言奇者见疑"，可贵的求真精神反而不会被看得那么重要，关于黄帝的新话题并未因孔子不信而停止造作。《淮南子·修务训》曰："世俗之人，多尊古而贱今，故为道者必托之于神农、黄帝而后能入说。乱世暗主，高远其所从来，因而贵之。为学者，蔽于论而尊其所闻，相与危坐而称之，正领而诵之。此见是非之分不明。"这是大气候。《庄子·盗跖》篇曰："世之所高，莫若黄帝"，他既是传说中公认的最了不起的英雄，又在势头甚猛的阴阳五行说中被列为五帝之首，为土德，居中。这是小气候。大小气候都万般适宜，黄帝怎能不成为箭垛式的人物？怎能不越来越显赫？怎么不由人而成为半神半人？真是挡都挡不住。

战国秦汉间，在神话、道家出世思想及巫术的基础上，以追求长生不死，飞升成仙为主题的仙话开始流行起来，黄帝又由半神半人变成了仙人。

《庄子·大宗师》已有"黄帝得之，以登云天"之语。而《韩非子·十过》篇则说："黄帝合鬼神于西泰山之上，驾象车而六蛟龙"，"腾蛇伏地，凤凰覆上"，虽然讲的是登山，却也很有些升天的模样。《楚辞·远游》："轩辕不可攀援兮，吾将从王乔而娱戏！"轩辕就是黄帝，作者将他与王乔、赤松子一类的仙家并列，似乎又认为他飞得更高，故不得已而求其次，表示只要能与王乔同游就很满足了。而对黄帝飞升描绘得最具体的是汉武帝时的方士公孙卿。据《史记·封禅书》，汉武帝是继秦始皇之后出现的又一个笃信祠灶、辟谷、却老、能仙登天等方术的皇帝，曾上过李少君、齐人少翁、上郡巫、栾大等人的当，始终不肯醒悟。凑巧汾阳地方上名字叫做锦的巫师在睢上后土祠旁，发现了"异于众鼎"的特大号鼎，公孙卿便趁机说："黄帝采首山铜，铸鼎于荆山下。鼎既成，有龙垂胡髯下迎黄帝。黄帝上骑，群臣后宫从上者七十余人，龙乃上去。余小臣不得上，乃悉持龙髯，龙髯拔，坠，坠黄帝之弓。百姓仰望黄帝既上天，乃抱其弓与胡髯号，故后世因名其处曰鼎湖，其弓曰乌号。"意思是说过去黄帝曾经铸鼎升天，现在您的运气好，黄帝之鼎竟自动出土了，不用再铸，只要用此鼎行封禅礼，也可升天。本为一派缺乏逻辑的胡言，武帝听了却十分兴奋，叹道："嗟乎！吾诚得如黄帝，吾视去妻子如脱躧耳。"于是，拜公孙卿为郎，"使候神于太室"①。从此，鼎湖也成了一个特殊的符号，像标签一样紧紧地贴在黄帝身上。

四

东汉末年，道教基本形成。道教徒以"黄帝为宗，老子为教"，这固然和

---

① 《史记》卷二十八《封禅书》，北京：中华书局，1959年标点本。

"五斗米道"的创始者张道陵称自己是黄帝之后有关,但更可能是因为他们在理论上要依托黄老之学。据《后汉书》记载,汉桓帝宫中"立黄老浮图之祠",楚王刘英"晚节更喜黄老,学为浮屠斋戒祭祀","诵黄老之微言",张角"自称大圣贤师,奉事黄老道"①,都表明黄帝和老子已连在一起,被当做神灵加以膜拜,而早期的太平道则正是从黄老崇拜中孕育出来的。到梁朝,陶弘景写《真灵位业图》,构建道教统一的神仙谱系,黄帝便正式进入了主仙的行列。由此可见,随着宗教的发展,原来已经严重神话化、仙话化的黄帝,摇身一变,又成了地位很高的道教神。

道教分符箓派和炼丹派。符箓派重符咒、祈禳,为人解除痛苦,求得福泰。炼丹派则重修炼,其间又有内丹和外丹之分。内丹提倡通过静功和气功养护精、气、神,以达到长生的目的,外丹却相信用炉火烧炼药石,制成金丹,服用后才可延年益寿,羽化成仙。完成于东汉顺帝、桓帝之际,由魏伯阳所著的《周易参同契》是最早的一部外丹经。参者,三也。该书的中心思想就是运用《周易》揭示的阴阳之道,参合黄老的自然之理,讲述炉火炼丹之事②。这样,黄帝和炼丹也发生了联系。

非但如此,东晋炼丹派的主要代表人物葛洪,在《神仙传》一书中,居然活灵活现地记录了张道陵曾于嵩山石室中得到过《黄帝九鼎丹经》一事,又在《抱朴子·金丹》篇里续记道:会汉末大乱,左慈将此书与《太清丹经》、《金液丹经》一起带到了江东,洪之从祖葛玄受之于左慈,洪之师郑隐又受之于葛玄,最后都落在了他自己的手上,别的道士"了无知者"。于是,葛洪就以唯一握有宝典的理论权威的身份宣称:"按《黄帝九鼎丹经》曰:黄帝服之,遂以升仙",可见"虽呼吸道引","服草木之药",只"可得延年,不免于死也",必须"服神丹",才能"令人寿无穷已,与天地相毕,乘云驾龙,上下太清。"③他还批驳宣扬采阴补阳御女术的邪道之徒说:"俗人闻黄帝以千二百女升天,便谓黄帝单以此事致长生,而不知黄帝于荆山之下,鼎湖之上,飞九丹成,乃乘龙升天也"④。因炼丹的主要工具是鼎炉,故炼丹派又称丹鼎派。丹、鼎二字乃其常用

---

① 《后汉书》卷三十下《襄楷传》,北京:中华书局,1965年标点本;《后汉书》卷四十二《楚王英传》,北京:中华书局,1965年标点本;《后汉书》卷七十一《皇甫嵩传》,北京:中华书局,1965年标点本。
② 牟钟鉴、张践:《中国宗教通史》,北京:社会科学文献出版社,2000年,第275页。
③ 王明:《抱朴子内篇校释》卷四《金丹》,北京:中华书局,1985年。
④ 王明:《抱朴子内篇校释》卷六《微旨》,北京:中华书局,1985年。

语。道教理论家通过对已有仙话的剪裁,把黄帝捧为炼丹术的发明者,把黄帝铸鼎升天的故事改造为服用金丹后才乘龙升天,显然是为了抬高本派的地位,但从此以后,道藏中的鼎湖一词却有了新的含义,它不再仅仅是铸鼎之处,而变成黄帝炼丹的场所了。

五

不过,一般都认为黄帝铸鼎的荆山是在河南阌乡,今属灵宝县,那么,荆山下的鼎湖如何又搬到浙江了呢?与会学者经过热烈的讨论,意见仍不能完全统一,问题却越辩越明,正如黄文等先生所说,这大约应与道教徒和笃信道教的士大夫大量南迁密切相关①。

道教最初是以民间形式进行传播的。但是,太平道发动了黄巾起义,五斗米道以汉中为中心,建立了政、教、军合一的割据政权,由此引起了统治者的高度警觉。在黄巾起义被镇压和张鲁降曹以后,魏、蜀、吴三国及西晋朝廷都加强了对道教活动的控制。东晋十六国时期,北方沦为各族冲突的战场,少数民族的首领因为相信"佛是戎神"而多有重佛轻道的倾向,这便迫使大量道士陆续到江南传教,另行寻找发展机遇。来自北方的于吉,来自蜀中的李宽,应属其中最主要的先行者,而张道陵的四世孙张盛,可能也是在这一潮流的推动下,迁居江西龙虎山,开辟了新的道场。

魏晋南北朝的世家大族正在日益走向腐朽。他们既感叹于世事无常,人命不永,又极其留恋恣情纵欲,富贵荣华的生活,在纷纷避地江东的同时,也普遍地由贪生畏死转而信奉道教的长生成仙之术。侨姓大族中的王氏、谢氏、郗氏、桓氏、殷氏,土著大族中的葛氏、孙氏、许氏、陶氏、沈氏、华氏、孔氏、陆氏等,都出过著名的道教信徒,或与道士关系密切。如《晋书·王羲之传》曰:"王氏世事张氏五斗米道",羲之"与道士许迈共修服食,采药石不远千里",而其次子凝之信教"弥笃",以至于孙恩的军队攻到了会稽城下,时任会稽内史的他还在净室中"请祷",欲邀"鬼兵"相助,竟至被杀。由这一典型事例即可说明,东晋南朝的崇道之风远较北方为盛。

---

① 黄文:《黄帝与仙都关系初探》,《轩辕黄帝与缙云仙都》编委员编:《轩辕黄帝与缙云仙都》,杭州:浙江人民出版社,2001年,第259页。

"仙，迁也，迁入山也"①。道教徒认为"合丹当于名山之中，无人之地"，不与俗人往来，"又不令不信道者知之"，以免"谤毁神药"，药才可成，成则"举家皆仙"，"不单一身耳"，故而，著名的道士多选择名山大川，风景秀美，而又避远精洁之处居之。据葛洪《抱朴子》所列，有"正神"在其中，适于"精思合作仙药者"，有华山、泰山、霍山、恒山、嵩山、少室山、长山、太白山、终南山、女几山、地肺山、王屋山、抱犊山、安丘山、潜山、青城山、峨眉山、绥山、云台山、罗浮山、阳驾山、黄金山、鳖祖山、大小天台山、四望山、盖竹山和括苍山，这应该是当时道教的共识。可惜中原的名山因为战乱已经"不可得至"，"江东名山之可得往者"，只剩下"霍山，在晋安；长山、太白，在东阳；四望山、大小天台山、盖竹山、括苍山，并在会稽"。②选择的范围既然有限，处于括苍山与仙霞岭的过渡地带，而又峰岩奇绝、云水飘逸的缙云山被道士所爱，并誉为仙都，便一点也不奇怪了。

崇奉道教的王羲之"采药石不远千里，遍游东中诸郡，穷诸名山"，是否到过缙云，尚乏确证；从小在道教教主杜家寄养达十五年之久的谢灵运曾经亲临缙云，则已通过他的《游名山志》和《归途赋》加以坐实。《游名山志》曰："永嘉有缙云堂"，"又有孤石从地特起，高三百丈而临水"③，《归途赋》云："停余舟而淹留，搜缙云之遗迹，漾百里之清潭，见千仞之孤石"。所谓孤石指的就是鼎湖峰。葛洪的修炼之所虽在丽水南明山，但当地学者指出，缙云县有葛竹、丹址等地名，应与他曾经在此炼过丹关系密切④。显名于晋末及宋、齐两朝的道士孙游岳隐居仙都四十余年，他的师傅陆修静"好方外游"，到过仙都料无问题。梁朝时有"山中宰相"之称的陶弘景早年曾从孙游岳学习符图经法，并"东游浙越"，以后才"退隐茅山"⑤，他拜会孙游岳的地点很可能也在缙云。恐怕正是凭借此类人物的搬运之功和宗教的影响力，黄帝传说的发生地才由北而南，落户江左，而在中国方术文化中原本就被视为天梯的柱状石峰，也因顶上有湖，而被名之为鼎湖峰，并与黄帝铸鼎、炼丹、飞升挂了钩。中原既无法去，

---

① （东汉）刘熙：《释名》卷二《释长幼》，北京：中华书局，1985年。
② 王明：《抱朴子内篇校释》卷四《金丹》，北京：中华书局，1985年。
③ （宋）乐史：《太平寰宇记》引谢灵运《游名山志》，北京：中华书局，2007年。
④ 黄文：《黄帝与仙都关系初探》，《轩辕黄帝与缙云仙都》编委会编：《轩辕黄帝与缙云仙都》，杭州：浙江人民出版社，2001年，第267页。
⑤ 《梁书》卷五十一《陶弘景传》，北京：中华书局，1973年标点本。

就近另造一套物化的崇拜对象，以资寄托和鼓吹，也不失为一种合乎情理的现实选择。

六

还值得一提的是，缙云黄帝文化的定型和固化，很可能并不很早。因为生活于东晋末刘宋初的谢灵运在诗文中只把这突起潭畔的石笋叫孤石，可见当时尚无鼎湖峰的名称。谈到东阳、永嘉一带的龙须草时，他说："意者谓鼎湖攀龙须有坠落，化而为草。"虽已言及黄帝鼎湖飞升一事，但语气并不肯定。谈到孤石顶间的小湖时，他又说："顶有湖生莲花……古老云：黄帝炼丹于此"，似也仅限于客观记录民间异闻，自己未加任何评论。而于西晋惠帝朝做过太傅的崔豹，则根本不相信龙须化草之类的奇谈。据崔氏所著的《古今注》，孙兴公曾问："世称黄帝炼丹于凿砚山，乃得仙，乘龙上天，群臣援龙须，须坠而生草，曰龙须，有之乎？"答者直截了当地表示："无也。"并解释说，确有一种草叫做龙须草，"一名缙云草，故世人为之妄传。"这就证明，缙云黄帝文化的上限顶多可以追溯到东晋。

但只要有宗教力量的推动，无论起步多晚，也会很快成龙配套起来的。刘宋郑缉之《东阳记》曰："独峰山，一名丹峰山，昔黄帝尝乘龙车登此山，辙迹尚存。"梁朝刘峻的《东阳金华山栖志》曰：黄帝"游斯铸鼎，雨师寄此乘烟，故涧勒赤松之名，山贻缙云之号。"唐代王瓘的《广轩辕本纪》曰："黄帝往，炼石于缙云堂，于地炼丹，时有非红非紫之云见，是曰缙云，因名缙云山。"《太平御览》卷四十七引《郡国志》曰："括州括苍县缙云山，黄帝游仙之处……有龙须草，云群臣攀龙须所坠者。"① 武则天圣历元年，干脆析括苍及婺州永康置缙云县②。至此，缙云黄帝文化的要件已基本具备，只剩下一道正式审批手续了。凑巧，在唐天宝七年六月八日，"有彩云起于李溪源，复绕缙云山独峰之顶，云中仙乐响亮。鸾鹤飞舞，俄闻山呼万岁者九，诸山皆应，自申至亥

---

① 王达钦：《轩辕黄帝与缙云仙都文献资料辑录》，《轩辕黄帝与缙云仙都》编委会编：《轩辕黄帝与缙云仙都》，杭州：浙江人民出版社，2001年，第305—306页。
② 《新唐书》卷四十一《地理志五》，北京：中华书局，1975年标点本。

乃息。"于是，刺史苗奉倩"上其事于朝，敕改今名"①。敕改今名即改缙云山为仙都山，原来，仙都一名是唐玄宗听了地方官员的报告后钦赐下来的。

苗奉倩的做法当然是故意讨皇帝欢心。因为李隆基不仅最崇道教，在全国遍立庙观，使道观总数增至一千六百八十七所②；而且，自开元之末起，即"殆于庶政，志求神仙，惑方士之言"；上有所好，下必甚焉，自是以后，很快形成了"言祥瑞者众，而迂怪之语日闻，谄谀成风"的局面③。"彩云仙乐"之瑞虽然根本靠不住，却合乎时代潮流，故玄宗闻奏，丝毫没有怀疑，在"敕封缙云山为仙都山"的同时，又令"周回三百里禁樵采捕猎，建黄帝祠宇，岁度道士七人，以奉香火。"有了朝廷的护符，缙云黄帝文化便取得了官方文化的合法身份。

接下来一切都变得顺理成章了。道教将缙云山定为三十六小洞天中的第二十九洞天，名曰仙都祈仙天；著名的小篆书法家李阳冰写了"黄帝祠宇"碑额；诗人白居易留下了"黄帝旌旗去不回，片云孤石独崔嵬，有时风激鼎湖浪，散作晴天雨点来"的著名诗句；迄于两宋元明，不断有专使奉诏祈雨，投金龙玉简致祭；宫观时而称黄帝祠宇，时而称玉虚宫，时而称仙都宫，毁而复建，不断修缮，愈翻愈新；皇帝常钦命道长主领宫事，一度还兼领本路诸道场，俨然成为东南最具影响力的道教中心；于是，文人、墨客纷至沓来，碑刻题记遍列山间。宋代王十朋在诗中说："皇都归客入仙都，厌看西湖看鼎湖。"我们完全有理由相信，他所赞美的缙云胜景已经不单指环境的幽清静雅，更多的是欣赏这里丰富的文化内涵。

综括上述，不妨归纳出一种假说以求教于同好。那就是：黄帝或黄帝后代的封地根本不在浙江，黄帝族的活动区域也不可能远达东南，只是因为仙都一带风景绝佳，又有顶端成湖的石笋屹立干云，世所罕见，于是，道士们便利用当地的某些传说，将音同义异的顶湖附会为黄帝铸鼎、炼丹的鼎湖，又因黄帝与缙云氏有关，故而便以缙云名山置县，并在宗教和政治力量的推动下，形成了以道教文化为核心的缙云黄帝文化。张守节《史记正义》于开元二十四年

---

① 陈性定：《仙都志》，《轩辕黄帝与缙云仙都》编委会编：《轩辕黄帝与缙云仙都》，杭州：浙江人民出版社，2001年，第307页。
② 牟钟鉴、张践：《中国宗教通史》，北京：社会科学文献出版社，2000年，第551页。
③ 范祖禹撰、吕祖谦注：《唐鉴》卷九，上海：上海古籍出版社，1986年影印本。

(736)"杀青斯竟"①,显然是受到当时强势文化的影响,才把黄帝说成缙云氏,并谓"括州缙云县,盖其所封也。"至于《民国浙江通志稿》说:"古代所传,夏禹以前,浙江盖有二国,一为缙云氏,在缙云县","一为防风氏,在今武康县",则是依据张氏成说,结合《左传》和《国语》等书,倒推出来的。

案例三:炎帝和炎帝文化的南迁

一

顾颉刚、王献唐、杨向奎等先生,生前都曾感叹于学术界对炎帝文化重视不够,说:"我们中华民族,常自称是炎黄子孙",但"久而久之,这炎字成了具文",多数场合竟"干脆直称为黄帝子孙了"②。让诸位史学大师未曾料到的是,近些年炎帝却变得炙手可热起来,一些地方政府斥巨资为其建庙修陵,组织大型祭奠活动,召开学术研讨会,一浪接着一浪,可谓高潮迭起。其间难免也有争论,单就炎帝的生息地而言,就出现过陕西说、湖北说、湖南说等,好几种不同的意见。各派引经据典,振振有词,相持不下。于是,一个"著名历史学家"便出来巧作调停,公布了自己潜心考证30年的结论。据报载,他的看法大致是:"炎黄均为太昊伏羲氏的后代。太昊伏羲氏在距今6000年前生于渭水中游的天水境内,其部落后东徙定居并建立政权于古陈仓(今陕西省宝鸡市)。以炎帝神农氏和黄帝轩辕氏称谓载入历史典籍的各8代,而最早的炎帝神农氏和黄帝轩辕氏为亲'兄弟',均生于今宝鸡境内。其中炎帝生于今宝鸡市郊的姜水,黄帝生于今宝鸡市境内岐山县一带的姬水(又称岐水),约生于距今5500—5600年","炎帝神农氏部落的第一、二代均在渭水中游宝鸡境内,称帝从第二代始,其后裔迁徙四方,8代相传共约520年。湖北随州为炎帝神农氏第三代(烈山氏)部落的迁徙地;湖南酃县古有炎帝陵,当为第8代炎帝神农氏帝榆罔的陵墓"③。读了报道,不由抚掌大笑,多亏出了这样的高人,总算把方方面面都安顿住了,真是妙不可言。然而,上述观点究竟有无根据呢?倘若

---

① (唐)张守节:《史记正义序》,北京:中华书局,1959年。
② 吴锐主编:《古史考》第六卷,海口:海南出版社,2003年,第16页。
③ 《文汇报》1995年8月11日;《人民日报(海外版)》1995年8月12日。

顾、王、杨诸先贤地下有知，是为炎帝高兴呢，还是替炎帝感到悲哀？疑问萦绕于胸，久久不能忘怀，犹豫再三，决定在继承前辈研究成果的基础上略陈管见，以与同侪切磋。

二

用历史主义的态度看问题，炎帝和黄帝一样，如果说实有其人的话，充其量他不过是原始社会后期一位杰出的部落首领罢了，同时，也很可能是由某部族的氏号渐渐转化成了帝号。较为可靠的文献，如今文《尚书》二十八篇，《诗经》，《周易》的卦、爻辞，《春秋》经等，根本没有提到过炎帝，《周礼》有"三皇五帝之书"的说法和祭五帝之礼，但未举其名称，甚至孔、孟在追溯道统的时候，也仅始自尧舜，竟"无一言及于黄炎者"①。最早记录炎帝活动的书是作于战国的《国语》和《左传》。如《国语·晋语四》说："昔少典娶于有蟜氏，生黄帝、炎帝。黄帝以姬水成，炎帝以姜水成，成而异德，故黄帝为姬，炎帝为姜，二帝用师以相济也。"由此可知，炎帝族源于少典及有蟜氏，发祥地在姜水流域，炎黄两族因并非同风同俗，很可能长期处在既联合又斗争的状态中。《左传》昭公十七年（前525）则说："昔者黄帝氏以云纪，故为云师而云名；炎帝氏以火纪，故为火师而火名。"这起码表明炎帝族有崇拜火的传统。有的学者认为，传说中的炎帝头是锐形，正是火向上燃烧之状，故炎帝族应以火为图腾，此论似也颇有见地。②另外，《左传》哀公九年（前486）曰："炎帝为火师，姜姓其后也"；《国语·周语中》记富辰之语曰："齐、许、申、吕由太姜"；这又告诉我们，大凡姜姓之人，便是炎帝的后裔，在周代，姜族建立的最重要的诸侯国为齐、许、申、吕。上述材料开头常称"昔"或"昔者"，显然得自口耳相传的先代遗闻，而且没有任何神秘色彩，所记事项也较粗略，根本没有涉及炎帝的世代、年数及葬地等，唯其如此，也许反而具有更大的可信度。

但后来情况却变得完全不同了。《太平御览》卷一百七十一引晋宗室司马彪所作的《续汉书·郡国志》已有"炎帝神农氏葬于长沙"的说法，晋人皇甫谧的《帝王世纪》更进一步细化说："神农氏，姜姓也。母曰任姒，有蟜氏之女，

---

① （清）崔述：《考信录提要》卷下，上海：商务印书馆，1937年。
② 刘筱红：《神秘的五行》，南宁：广西人民出版社，2004年，第16页。

名女登，为少典妃，游于华阳，有神龙首感女登于常羊，生炎帝，人身牛首，长于姜水，因以氏焉"，"初都陈，又徙鲁"，"在位百二十年而崩，葬长沙"，"至榆罔凡八世，合五百三十年"。非但如此，连历代炎帝的号也被他记得清清楚楚，除第一代炎帝和末代的榆罔外，中间六代分别是帝承、帝临、帝明、帝直、帝来、帝哀①。到唐代司马贞作《补史记三皇本纪》，南宋罗泌作《路史》，似都以此为基础，进一步发挥和加工，以便使炎帝的历史更加系统和丰满。如《补纪》曰："神农纳奔水氏之女听詙为妃"，让我们第一次认识了炎帝的妻子。《路史》曰：炎帝"名轨"，"一名石年"，"长八尺有七寸，弘身而牛颠"，"生三辰而能言，五日而能行，七朝而齿具，三岁而知稼穑般戏之事。"这不仅让我们知道了炎帝的名字，而且可以了解到他的许多超凡脱俗之处。上述记录除已将炎帝与神农氏合一外，还有两个显著特征，一是神秘色彩增加了，二是具体化的程度令人吃惊。当然，正是因为过于神秘和具体，与《国语》、《左传》中的材料相比，它的可信性就差多了。现在，陕西某些学者又在辨析炎帝究竟是生在宝鸡，还是生在岐山、扶风一带。其实，对于传说时代的古史，说得越细，恐怕越失真。

孔子曰："唐虞禅，夏后殷周继"②。可知夏代以前就根本不存在子孙继世为帝王的情况。我国古史的确切年代，原本只能上溯到《史记·十二诸侯年表》的始年——西周晚期的共和元年，即公元前841年。近来，由于大张旗鼓地实施夏商周断代工程，据说已能对西周早中期和商代后期各王"提出比较准确的年代"，对商前期和夏代也能提供一个"基本的年代框架"了，但对早于夏代的纪年却依然漫无头绪，连国家认可的"首席科学家"也未敢轻易置喙。③ 至于普遍划分州郡，则要晚至秦汉时期，即使最崇古的人，恐怕也只能凭借《禹贡》将其提前到夏初。而据《周易·系辞》和《后汉书·祭祀志》所记，"古之葬者，厚衣之以薪，葬之中野，不封不树"，故而"古不墓葬"，"汉诸陵皆有园寝"，乃"承秦所为"。既然如此，说炎帝在位一百二十年，传了八代，共计五百三十年，死后葬于长沙郡，这能是真实的吗？作为当今"著名的历史学家"，

---

① （晋）皇甫谧：《帝王世纪》第一卷，（清）宋翔凤集校，沈阳：辽宁教育出版社，1997年，第3—4页。
② 杨伯峻：《孟子译注》卷九《万章上》，北京：中华书局，1960年。
③ 夏商周断代工程专家组：《夏商周断代工程1996——2000年阶段成果报告》，北京：世界图书出版公司，2000年，第1页。

几乎不加别择地把一套无法证明的说法全盘接收下来,并一厢情愿地把所谓第一、二代炎帝分配给陕西,把第三代炎帝分配给湖北,把第八代炎帝分配给湖南,这种态度能是科学的吗?

崔述在《考信录提要》中说:"战国人称述三代之事,战国之风气也;秦汉人称述春秋之事,秦汉之语言也。"风气、语言是文化的具体体现。在不同时代的文化背景下,人们会根据时尚的需要,用完全不同的语言,去重塑历史。在先秦基本典籍中还见不到的某些炎帝事迹,到晋代却大备起来,这当然是受到秦汉文化强烈影响的结果。据以探寻文化演变之迹则可,认定炎帝其人确乎如是则谬。

三

秦汉时期,是什么强势文化在起作用,以至于使社会的风气、人们的思维方式、叙事的语言、包括已有的历史传说,都发生了重大改变呢?我们不能不追述一下由战国人邹衍所创立的阴阳五行说。

自春秋末到战国,王室衰微,礼坏乐崩,"循法守正者见侮于世","奢溢僭差者,谓之显荣"。孔、孟之伦叹世风日下,乃谋"克己复礼",以期"使天下归仁",但儒家讲究的"登降之礼,趋详之节"却让人十分厌烦,所以,他们虽周游列国,以光大其道,却一如"持方枘欲纳圆凿",终不能入,甚至四处碰壁,"皇皇如丧家之犬"。①

邹衍却是个善于随时而化的聪明人。他接受"仲尼菜色陈蔡,孟轲困于齐梁"的教训,并不直接去讲什么礼义忠信,而是采取"作先合然后引之大道"的办法,先在心理上把人抓住,后诱导诸侯逐步走仁义节俭的正路。正是因为他不按常规出牌,"其语闳大不经",又常"先验小物,推而大之,至无无垠",反而能使"王公大人惧然顾化",产生了意想不到的效果。而邹衍自己也在各国受到热烈欢迎,遭际与孔孟截然不同。

对邹衍打出的王牌,司马迁进行过概括,其最核心的部分是"先序今以上至于黄帝","因载其禨祥度制,推而远之,至于天地未生,窈冥不可考而原",

---

① 《史记》卷二十三《礼书》,北京:中华书局,1959 年标点本;《史记》卷四十七《孔子世家》,北京:中华书局,1959 年标点本;《史记》卷七十四《孟子荀卿传》,北京:中华书局,1959 年标点本。

"深观阴阳消息"，"散消息之分以显诸侯"。① 大致意思是说，邹衍通过对阳长（息）则阴消、阴长（息）则阳消的自然规律的深入考察，来总结自黄帝到战国的历史，并把阴阳消长的过程分散到五行中去，以五行能否顺利运转作为阴阳能否正常消息的前提，进而既用五行相生原理解释一年中阴阳的变化、节候的更替、万物的生长收藏，乃至风霜雨雪、祸福休咎，又用五行相克的原理解释政治的盛衰、朝代的兴亡和历史的循环。

在邹衍一派学者看来，一年之内，从冬至到夏至，阳气理应一天天增长（息），阴气理应一天天减弱（消），此可谓之阳轨；从夏至到冬至，阴气理应一天天增长（息），阳气理应一天天减弱（消），此可谓之阴轨。倘若在阳轨上多做助阳抑阴之事，在阴轨上多做助阴抑阳之事，就能使五行顺利地运动轮回，阴阳正常地交感交合，达于和谐，从而带来风调雨顺、疠疾不降、民不夭折的好结果，万物生生不息，繁延不绝。反之，如行事悖谬，使阳气不能如期伸长，阴气不能如期消退，或阴气不能如期伸长，阳气不能如期消退，则会存在愆阳、伏阴，并酿成干旱、蝗灾、霜雪、霹雳、凄风、苦雨，出现禾稼不熟、五谷不实、民殃于疫之类的惨局，甚至引起暴兵来至、土地侵削。进一步推而大之，长期阴阳不调，又不恐惧敬改，更意味着旧德已衰，新德将兴，于是，"天必现祥乎下民"，一场除旧布新的"革命"就要开始了。这种新德代旧德的循环就叫五德终始说。

不难看出，融阴阳与五行为一体，用五行生克、阴阳消长、五德转移的理论，解释一年四季的诸多变化和历史演进的规律，并借以规范人类、特别是王者的行为，这便是邹衍学说的实质。到战国中期，居火德的周朝经历了700来年的发展，早已衰落得不成样子了，强大的诸侯无不急于取而代之，于是，先后便有齐湣王与秦昭王一度并称东西帝，苏代建议以秦为西帝、赵为中帝、燕为北帝，立三帝以令诸侯，辛垣衍劝赵尊秦昭王为帝，等等，诸多事件的发生。然而，究竟谁能稳居帝位，局势始终并不明朗。依照邹衍的理论，"代火者必将水"，而且他推断，天很快就要降下"水气胜"的符应，"水气至而不知，数备，将徙于土。"这一旷世稀有的大预言为诸侯们的觊觎之心提供了理论根据，自然会一拍即合，受到他们的热切关注。

---

① 《史记》卷七十四《孟子荀卿传》，北京：中华书局，1959年标点本。

上有好之，下必甚焉，邹衍死后，燕齐海上方士传其术者，不可胜数。或许正是经过这些人，做什么、如何做才能起到助阳抑阴或助阴抑阳的作用，以便促进五行顺利运转、阴阳正常消息（长），又被具体化为时令或月令。此类篇章主要的内容可见之于《吕氏春秋·十二纪》、《礼记·月令》、《淮南子·时则训》及《天文训》。到秦统一天下，齐人上邹衍的"五德终始说"，始皇采用之，依水德推德定制，从此，阴阳五行理论正式进入宫廷，成为具有最高权威的官方哲学。自刘邦建汉，改德的做法便为历代所沿袭，成为统治阶级政治生活中的大事；而两汉诸帝，则更以调和阴阳的最高责任人自居，随时提醒自己和臣下，在处理各类政务时，必须严格遵守《月令》的规定，绝不能妨碍五行完成其一年中相继生的循环。至于民间，从宗教活动到生活习俗，也全部阴阳五行化了。连董仲舒改造儒家学说，也不得不以阴阳五行宇宙图式为框架，把儒法结合、王霸相杂的政治论包装起来，才能献给皇帝。可以说，汉代的社会是弥漫着阴阳五行观念的社会，汉代的政治是以燮理阴阳为基本宗旨的月令政治。

说了半天，这与炎帝又有什么关系呢？原来，在汉代，五行与方位、季节、颜色、人事及宗教活动等，都整齐地搭配起来了。为了促进五行顺利运转，阴阳正常消息（长），《月令》不仅规定了帝王每月应住什么朝向的宫殿、应穿什么颜色的衣服、打什么颜色的旗帜、外出驾什么马拉车、吃什么粮食和牲肉、用什么器皿、行什么政令，而且还规定了分别主管各季及各方的帝和神，以供人们崇拜。而炎帝在五行家看来，就是主管夏天和南方的帝，他的助手是祝融，有的时候也叫朱明。如《吕氏春秋·孟夏纪》曰："孟夏之月，日在毕，昏翼中，旦婺女中。其日丙丁。其帝炎帝，其神祝融。"《礼记·月令》所记与此完全相同。《淮南子·天文训》则曰："南方，火也，其帝炎帝，其佐朱明，执衡以治夏"，《淮南子·时则训》又说："南方之极，自北户孙之外，贯颛顼之国，南至委火炎风之野，赤帝祝融之所司者，万二千里。"文中的赤帝就是炎帝。据此，我们完全可以认为，并不是炎帝或其子孙真的迁到了南方，而是在笼盖一切的阴阳五行说当中，炎帝被人为地配到了南方。生活在东汉末的高诱在注《吕氏春秋》和《淮南子》时，都说炎帝"死托祀于南方"，可见他对事物真相的了解要比今天的"著名历史学家"清楚得多。

四

除炎帝主夏、被配在南方之外，因主春被配在东方的是太昊，因主季夏被配在中央的是黄帝，因主秋被配在西方的是少昊，因主冬被配在北方的是颛顼。于是，不管历史真相如何，他们的活动区也都根据阴阳五行学说的需要进行了大调整，其中最典型的是少昊。《左传》定公四年（前506）谓伯禽的封地有"少昊之墟"，杜预注曰："少昊墟，曲阜也，在鲁城内。"顾颉刚先生的《鸟夷族的图腾崇拜及其氏族集团的兴亡》一文和石兴邦先生的《我国东方沿海和东南地区古代文化中鸟类图像与鸟祖崇拜的有关问题》一文，分别从文献和考古两个方面列举大量材料，证实了东方才是少昊族的发祥地[①]。而西岳华山下由后世所建的华岳庙的石阙上，却赫然刻着"少昊之墟"、"蓐收之府"八个大字，这显然系阴阳五行说广为流布所带来的由五帝分主五方及五岳的观念形态的反映，丝毫都不意味着少昊族曾居于华。据《左传》昭公二十九年（前513）蔡墨之语，蓐收为少昊四叔之一，很可能也一直活动在东方，因为他被五行家奉为西方之神、少昊之佐，所以他的"府"也被搬到了华山。对于炎帝的乘风而南，自然应与少昊、蓐收的情况等量齐观，都可视作是一种文化的变迁。

五帝祭祀也许源远流长，有人认为源自殷人对方帝的崇拜；有人认为与《左传》昭公十七年（前525）郯子所说"黄帝氏以云纪"、"炎帝氏以火纪"、"共工氏以水纪"、"太昊氏以龙纪"、少昊氏"纪于鸟"有关；有人则认为仅能追溯到秦襄公"作西畤，祀白帝"，以及后来秦人陆续作鄜畤、密畤、吴阳上畤、吴阳下畤，兼祭青帝、黄帝、炎帝等。但有一点可以看得很清楚，即按阴阳五行说整理过的五帝祭祀是后来才逐步制度化起来的。刘邦东击项籍而还入关，即询问臣下说："吾闻天有五帝，而秦只有白、青、黄、赤四帝之祠，何也？"不等左右想好答案，他便大言道："吾知之矣，乃待我而具五也。"于是，乃立黑帝祠，名曰北畤[②]。从古书这段生动的叙述可以看出，说不定正是刘邦做了皇帝，才把在民间流传已久、为他耳熟能详的五帝纳入了国家祀典。此后，文帝始幸雍，用郊礼祀五畤；又听从"望气者"赵人新垣平的意见，在灞渭之

---

① 吴锐主编：《古史考》第六卷，海口：海南出版社，2003年，第33、113页。
② 《汉书》卷二十五《郊祀志》，北京：中华书局，1962年标点本。

会"作渭阳五帝庙";武帝喜欢巡游,除数次至雍"郊见五畤"外,还在他常住的甘泉宫南筑五帝坛,环居于泰一坛下;他到东方封禅,发现泰山脚下有一处古明堂遗址,恰逢济南人公玉带上"黄帝时明堂图",于是就又下令在汶水边进行仿造,"祠泰一、五帝于明堂上坐"。大致说来,在西汉中前期,五帝祭祀虽已成为诸祭中的大祭,但祭祀的地点十分散乱,仪式也不规范,以至于按照公玉带图造起来的明堂里,因五帝无法与四面相配,只好将黄帝与赤帝并为一处。汉成帝时,丞相匡衡、御史大夫张潭以"天随王者所居而飨之"为由,奏请将甘泉泰一、五帝祠以及河东后土祠等均"徙置长安",而将"诸侯妄造"、或汉家未定天下时所立的"故祠",如雍地五畤等,尽行罢去。经过反复争论,到平帝元始年间,才由既热衷于五行学说、又受过《礼经》的王莽凭借政治强力,将该项建议落实。除黄帝的营域被定在未位、即长安城的西南郊外,太昊、炎帝、少昊、颛顼的祭处被依次放在东、南、西、北郊,"长安旁诸庙兆畤"从而变得空前整齐①。到东汉明帝时,又"采元始中故事,兆五郊于洛阳四方"②。此后,对五帝的祭祀活动才与五行家的设想完全一致起来,但设墓园祭五帝的风气却尚未大行。

五帝而有墓,最早的可能是黄帝。《史记·五帝本纪》:"黄帝崩,葬桥山。"《汉书·地理志》上郡阳周县下班固自注曰:"桥山在南,有黄帝冢。"隋改阳周县为罗川县,约在今子长县境内。汉武帝时,由于听说古代必先"振兵释旅",然后才能行封禅礼,于是乃"勒兵十余万骑","北巡朔方","还祭黄帝冢于桥山"。这位雄才大略的皇帝虽屡受方士蒙蔽,但毕竟很聪明,就向随员发问说:"吾闻黄帝不死,有冢,何也?"从行诸人不免也有机智而善谀者,乃抢着回答道:"黄帝已仙上天,群臣葬其衣冠。"由此可见,连桥山黄帝冢,也是在秦汉陵寝制度正式形成后,为了更加圆满地塑造黄帝,而营建起来的,是否真是黄帝的葬处,根本靠不住。至于炎帝,他的墓似乎还未来得及造,因为《汉书·地理志》和《后汉书·郡国志》都不曾提到。

首先言及炎帝葬地的是《太平御览》所辑《续汉书·郡国志》的一条遗文和皇甫谧的《帝王世纪》,有用的话仅"葬于长沙"或"葬长沙"一语,行文极为简略。但到南宋罗泌作《路史》,却变得细密起来。《路史·后记·禅通纪》

---

① 《汉书》卷二十五《郊祀志》,北京:中华书局,1962年标点本。
② 《后汉书》志八《祭祀志中》,北京:中华书局,1965年标点本。

曰：炎帝"崩葬长沙茶乡之尾，是曰茶陵"，又自注道："炎陵今在麻陂，林木茂密，数里不可入，石麟石土，两杉苍然，逾四十围，两杉而上，陵也，前正两紫金岭。"① 罗泌所说的地方后归酃县，现已改名为炎陵县。那么，这里的炎帝陵究竟建于何时呢？

20世纪末，中山大学历史系本科生章雅薇在老师黄国信教授指导下，写了一篇题为《宋代炎帝陵置庙考论》的毕业论文，我的同窗挚友刘复生先生也在《历史研究》上发表了更为详尽深入的大作《宋朝火运略论——兼谈"五德转移"政治学说的终结》②，两文都认为炎帝陵始建于宋，此前仅有传说，而无实际地点可考。主要理由是：宋以前的地理类书籍很少提及炎帝陵；存留于墓地、镌刻有祭文的碑石共五十三块，全为明洪武四年以后所立；而宋以火运自居，把炎帝视为感生帝，在宋朝，才真正有了祭炎帝陵或修炎帝陵的明确记录。据章雅薇、刘复生两文，这些记录中最重要的有三条。一是宋太祖乾德四年（966）曾下诏，对太昊、炎帝、黄帝、颛顼、高辛、唐尧、虞舜等十六帝"各置守陵五户，每岁春秋二时，委所在长吏，各设一祭。"二是淳熙十四年六月（1187），曾有"修炎帝陵"之举。三是淳祐八年（1248），荆湖帅臣陈炜奏曰："国家以火德王，于火德之祀合加钦崇。炎帝陵在衡州茶陵县，庙久弗治，乞相度兴修，以称崇奉之意。"此奏得到了批准③。通过对以上材料的排比，可以清楚地看到，炎帝陵很可能是自北宋到南宋，经历多年，陆续修成的。而且，还有一个明显的倾向值得注意，那就是国势越衰，最高统治者对炎帝陵的重视程度就越高，这显然还是受到阴阳五行学说支配，试图通过祭陵的刺激，以便使宋的火运复旺，国祚永延。除上述三条堪称"雅训"的记录外，《路史》还说："太祖抚运，梦感见帝，于是驰节复求，得诸南方，爰即貌祀，时序隆三献。"赵匡胤黄袍加身，篡得后周的天下，心不自安，托言梦见炎帝，为以火承木的五德之运寻找理论支撑，也很合乎情理。如罗泌之言有据，则南方的炎帝陵址

---

① 《四库全书总目》提要曰：《路史》"句下注文题其子苹所撰，核其词义，与泌书详略相补，似出一手。殆自注而嫁名于子㐤？"今采此说。

② 中山大学历史系：《中山大学历史本科生毕业论文选（1995—1997级）》，内部资料，2001年；刘复生：《宋朝火运略论——兼谈"五德转移"政治学说的终结》，《历史研究》1997年第3期，第92—106页。

③ 司义祖：《宋大诏令集》卷一百五十六，北京：中华书局，1962年；《宋史全文》卷二十七下、卷三十四，汪圣铎点校，北京：中华书局，2016年。

或竟是宋太祖时才派人勘定的,只是使臣"持节复求"的经过却已无法详知。

章雅薇、刘复生两文认为湖南的炎帝陵是宋代为了宣扬火德文化才修起来的,对此,我深表赞同。只是《路史》注文中还有一些话值得玩味。据罗泌说,他在丁未春,曾到过炎帝陵,寓所主人云:"所葬代云衣冠,赤眉时人虑发掘夷之。"赤眉军势力未曾及于长沙,故"赤眉时"一语只能当做时间概念,《路史》所采庞杂,本无足观,但当地人口耳相传的说法,却应加以重视。若西汉末真有人试图发掘这座葬有炎帝衣冠的冢墓,则造墓的时间便可大大提前,甚至竟和阳周县的桥山黄帝陵属于同期产品。这样一来,《续汉书·郡国志》和《帝王世纪》说炎帝死"葬于长沙"便也不完全是一句空话。至于汉人为什么要把炎帝墓的地点选在长沙茶陵,可能又有两方面的考虑。一是随着疆域的扩大,西汉已经以湖南衡山为南岳,茶陵、酃县都离衡山很近,酃县在后来还长期是衡州的州治或府治;二是汉代星野说十分流行,南方朱雀七星中的翼、轸二星被视作鹑尾,正是楚之分野。炎帝既被阴阳五行说配为南方之帝,需要"托祀于南方",那么,在南岳之下,上应鹑尾的古楚地区,搞起一座衣冠冢作为物化了的标志以供祭奠,不也是很自然的事吗?但这一推论尚乏确证。罗泌还强调,对炎帝陵,"有唐尝祀焉","有唐代旧记",却又不肯以他发现的旧记示人,以至于使炎陵是否存在于宋前的探索出现缺环,无法连贯。其实建于宋,抑或建于汉,并不重要,重要的是,从文化史的角度看,它必是阴阳五行说强烈影响下的产物,而绝不是什么第八代炎帝榆罔的寝宫。

五

《国语》说"炎帝以姜水成",而《水经·漻水注》、《后汉书·郡国志》引《荆州记》、《帝王世纪》等书又说炎帝生于今湖北随县,这又是怎么回事呢?前辈宿学大家多谓与神农氏、炎帝及烈山氏之子柱的合并有关。① 今申论之,以唤起健忘症患者的记忆。

《吕氏春秋·执一》篇曰:"三代以昌,五帝以昭,神农以鸿"。《周易·系辞下》曰:"古者庖牺氏之王天下也","作结绳而为网罟,以佃以渔","庖牺氏没,神农氏作,斫木为耜,揉木为耒,耒耜之利,以教天下"。《庄子·盗跖》

---

① 徐旭生:《中国古史的传说时代》,桂林:广西师范大学出版社,2003年,第142页。

篇曰:"神农之世,卧则居居,起则于于,民知其母,不知其父,与麋鹿共处,耕而食,织而衣,无相害之心。"《商君书·画策》曰:"神农之世,公耕而食,妇织而衣,刑政不用而治,甲兵不起而王。"其《更法》篇又说:"伏牺、神农教而不诛,黄帝、尧、舜诛而不怒。"据此,完全可以肯定,神农氏本意是指三代及五帝之前的一个历史阶段,这一阶段最主要的特点是:虽已普遍进入了农耕,但社会仍以女子为中心,尚无显著的阶层分化和权利斗争,也没有用以实施剥削和压迫的国家机器,一般认为大致应相当于考古学上的新石器时代早期。

不过,由于神农时代是以农业出现而著称的,所以,具有古老农业传统的部族,也有可能被叫做神农氏。如《战国策·秦策一》把"神农伐补遂",同"黄帝伐涿鹿,而擒蚩尤"、"尧伐骊兜"、"舜伐三苗"、"禹伐共工"等并列,这里的神农显然是某个族氏的名号。

随着农业的发展,营农业经济生活的部落或王朝又有了对农神的崇拜。在中国古代,这种农神叫稷,同时也被称之为神农氏。按照"法施于民则祀之"的原则,那些对农业发明做出过重要贡献的人最易升格到农神的地位。依可信的先秦典籍来看,早期被奉为稷的人只有两位,就是烈山氏之子柱和周人的祖先弃。《左传》昭公二十九年曰:"有烈山氏之子曰柱为稷,自夏以上祀之,周弃亦为稷,自商以来祀之。"《国语·鲁语上》:"昔烈山氏之有天下也,其子曰柱,能殖百谷百蔬;夏之兴也,周弃继之,故祀以为稷。"杜预注《左传》曰:"弃,周之始祖,能播百谷,汤既胜夏,废柱而以弃代之。"由此可知,两位稷神是一前一后,相互连接的。弃之被祀,《诗经·生民》、《国语》及杜预都说是因为他"诞降嘉种"、"能播百谷",应无疑义。柱之被祀,或许真是因为他曾"烈山泽而焚之",开启了最原始的撂荒农业,但也有人认为他不过是一支拟人化和神化了的点种棒。总之,尽管炎帝的部族可能也具有十分悠久的农耕传统,但炎帝起初却不是稷神意义上的神农氏。

非但如此,在较典雅的古籍中,是把神农氏排在黄帝之前,而把炎帝排在黄帝之后的,如前引《易传》说:"庖牺氏没,神农氏作","神农氏没,黄帝尧舜氏作",显然置神农氏于黄帝前;而《左传》昭公十七年(前525)说"黄帝氏以云纪"、"炎帝氏以火纪"时,又序炎帝于黄帝后,如果这种记录含有时间意义的话,就没有理由硬把炎帝和神农氏视为同一个人。另外,《史记·封禅书》载管仲述古之封禅者七十二家,其中既有神农氏,又有炎帝,《列子·说符》曰:"尝观之神农、有炎之德,稽之虞、夏、商、周之书",也将神农氏与炎帝并列,甚至到三国时,谯周在《古史考》中还说:"女娲之后,五十姓至神农;神农至于炎帝,一百三十三姓,是不当身相接。"可见在一部分更具史识的学者眼中,神农氏与炎帝渺不相涉。

可是后来情况却发生了很大变化。这一变化仍与阴阳五行学说的发展有关,故而又需从根儿上说起。

邹衍以五行运转和阴阳消息说五德终始,原本以黄帝起首,用的是五行相胜律。到西汉末,王莽要通过禅让的形式取代汉家天下,旧理论过时了。于是,刘歆便拿五行相生律重释古史,替王莽相对和平的篡弑活动制造根据。从此,历史的大循环被拟定为木生火、火生土、土生金、金生水,水再生木;或叫做以火承木、以土承火、以金承土、以水承金,再以木承水。这样一来,木德之帝太昊和火德之帝炎帝都排到了土德之帝黄帝的前边。凑巧,被儒家捧得很高的《易传》上又有"庖牺氏没,神农氏作","神农氏没,黄帝尧舜氏作"的话,刘歆就趁势将太昊与庖牺氏拉在一起,称太昊庖牺氏,将炎帝与神农氏拉在一起,称炎帝神农氏,以便与黄帝轩辕氏、少昊金天氏、颛顼高阳氏相并列①。由文化演进的大势可知,炎帝与神农氏的合并是在与新五德终始说相互磨合的过程中完成的,根本没有顾及历史事实。但经在政治和文化上均居垄断地位的王莽、刘歆们的鼓吹,却又变得如日中天,不可摇撼。所以,不仅刘秀毫不犹豫地接受了汉为火德的新说,连著名史学家班固、号为兼通今古文的经学大师郑玄等,也不能不在新文化的强烈影响下展开著述或遍注群经。《汉书·律历志》已有"以火承木,故为炎帝,教民耕农,故天下号曰神农氏"的调和之文,《礼记·月令》郑注也有"炎帝,神农也"的解释。至于和班、郑同时代或稍后的作品,如王符的《潜夫论·五德志》,司马彪的《续汉书》,皇甫谧的《帝王世纪》等,都是在已经划定的藩篱内转圈圈。诸如"身号炎帝,世号神农","炎帝神农氏,姜姓也……位在南方,主夏,故谓之炎帝",等等,无非是对主流意识固有矛盾的曲为弥缝,根本不含任何有价值的发现或创见。

既然已经发生了炎帝与神农氏的合并,连带发生炎帝、神农氏和烈山氏三者的合并,便不可避免了。五行相生之序被看成了五帝之序,炎帝被说成了神

---

① (清)崔述:《补上古考信录》,上海:商务印书馆,1937年《丛书集成》初编本。

农氏，烈山氏之子柱在商以前又确曾被当做最早的农神供奉，那么，一切关于烈山氏的文化现象都被归到因经过重组而名声更加显赫的炎帝神农氏名下，必成大势所趋。三国时的韦昭注《国语·鲁语》曰："烈山氏，炎帝之号也，起于烈山。"北魏郦道元《水经注》曰："漻水北出大义山南，至厉乡西，赐水入焉。赐水源东出大紫山，分为二水，一水西经厉乡南，水南有重山，大义山即烈山也，山下有一穴，父老相传云：是神农所生处也，故《礼》谓之烈山氏。水北有九井，子书所谓神农既诞，九井自穿，谓斯水也。又言汲一井，则众水动，井今堙塞，遗迹仿佛存焉。亦云赖乡，故赖国也，有神农社。"一些地方志书所记与此略同。这样一来，炎帝神农氏"育乎楚，考籍应图，于是乎在"，竟成了板上钉钉的铁案，以至于宋人罗泌著《路史》时，便直截了当地说炎帝生于"烈山石室"。

其实，自从炎帝成了神农氏，但凡以农为生的群落，都可能发生崇拜炎帝的心理，并制造出各种物化了的崇拜形式。《管子·轻重篇》说"神农作五谷于淇山之阳"；《述异记》说"太原神釜岗，有神农尝药之鼎，成阳山有神农鞭药处"；《后魏风土记》说山西羊头山下有神农城，为"神农得嘉谷处"；《元丰九域志》记神农尝药于湖北谷城；陈仁锡的《潜确类书》记神农采药于河南温县，等等，便是显例。直到现在，全国许多省区都有祭祀炎帝的习惯，尤以靠天吃饭的北方旱区为甚。我们不妨请教一下可爱的"著名历史学家"：如果不把上述传说和风俗看作炎帝变成农神之后出现的一种文化现象的话，又有什么办法可以——辨别真伪呢？

六

最后，让我们通过对经学发展史的简单回顾，补论炎帝神话的形成。

战国时期，一方面是天下"定于一"的呼声越来越高，一方面是七雄"争于攻取，兵革更起，城邑数屠，因以饥馑疾疫焦苦"，各国"臣主共忧患，其察禨祥，候星气尤急"[①]。正是顺应社会及统治阶级的需要，才出现了一批宣传祖宗同源说和大一统说的政治著作，如《尧典》、《禹贡》、《职方》、《帝系》等，也出现了用历史循环论对"孰能一之"这一严肃问题做出回答的、由阴阳家鼓

[①] 《史记》卷二十七《天官书》，北京：中华书局，1959年标点本。

吹起来的终始五德之运。

秦始皇称帝后，接受了燕齐方士的意见，用阴阳家的办法推德定制，以水德自居，但骨子里却仍醉心于法家的"繁刑严诛"，"专为恣苟简之治"，故而招致了秦的短命而亡。经过汉初七十年在黄老思想指导下的休养生息，到了汉武帝，清理秦的"余毒遗烈"、"解弦而更张之"，建立汉家制度的条件成熟了。于是，他就在元光元年下诏，策问方正贤良文学之士，讨论"古今王事之体"。董仲舒对以天人三策，拔萃群伦，天子掇其切当，施于朝廷。

但如前文已提及的那样，董仲舒献给汉武帝的，是经他改造过的新儒学。其间，不仅积极吸收了法家思想，主张"德刑并用"、"王霸相杂"，而且更对阴阳家的理论情有独钟。今观董氏所著《春秋繁露》，不管是谈到君臣大义，国计民生，还是谈到父子、夫妇的伦常，无不以阴阳五行之说为其立论的基础。由此可见，自从汉武帝"罢黜百家，独尊儒术"，汉人不仅告别了曾经盛行于朝野的黄老思想，实际上也告别了孔、孟、荀为代表的原始儒学，开始正式步入了阴阳五行与经学紧密结合、融而为一的新时代。

阴阳家的最大发明便是他们在五行运转、阴阳消息和朝代兴衰之间建立了一套因果关系，并认为通过主观努力，可以感动阴阳，实现天人感应，达到与天合一。然而，怎样判断阴阳是否调和呢？董仲舒说，那很简单，"国家将有失道之败，而天乃先出灾害以谴告之，不知自省，又出怪异以警惧之"，与之相应，王者若躬行道德，承顺天地，天也会降下祥瑞以昭保佑，总之，天人之间是有信号相通的，灾异、祥瑞就是传递信号的符应。

实际上，所谓的灾异和祥瑞，只不过是平常罕见的自然现象罢了，而汉代人却认为代表着天的意志，是处理天人之际各类关系的枢纽和锁钥。所以，不单是董仲舒，汉代许多政治家都要"仰视天文，俯察地理，观日月消息，候星气行伍，揆山川变动"，先捕捉到天的信息，再参以"人民谣俗"，然后才能制定法度，采取措施，治理国家。可是，灾异和祥瑞所蕴含的意向毕竟是模糊的，你可以这样解释，我可以那样解释，不便于更直接、更有效地达到政治目的。于是，发展到汉哀帝、汉平帝之际，除跳出来一个刘歆，用五行相生说重新编排古帝系统，写成《世经》一书，以阐发服务于王莽篡弑的禅国让贤理论之外，更有不少用穿凿附会的办法对儒经做神秘化解释的纬书被人们创造出来，还有人将带隐语和预言性质的图谶不断地献给皇帝。王莽、刘秀都以谶纬为依据，来任用官吏，决定大事,在他们的影响和带动下,汉代的《月令》政治进一步谶纬迷信化了。

从《尧典》、《禹贡》、《职方》、《帝系》和五德终始之论,到《春秋繁露》、《世经》和纬书,与政治相适应的经学文化的演变既有一定阶段性,更呈现出十分鲜明的共同走势。基本倾向是:一、祖宗同源说不断被强化,传说中的古帝王都发生了血缘关系,以至于后人可以根据这些书排出一个始自伏羲的帝王传授总图来①;二、"大一统"成了"天地之常经,古今之通谊",传说中的古帝王都有极大的统治范围,竟至"日月所照,风雨所止,莫不服从",而且常被安排在同一个朝廷里,形成君臣关系;三、历史循环论已经根深蒂固,靠征诛得天下者取五德相胜说,借禅让之名取天下者用五德相生说,都要从五德转移中为自己掌权找到宣传的依据;四、神秘色彩变得越来越浓厚,感生帝的说法已开始出现,但凡古帝王,大都生而神异,聪以知远,明以察微,能普施利物于民,集各种发明创造于一身,其死,则不过是陟彼昊天而已。这样的说法虽可能在客观上发挥过一定的有益作用,如有助于加强统一,等等,但由于从根本上违背了民族、国家由分到合、由小到大的抟成史,所以就不能不自相抵牾,矛盾百出。为了让不同时空的人能够见上面,到纬书大出的时候,不少古帝王就不得不寿百岁、百二十岁、三百岁、甚至八百岁,或由一代分化成数代,而他们的足迹自然也必须遍及神州了。

对于纬书淋漓尽致的表演,历来就有三种截然不同的态度。② 一是崇信不疑。除王莽、刘秀、东汉的明章诸帝、专治谶纬的苏竟、朱浮、薛汉、张纯、樊儵、曹充、曹褒、张奋、郎顗、任安之辈外,郑玄笺《毛诗》、注三礼,何休作《公羊解诂》,取资于纬书之说极多,以权威的身份传经,又"必假孔氏",影响于后世者自然甚巨;而"躬自稼穑,带经而农,博综典籍百家之言",一辈子未出乡里的皇甫谧作《帝王世纪》时,也遍采经传图纬及诸子杂书,对谬说的流传起了推波助澜作用。例如,他说炎帝"在位百二十年而崩,至榆罔凡八世,合共五百三十年",据《路史》推考,便是"因乎"春秋纬的一种——《春秋命历序》。二是依违于信疑之间,以贾逵、马融、王符等人为代表。贾逵曾"总谶互异者三十余事"以质问言谶者③,可见他本不信谶纬,但又想借图谶之

---

① (清)马骕:《绎史》第一册,北京:中华书局,2002年,第2页。
② 郑均:《谶纬考述》,台北:文史哲出版社,2000年,第27、35页。
③ 《后汉书》卷五十九《张衡传》,北京:中华书局,1965年标点本。

力以争取立《左氏春秋》于学官，乃上书言"五经无证图谶明刘氏为尧后者，而左氏独有明文"①。马融治学撰文绝少言谶，仍不免偶集诸生，考论图纬②。王符在《潜夫论》中采择纬书作《五德志》，却事先说明说："世传三皇五帝，多以伏羲、神农为二皇，其一者，或曰燧人，或曰祝融，或曰女娲，其是与非，未可知也。我闻古有天皇、地皇、人皇，以为或及此谓，亦不敢明。凡斯数，其于五经，皆无正文。略依《易系》，记伏羲以来，以遗后贤，虽未必获正，然幸可以浮游博观，共求厥真。"从三人的态度可以看出，在曲学风靡、笼盖一切的时代，要做到众醉独醒亦非易事。三是坚决不信。在东汉，以反对谶纬著名的朝臣或学者就有尹敏、桓谭、郑兴、王充等，其次还有孔僖、张衡、朱穆、崔寔、荀爽诸人。他们或进言，或著书，极言谶纬之"欺惑贪邪，诖误人主"，劝皇帝"屏群小之曲说，述五经之正义"③。汉以后更有南朝刘勰在《文心雕龙》中著《正纬》篇，斥纬书之作为"伎数之士"的"诡术"；宋代欧阳修作《帝王世次图序》，责汉儒硬把不同世次的人拉在一起，"何其谬哉？"由于谶纬的一些说法实在荒唐，自汉末至隋唐，连最高统治者中，也不断有人以朝廷的名义，下诏禁断，故宋代以来，谶纬诸书散佚殆尽。

可是，到了高歌猛进、步入现代化的今天，有人却把炎帝八代、传五百余年、死葬长沙之类靠《帝王世纪》、《太平御览》、《路史》保存下来的显然源于纬书的说法拿来兜售，岂非公开复古和倒退？更可悲的是，一夫倡之，众人和之，竟成定论。对于连中山大学历史系一位本科生都能明白的道理，却又装聋作哑，噤若寒蝉。致使迷雾复重，拨都拨不动。吾辈学人贡献给学术界及社会大众的是真相，还是魔幻，应及早自省，不必留待后人评说。

七、余 论

到处祭炎黄，主要的已有陕西、山西、河南、河北、湖南、湖北、浙江数省。以炎黄为中华民族的共同祖先，通过一定形式抒发崇敬之情，进而增强全世界华人的团聚力和认同感，或许是有意义的好事。但倘若背离科学，做得过

---

① 《后汉书》卷三十六《贾逵传》，北京：中华书局，1965年标点本。
② 《后汉书》卷三十六《郑玄传》，北京：中华书局，1965年标点本。
③ 《后汉书》卷二十八上《桓谭传》，北京：中华书局，1965年标点本。

了头,弄到"百家祭炎黄、其仪不雅训"的地步,也会适得其反,产生不应有的负面效应。在我看来,一些地方在认同与排他、科学与迷信、历史与文化的关系问题上缺乏深思熟虑,因此,祭炎祭黄中的很多做法也是盲目的。

《老子》曰:"有无相生,难易相成,长短相形,高下相盈,声音相和,前后相随①",意谓任何事物都因有了与之相对立的一面才得以存在,它们在相反的关系中,显现相成的作用。认同也有对立面,那就是排他,不排他哪来认同?在华人以炎黄为人文初祖,积极寻求认同的时候,不仅排除了金发碧眼的西洋人和其他外国人,也很容易使境内少数民族产生误解。尽管可以强调炎黄是中华民族的共同祖先,但牵强不通之处在所难免,与民族融合的实际历程及中国是由多民族共同组成的大家庭这一基本看法也不无扞格。辛亥革命前后,革命党人和独立各省一度使用黄帝纪年,就是为了排满。我曾亲见一位维族干部指着自己的鼻子说:"炎黄子孙?你看我像吗?"而他根本不是"民族分裂主义者"。可见,过于强调认同,就会损及开放和包容,甚至使同胞在心理上受伤害。因此,认同说并不简单,需要通过科学阐释进一步完善,每个眼光远大、胸襟开阔、健康向上的华人应该以追求世界大同为目标,而不必再去顾及什么"夷夏之大防"。

既是祭祖,首先必须弄清所祭的对象是人还是神,是仙家还是道家?如果承认炎黄都是实实在在的远古英雄,那么,理性文明地表达敬意就够了,以宗教传说和封建陋俗为蓝本,肆意发挥,实已超出了应有的限度。早在1993年,宝鸡市就上演过一幕迎炎帝"灵骨"的闹剧,"十五位身穿皂色礼服,头戴古装礼帽的耆宿长者,三叩九拜","绕灵骨圣盒三周","迥避、肃静的大红牌在前开道","两排手持古兵器的卫队和万民伞、龙凤幡簇拥着由几十名精壮男子用龙杠抬着的炎帝龙棺"缓缓前行,"僧人、道士身着袈裟、道服,手持法器,念念有词;功德幡、旗、表、联铺天盖地;纸人纸马,栩栩如生",人们"跪着、爬着,挤到墓穴旁,争相为陵墓培土。"今年3月31日上午,河南省新郑市祭黄帝,据新华社所发通讯稿说:当大典进行到乐舞敬拜时,天空围绕太阳突然出现了彩虹奇观,绚烂夺目,直到10时30分大典告成,这道彩虹依然高挂在黄帝故里的天空。到4月5日,陕西在公祭黄帝陵时,则有"一条象征黄帝精神的

---

① 朱谦之撰:《老子校释》第2章,北京:中华书局,1984年。

60米的巨龙从殿内飘逸而出,盘旋飞舞,随后,黄帝驭龙飞天而去。"[1] 所有这些,无疑都增加了祭祖活动的神秘气氛。人们把神看得高大,是因为自己跪着,靠人民养育的所谓精英阶层本应运用知识的力量呼唤大众站立起来,如今却对三叩九拜津津乐道,着实令人费解。是记者甘心把自己降低到公孙卿、皇甫谧、苗奉倩的水平,还是媒体、专家、政府互动,共同营造了此类荒诞不经?也始终疑不能明。而对拜祭会不会走上背离人文主义精神的道路,又不能不感到分外担忧。社会千变万化,科学和迷信的区别和对立没有变。我们赞成宗教自由,甚至也不反对别人信神,同时又认为任何宗教、神话均与科学无缘。一切仍遵信历史唯物主义的人,必须旗帜鲜明地坚持科学,反对迷信,坚持进步,反对倒退,绝不能因短视的政治策略考虑而丧失原则,改变方向,误导社会。

历史和文化紧密相关,却并不相同。历史要靠事实说话,人物、时间、地点,钉是钉,铆是铆,无法改变;文化却是一种传统,一种心理状态,一套表现传统心理的物化形式,可以随着学说或宗教的传播、经济和政治的演进、人口的流动和互相交往而迁移,并扩大其影响范围。文化研究理当考竟源流,总结规律,探求原因,进而在尊重传统的前提下,取其精华,弃其糟粕,达到古为今用的目的。但当前的部分工作却变成了借助历史考据的方法为各地争名人。某些学者置基本事实于不顾,煞费苦心,利用晚出典籍,任意曲解,以证成其说,多半相互矛盾,有悖常态。而名人的活动区何在,也往往是诸说并出,公说公有理,婆说婆有理,即使把研究对象五马分尸、大卸八块都不敷分配。于是,中国的历史被颠倒过来,又被颠倒过去,几成一团乱麻,真可谓治丝愈棼。这种违背历史主义的做法应该废止,而学者中缺乏责任心的阿世、媚俗、唯上之风也应该得到扭转。

案例四:防风氏散论

一

《国语·鲁语下》记仲尼之语曰:"丘闻之,昔禹致群神于会稽之山,防风氏后至,禹杀而戮之。"据此,或者可以说防风氏是与大禹同时的一个部落酋长。

---

[1] 《华商报》2006年4月1日,第7版;《华商报》2006年4月6日,第2版。

按照中国史家的传统划分，禹以前属于五帝阶段，禹以后就是夏、商、周三代，禹与防风恰都处在由野蛮到文明、由氏族到国家的门槛上。

氏族皆有图腾，故氏族社会也称图腾社会。到了五帝时代，图腾社会已进入了它的晚期阶段。那时虽然尚无文字记载，但却有三件大事因影响深远而长期存留在人们的记忆中。一是所谓的黄帝，即熊氏族的大酋长，率领着他的近亲部落罴、貔、貅、貙、虎，从西北高原进到现今河南省的西、北部，占了黄河与洛水之间的地域，杀了蛇氏族的大酋长蚩尤，并强迫战败了的部族去服治水的劳役；二是黄帝晚年，没有把位子传给他的儿子丹朱，而是经过某种形式的推举，传给了曾与他结盟、共同对付过蚩尤的东夷族的舜，这表明父系制度尚未正式建立，继承关系还不稳定；三是蚩尤族的遗民经过两代人的努力，凭借在冶水过程中积累起来的资本，重新复兴，蚩尤的孙辈禹不仅放逐了舜，并且在年老以后，拒不把位子传给曾帮他"烈山泽"的伯益，却径直传给了自己的儿子启，以此为枢轴，图腾社会开始走向宗法社会，半开化状态开始让位于文明。不过，仍有一点需要予以交代，即《史记·五帝本纪》中的五帝是黄帝、颛顼、帝喾、尧、舜，但王国维曾说帝喾即舜①，宿白曾说颛顼即舜，孙作云先生更著有长文，证明百家所言的黄帝即儒家称颂的尧②。这样，五帝便只剩下了二帝，五帝故事实可视为尧、舜故事的分化，而图腾社会晚期的历史也可概括为以尧杀蚩尤、尧禅舜、禹放舜为关键点的熊、蛇、鸟三大族团此长彼消的斗争史。

舜的氏族以凤凰为图腾，自称为俊鸟，后人把两字误写成一字，变成了鵕，乃有帝俊之号，俊又音假而写为舜。该族盛行太阳崇拜，故首领也称为太昊、帝喾。昊、暭、皓、俈、喾，只不过是同字之异写。舜、伯益、后羿、殷之祖契、秦之祖飞廉，皆东夷鸟族最有影响的首领。舜助尧（黄帝）杀蚩尤，舜殛鲧，禹放舜，启攻杀伯益，夷羿乱夏，太康失国，少康中兴，殷灭夏，作为熊族之后的周人与姒姓联姻而灭商，周伐东夷、南夷、南淮夷，等等，皆夷夏斗争之反映。夏人较早进入农业社会，夷人尚以渔猎经济为主，夏人受困于东夷，正如周人屡受西戎侵害一样，都是早期国家阶段野蛮与文明相互博弈之常例。

---

① 王国维：《古史新证》，北京：清华大学出版社，1994年，第8页。
② 孙作云：《黄帝与尧之传说及其地望》，《孙作云文集》第3卷，开封：河南大学出版社，2003年，第127页。

所以，在某种意义上，我们又可以说，三代的历史仍不过是一部夷夏关系史。

如前所言，既然存在禹杀防风氏的传闻，关于防风氏的情况，恐怕只能放在夷夏斗争的大背景下，才能窥见其真相。

二

防风氏起自何处，目前大概有浙江说、西北说及山东说三种意见。后一种看法是浙江著名学者董楚平先生提出来的①，受到了杨向奎、江林昌等教授的支持和赞誉。我个人也以为董先生使用的材料比较可靠，论证方法科学合理，所得出的结论轻易难于颠覆。

董先生认为，防风二字与防御风灾毫无关系，而是"重二氏以为氏"的结果。防是氏族居地，风是图腾徽号，风的本字应为凤，故而，防风氏实乃防地之凤氏。这种解释不仅新鲜，而且理据充分。在甲骨文中，的确只有从鸟的鳳字，而没有从虫的風字。由于古人以为大鸟鼓翼而生风，所以，凤凰的凤和风雨的风便因可以通假而相互代替，董先生的论证可谓从文字学上挖出了凤氏被写作风氏的根子。不单如此，这样做的结果，还能使人对防风氏的族属一目了然。舜的氏族以凤凰为图腾，防风氏也以凤凰为图腾，足见其不仅属于东夷鸟族，而且很可能正是舜族后裔中的一支呢！

董先生指出，见于早期典籍的防地有六，五个在山东，一个在河南东部；会稽有三，一在辽西，一在山东，一在江南。从《管子·封禅篇》、《史记·封禅书》均说"禹封泰山，禅会稽"，而封与禅的地点不会相距太远来看，古会稽也应以山东为最早，辽西、江南的名字都是后来迁去的。山东凤族除防地凤氏外，至少还有任、宿、须句、颛臾，似都曾经颇具实力。禹放舜，启攻杀伯益而建夏朝，东夷暂时失败了，但接下来就有羿夷乱夏和太康失国，少康中兴后，历代夏君又曾"征东海"，"征风夷、黄夷"，"征淮夷、畎夷"，"命畎夷、白夷、赤夷、风夷、阳夷"，等等，时而诸夷"由是服从"、"宾于王门"，时而却是"东夷叛之"，总体上看，有夏一代，山东地区始终都是夷夏斗争的大舞台，而防风氏也一直处在这种斗争的旋涡中心。《国语》所说禹杀防风氏于会稽，以及

---

① 董楚平：《国语防风氏笺证》，《防风氏的历史与神话》，杭州：浙江古籍出版社，1996年，第1—25页。

后来《博物志》所说的"防风之神二臣以涂山之戮，见禹使，怒而射之"，实为上古十分紧张的夷夏关系的折射。至于事件究竟是发生在大禹之时，还是如董先生推测的那样，发生在杼"征东海"之时，似乎都已不甚重要。

另外，董先生对防风之姓和封嵎之山的辨析等，均极精彩，因先生《国语防风氏笺证》一文早为世人广泛传诵，这里便不再一一赘述了。

三

夏对东夷的胜利是不稳定的，从长远看，也是暂时的。到了帝孔甲，夏后氏德衰，诸侯多叛夏，经过帝皋、帝发，延至夏桀，起自东方的商便攻灭了夏，建立了新的朝廷。"天命玄鸟，降而生商"，很显然，商人又是出自鸟族，所以，殷夏代兴不单纯是朝廷的更替，同时也是部族势力消长的标志杆。

周人乃熊族之后，却很早就同夏人联姻。有邰就是有姒，后稷"即有邰家室"，文王妃曰大姒，幽王妃曰褒姒，周人铜器铭文中有不少姒姓小国，都证明周夏为互婚氏族，相互关系十分密切。后来，周人东移，进入原先夏人的活动地区，更积极吸收夏文化，以夏人的语言为之雅言。于是，在新一波的夷夏斗争中，周人就成了夏族势力的总代表。灭殷，东征，攻九夷，迁薄姑，践奄，齐伐莱夷，鲁伐淮夷及徐戎，等等，均载于史册，属于周初政治生活中的巨变。《明公簋》、《班簋》等铜器，据郭沫若先生考订，为成王时器，铭文也都记录有讨伐东夷的事迹。成、康以后，能反映周夷关系的铜器更多，例如著名的《宗周钟》、《兮甲盘》、《禹鼎》等，其中却大多称夷人为南夷、淮夷、南淮夷，与成、康之际常称东夷者已显然不同，说明周夷斗争的中心开始有所转移。

据此可以推测，夏、殷两朝，夷夏之间虽然互有胜负，但山东一境仍牢牢掌握于夷人之手，进入周代，由于在不断进行"撲伐"的同时，又用分封的形式建立了稳固的统治据点，夷人终于抵挡不住而开始南迁，留在本地的莱夷沦为野人，任、宿、须句、颛臾等也由显赫的凤族变成了附庸小邦。

《诗经·大雅·常武》："率彼淮浦，省此徐土"，可证在周宣王的时代，徐夷早已移至淮水流域。《越绝书·吴地传》："娄东十里坑者，古名长人坑，从海上来"。这里的"长人坑"应是南迁后的防风氏族人所遗。春秋末，吴人于越地发现"骨节专车"的巨型动物化石，仲尼即以防风氏之骨为解，足见防风氏身材长大已成为一种常识。他们与徐夷不同，南下时走的是海路，故而最早进入了浙江。据《国语·鲁语下》，防风氏为封嵎之山的"神守"，封嵎之山原在维、淄之间，"东北海之外"，而三国时的韦昭注《国语》时，却将一山误为二山，说："封，封山；嵎，嵎山。今在吴郡永安县也。"西晋太康元年（公元280年），永安县改名为武康县，新中国成立后并入德清县，县治改为武康镇。从今天武康镇东部确有封、嵎二山，以及封嵎一带关于防风氏的传说特盛来看，德清地区或即防风氏南迁后的活动中心，因为地名和反映氏族历史的故事随迁徙的人群被带到新区，在文化传播过程中是一种十分习见的现象。出于同理，浙江在有封、嵎之山的同时，也便有了会稽。

不过，防风氏既曾与夏人抗衡，当属东夷鸟族的强宗。他们的主体部分转移之后，留在北方的仍有与赤狄、白狄判然有别的长狄，南来浙江的，其分布和文化影响也不限于浙江。目前，在江苏、安徽、江西、乃至云贵都发现有防风氏的传说，足见防风氏的势力不可小视，研究防风文化具有重大意义。

四

德清不仅有封、嵎二山和生动的防风氏传说，而且有防风洞、风渚湖、防风庙、防风节和灵德王庙碑，防风文化多彩多姿，已形成了一个完整的体系。

清道光《武康县志》引吴康侯《封山记》云："封山之麓为防风庙。西晋元康初（291），邑令贺循建。"但五代吴越王钱镠的《新建风山灵德王庙碑》似不承认贺循是防风庙的始建者，说："稽立庙之初，则年华渺邈"。很可能西晋元康初年（291）以前，武康封山早有防风之祠，贺循只是在原祠基础上进行扩建。即使从元康初年（291）算起，距今也有1700多年了，防风文化可谓源远流长。

更为重要的是，德清防风文化中的防风氏，突破了《国语·鲁语下》记载的局限，其事迹更加丰富，其形象也变得崇高而伟岸。

他的身长被夸大为顶天立地。他用青泥造山，令玄龟驮载，驮出了九九八十一座山，把洪水挤到海里，现出了一大块有山有水的好地盘。实际上，他已成了人们心目中凿破洪濛、开辟混沌的创世神[①]。

防风氏有九九八十一个兄弟，当天崩地裂、洪水泛滥时，他就挖了山洞，

---

① 钟伟今主编：《防风神话研究》，合肥：安徽文艺出版社，1996年，第85页，以下诸例多见此书。

将兄弟们藏在洞里,由此保存了生命,延续了人类。类似的传说又反映了人们还把他看作如同伏羲、女娲一样的始祖神。

他脚踏斧劈,开凿水道,建造堰坝,挖井探洪,北泄太湖,东流大海,南汆钱塘,使封山周围几百里的地区受到益处,俨然是一个领导治水的大英雄。

他通过斗智斗勇,战胜了火神、水神、风神,教原以猎象为生的狩猎人学会了水稻栽培,成功地过上了定居农耕生活,同时,他似乎还为制订原始的法律做出过贡献,这样,他又由创世神、始祖神和治水英雄变成了农业文明的缔造者。

因为他是德清、乃至浙江地区集诸种功能于一身的大神,所以,不仅普通劳动者相信他曾"显异于村民",要向他祈求灾祸不生、田蚕茂盛,即便是像钱镠这样雄踞一方的君王,也要通过祷祝,希望他能"永安缔构","同垂恩福,镇土疆而荫护军民,保四时风调雨顺"。随着历史的发展,防风氏在更多的时候,充当了带有综合性的地方保护神的角色,故而被称为"防风土地",或借用佛家用语,叫做"防风菩萨"。

防风氏既然功勋卓著,道德完美,地位不可摇撼,对《国语·鲁语下》中的"禹杀防风氏"也就必须做出新的解释。德清神话《防风氏之死》说:防风氏前往会稽赴会的途中,正赶上天目山出蛟,苕溪河泛洪,他急忙指挥部下打捞落水的百姓,几天都没顾上吃饭,所以才耽误了会期。而大禹的耳朵里却塞满了奉承话、颂扬声,头脑发昏,于盛怒之下,杀掉了防风氏。① 防风氏死后,白血冲天,以显其冤,禹派人查访,了解到真相,后悔得流下了眼泪,乃下令敕封防风氏为"灵德明王"。这则神话充分反映了民众不允许自己所崇拜的英雄有丝毫瑕疵的文化心理。

当地传说大禹在八月二十四日为防风氏平反昭雪,于是,二十五日便被定为防风节,自二十四日至二十六日,连续三天在防风庙"闹猛",这实为武康地方的庙会、社日或"沙特恩节",因此就立有六房社,负责领导和组织。除官民公祭、巡行、演戏谢神外,呼眚社和由他们进行的"埋眚"、"起眚"活动尤应引起关注。

据曾是六房社成员的老者回忆,八月二十二日夜,呼眚社就开始巡夜了。

---

① 钟伟今、欧阳习庸:《防风氏资料汇编》,天津:天津古籍出版社,1996年,第192页。

他们扮成小鬼,手持钢叉,叉上有金属环套于叉柄,穿村过巷时,不停地抖动钢叉,使之发出震耳的声音,借以驱赶一切魑魅魍魉。二十三日黄昏,又全体出动,攀登到待鹤峰后百丈潭畔的山崖上去"埋眚",先掘出一个泥潭,放上12位或24位马张,然后勒断代替"眚"的雄鸡鸡头,将鸡血洒在马张上烧掉,并将鸡头埋入土中。二十四日清早,取出鸡头,由病人拿走熟食,可以产生消灾祛魔之效。

"眚"可指人间的一切灾祸。古人认为,它们的存在全是鬼魅作祟的结果。用鸡血、鸡头代表"眚",将其烧毁、埋掉、吞食,显然是想利用模拟巫术的相似律以期消灾免祸。而挥舞钢叉的巡夜表面看是为祭奠灵德王清场,实际上也是古代大傩仪式的翻版。《周礼·夏官·方相氏》曰:"方相氏掌蒙熊皮,黄金四目,玄衣朱裳,执戈扬盾,帅百隶而时傩,以索室驱疫。"武康呼眚社的成员与方相氏所率的"百隶"相比,除没有蒙熊皮外,在动作及功能方面,实无任何差别。孙作云先生曾著《中国古代图腾研究》及《中国傩戏史》①,认为傩仪来自黄帝斩杀蚩尤,是图腾舞蹈和战争纪功舞蹈的综合。按照这一说法,则纪念防风氏的民俗活动中,又映照着远古时期夷夏斗争的史影。这正说明风俗习惯先于书册的记载,它们的起源常常早得超乎想象。

最后,我们想要说,防风氏虽早期活动于山东,但防风文化却广泛流行于江、浙,德清地区事实上已成为传播的中心。它反映了江南人民在同大自然斗争中不断创造物质文明的曲折历程,也表达了广大群众渴望和平安康的共同愿望。我们在这里纪念防风氏,研讨防风文化,就是要从中紬绎出合理的内核加以继承,为建设和谐幸福的家园作出积极贡献。

案例五:阳城祭汤祷雨文化浅说

八月酷暑将尽,山西省阳城县举行全国首届商汤文化学术研讨会,承蒙县委、县政府盛邀,得以叨陪末座。通过向地方耆宿大儒请教和实地考察,对流行于此的祭汤祷雨文化印象深刻,略有心得。匆匆诉诸笔端,以备遗忘,兼示

---

① 孙作云:《中国古代图腾研究》,《孙作云文集》第3卷,开封:河南大学出版社,2003年,第86页;孙作云:《中国傩戏史》,《孙作云文集》第4卷,开封:河南大学出版社,2003年,第364页。

欢迎方家指正之忱。

一

商汤祷雨故事屡见于《竹书纪年》、《墨子》、《荀子》、《吕氏春秋》、《说苑》、《淮南子》、《尸子》等书，皆谓当久旱之际，汤王剪发、须、爪，自洁，居柴上，将自焚以祭天；火将燃，即降大雨。故事发生的地点是商的圣地桑林，因而又叫桑林祷雨。对此，郑振铎于《汤祷篇》中解释说："乃是他被逼着不能不去而为牺牲的"①。很显然，郑先生是直接袭用了詹·乔·弗雷泽的观点。弗雷泽在《金枝》一书中举例分析道：上古人认为，"自然进程都控制在兼有最高巫师身份的神王手里。如果气候不好，庄稼歉收，以及出现其他类似的灾难，他都要负责。对严重失职者，可给予惩罚，甚至处死"②。由于在"烧死"这一点上存在表面的相似性，郑先生就把汤也看成了失职的神王。

但据各书所记，汤是在"持三足鼎遍祝山川"，均无效应时，才决定以自身为祭品的，而受献的对象已是高高在上的天，且并无任何迹象可证他曾经受到胁迫。这或许正表明，即便仍可视商汤为神王，他这个神王似乎已放弃了凭借巫术来指导自然进程的信心，开始把躲在冥冥中的神当作超自然力量的唯一所有者，并向他祈祷，用迎合和抚慰的方式，以求通过诉诸神的权威，去完成不可能由自己来完成的事情——降雨。

这一推测可以从多方面得到佐证。如"汤始征，自葛载"，吊民伐罪的理据就是"葛伯不祀"；商人每遇大事，皆凭借占卜，以定吉凶，说明他们处处秉命于天；商代前期的文献记录中还出现过几个有名的大巫，如咒死祥桑的巫咸、祖乙时在朝任职的巫贤，等等，中期以后即十分少见。相反，武乙"为偶人谓之天神，与之搏"，"为革囊盛血，仰而射之，命曰射天"等，这些不敬天、且明显带有施巫性质的活动却已被视为"无道"之举，武乙本人也只好遭受天的惩罚，被暴雷震死于河渭之间。③ 上述现象透露出一个共同的信息，即商汤祷雨恰恰是巫术文化开始向祭司文化过渡的标志。新旧文化在实际上长期相互交叉，但若仔细推求，仍能概括和归纳出两者的本质差异，对夏、商时代在文化上发

---

① 郑振铎：《汤祷篇》，上海：古典文学出版社，1957年。
② （英）詹·乔·弗雷泽：《金枝》，徐育新译，北京：大众文艺出版社，1998年。
③ 《史记》卷三《殷本纪》，北京：中华书局，1959年标点本。

生的巨变，前人早有洞察。如《礼记·表记》引孔子之语曰："夏道遵命，事鬼敬神而远之，近人而忠焉……其民之敝，蠢而愚，乔而野，朴而无文。殷人尊神，率民以事神，先鬼而后礼……其民之敝，荡而不静，胜而无耻。"司马迁在《史记·高祖本纪》的赞中也说："夏之政忠，小人以野，故殷人承之以敬，敬之敝，小人以鬼。"两段话的核心意思都在于强调：前者重人，相信自己的力量；后者重神，增加了对神的依赖。若历史地看问题，祭司文化代替巫术文化无疑是一个进步。《越绝书》的作者指出："汤行仁义，敬鬼神，天下皆一心归之。"就是把汤的胜利归结为能够推行祭司文化。如果与固守巫术文化而坚持"不祀"的葛伯相比较，我们或可说商汤在当时就是先进文化的代表者，商优于夏的地方，不在军力，而在文化。

二

在对大背景有了一定的了解之后，就来谈谈阳城的祭汤祷雨。商汤主张通过祭祀向天求雨，开启了文化史上的新篇章。而他的祷雨活动不仅神奇、感人，更重要的是，到最关键的时刻，终于应验了。这便不能不给人留下深刻的记忆，以至于众书纷纷提及。虽古人记事常有因事说理的意图，但仍有力证明，故事的核心部分基本是属实的。

正因为商汤祷雨应验了，影响极大，所以他就被当成了能兴云致雨的"来雨之神"，甚至是保证风调雨顺、五谷丰登的地方守护神。这正是历史人物的神话化。过去，老一辈的神话学家，以茅盾先生为代表，认为中国主要存在着"神话的历史化"。若干年前，已故常金仓教授和他的学生卫崇文提出"历史神话化"的观点，对前人成说展开批评。据我看，恐怕是既有"神话的历史化"，也有"历史的神话化"。前者如盘古开天、女娲造人、夸父逐日、精卫填海；后者如大禹治水、商汤祷雨。恰像商汤变成了"来雨之神"一样，大禹则变成了"镇水之神"。

因为商汤是"来雨之神"，故祈雨必敬汤。阳城县境内，处处可见汤庙，或立于名山峻岭之巅，或建于高崖巨壑之下，或设于通衢重镇之旁，或布于村野乡里之间，总数竟达380余座，至今尚存百余，可谓巍巍大观。① 另据山西师大戏剧研究所收存元至元十七年（1280）《汤帝行宫碑记》所载，山西、河南两省22个州县共建有商汤行宫84道。这便意味着阳城祭汤祷雨的影响早已超越县域，形成了一个"南至南河之南，北距太原之边，东极东都，西抵潼关"的共同文化圈②。

在众多的汤庙中，位于阳城县西南七十里的析城山成汤庙具有更加特殊的地位。这不仅因为宋朝皇帝曾敕赐庙额，更因"邻境两河之民"，无论远迩，"每春夏交，咸斋沐奔走"，"岁祈圣水于析城山"。很显然，析城山是整个祭汤祷雨文化圈的中心，有了析城山，阳城祭汤祷雨文化才有了存在的合理性。

那么，"理"在何处呢？据地方志书和阳城学者整理的碑刻拓本，起码可以从下边四个方面找到值得进一步探讨的线索。

首先，是地形。《水经·沁水注》曰：析城山"山甚高峻，上平坦下"。《山西通志》则谓其"山峰四面如城，高大而峻。迥出诸山"。亲临其境，即见群峰屏绕，极为奇秀，确如置身围城之中。所谓"上平坦下"是指为群峰所围的低平之地，缓缓向下凹陷，状如巨大的锅底，而大锅底中，又套着无数个小锅底，左右不生乔、灌，与群峰之上的林木葱郁恰成鲜明对照，因草木在此判然分析，故称析城。承当地学者见告："其下有暗河，众多锅底皆为积水下渗的漏斗，窍孔大处甚至能掉下牛羊。因四面皆有遮挡，水气不易散发，故低地上空，常年雨雾迷茫。"听至此，我忽然忆及《礼记·祭法》的说法，即"山林、川谷、丘陵，能出云，为风雨，见物怪，皆为神"。应是在局地形成的多阴少晴的特殊气象让人们联想到了风雨的生成，从而才使析城山蒙上了神秘的面纱，变成了求雨的圣山。

其次，是地质条件。众锅底皆如漏斗，却有一处无渗漏现象，终年"深昧不涸"，"人以为灵"，即"传汤尝祷雨于此"，目为"神池"，"立庙其处"，"厥后凡至旱暵，即诣彼祷之。"③ 至于该池不漏的原因，则无人深究。询之东道主，

---

① 中国先秦史学会、《析城山文化丛书》编委会编：《阳城汤庙碑拓文选》前言，北京：文物出版社，2012年。

② 中国先秦史学会、《析城山文化丛书》编委会编：《阳城汤庙碑拓文选》前言，北京：文物出版社，2012年。

③ 中国先秦史学会、《析城山文化丛书》编委会编：《阳城汤庙碑拓文选》，北京：文物出版社，2012年，第113页。

阳城县县长王晋峰同志认为："仍与地下暗河有关。他处距暗河较远，此池恰与河相值，受河水承托，故而常满。观者不知，疑为神助。"晋峰同志久在阳城，他的看法自然具有权威性。可以说，正是这个大自然在无意间造就的"神池"，为祭汤祷雨神话的成立提供了重要素材。

再次，是地名的巧合。阳城植桑养蚕的传统十分悠久，据说已有三千多年的历史，迄今仍是北方地区闻名遐迩的蚕桑之乡。在析城山的"左偏"不远处，一个被大片桑树环绕着的村子恰恰就叫桑林村，与传说中的商汤祷雨圣地名字"适符"。虽然只是一种巧合，但却能对汤祷故事落户阳城产生极大的推动力。

最后，是文化传统。阳城处于太行、太岳、中条三大山脉的交汇处，地势高昂，旱灾多发，春祈秋报以求甘霖，应是与旱区农业相伴而生的悠久文化传统。兼以东去距安阳不远，属于商代王畿的范围，必有商之"祠典"口耳相传，得以保留，并融入到民间的求雨活动中去，阅时既久，即成定式。

阳城祭汤祷雨文化内容十分丰富，成因也很复杂，但沿着上述四条线索深究，或将有助于厘清事物的真相。

三

刻于清康熙六年（1667）的《析城山新庙碑记》曰："邻境两河之民，每春夏交，咸斋沐奔走，拜取神池之水，用鼓乐旗旙导供行宫，曰虔岁事。秋获后，各即其行宫而报赛焉。改岁又然，循为故式，以斯疆内屡丰，休祯不爽。"[①] 清同治十三年（1874）所修的《阳城县志》也说："每岁仲春，各里人民向析城崦山换取神水，仪从靡费，不能枚举。"由这些记录可以看出，阳城祷雨仪式虽有敬神祈谷、取水换水、秋报百谷之成三部分，但取水换水才是整个活动的核心。

为什么通过取水换水，就可收风雨时来之效，以至于能使"疆内屡丰"呢？让我们再简单谈一下巫术的盛衰。如前所言，以商汤桑林祷雨为标志，在商代中前期，巫术文化的统治地位就被祭司文化取代了。到了两周时期，周公制礼作乐，使诸事"各有典礼，而淫祀有禁"；孔子论六经，把"国殊窟穴，家占物怪，以合时应"的巫术活动记录，视为"機祥不法"的文字和图籍，采取"记

---

① 中国先秦史学会、《析城山文化丛书》编委会编：《阳城汤庙碑拓文选》，北京：文物出版社，2012年，第107页。

异而说不书"的办法处理，致使"天道命不传"；实际上就是进行了两次全面的净化运动，进一步加剧了巫术文化的衰落。但是，由于行之久远而根深蒂固，巫术的影响仍然不可小觑。巫师不仅因审于生死、能去苛病等受到民众乃至部分贵族的信任，而且因可以承担驱除恶鬼、祓除不祥等辅助性的责任，还在各类祀典中被保留了一席之地。故《周礼》中的司巫、男巫、女巫等，便仍得与大祝、小祝一起同列于春官，而大雩、大傩、藏冰、伐鼓于社以救日食等礼仪，实际上又都是巫术的变种。转眼到了战国，七雄"争于攻取，兵革更起，城邑数屠，因以饥馑疾疫焦苦"，故"臣主共忧患，其察禨祥、候星气尤急"；而儒家缺乏"怪力乱神"包装的治国平天下方案却如"持方枘以纳圆凿"，很难让人接受。这时，以"谈天"驰名、其语"闳大不经"的邹衍却巧妙地利用巫术的感应原理，构建了阴阳五行说和以五德终始为内容的历史循环论，使统治者因感到耳目一新而"惧然顾化"。西汉中期，经董仲舒改造过的儒家学说被定为一尊，其中即完全接受了阴阳家天人相感的宇宙图式。因此，原本就未曾死灭、只是深潜于社会底层的巫术文化，在战国秦汉间，又出现了复兴的趋势。

董仲舒正是一位求雨的专家。每逢天旱，他即令人"闭诸阳，纵诸阴"，即关掉南门、大开北门、用水洒人等，其情景或与傣族的泼水节相似。鉴于龙出现时便有风雨兴起，他也常设土龙或草龙以收"感气之效"[①]。将阳城和董仲舒的做法相比照，我们或可从中受到许多启发。阳城及各地的人民将神池之水取回去，供于商汤行宫，叫做"蓄灵"，以为这样做即可保证一年雨水丰沛，而在天旱时，可能也要将水洒出，故有"走水"之举，至于本地学者所说的"打潭"，更是通过打击潭水，以使风生水起，这和董仲舒的"以水洒人"、做土龙或草龙一样，都是根据"同类相生"的原理，希望地上的水同天上的水能借助于神秘的交感，远距离地相互作用，以模拟降雨的手段，使天真的降下雨来。所以，祭汤祷雨活动总体上看是祭祀，属于祭司文化，但其内核却是巫术。巫术文化和祭司文化在逻辑上虽可分为前后两个阶段，但在实际上却存在着大量的混用和交叉，这正是中国传统文化的常态。

迎取从神池打来的圣水要用旗旛、鼓乐、笙歌导引、扈从，色彩鲜明，音调或铿锵，或悠扬，极宜于观赏，已有民间文艺的性质；而秋日的报赛，名为

[①] 《汉书》卷五十六《董仲舒传》，北京：中华书局，1962年标点本；黄晖：《论衡校释》卷六《龙虚篇》，北京：中华书局，1990年。

"报神功而酬帝德"，实际的功效却更在于让劳动者于其中自娱自乐。汤庙皆有戏楼，当地称舞楼，因系为娱神而建，故都面向正殿，民众则于庙院及两廊观看。考虑到大型戏剧形成于金、元以后，估计演戏酬神的做法当系晚出，对于此前报赛活动的内容，仍需深究。著名神话学家孙作云先生从图腾舞蹈的角度，提出应有高跷和鱼龙漫衍之戏，此论具有十分重要的参考价值。阳城的学者们则说，秋报期间，析城山的"圣王坪上人山人海，热闹非凡。看戏，看故事，踏草甸，赏胭粉，燃篝火，尽情玩乐"①。其盛况竟如恩格斯所谓的"沙特恩节"。总之，可以说报赛已超越了祭祀，成为广大民众精神生活的重要载体。

四

以阳城析城山为中心的祭汤祷雨文化历史悠久，但始自于何时，却已无从考证。现存于汤庙中的大量碑刻早者属于宋、金，本地学者根据明代小说《禅真逸史》所记镇南大将军林时茂出家故事推测，远在东魏年间，析城山上就有汤庙②。如果考虑到求雨仪式中的换水、取水、击潭等实质上是一种模拟巫术，则其源头或更可追溯到巫术复兴的战国、秦汉。如前所述，由于阳城地处商之王畿，商的旧典遗风也有可能会对整个祷雨文化圈的形成产生潜在影响。

尽管起始之年不便遽定，但北宋是一个重要发展时期则又毋庸置疑。据立于析城山汤庙的《补修广渊庙宇碑记》所载："宋熙宁九年，河东路旱"，朝廷"委通判王佐，望祷于此，即获灵应"，地方官"上其事"，宋神宗即"诏封析城山神为诚应侯"；到政和六年（1116），宋徽宗又"诏赐庙额齐圣广渊之庙，加封析城山神为嘉润公"，宣和七年（1125），复又下诏，要求"本路漕司给省钱，命官增饬庙制，以称前代帝王之居，而致崇极之意"。③ 经过最高统治者的敕封，析城山汤庙自然身价倍增，俨然成了一处国家级的祭祀中心。而且，宋徽宗在政和六年（1116）的敕封圣旨中说，他在该年的春天，曾为农田缺雨而"夙兴夜寐，疚然于怀"，"历走群祀，靡神不举"，竟不见效，后来，"言念析山，汤

---

① 中国先秦史学会、《析城山文化丛书》编委会编：《阳城汤庙》前言，北京：文物出版社，2012年。

② 中国先秦史学会、《析城山文化丛书》编委会编：《阳城汤庙》前言，北京：文物出版社，2012年。

③ 中国先秦史学会、《析城山文化丛书》编委会编：《阳城汤庙碑拓文选》，北京：文物出版社，2012年，第107—108页。

尝有祷"，遂"斋戒发使，矢於尔神"，居然是"雨随水至，幽畅旁浃，一洗旱
沴，岁用无忧"。① 正因为此事，他才加封析城山神为公，又给汤庙特赐了一块
匾额。皇帝用金口玉言确认在析城山祷雨最为灵验，而且也明白无误地表示在
他心目中析城山就是"汤尝有祷"的地方，经由礼部将圣旨付诸施行以后，天
下人谁还能有半点怀疑呢？ 无怪乎"邻境两河之民，每春夏交"，都要"斋沐奔
走"，千里迢迢地到析城山来"拜取神池之水"了。保存圣水，谓之"蓄灵"，
必须供于商汤像前，才有神性。这样，阳城及周边地区遍建汤庙或商汤行宫，
便也可以由此得到合理的解释。

　　历史与文化既有联系，又有区别。历史上，商汤究竟在何处祷雨，还可由
殷商史专家继续去发掘证据，已惯用科学思维的今人，不必囿于宋徽宗的一面
之词，而将他的看法视为定论。但从文化史的角度进行分析，说析城山就是阳
城祭汤祷雨文化圈的中心，则又千真万确。我们虽未在汤祷的具体地点上达成
一致，但现有的收获已经不小了。"社会"，就是为祭祀社神或带有社神性质的
保护神而起的会。通过对祭汤祷雨文化的研究，在大家面前已生动再现了古代
"社会"的结构，包括社首的产生及作用、地方公共活动的组织形式及人力、物
力的分配等；而每遇祭事，邑中父老子弟相率公饗会饮于庙，又可以借助于
"敬高年而训卑幼"来"兴仁讲让"，使祭祀演化为"善风俗之一助"②；有的地
方还将"乡党之拔萃者"③ 刊于碑石，立于汤庙，其意亦在伋引后进，导民向学
为善。我在与阳城相邻的高平县，还看到过庙内碑上所刻的乡规民约。总之，
举凡地方的一切公务，诸如兴建、修筑、赈济、调解、教化、御盗等，无一不
是经由"社会"在庙中进行，春祈秋报的场所同时也是乡村首脑会商大事的办
公处。人们常说要了解"社会"，针对古代而言，不研究民间祭祀活动，又怎样
做到真正了解呢？ 所以，阳城县从祭汤祷雨文化入手，希望在充分认识过去的
基础上更好地规划未来，所走的路是完全正确的，并且具有重要的示范作用。

　　至于祭汤祷雨与民众精神状态及文化生活的关系，前边已有提及，于此不

---

　　① 中国先秦史学会、《析城山文化丛书》编委会编：《阳城汤庙碑拓文选》，北京：文物出版社，
2012 年，第 103 页。
　　② 中国先秦史学会、《析城山文化丛书》编委会编：《阳城汤庙碑拓文选》，北京：文物出版社，
2012 年，第 116 页。
　　③ 中国先秦史学会、《析城山文化丛书》编委会编：《阳城汤庙碑拓文选》，北京：文物出版社，
2012 年，第 111 页。

赘。我认为，抓住了祭祀、节庆和婚丧嫁娶，就算抓住了研究民间传统文化的三条纲，而通过精心"深描"，去揭示仪式、事件、信仰体系等文化文本后面的巨大意义，则是每个文化史工作者的责任。

引礼入法的得与失

对于引礼入法,自来众说纷纭,莫衷一是。由于弄清这一问题有助于正确把握当前法制建设的大方向,故本人不揣浅陋,略陈管见,以期就教于同好。让我们先从德、礼、刑的关系说起。

一、德、礼、刑初论

《左传》僖公二十四年(前636)曰:"太上以德抚民"。德字的内涵至为庞杂,且前后多有演变,经仔细斟酌比勘,深感前辈学者李玄伯、斯维至将其初义定作生较为确当①。《易·系辞下》曰:"天地之大德曰生";《庄子·天地》篇曰:"物得以生,谓之德";《韩非子·解老》更以大树作比,曰:"曼根者,木之所以持生也;德也者,人之所以建生也。"不过,早期社会只讲部落之德,不讲个人之德。因为那时个人还完全淹没在部族之中。这样看来,《国语·晋语》所谓"黄帝以姬水成,炎帝以姜水成,成而异德",就应是指黄、炎两族由于分别在不同的地理环境中生长繁衍起来,所以一开始就具有不同的德。

各部族"同求而异道,同欲而异知"②,沿着相互有别的发展轨迹生长繁衍,久而久之,便会形成各自的风俗习惯和原始文化传统,并逐渐凝聚为部族的性。

---

① 李玄伯:《中国古代社会新研》,上海:开明书店,1948年,第129、184页;斯维至:《说德》,《人文杂志》1982年第6期,第74—83页。

② (清)王先谦:《荀子集解》卷六《富国篇》,沈啸寰、王星贤点校,北京:中华书局,1988年。

"生，性也"①；"性，生也"②；"生之所以然者谓之性"③；生与性古义相通，此可为许多典籍所证明。故而，释德为生实同于释德为性。"太上以德抚民"当是说上古时期的酋长们依照本族的风俗习惯和原始传统进行管理，其统治的办法恰与部落之性相因应。

德也好，生也好，性也好，风俗习惯和原始文化传统也好，都要通过一定的形式来表现。为大家所遵奉的物化了的表现形式就是礼。例如，由少年进入成人阶段的冠礼，体现名分及彼此关系的贽见礼，以简兵为主要内容的大蒐礼，贯穿"习射尚功，习乡尚齿"精神的乡射礼和乡饮酒礼④，等等，虽在晚出的《礼书》中已被复杂化、系统化、贵族化，但都有着十分古老的渊源，可能分别来自原始社会后期氏族成员的入社式、喜交际聘问的习惯、集体的田猎习武活动及族人聚餐会食⑤。这些古礼以约定俗成的巨大力量规范了个人的权利和义务，在保持氏族部落特性不变的同时，又使集体充满活力。《司马法·天子之义》曰："有虞氏不赏不罚，而民可用，至德也。"董仲舒也说，尧舜受命，"众圣辅德，贤能佐职，教化大行，天下和洽"，"动作应礼"而"从容中道"。⑥ 我国传说中的尧舜时期也许就是一个把德礼互为表里奉为最佳治道的历史发展阶段。因此，孟子要以德治仁政"易天下"，就主张"法先王"，而"言必称尧舜"⑦；道家的老子则将虽然存在、但民众却"不知有之"的政府看成是天下第一等的好政府⑧。

然而，可爱的尧舜们果真只靠德、礼这套法宝，就完全做到了"不贵爵赏而民劝善，不重刑罚而民不犯"⑨吗？否，否，否。"人类是从野兽开始的，因此，为了摆脱野蛮状态，他们必须使用野蛮的、几乎是野兽般的手段"⑩。到了

---

① 《吕氏春秋·本生》："立官者以全生也。"高诱注："生，性也。"《贵公》："凡主之立也，生于公。"高诱注："生，性也。"《侈乐》："以此骇心气，动耳目，摇荡生则可矣。"高诱注："生，性。"
② 《论语·公冶长》："夫子之言性与天道。"皇侃《义疏》云："性，生也。"《礼记·乐记》："则性命不同矣。"郑玄注："性者生也。"
③ （清）王先谦：《荀子集解》卷十六《正名篇》，沈啸寰、王星贤点校，北京：中华书局，1988年。
④ （清）孙希旦：《礼记集解》王制，沈啸寰、王星贤点校，北京：中华书局，1989年。
⑤ 杨宽：《西周史》，上海：上海人民出版社，1999年，第653—835页。
⑥ 《汉书》卷五十六《董仲舒传》，北京：中华书局，1962年标点本。
⑦ 杨伯峻：《孟子译注》卷五《滕文公上》，北京：中华书局，1960年。
⑧ 朱谦之注：《老子校释》第十七章，北京：中华书局，1984年。
⑨ 《汉书》卷五十八《公孙弘传》，北京：中华书局，1962年标点本。
⑩ 恩格斯：《反杜林论》，《马克思恩格斯选集》第三卷，北京：人民出版社，1972年，第200页。

氏族社会的后期，已经开始有所积累的财富"刺激了各民族的贪欲"，而纯粹是为了掠夺的战争，则"成为经常的职业"。① 山西襄汾陶寺遗址被喜欢对号入座的考古学家定为唐尧帝都，但这里，应属于中期文化的城墙被拆除，宫殿被废弃，宗庙被毁坏，祖陵被扰乱，更有壮丁被杀、妇女被淫的遗存，中晚期文化之间出现过明显的断裂和暴力更替。仅在垃圾灰沟HG8里，就出土过五层人头骨，总计30余个，散乱人骨个体起码有40—50人，人骨有的被肢解，有的颅骨带劈啄痕，第三层出土一具约35岁左右的女性完整骨架，她既被折颈残害而死，阴部又被插上一只牛角。② 所谓的唐尧帝都之外，杀人祭祀的现象也并不少见。典型的有河南渑池班村、陕西长安客省庄和河北邯郸涧沟遗址，分别属于庙底沟二期文化和龙山文化，被杀的人牲或肢骨被钝器打断，或被击伤，或被腰斩，或身首异处，或被完全肢解，从脊椎扭曲的情况看，被杀前多经过捆缚和激烈的挣扎。至于人牲的来源，一般都认为系出自战争的俘虏。③ 此类施于敌人的武力征服和严厉惩处难道不正是刑吗？看来，刑罚是由部族间的战争催生的。这一判断正和马克斯·韦伯所谓"刑法的原始形式发展于家族之外"④ 的观点相一致。无怪乎《国语·鲁语》会说"大刑用甲兵"、"陈之于原野"；《晋语》也说："战，刑也"；而历代学者则多认为"兵、刑无别"、"刑出于兵"⑤。

非但如此，新生事物一经出现，便会迅速扩大其影响，很快，连本族的战士也被置于刑的淫威之下了。打仗是要死人的，没有严格的纪律就很难保证胜利，这几乎等于无法保证部族的壮大与存续。古人早就知道"师出以律"⑥ 的道理，懂得不如此，其师虽壮亦凶，并认为"执事顺成为臧，逆曰否，众散为弱"，故而，"有律以如己也"，要求执掌握号令者指挥三军应如指挥己身一样自如⑦。要做到这一点，唯有仰仗"贵爵赏"和"重刑罚"。《尚书·甘誓》曰：

---

① 恩格斯：《家庭、私有制和国家的起源》，《马克思恩格斯选集》第四卷，北京：人民出版社，1972年，第160页。

② 王晓毅、丁金龙：《从陶寺遗址的考古新发现看尧舜禅让》，《山西师范大学学报》（社会科学版）2004年第3期，第87—91页。

③ 黄展岳：《古代人牲人殉通论》，北京：文物出版社，2004年。

④ （德）马克斯·韦伯：《经济与社会》下卷，林荣远译，北京：商务印书馆，1997年，第10页。

⑤ 顾颉刚：《史林杂识初编》，北京：中华书局，1959年；魏道明：《始于兵而终于礼——中国古代族刑研究》，北京：中华书局，2006年。

⑥ 《周易正义》卷二十五《师卦第七》，北京：中华书局，1980年影印清阮元校刻《十三经注疏》本。

⑦ 此虽为《左传》宣公十二年所记荀首对师卦的理解，但应有古老的依据。

"左不攻于左，汝不恭命。右不攻于右，汝不恭命。御非其马之正，汝不恭命。用命，赏于祖，弗用命，戮于社，予则孥戮汝。"《汤誓》曰："尔不从誓言，予则孥戮汝，罔有攸赦。"《费誓》曰："甲戌，我惟征徐戎。峙乃糗粮，无敢不逮"，不逮，"汝则有大刑"；"峙乃桢干"，"无敢不供"，不供，"汝则有无舍刑"；"峙乃刍茭，无敢不及"，不及，"汝则有大刑"。① 这些都不是针对敌方，而是说给自己人听的。三篇誓师词虽是后来阶级社会的文告，但虞夏相接，想必尧舜时代也离不了这一套，否则，就无法适应频繁而酷烈的相互征服。誓师词的内容还反映出用以约束本族战士的军律同样十分严厉。

久而久之，由于习以为常，军法的适用范围还会波及社会生活。甲骨文研究者认为，商代已有死刑、肉刑、徒刑。肉刑可见宫、刵、刖、黥、劓数种。在边境地区和都邑的近郊都有监狱的设置，被关押者除战俘、奴隶外，也包括少数贵族，例如武丁时期相当活跃的人物戉、鸣、雀等，即有遭受囚禁的经历，他们身陷囹圄估计已不尽出于军事方面的原因②。在《尚书·盘庚》篇中，商王屡屡威胁不愿迁都的部民，声言要对六类犯罪行为进行惩处，包括心地不善，行为不端，不奉君命，奸险邪诈，废灵格、违卜，散播邪言诽语，口角生非，欺世惑众，轻侮老人，忽视幼孤，懒事农稼，贪安苟且等③，所涉及的事项相当广泛。到了西周，不仅有以"有亡荒阅"为基本内容的逃亡奴隶惩治法和被叫做《誓命》的盗贼惩治法见之于《左传》④，而且在《鬲攸从鼎》、《五祀卫鼎》、《曶鼎》、《朕匜》的铭文中，我们还看到了下级贵族因违背誓约、诬告上级、盗禾等罪而被判赔偿或受鞭刑的实例⑤。从殷周死刑、肉刑的施刑方式分析，刵与战场上的聝之间，大辟、刖、劓与对俘虏的捆缚、断肢、劈啄之间，似都有着潜移默化的相互联系。而后世进入法典的收孥，显然来自早期誓师词所谓的

---

① 《尚书·费誓》原义"汝则有无余刑"，周秉钧《尚书易解》引孙诒让说，认为"余、舍二字得相通借，舍，释也"。"无敢不多"，周秉钧《尚书易解》引《鲁世家》作及，认为多盖及之误。今从周说，并直改原文，以便读者理解。不逮、不供、不及在原文中依"避复而省"之例被略去，今也加此六字，但置于引号之外。

② 王宇信、杨升南：《甲骨学一百年》，北京：中国社会科学出版社，1999年，第482—490页。

③ 宋镇豪：《商代法律制度》，胡庆钧、廖学盛主编：《早期奴隶制社会比较研究》，北京：中国社会科学出版社，1996年，第189—191页

④ 杨伯峻编著：《春秋左传注》昭公七年、文公十八年，北京：中华书局，1990年。

⑤ 郭沫若：《两周金文辞大系图录考释》，上海：上海书店出版社，1999年；王玉哲：《中华远古史》，上海：上海人民出版社，2000年；庞怀清等：《陕西省岐山县董家村西周铜器窖穴发掘简报》，《文物》1976年第5期，第26—44页。

"戮孥汝"。正是先有了"大刑用甲兵"、"陈之于原野",接着才有了"其次用斧钺,中刑用刀锯,其次用钻笮,薄刑用鞭扑",而"致之市朝"①,"五刑三次"当中②,大刑是源,中、次皆流,本系战争手段及战时政策的延展和泛化。有人仅据刑、法二字字形不同,就构建了两个惩罚系统各自发生说,恐怕在理论和实践上都是难以成立的。③

同时我们也必须注意,殷周虽已习惯性地用源于军法的刑处理普通罪案,但那时的刑法制度还十分原始。殷代有"其黜多卜,其刵多卜"的卜辞,以黜和刵对贞,说明量刑并不重视罪之轻重,而往往听凭于神意。④ 西周民事纠纷和刑事诉讼不分,口头盟誓常被作为判罪的依据,掌管刑法的专门机构尚未产生⑤,周王或命重臣"作明刑用"⑥,或命成周里人"讯讼罚"⑦,更多的时候则是随机指派贵族承办具体案件⑧。甚至到了春秋时期,仍可见到诅咒罪人求神杀之、赂盗杀之、使巫医鸩杀之、令家宰杀之等十分原始的行刑方式⑨,而罪名的确定也均带有很大的临时性和随意性。例如,鲁国的臧纥因受诬陷被迫"斩鹿门之关以出奔邾",外史掌恶臣举出几种罪名都不适用,孟椒即从旁建议:"不如就定他犯门斩关的罪。"臧纥听到消息,不由叹道:"国内可真有能人呀!"⑩ 晋国的里克迎立惠公,却又以"杀二君与一大夫"之罪被处死,临刑前,他便

---

① 徐元诰:《国语集解》之《鲁语上》韦昭注:"斧钺,军戮。《书》曰:'后至者斩。'""割剔用刀,断截用锯,亦有大辟。""钻,膑刑也。笮,黥刑也。""鞭,官刑也。扑,教刑也",北京:中华书局,2002年。

② 徐元诰:《国语集解》之《鲁语上》韦昭注:五刑,甲兵、斧钺、刀锯、钻凿、鞭扑也。次,处也。三处,野、朝、市也。北京:中华书局,2002年。

③ 主张此说者甚多,如张晋藩、杨景凡、俞荣根、李明德、张中秋等。

④ 宋镇豪:《商代法律制度》,胡庆钧、廖学盛主编:《早期奴隶制社会比较研究》,北京:中国社会科学出版社,1996年,第193页。

⑤ 王玉哲:《中华远古史》,上海:上海人民出版社,2000年,第637—644页。

⑥ 《牧簋》铭文。郭沫若:《两周金文辞大系图录考释》,上海:上海书店出版社,1999年。

⑦ 《㝬簋》铭文。郭沫若:《两周金文辞大系图录考释》,上海:上海书店出版社,1999年。

⑧ 《禹攸从鼎》中的虢旅,《媵匜》中的伯扬父等分别见郭沫若:《两周金文辞大系图录考释》:上海:上海书店出版社,1999年;庞怀清等:《陕西省岐山县西周铜器窖穴发掘简报》,《文物》1976年第5期,第26—44页。

⑨ 杨伯峻编著:《春秋左传注》隐公十一年、庄公三十二年、僖公二十四年、僖公二十八年、隐公四年,北京:中华书局,1990年。徐元诰:《国语集解》周语,王树民、沈长云点校,北京:中华书局,2002年。

⑩ 杨伯峻编著:《春秋左传注》襄公二十三年,北京:中华书局,1990年。

愤怒地质问说:"不有废也,君何以兴?欲加之罪,其无辞乎!"① 可见刑法不定型,常由统治者灵活运用,弄得被诬者有口莫辩。从上述情况看,《尚书·尧典》的"流宥五刑"、"五刑有服",《皋陶谟》的"五刑五用",《吕刑》的"五刑之属三千"等,充其量不过是说依照习惯法判罪已积累起了许多案例,并大致可分为五类②。而一些法律史著作却将其视为至宝,奉为中国早就有完备成文法典的证据。这种做法不仅完全忽略了材料的时代性和真实性,而且更与春秋时叔向所说的"先王议事以制,不为刑辟"③ 相矛盾,适足以表明法律史学界也是民族文化自恋症流行的重病区。

更应该强调的是,统治者开始用刑以止奸,并不意味着就放弃了以德礼治国。以西周为例,那时存在着国和野的区别,国指少数文化先进的"点",野则是更为广大但又相对落后的"面";国人以周族及其同盟各族为主体,也包括因臣事周宗多顺而被改造成"新民"的部分被征服者,野人则含有亡王之后、蛮夷戎狄和流裔之人几大类;国是天子和诸侯的直辖区,而野人却以不同形式从属于国,或仍同各国完全处于对立状态④;在外部压力强大的情况下,国人集体必须团结稳定才能保证国家的存续和繁荣昌盛。要达此目的,只有采取国、野分治,用德"以柔中国",用刑"以威四夷"⑤。此处的"中国"即"国中",一如《诗经》常称"林中"为"中林"、"田中"为"中田"等⑥。《左传》昭公元年(前541)曰:"王、伯之令也,引其封疆而树之官,举之表旗而著之制令,过则有刑……于是乎虞有三苗,夏有观扈,商有姺邳,周有徐奄。"所举用刑之例尽皆征伐之事,而用刑的对象也多系没有停止反抗的异族,足见德刑固然已

---

① 杨伯峻编著:《春秋左传注》僖公十年,北京:中华书局,1990年。
② 王玉哲先生说:五刑的五,其义只代表多数,不必视为确切数字,王玉哲:《中华远古史》,上海:上海人民出版社,2003年。《尧典》、《皋陶谟》写作时代较晚的说法为多数学者所认可。《吕刑》篇书序以为是周穆王时代的作品,但顾颉刚先生疑此篇模仿《康诰》而作,"是有了法治观念以后的出品"。且谓以金作赎刑而罚以锾,与尚无金属货币的西周时代不合,很可能为汉武帝时所羼入。顾颉刚:《顾颉刚读书笔记》,台北:联经出版事业公司,1990年。郭沫若先生也指出:《吕刑》"是春秋时吕国的某王所造的刑书,而经过后来儒者所润色过的东西"。郭沫若:《十批判书》,北京:人民出版社,1954年。另外,认为《吕刑》不全可信,有"后世妄加"内容的学者还有不少,例如清代治《尚书》的大家孙星衍、现代学术前辈童书业等,对他们的意见,法律史专家向来不屑一顾。
③ 杨伯峻编著:《春秋左传注》昭公六年,北京:中华书局,1990年。
④ 赵世超:《周代国野制度研究》,西安:陕西人民出版社,1992年。
⑤ 杨伯峻编著:《春秋左传注》僖公二十五年,北京:中华书局,1990年。
⑥ 《毛诗正义》之《周南·兔置》、《小雅·正月》、《小雅·白华》等,北京:中华书局,1980年影印清阮元校刻《十三经注疏》本。

经相辅为用，但国中、野中内外有别，侧重点很不相同。不过，西周时主要用以治理国人的德和礼虽保留有原始社会后期的旧传统，例如"谋之多族"的朝议制，以"大询众庶"为形式的国人参政制，以及贵族依然履行庇族、恤族之责等①，而随着国家的产生，也早变得面目全非了。既然已经树了官，著了制令，就得有相应的制度以保证官和令的权威，于是，礼的别异功能便大大增加。礼"贵绝恶于未萌"，礼能"起敬于微眇"②，"礼者为异"，"异则相敬"，"礼义立则贵贱等矣"③，甚至连一向尊奉"习乡尚齿"精神的乡饮酒礼中，也出现了"三命不齿"之类的新规定④。总之，一句话，礼的作用就是既"缓和冲突"，又"把冲突保持在秩序的范围以内"⑤，通过建立尊卑有序的等级制度来整合国人社会，以便共同打击和压迫野人。由此我们便清楚地看到，一方面礼制已将国中按贵贱的分层固定化，另一方面，治理国中的主要办法毕竟还是礼，并不是刑。这就为"礼不下庶人，刑不上大夫"⑥的说法提供了最基本的素地。为了避免"与国人虑兄弟"，战国时，作《周礼》的人认为应奉罪人"而适甸师氏，以待刑杀"⑦，自己不杀，却交给掌野者带到野中辟处去杀，似乎这样可以免掉亲手处死同胞的心理负担，构思之妙，令人莞尔，却又与周人刑多施于野、少施于国的政治理念完全相符。

二、成文法的颁布与军事专制主义的形成

周人"缘人情而制礼，依人性而作仪"⑧，以德礼为治国之要，维持了国人的团结和西周宗法制统治的稳定。但物盛而衰却为理之固然，到了春秋时期，随着王室东迁、权力下移和血缘宗法关系的松弛，曾是"郁郁乎文哉"的礼乐制度也无可挽回地走上了日趋崩坏的下坡路。

---

① 徐鸿修：《周代贵族专制政体中的原始民主遗存》，《中国社会科学》1981年第2期，第75—96页。
② （清）王聘珍：《大戴礼记解诂》礼察，王文锦点校，北京：中华书局，1983年。
③ （清）孙希旦：《礼记集解》乐记，沈啸寰、王星贤点校，北京：中华书局，1989年。
④ （清）孙希旦：《礼记集解》卷四十六《祭义》，沈啸寰、王星贤点校，北京：中华书局，1989年；（清）孙诒让：《周礼正义》地官，王文锦、陈玉霞点校，北京：中华书局，1987年。
⑤ 恩格斯：《家庭、私有制和国家的起源》，《马克思恩格斯选集》第四卷，北京：人民出版社，1972年。
⑥ （清）孙希旦：《礼记集解》曲礼，沈啸寰、王星贤点校，北京：中华书局，1989年。
⑦ （清）孙诒让：《周礼正义》秋官，王文锦、陈玉霞点校，北京：中华书局，1987年。
⑧ 《史记》卷二十三《礼书》，北京：中华书局，1959年标点本。

与之相应，由于争霸战争和辟土服远活动愈演愈烈，各国迫切需要扩大兵员。故而，公元前645年，晋国"作州兵"；公元前590年，鲁国"作丘甲"；公元前548年，楚国先"书土田"，然后"量入修赋"；公元前538年，郑国"作丘赋"①。"丘，土之高也"②，"州，聚也"③，"水中可居为州"④，质言之，丘或州不过是野中小邑的别称，而上述陆续见之于史籍的改革虽名目不同，其根本之点却均为拓展征兵范围，开始向"熟化"了的野人"赋车籍马"、"赋车兵、徒兵、甲楯之数"。从此，国野之间界线逐渐被打破，原本只用以约束国中战士的军法，变成了带有普适性的律条。加之贫富分化加剧，"上下怨疾，动作辟违"⑤，"盗殖相望，盗贼司目"⑥，治安形势紧张，颁布成文法实行严厉管制终于势在必行。

公元前621年春，"晋蒐于夷，使狐射姑将中军"。但"阳处父至自温，改蒐于董"，却以"使能，国之利也"为名，硬把中军帅换成了赵盾。赵宣子"于是乎始为国政。制事典，正法罪，辟狱刑，董逋逃，治旧洿，本秩礼，续常职，出滞淹。既成，以授太傅阳子与太师贾佗，使行诸晋国，以为常法。"这正是晋国制定成文法的先声。据《左传》注疏及今人研究，"辟狱刑"意为清理诉讼旧案；"董逋逃"就是在严厉督察下追捕"负罪播越者"；"由质要"系指以质剂为信，裁断民事纠纷；"治旧洿"应理解成除去旧制中不利于国的内容；而"制事典，正法罪"显然说的是制定章程、条例，"准所犯轻重，豫为之法，使在后依用之也"。⑦可见董之蒐所取得的成果除一部分涉及任官原则外，主要是在除旧布新的基础上，正式明确了刑罚律令。蒐是军礼，在大蒐时所颁布的法令原为军法，现在却由最高军事首领将其转授给掌管民事的太傅、太师而"行诸晋国"，且"以为常法"，标志着军法向民法的转化在晋国已经完成。

---

① 杨伯峻编著：《春秋左传注》僖公十五年，北京：中华书局，1996年；杨伯峻编著：《春秋左传注》成公元年，北京：中华书局，1990年；杨伯峻编著：《春秋左传注》襄公二十五年，北京：中华书局，1996年；杨伯峻编著：《春秋左传注》昭公四年，北京：中华书局，1990年。
② （东汉）许慎：《说文解字》丘部，北京：中华书局，1963年。
③ （东汉）刘熙：《释名》卷七《释州国》，北京：中华书局，1985年。
④ （东汉）许慎：《说文解字》川部，北京：中华书局，1963年。
⑤ 杨伯峻编著：《春秋左传注》昭公二十二年，北京：中华书局，1990年。
⑥ 徐元浩：《国语集解》楚语，王树民、沈长云点校，北京：中华书局，2002年。
⑦ 杨伯峻编著：《春秋左传注》文公六年，北京：中华书局，1990年。

又过了一百多年，到公元前513年，"晋赵鞅、荀寅帅师城汝滨，遂赋晋国一鼓铁，以铸刑鼎，著范宣子所为刑书焉"①。此举实为将赵盾所定之法公布于世，可惜记录稍有讹误。孔子评论晋铸刑鼎曰："宣子之刑，夷之蒐也，晋国之乱制也，若之何以为法？""改蒐于董"乃"夷之蒐"的延续，两者发生于同时，故孔子谓晋铸于鼎上的法条即宣子于夷之蒐所定之法，这个宣子肯定是指赵宣子赵盾，但不知何故，《左传》的作者却将赵宣子说成了范宣子，一字之差，迷惑了历代无数学人。范宣子名匄，系范武子士会之孙、范文子士燮之子，鲁成公十六年（前575）鄢陵之战始见于传，曾向中军帅荀林父建"塞井夷灶"之谋，而被其父以"童子何知焉"斥之②，这比夷之蒐已晚了四十六年，则蒐于夷时，匄尚未生。且遍查《春秋》三传及其他史籍，均无范宣子作《刑书》之事，而赵盾初任中军帅即"制事典，正法罪"则可明征于经，因此，范宣子为赵宣子之误、晋国公布的成文法即赵盾于夷之蒐时所为的"常法"可成定谳③。

在晋国之前，另一个公布了成文法的是郑。《左传》昭公六年（前536）曰："三月，郑人铸《刑书》。"杜预注："铸《刑书》于鼎，以为国之常法。"看来，颁布的形式和由军法转为常法的过程竟与晋国一模一样。此外，据说楚国在春秋时有《仆区之法》、《茅门之法》和《将遁之法》等④，是否也是成文法，却无从考订。

叔向在批评郑铸刑鼎时说："昔先王议事以制，不为刑辟，惧民有争心也。"⑤抬出先王是为此前一直在实行着的旧制寻找根据。辟，法也。这种旧制的基本特点是只有习惯法，没有成文法，凡"赋事行刑"，"必问于遗训，而咨诸故实"⑥，少数贵族掌握着议罪权和传统的规则、范例，可以通过"涖之以强，断之以刚"以威其淫，加之以礼别异，严分等级，民尊其贵，贵贱不愆，故而便能造成"民于是乎可任使也，不生祸乱"的局面。现在习惯法要变成按一定

---

① 杨伯峻编著：《春秋左传注》昭公二十九年，北京：中华书局，1990年。
② 杨伯峻编著：《春秋左传注》成公十六年，北京：中华书局，1990年。
③ 顾颉刚：《顾颉刚读书笔记》，台北：联经出版事业公司，1990年，第8077页。
④ 杨伯峻编著：《春秋左传注》昭公七年，北京：中华书局，1990；（清）王先慎：《韩非子集解》卷十三《外储说右上》，锺哲点校，北京：中华书局，1998年等。
⑤ 杨伯峻编著：《春秋左传注》昭公六年，北京：中华书局，1990年。
⑥ 徐元诰：《国语集解》周语上，王树民、沈长云点校，北京：中华书局，2002年。襄公二十三年，鲁盟臧孙纥；昭公二年，郑杀公孙黑；昭公四年，楚灵王杀庆丰；昭公十四年，韩宣子问邢侯、雍子、叔鱼之罪于叔向；昭公十七年，卫太子数芮良夫三罪而杀之。杨伯峻编著：《春秋左传注》襄公二十三年，北京：中华书局，1990。梁由靡、蛾析、家仆徒议庆郑之罪等，皆问于遗训、咨诸故实，乃议事以制之显例，徐元诰：《国语集解》晋语三，王树民、沈长云点校，北京：中华书局，2002年。

程序制定、并用特殊形式公布的成文法。由于新法具体、明确、公开,就从根本上避免了律条含义上的游移,防止了在大范围内传播及反复使用中的误释,从而使民知所趋避,甚至可以依法维护自身的权益。这对熟悉并热爱周代国中德礼文化的人来说,是很不习惯的。所以叔向便特意致信子产强调:"民知有辟,则不忌于上,并有争心,以征于书,而徼幸以成立,弗可为矣!"① 孔子听到晋铸刑鼎的消息后则惊呼:"今弃是度矣,而为刑鼎,民在鼎矣,何以尊贵?贵何业之守?贵贱无序,何以为国?"而蔡墨也把晋国的做法斥为"擅作刑器"②。他们宁愿让"议事以制,不为刑辟"的老办法永远延续,也不愿看到成文法的公开,表现了对贵贱有序政治格局的强烈依恋。但若用发展的眼光衡量,郑铸刑书、晋铸刑鼎,则恰恰表明中国首次有了制订法、强行法和确意法,是法律走向独立的开端,也是中国法制史上的一次进步。

兵凶战危,"师众以顺为武,军事有死而无犯"③,这就决定了从军法演变而来的古代成文法既有不畏强御、不避亲贵、反对同罪异罚的优点,同时也从一开始就带上了严酷、苛暴的特征。郑国子产有疾,谓子大叔曰:"我死,子必为政。唯有德者能以宽服民,其次莫如猛。夫火烈,民望而畏之,故鲜死焉;水懦弱,民狎而玩之,则多死焉,故宽难。"子产以火为喻的猛政正是指严苛的法治,他已清醒地意识到德礼的时代正在成为过去,便主动改弦易辙,"为刑罚威狱,使民畏忌",试图借此为贵族统治延须臾之命。但子大叔却不觉悟,继任后"不忍猛而宽",很快招致了"郑国多盗,取人于萑苻之泽"的结果。子大叔悔之,曰:"吾早从夫子,不及此。"于是,乃"兴徒兵以攻萑苻之盗,尽杀之",重新回到猛的道路上来,才换得了"盗少止"④ 的粗安之局。子产在答复叔向对郑铸刑书的批评时就曾说过:"吾以救世也"⑤。他救世的指导思想就是用猛政代替德礼。猛政的出现固然顺应了历史发展的需要,却又催生了军事专制主义的根芽。

战国时期,争霸战争变成了兼并战争,"争地以战,杀人盈野,争城以战,

---

① 杨伯峻编著:《春秋左传注》昭公六年,北京:中华书局,1990年。
② 杨伯峻编著:《春秋左传注》昭公二十九年,北京:中华书局,1990年。
③ 杨伯峻编著:《春秋左传注》襄公三年,北京:中华书局,1990年。
④ 杨伯峻编著:《春秋左传注》昭公二十年,北京:中华书局,1990年。
⑤ 杨伯峻编著:《春秋左传注》昭公六年,北京:中华书局,1990年。

杀人盈城"①，不采取强硬手段，便不足以调动一切人力物力，在更加激烈的竞争中图存。于是，通过普遍的改革，军事专制主义作为一种时髦的政治形式，便在各国风靡起来。其中秦国行之最力，最终也见到了明显成效。

论起来，在战国改革中打头炮的是魏国的李悝。他继承三晋立法传统，"集诸国刑典，造《法经》六篇"②，以为"王者之政，莫急于盗贼"，故首列《盗法》和《贼法》，因"盗贼须劾捕"，便于其次讲《囚法》和《捕法》，《具法》是根据情况加重或减轻刑罚的法律，只有《杂法》才涉及其他犯罪行为③，足见惩治盗贼乃这部法典的核心。《周礼·小司徒》职曰："五人为伍，五伍为两，四两为卒，五卒为旅，五旅为师，五师为军，以起军旅，以作田役，以比追胥。"郑玄注："追，逐寇也……胥，伺捕盗贼也。"由此可知，逐捕盗贼和军旅、田役一样，原为军事活动的一部分。所以，李悝的《法经》与古军法之间的递变之迹实也灿然可寻。后来，当秦孝公下令求贤时，商鞅正是带着这样的法典西行，"改法为律"，增益其旧，而行之于秦的。

鉴于当时"诸侯卑秦，丑莫大焉"，商鞅乃说秦孝公行"强国之术"。他所谓的"强国之术"实为以农战为"一务"，通过"作一"来"抟民力"④，围绕富国强兵的目标，构建高度集权、极端法治化的军事专制体系。其具体做法如下：

（1）通过分异和迁徙，编制带军事性质的县。《史记·商君列传》说，商鞅于第二次变法时曾"集小都乡邑聚为县，置令、丞，凡三十一县"。《秦本纪》与《六国年表》所记略同而数字小异。对此，有人认为是在尚未实行县制的地方推行新法，有人认为是把原设于前线的带有军事据点性质的县，变为适用于全国的正式行政单位。日本学者西嶋定生把"民有二男以上不分异者倍其赋"、"令民父子兄弟同室内息者为禁"等强制分异措施与县的设置放在一起考虑，推断三十一县可能主要建在咸阳以东的新占领土上。置县的大致步骤是：先通过"尽出其民"把旧居于此的人移走，再凭借"分异法"令已与家族分离的秦民迁入，并按乡里什伍重新编组，在新邑周围开置阡陌，营造耕地，依户籍授予田

---

① 杨伯峻：《孟子译注》卷七《离娄上》，北京：中华书局，1960年。
② （唐）长孙无忌等：《唐律疏议》卷一《名例》，北京：中华书局，1983年。
③ 《晋书》卷三十《刑法志》，北京：中华书局，1974年标点本。
④ 蒋礼鸿：《商君书锥指》卷一《农战》，北京：中华书局，1986年。该书虽不成于一人一时，但却为秦国始终奉行的商鞅学派的言论记录，可以反映商鞅的政治思想。

宅，免征三年后即向其摊派赋税兵役，进而达到户与户之间、县与县之间负担平均的目的。而残留下来的未经迁徙者最终也会被归并起来，编入到类似的县中。西嶋先生引证宏富，分析透辟，尤其注重事物的内在联系，所得出的结论具有很高的可信度①。据此，我们即可以推定，商鞅及其后学确曾陆续使用分异、迁徙等激烈手段，将整个国家扭上了军事体制的管理轨道。

（2）行二十级军功爵，以序爵代替序齿，建立新的乡里秩序。商鞅及其后学均主张"重刑而少赏"②。但少赏并非不赏，而是必须把赏用在最关键的地方。这关键之处只有一个，那就是"战"。故而他们鼓吹"刑于九赏出一"③，强调"壹赏"的重要性，要求必须做到"利禄官爵抟出于兵，无有异施"④，而且应该"赏厚而信，不失疏远"，认为只有这样，才能使"民之见战也，如饿狼之见肉"，"逐敌危而不却"。⑤ 实行"壹赏"的具体办法就是逐步建立二十级军功爵制。"能得甲首一者，赏爵一级，益田一顷，益宅九亩，除庶子一人"⑥；同时，用五大夫以上的高爵专门奖励六百石以上的官吏，使"官爵之迁与斩首之功相称"⑦。于是，依照有无爵位和爵位的高低，所有的人便被重新划分了等级。有爵者可以"乞无爵者以为庶子"，平时，庶子每月为其服役六日，遇有战争，还要随军为其提供厮养；依照法律，爵位高的人可以审判爵位低的人，有爵者可拿爵级赎罪，高爵即便有辜而罢，也不能沦为仆隶⑧。可见爵位绝不是抽象的荣誉，作为一项制度，它包含着许多实际的政治、经济利益。非但如此，政治经济地位变了，人的社会身份也会变。西嶋定生先生据《九章算术》所保存的几道算题推断，无论是分配共同的猎获物，还是醵出钱款饮酒，都有对高爵有利、对低爵不利的"利得差异"⑨，甚至在类似乡饮酒礼的民间酒会上，除还保留有

---

① （日）西嶋定生：《中国古代帝国的形成与结构》，武尚清译，北京：中华书局，2004年。
② 蒋礼鸿：《商君书锥指》卷三《靳令》，北京：中华书局，1986年。
③ 蒋礼鸿：《商君书锥指》卷二《说民》，北京：中华书局，1986年。
④ 蒋礼鸿：《商君书锥指》卷四《赏刑》，北京：中华书局，1986年。
⑤ 蒋礼鸿：《商君书锥指》卷四《画策》，北京：中华书局，1986年；（清）王先慎：《韩非子集解》卷十七《定法》，锺哲点校，北京：中华书局，1998年。
⑥ 蒋礼鸿：《商君书锥指》卷五《境内》，北京：中华书局，1986年。
⑦ （清）王先慎：《韩非子集解》卷十七《定法》，锺哲点校，北京：中华书局，1998年。
⑧ 蒋礼鸿：《商君书锥指》卷五《境内》，北京：中华书局，1986年。
⑨ （日）西嶋定生：《中国古代帝国的形成与结构》，武尚清译，北京：中华书局，2004年，第336页。按：《九章算术》虽是汉代著作，但所举的算题中涉及的"利得差异"应在秦就有了，不过秦以军功爵为准，汉代有了民爵。

"同爵则尚齿"等些微旧的孑遗外,位次也要依爵秩来重新排定了。东晋时的庾峻曾评论:秦人"利出一官","惟爵是闻","故闾阎以公乘侮其乡人,郎中以上爵傲其父兄"①,很显然,二十级爵和军功至上原则确已破坏了五等爵和亲亲原则,乡里秩序围绕着"举国而责之于兵"的目标曾经得到过彻底的改造和重构。商鞅在第一次变法中规定:"宗室非有军功论,不得为属籍。明尊卑爵秩等级,各以差次名田宅,臣妾衣服以家次。有功者显荣,无功者虽富无所芬华。"② 现在看来,在大力贯彻"壹赏"精神的前提下,通过强制性改革,对社会分层做一次全面的重新洗牌,应该是能够做到的。

(3)"令民为什伍,而相牧司连坐",实行严厉的军事管制。要管住人,先管住嘴。秦国建立了一套严格的户籍制度,令"四境之内,丈夫女子皆有名于上,生者著,死者削。"③ 由于土地全部来自国家授予,没有户口即意味着"上无通名,下无田宅"。加之禁止迁徙④,哪个县被发现仍有"无符"的"游士",要受"赀一甲"的惩罚,有帮助秦人出境,或为其除去名籍的,"上造以上为鬼薪,公士以下刑为城旦"⑤;又不准粮食流通,规定"商无得籴,农无得粜"⑥;这样做的结果必然会使一切"辟淫游惰之民无所于食"⑦,只能乖乖地回到政府布下的大网中来。

以此为基础,国家强行摊派沉重的兵役、劳役、田租、口赋,"入使民属于农,出使民壹于战"⑧。为了让百姓"喜农"、"乐战"而"莫敢为非",依照"求过不求善"和"刑用于将过"⑨的思想,商鞅把军队中"五人束簿为伍,一人逃而到其四人"⑩的相关法条搬用到地方,"令民为什伍",使"相牧司连坐",颁

---

① 《晋书》卷五十《庾峻传》,北京:中华书局,1974年标点本。
② 《史记》卷六十八《商君传》,北京:中华书局,1959年标点本。
③ 蒋礼鸿:《商君书锥指》卷五《境内》,北京:中华书局,1986年。
④ 蒋礼鸿:《商君书锥指》卷一《垦令》,北京:中华书局,1986年。
⑤ 《睡虎地秦墓竹简》整理小组编:《睡虎地秦墓竹简·秦律杂抄·游士律五》,北京:文物出版社,1990年。
⑥ 蒋礼鸿:《商君书锥指》卷一《垦令》,北京:中华书局,1986年。
⑦ 蒋礼鸿:《商君书锥指》卷一《垦令》,北京:中华书局,1986年。
⑧ 蒋礼鸿:《商君书锥指》卷二《算地》,北京:中华书局,1986年。
⑨ 蒋礼鸿:《商君书锥指》卷二《说民》,北京:中华书局,1986年。
⑩ 《商君书·境内》。原文有讹误,今据高亨《商君书注释》改正,详见高亨:《商君书注释》,北京:中华书局,1974年,第147—148页。

布了"不告奸者腰斩,告奸者与斩敌首同赏,匿奸与降敌同罚"① 的惩治措施。他甚至主张要用只知"亲其制",而不"亲其亲"的"奸民",来管理那些尚有较多人间温情的"善民"。② 在商鞅及其后学看来,既有相互监督,又有恶吏以充鹰犬,如此这般地做下去,自可进入"夫妻交友不能相为弃恶盖非"、"民人不能相为隐"的"至治"境界。③

"发奸之密"虽要求"细过不失"④,但首先是防止逃避兵役和劳役。据《睡虎地秦墓竹简·法律杂抄》:"县不准把军士藏为弟子,违者县尉罚二甲,免职;县令罚二甲",乡里"隐匿成童,申报废疾不确实,里典、伍老应赎耐。百姓不应免老,或已免老而不加申报,敢弄虚作假的,罚二甲;里典、伍老不告发,各罚一甲;同伍的人每家罚一盾,且都要加以流放"。⑤ 因对"失奸者必诛连刑",故人人皆"慎己而窥彼"⑥,"有奸心者"便无法"得志",兵员、劳力自可由此得到保证。《商君书·画策》篇说,强国之民面临战争,就会父送其子、兄送其弟、妻送其夫,争着上前线,并告诫从军者:"不得,无返","失法离令,若死,我死。乡治之,行间无所逃,迁徙无所入。"这实际是秦国制度的写照。儿子无功而返,或违反军令,本乡官吏会治父亲的罪,可知战士与亲属之间也有连坐关系。既然妻子父兄均已被政府劫为人质,打仗的无路可退,后方的无处可逃,"三军之众"当然就只能"从令如流,死而不旋踵"了。另外,由于盗贼危及治安,故知而匿之者,亦当"论为盗",见有人在大道上杀伤人却不去救助,距离在百步以内者,均须受罚⑦,防盗似也是告奸连坐的一个重点目标。

发奸依靠连坐,对揭发出来的奸事奸人如何处置呢?商鞅及其后继者所用的办法是抛开刑罪相称原则,"行刑重其轻者"⑧。他们公开宣称:"刺杀,断人之足,黥人之面,非求伤民也,以禁奸止过也。禁奸止过,莫若重刑。刑重而

---

① 《史记》卷六十八《商君传》,北京:中华书局,1959年标点本。
② 蒋礼鸿:《商君书锥指》卷一《去强》,北京:中华书局,1986年;蒋礼鸿:《商君书锥指》卷二《说民》,北京:中华书局,1986年。
③ 蒋礼鸿:《商君书锥指》卷五《禁使》,北京:中华书局,1986年。
④ 蒋礼鸿:《商君书锥指》卷二《开塞》,北京:中华书局,1986年。
⑤ 《睡虎地秦墓竹简》整理小组编:《睡虎地秦墓竹简》,北京:文物出版社,1990年,第81、87页。为便于理解,这里直接引用了整理者所作的译文。
⑥ (清)王先慎:《韩非子集解》卷二十《制分》,锺哲点校,北京:中华书局,1998年。
⑦ 《睡虎地秦墓竹简》整理小组编:《睡虎地秦墓竹简》,北京:文物出版社,1990年,第96、117页。
⑧ 蒋礼鸿:《商君书锥指》卷二《说民》,北京:中华书局,1986年。

必得，则民不敢试，故国无刑民。"① 还把这一套谬说自诩为"以刑去刑，刑去事成"②。正是重刑思想作祟，才对李悝的《法经》进行了修改，"增相坐之法，造参夷之诛，大辟加凿颠、抽胁、镬烹、车裂之制"③。据说，在秦国，"步过六尺者有罚，弃灰于道者被刑"，因"奸莫不得而被刑者众"，故竟至"一日临渭而论囚七百余人，渭水尽赤，号哭之声，动于天地"。④ 征诸史籍，可见声伎、逆旅、取庸之禁⑤；征诸秦简，"五人盗，赃一钱以上"，就要"斩左趾"，还要"黥为城旦"，"盗采人桑叶，赃不盈一钱"，即"赀徭三旬"。⑥ 证明秦人不仅刑罚苛重，而且已深入到了民间生活的方方面面。

（4）行"壹教"，禁百家，推行愚民政策。商鞅及商鞅学派之人清醒地意识到，身处战国"大争之世"，"国待农战而安，主待农战而尊"⑦，舍此别无选择，因而，坚决主张"修赏罚以辅壹教"⑧，把全国的思想都集中到一个兴奋点上来。所谓赏，就是前边已提到的"壹赏"，即"利禄官爵抟出于兵，无有异施"，长期执行下去，会使人们直觉地感触到，只有"能战者"才能"践富贵之门"；所谓罚，又叫"壹刑"，其重点在于"刑无等级"，"自卿相将军以至大夫庶人，有不从王令犯国禁、乱上制者，罪死不赦。有功于前，有败于后，不为损刑。有善于前，有过于后，不为亏法。忠臣孝子有过，必以其数断。守法守职之吏有不行王法者，罪死不赦，刑及三族。"⑨ 由于坚持"不宥过，不赦刑"，"刑重而必"且不阿权贵，无所偏颇，试图逃避农战者，便没了空子可钻。赏、罚互用而以罚为主，最终可望造成"当壮者务于战，老弱者务于守，死者不悔，生者务劝"的整体情绪亢奋，以至于"父兄、昆弟、知识、婚姻、合同者"都要以"务之所加存战而已矣"相勉励，"民间闻战而相贺"，"起居饮食所歌谣者"，皆战也⑩，做到这一步，众人的意志已经凝聚成一个意志，那就算进入一教的境界

---

① 蒋礼鸿：《商君书锥指》卷四《赏刑》，北京：中华书局，1986年。
② 蒋礼鸿：《商君书锥指》卷三《靳令》，北京：中华书局，1986年。
③ （唐）李林甫等：《唐六典》陈仲夫点校，北京：中华书局，1992年。
④ 《史记》卷六十八《商君列传》，裴骃《集解》引《新序》，北京：中华书局，1959年标点本。
⑤ 蒋礼鸿：《商君书锥指》卷一《垦令》，北京：中华书局，1986年。
⑥ 《睡虎地秦墓竹简》整理小组编：《睡虎地秦墓竹简》法律答问，北京：文物出版社，1990年，第95、125页。
⑦ 蒋礼鸿：《商君书锥指》卷一《农战》，北京：中华书局，1986年。
⑧ 蒋礼鸿：《商君书锥指》卷一《农战》，北京：中华书局，1986年。
⑨ 蒋礼鸿：《商君书锥指》卷四《赏刑》，北京：中华书局，1986年。
⑩ 蒋礼鸿：《商君书锥指》卷四《赏刑》，北京：中华书局，1986年。

了。可惜由外力强加的思想统一都很脆弱，丝毫经不起自由批评和自由讨论的检验，所以，秦国的"壹教"必须依靠"壹言"来保驾。《商君书》今存24篇，是从秦孝公到秦始皇统一天下后共一百多年间由商鞅及其历代传人陆续写成的，学者一般将其成书过程划为五期①。除写于秦统一后的少数篇章外，在前四期中，不仅文化专制主义的倾向越来越强烈，而且越来越明确地把诗书礼乐之士视作首先需要打击的目标，甚至称"礼乐、诗书、修善孝悌、诚信贞廉、仁义、非兵羞战"为六虱②，主张像对待社会害虫一样，将其彻底消灭。可见所谓的"壹言"，就是只准用一个声音说话，通过禁锢百家言论来维持法家一家的独尊。同时，商鞅及其后学又深知，只有让"愚农不智，不好学问"③，民才能"乐用"而"轻死"④，故而很早就有"燔诗书而明法令"⑤之举，并且"置主法之吏，以为天下师"⑥，不准学习法律之外的任何东西，大行愚民政策，麻痹基层群众。这种釜底抽薪的办法从根本上使百家之言失去了传播和生长的土壤。

对秦国上述的做法，不能简单地说好或是不好。商鞅及其后继者主张"立法明分"、"缘法而治"⑦；其定法，务求"明白易知"，认为"民知法令"，吏便"不敢以非法遇民"，"不能开一言以枉法"⑧；其行法，则"公平无私，罚不讳强大，赏不私亲近"⑨；类似这些，至今都有可供学习和借鉴的重要价值。他们深刻分析了"上世"与"今世"、"古之民"与"今之民"的区别，明确提出"世事变"则"行道异"，必须"当时而立法，因事而制礼"⑩。由于所推出的政策果决有力，能够适应战争形势的需要，所以在短期内收到了明显的效果。《荀子·强国》篇曰：入秦之境，"观其风俗，其百姓朴，其声乐不流污，甚畏有司而顺"；"及都邑官府，其百吏肃然，莫不恭俭敦敬忠信而不楛"；"入其国，观其

---

① 郑良树：《商鞅及其学派》，上海：上海古籍出版社，1989年。
② 蒋礼鸿：《商君书锥指》卷三《靳令》，北京：中华书局，1986年。
③ 蒋礼鸿：《商君书锥指》卷一《垦令》，北京：中华书局，1986年。
④ 蒋礼鸿：《商君书锥指》卷五《弱民》，北京：中华书局，1986年。
⑤ （清）王先慎：《韩非子集解》卷四《和氏》，锺哲点校，北京：中华书局，1998年。
⑥ 蒋礼鸿：《商君书锥指》卷五《定分》，北京：中华书局，1986年。
⑦ 蒋礼鸿：《商君书锥指》卷三《修权》、卷五《君臣》，北京：中华书局，1986年。
⑧ 蒋礼鸿：《商君书锥指》卷五《定分》，北京：中华书局，1986年。
⑨ （西汉）刘向：《战国策》卷三《秦策一》，上海：上海古籍出版社，1985年。
⑩ 蒋礼鸿：《商君书锥指》卷二《开塞》，北京：中华书局，1986年；蒋礼鸿：《商君书锥指》卷一《更法》，北京：中华书局，1986年。

士大夫,出于其门,入于公门,出于公门,归于其家,无有私事也,不比周,不朋党,倜然莫不通而公";"观其朝廷,其朝闲,听决百事不留,恬然如无治者"。这是大学者荀况赴秦考察后对应侯范雎当面发表的观感,应该大致不差。可见不仅秦人"四世有胜,非幸也,数也",后来秦始皇统一天下,也全凭有了从商鞅逐步积累起来的富强之基。然而,秦政的内容却是最典型的军事专制。其养民者薄,"其使民也酷烈",能集举国之力而一之于农战的要诀只不过是"劫之以势,隐之以厄,狃之以庆赏,鰌之以刑罚",使民欲"要利于上者,非斗无由"①,被迫纳入军国主义的运行轨道。在这种高度统一的集权政治下,除国君可以独制其权外,不单是全体人民失去了思想、言论、行动和谋生的自由,即使制度的创设者和推行者,最终也不免会成为"槛中之虎"。秦之赵良曾对商鞅说:"君之出也,后车十数,从车载甲,多力而骈胁者为骖乘,持矛而操闒戟者旁车而趋。此一物不具,君固不出。"在迈世高人的眼中,离开严密的保安便一步不敢挪动的新权贵,实已沦为作茧自缚的可怜虫。秦孝公死后,秦发吏捕商鞅,商鞅亡之关下,客舍主人以其"无验"而拒绝收留,商鞅自叹:"嗟乎!为法之弊一至此哉!"可惜觉悟已晚,最后竟被处以或许正是由他自己发明的车裂之刑②。军事专制制度尽管可以奏效于一时,甚至可以在历史进步中充当"不自觉的工具",但却以扼杀自由、毁灭人性为代价,恶的本质永远不能被忽视。

在秦国大行军事专制主义的时候,东方六国是否与之背道而驰呢?非也。他们是在同一条跑道上赛跑,只是六国跑得不够好,才被淘汰了。

《周礼》一书很可能编定于战国时期。所用官名及设官分职的总体框架袭自王官之旧,但被塞进框架内的政治、经济措施却多取自战国现实③,或许正是对中原诸夏之国"成俗曲期"的概括和归纳。其中,"以岁时登其夫家之众寡,辨其可任者"④,就是详细进行户口统计;与军中的"五人为伍,五伍为两"相应,令地方"五家为比","五比为闾",就是按军事化要求整合乡里组织⑤;由地方官吏平时"简其兵器"、战时"合其卒伍","国中七尺以及六十,野自六尺以及

---

① (清)王先谦:《荀子集解》卷十《议兵》,沈啸寰、王星贤点校,北京:中华书局,1988年。
② 《史记》卷六十八《商君列传》,北京:中华书局,1959年标点本。
③ 陈高华、陈智超:《中国古史史料学》,北京:北京出版社,1983年。
④ (清)孙诒让:《周礼正义》卷二十一《乡大夫》,王文锦、陈玉霞点校,北京:中华书局,1987年。
⑤ (清)孙诒让:《周礼正义》卷十一《小司徒》,王文锦、陈玉霞点校,北京:中华书局,1987年;(清)孙诒让:《周礼正义》卷十八《大司徒》,王文锦、陈玉霞点校,北京:中华书局,1987年。

六十有五,皆征之",遇"师田行役",立即"以鼓铎旗物帅而至",就是全民皆兵①;使同比、闾之人"相保相受","有罪奇邪则相及",就是牧司连坐②;"御晨行者,禁宵行者、夜游者","谨酒,禁川游者","禁野之横行径踰者","禁行作不时,不物者",就是实行严厉的军事管制③;"凡伤人见血而不以告者,攘狱者,遏讼者,以告,而诛之","凡盗贼军乡邑及家人,杀之无罪","有相翔者,诛之",有"挢诬犯禁者,作言语而不信者,以告而诛之",就是依军法用重刑④。这同秦的一套比较,两者何其相似乃尔?产生于齐地的《司马法》提出要"定爵位,著功罪,收游士,申教诏",主张等级位置必须严格,行法要使人畏惧战栗⑤,并详列了两种向全体人民摊派兵役的计算办法⑥;产生于魏国的《尉缭子》反复强调"修号令"、"明刑赏"、"审法制"的重要性,要求彻底贯彻"使天下非农无所得食,非战无所得爵"的农战政策,同时也把军中的"束伍令"搬到地方,以"保伍同罪"的"连刑制"作为可以"威加天下"的十二条办法之首。⑦ 我们可以认为,两本书同《周礼》一样都为东方存在军事专制政体提供了确证。另外,通过排比典籍中的相关记录,还让我们看到,高度集权的军事专制主义的产生,均与血缘关系的断裂和地缘关系的成长相同步,更须以个体劳动的普遍化和授田制的推行为前提,因而,它必然是时代的产物,绝不会成为某一地区或某一国家的专利。如果用这种观点进行分析,则《管子·小匡》中的"作内政而寄军令",恐怕也是战国人所作的寄托军事专制理想的制度

---

① (清)孙诒让:《周礼正义》卷二十一《族师》,王文锦、陈玉霞点校,北京:中华书局,1987年;(清)孙诒让:《周礼正义》卷二十一《乡大夫》,王文锦、陈玉霞点校,北京:中华书局,1987年。
② (清)孙诒让:《周礼正义》卷二十一《族师》,王文锦、陈玉霞点校,北京:中华书局,1987年;(清)孙诒让:《周礼正义》卷二十一《比长》,王文锦、陈玉霞点校,北京:中华书局,1987年。
③ (清)孙诒让:《周礼正义》卷七十《司寤氏》,王文锦、陈玉霞点校,北京:中华书局,1987年;(清)孙诒让:《周礼正义》卷七十《萍氏》,王文锦、陈玉霞点校,北京:中华书局,1987年;(清)孙诒让:《周礼正义》卷七十《野庐氏》,王义锦、陈玉霞点校,北京:中华书局,1987年。
④ (清)孙诒让:《周礼正义》卷六十八《司刑》,王文锦、陈玉霞点校,北京:中华书局,1987年;(清)孙诒让:《周礼正义》卷六十八《朝士》,王文锦、陈玉霞点校,北京:中华书局,1987年;(清)孙诒让:《周礼正义》卷七十《野庐氏》,王文锦、陈玉霞点校,北京:中华书局,1987年;(清)孙诒让:《周礼正义》卷七十《禁暴氏》,王文锦、陈玉霞点校,北京:中华书局,1987年。
⑤ 王式金:《尉缭子》定爵,北京:军事科学出版社,2005年;王式金:《尉缭子》位严,北京:军事科学出版社,2005年。
⑥ (清)孙诒让:《周礼正义》卷二十《小司徒》,王文锦、陈玉霞点校,北京:中华书局,1987年;杨伯峻编著:《春秋左传注·成公元年》疏引《司马法》,北京:中华书局,1981年。
⑦ 王式金:《尉缭子》制谈第三,北京:军事科学出版社,2005年;王式金:《尉缭子》束伍令第十六,北京:军事科学出版社,2005年;王式金:《尉缭子》兵教下第二十二,北京:军事科学出版社,2005年。

设计,托名管仲,无非是为了自高身价,不能依此就硬把它出现的时间拉到春秋中、前期。

然而,东方六国与秦国的文化背景毕竟有较大差别,尽管都逐步走上了军事专制的道路,专制的程度却很不相同。秦人长期僻处西陲,与当地的羌戎同风同俗。春秋初徙至岐下,开始大量吸收华夏文化时,诸夏各国已出现了礼坏乐崩,他们所学到的,充其量不过是残余和皮毛。这就使得秦国始终未能成为真正的礼乐之邦,其民人"纵情性,安恣睢,慢于礼义",远不如"齐鲁之孝具敬父"①,北地、上郡一带,更是高尚气力,以射猎为先。此类虽属野蛮遗风,却因较少因袭的负担而为接受法家学说提供了方便,统治者通过"劫以刑"而"驱以赏",能够在较短时间内"壹民于战"。② 相对而言,东方六国则是礼乐文化的中心,血缘宗法传统根深蒂固,随着王官之学的衰落和"道术为天下裂"③,这里又成为诸子百家蜂起的策源地。"老聃贵柔,孔子贵仁,墨翟贵廉,关尹贵清,子列子贵虚,陈骈贵齐,阳生贵己,孙膑贵势,王廖贵先,倪良贵后"④,有的以用言道,有的以欲言道,有的以法言道,有的以势言道,有的以辞言道,有的则以天言道⑤,究竟是用德治,还是用礼治、贤治、势治、法治,抑或干脆无为而治,让人眼花缭乱、举棋不定。故而,在推行军事专制的过程中,六国之君就难免因左顾右盼、进退失据而拖泥带水。《周礼》一方面要求"以乡八刑纠万民",并提出了正月逐级颁布法令的设想,但仍不忘六德、六行、六艺,强调要"以五礼防万民之伪而教之中,以六乐防万民之情而教之和",又将"议事以制,不为刑辟"演绎为"八议"⑥,竭力保留庇护违法贵族的旧习俗,较之秦的"一切一断于法"和"刑无等级",可谓相去远甚。《司马法》规定"国容不入于军,军容不入于国",认为"在国"应"言文而语温",只有"在军"才须"行遂而果"⑦,这种两分式的治术显然与兵农不分、全民皆兵的政治架构不符合。《尉缭子》既主张"重刑",甚而把"能杀卒之半"的人视为"善用兵者",

---

① (清)王先谦:《荀子集解》卷十七《性恶》,沈啸寰、王星贤点校,北京:中华书局,1988年。
② 蒋鸿礼:《商君书锥指》卷六《慎法》,北京:中华书局,1986年;蒋鸿礼:《商君书锥指》卷四《画策》,北京:中华书局,1986年。
③ (清)郭庆藩撰、王孝鱼教理:《庄子集释》卷十下《天下》,北京:中华书局,1961年。
④ 许维遹《吕氏春秋集释》卷十七《不二》,北京:中华书局,2009年。
⑤ (清)王先谦:《荀子集解》卷十五《解蔽》,沈啸寰、王星贤点校,北京:中华书局,1988年。
⑥ (清)孙诒让:《周礼正义》卷十八《大司徒》,王文锦、陈玉霞点校,北京:中华书局,1987年;(清)孙诒让:《周礼正义》卷六十六《小司寇》,王文锦、陈玉霞点校,北京:中华书局,1987年。
⑦ 王式金:《尉缭子》天子之义第二,北京:军事科学出版社,2005年。

又反对"笞人之背，灼人之胁，束人之指"，既倡导在军中和地方全面推行连坐制，又反对扩大连坐范围，以免"关联良民"①，充分表现了魏人在军事专制道路上忸怩前行时的矛盾心态。至于集中反映战国齐地政治面貌的《管子》一书，虽以法、术思想为主，却又兼综道儒诸家学说，内容固然丰富，重点却不突出。"以战赏，民则轻死"早已成为各国普遍遵奉的信条，但各国奖励军功的办法也有高下之分。"齐人隆技击"，用国内罪犯所交的赎金奖励斩得敌首的有战功者，仅能奏效于一时；魏国选"武卒"，"中式则复其户，利其田宅"，数年后战士体衰，所给的照顾却不能收回，徒然消耗国家财力；只有秦国"赏厚而信"，"不失疏远"，凡斩得"五甲首"者可役属乡里五户人家，由于功与赏"相持而长"，故军队可以长期保持旺盛的战斗力。一旦上了战场，则"齐之技击不可遇魏之武卒，魏之武卒不可遇秦之锐士"②，更不待说那因重孝而"易降北"的鲁民了③。由此可见，秦人战胜六国，是坚决贯彻军事专制主义的结果；六国败于秦人，则与军事专制制度不完善密切相关。不过，用不了很久，随着"秦王扫六合"的万钧雷霆，乘战胜之威，典型的军事专制统治很快就强加到了全中国人的身上。

三、实验与选择的结果——引礼入法

削平了群雄，天下定于一，理应使社会回归常态了。但要让战胜者自觉放弃战争经验却比上天还难。秦朝的皇帝继续驾着军事专制的列车疾驰，北击胡、守长城，动用三十万人④；伐杨越、戍五岭，动用五十万人⑤；做阿房宫、修骊山陵，调集天下刑徒七十万人⑥；"尽征天下材士屯卫咸阳"者约五万人⑦；甚至

---

① 王式金：《尉缭子·兵令下第二十四》，北京：军事科学出版社，2005年；王式金：《尉缭子·将理第九》，北京：军事科学出版社，2005年。
② （清）王先谦：《荀子集解》卷十《议兵》，沈啸寰、王星贤点校，北京：中华书局，1988年。
③ （清）王先慎：《韩非子集解》卷十九《五蠹》，锺哲点校，北京：中华书局，1998年。
④ 《史记》卷六《秦始皇本纪》，北京：中华书局，1959年标点本；《史记》卷十五《六国年表》，北京：中华书局，1959年标点本；《史记》卷八十八《蒙恬传》，北京：中华书局，1959年标点本；《史记》卷一百一十二《平津侯主父传》，北京：中华书局，1959年标点本。
⑤ 《史记》卷六《秦始皇本纪》裴骃《集解》引徐广说，北京：中华书局，1959年标点本；何宁：《淮南子集释》卷十八《人间训》，北京：中华书局，1998年。
⑥ 《史记》卷六《秦始皇本纪》，北京：中华书局，1959年标点本。
⑦ 《史记》卷六《秦始皇本纪》，北京：中华书局，1959年标点本。

还以"为士卒衣補"为名,集合一万五千名"无夫家"的女子发往岭南①。"郡县转输菽粟刍稿,皆令自赍粮食"②,"戍者死于边,输者偾于道"③,百姓怨望,乃迫以"繁刑严诛",为避免"私学相与非法教之制",又"焚书坑儒",颁"挟书律",行"督责之术",以"税民深者为明吏","杀人众者为忠臣",竟弄得"刑者相半于道,而死人成积于市"④,使"天下之士,倾耳而听,重足而立,拑口不言",谀臣"指鹿为马",而"忠臣不敢谏,智士不敢谋,天下已乱,奸不上闻"⑤。终于,列车大大超过了路基的负荷,烜赫一时的秦王朝顷刻土崩瓦解。

汉兴,帝王将相乃至主后宫者多起于微贱,知民"新出汤火",皆欲免"内外之繇","得息省于田亩"⑥,故而信奉黄老之术,主张清静无为。无为即意味着因循。萧何作九章律,无非是"攟摭秦法,取其宜于时者",而略加更动⑦;叔孙通定礼仪,虽因"时世人情",杂采古礼,"有所增益减损",但亦"大致皆袭秦故,自天子称号下至佐僚及宫室官名,少所变改"⑧。正因为汉不重改作,学者便多谓"汉承秦制",其言可谓不谬。同时,无为又意味着包容。皇帝"数申诏公卿大夫务行宽大"⑨,丞相"见人细过,掩匿而覆盖之"⑩,"耻言人之过失"竟积以成习⑪,当然在思想上就可以"师异道,人异论,百家殊方,指意不同"⑫。在政治上,朝廷也未提出过强制大家必须遵循"万世长策"。以至于地方上居然是"户异政,人殊服","百里不同风,千里不同俗"。⑬ 这种"流于景武之间"的"清净之化"为秉持不同治国理念的官员提供了分头进行实验的自由,酷吏和循吏则在实验中代表着两个

---

① 《史记》卷一百一十八《淮南衡山列传》,北京:中华书局,1959年标点本。
② 《史记》卷六《秦始皇本纪》,北京:中华书局,1959年标点本。
③ 《汉书》卷四十九《晁错传》,北京:中华书局,1962年标点本。
④ 《史记》卷八十七《李斯传》,北京:中华书局,1959年标点本;《史记》卷六《秦始皇本纪》,北京:中华书局,1959年标点本。
⑤ 《史记》卷六《秦始皇本纪》载贾谊《过秦论》,北京:中华书局,1959年标点本。
⑥ 《史记》卷二十五《律书》,北京:中华书局,1959年标点本。
⑦ 《汉书》卷二十三《刑法志》,北京:中华书局,1962年标点本。
⑧ 《史记》卷九十《刘敬叔孙通传》,北京:中华书局,1959年标点本。
⑨ 《汉书》卷八《宣帝纪》,北京:中华书局,1962年标点本。
⑩ 《汉书》卷三十九《曹参传》,北京:中华书局,1962年标点本。
⑪ 《汉书》卷二十三《刑法志》,北京:中华书局,1962年标点本。
⑫ 《汉书》卷五十六《董仲舒传》,北京:中华书局,1962年标点本。
⑬ 《汉书》卷七十二《王吉传》,北京:中华书局,1962年标点本。

极端。

酷吏被《史记》、《汉书》列入专传者十余人，此皆"知名见纪者也"，实则远不止此数。其共同特征自然首先是一个酷字。史家常以"严酷"、"酷烈"、"暴酷骄恣"称之，治民"如狼牧羊"①，竟以多杀行威。如义纵被任为定襄太守，初至，即掩"狱中重罪轻系二百余人"，连同"宾客昆弟私入相视"者，"亦二百余人"，都加上"为死罪解脱"的罪名，立即"报杀"②；王温舒在河内，捕郡中豪滑千余家，以私马"为驿"，"上书请"，能很快得到批复，"大者至族，小者乃死，家尽没入偿赃"③；尹赏守长安令，一朝分行收捕"轻薄少年恶子"数百人，"见十置一"，其余尽皆纳入事先所修、名为"虎穴"的地牢中，牢口覆以巨石，"数日发视，皆相枕藉死"④。他们不惜以"流血十余里"来换取"郡中不寒而栗"、"野无吠犬之盗"的治绩⑤，其行政理念全袭自战国时的"以刑去刑"、"以杀去杀"。汉武帝招进张汤、赵禹"条定法令"，"缓深故之罪，急纵出之诛"⑥，公开助长了酷吏的重刑主义。

酷吏惯用的督盗贼之法仍不外乎商鞅所发明的告奸和连坐，只是随着情况的变化，又不断弄出一些新花样。如王温舒为中尉时，既令"街陌屯落皆设督长"，以牧司奸人，又设"投缿"、"购告奸言"⑦；尹赏为一朝尽捕长安市中恶人，先令"乡吏、亭长、里正、父老、伍人"杂举之⑧；赵广汉作颍川太守，深恶"豪杰大姓相为婚姻"，吏员又结为"朋党"，不仅学王温舒也设了"缿筒"以接受"投书"，而且故意泄露举报内容，削去举报人姓名，托言"豪杰大姓子弟"所为，使"强宗大族结为仇雠"，争相告发，居然流为风俗，郡中"奸党散落"，"盗贼以故不发"，"发又辄得"，广汉的威名竟远播于匈奴间⑨。酷吏论囚，一次动辄数百，甚至上千人，自然都是广为株连的结果。张汤、

---

① 《史记》卷一百二十二《酷吏传》，北京：中华书局，1959年标点本。
② 《史记》卷一百二十二《酷吏传》，北京：中华书局，1959年标点本。
③ 《史记》卷一百二十二《酷吏传》，北京：中华书局，1959年标点本。
④ 《汉书》卷九十《酷吏传》，北京：中华书局，1962年标点本。
⑤ 《史记》卷一百二十二《酷吏传》，北京：中华书局，1959年标点本。
⑥ 《汉书》卷二十三《刑法志》，北京：中华书局，1962年标点本。颜师古注：孟康曰："孝武欲急刑，吏深害及故入人罪者，皆宽缓。"师古曰："吏释罪人，疑以为纵出，则急诛之。亦言尚酷。"
⑦ 《史记》卷一百二十二《酷吏传》，北京：中华书局，1959年标点本。
⑧ 《史记》卷一百二十二《酷吏传》，北京：中华书局，1959年标点本。
⑨ 《汉书》卷七十六《赵广汉传》，北京：中华书局，1962年标点本。赵广汉因与同任职三辅者合传，故未入酷吏传，然其行政风格实与酷吏无异。

赵禹"作见知故纵、监临部主之法"①，又使告奸、连坐在西汉再次获得了朝廷的正式认可。

史家形容酷吏之治，曰"敢决疑"，"敢挚行"，"专厉强壮锋气，见事风生，无所回避"，犹如"鹰击毛挚"，"以斩杀束缚为务"，"其发奸擿伏如神"②，等等，皆言其凶猛、迅疾而不可当也。此类作风，显然是一种军事作风。以这样的作风临民，只能造成严厉的军事管制。

酷吏"直法行治"，大多勇于"催折贵戚"。如汉武帝时，义纵曾"捕案太后外孙修成君子仲"③；汉宣帝时，赵广汉率吏突入霍光子博陆侯霍禹府中，"搜索私屠酤，推破卢罂，斧斩其门关而去"④等，均其显例。除此而外，他们所到之处，更以诛锄豪强为急务。涿郡有大姓西高氏、东高氏，"自郡吏以下皆畏避之，莫敢与忤，咸曰：'宁负二千石，无负豪大家'。宾客为盗贼，发辄入高氏，吏不敢追。浸浸日多，道路张弓拔刃，然后敢行。"至严延年为太守，初下车，即遣吏"分考两高，穷竟其奸，诛杀各数十人"，自此"郡中震恐，道不拾遗"⑤。另如郅都族灭济南瞷氏首恶，义纵灭河内豪族穰氏之属，赵广汉诛颍川大姓原、褚诸宗，等等⑥，所用手法与严延年皆出一辙。这不仅保留了早期军法不畏强御、不避亲贵、反对同罪异罚的优点，而且带有大力破坏东方地区宗法传统的鲜明倾向。

秦朝垮了，曾经发挥过巨大作用的秦制却灵魂不灭。不难看出，酷吏之治就是战国以来军事专制主义的继续。但大规模的战争局面毕竟已成为过去。因此，便有另一些人凭借自己对形势的感悟，打出"奉职循理"⑦的牌子，逐渐形成了别具特色的循吏群体。他们重教育，劝农桑，奖孝行，兴礼让，认为凭借教化的力量完全可以重建民间德礼秩序，而严刑峻法并不足恃。其中，文翁兴

---

① 《汉书》卷二十三《刑法志》师古曰："见知人犯法不举告为故纵，而所监临部主并连坐也。"，北京：中华书局，1962年标点本。
② 《史记》卷一百二十二《酷吏传》，北京：中华书局，1959年标点本；《汉书》卷七十六《赵广汉传》，北京：中华书局，1962年标点本。
③ 《史记》卷一百二十二《酷吏传》，北京：中华书局，1959年标点本。
④ 《汉书》卷七十六《赵广汉传》，北京：中华书局，1962年标点本。
⑤ 《汉书》卷九十《酷吏传》，北京：中华书局，1962年标点本。
⑥ 《史记》卷一百二十二《酷吏传》，北京：中华书局，1959年标点本；《汉书》卷七十六《赵广汉传》，北京：中华书局，1962年标点本。
⑦ 《史记》卷一百一十九《循吏传》，北京：中华书局，1959年标点本。太史公曰："奉职循理，亦可以为治，何必威严哉？"看来用"奉职循理"概括循吏的特点比较准确。

学于蜀郡，开天下风气之先；召信臣修水利，做"均水约束"于南阳，使民得其利，被尊为"召父"；韩延寿、黄霸先后任颍川太守，则在制礼仪、息争讼方面用力最多，影响最大①。

韩延寿刚到颍川，即痛感于前任太守赵广汉一味鼓励告奸，"民多怨仇"，已使风俗变得十分浇薄，于是，"乃召郡中长老为乡里所信向者数十人，设酒具食，亲与相对，接以礼意"，"为陈和睦亲爱消除怨咎之路"，并"略依古制"，和众人议定嫁娶丧祭仪品，让诸生穿了皮弁，执了俎豆，为百姓相礼，希望借此明升降揖让，养成尊老敬贤、互亲互爱的好习惯。②黄霸继之，一边选择良吏，宣布诏令，善置父老师帅伍长，劝以为善防奸之意，一边赡视鳏寡贫穷，奖励耕桑，令民种树蓄养，节用殖财，数年之间，果真吏民向化，"孝子弟弟贞妇顺孙日以众多，田者让畔，道不拾遗"，而狱无重囚③，颍川俨然成了"至治"的样板。很明显，循吏所遵奉的是孔子所谓的"导之以德，齐之以礼"，则民"有耻且格"④，他们梦想通过"先富后教"的办法以追求狱讼的止息⑤。

酷吏之治削弱了豪强势力，减少了盗贼的骚扰，维持了地方治安，适应了朝廷"内兴功利，外事四夷"的需要。但任何单靠暴力实施的统治都只能"取为小治"，难成久安。何况酷吏队伍鱼龙混杂，有的尚能"扶助贫弱"⑥；有的却"善事有势者"，势家"虽有奸如山，弗犯"，无势者则"必侵辱"⑦；有的内行甚修，死后家无余财；有的却贪得无厌，不仅自己"家资累数巨万"，子孙多居尊官，连手下小吏也"多以权富"。⑧而用刑过于酷滥，必然是有法不依，又伤及无辜。所以，从长远观点看，酷吏只能激化矛盾，引起更为严重的社会动乱。

---

① 《汉书》卷八十九《循吏传》，北京：中华书局，1962年标点本；《汉书》卷七十六《韩延寿传》，北京：中华书局，1962年标点本。

② 《汉书》卷七十六《韩延寿传》，北京：中华书局，1962年标点本。

③ 《汉书》卷八十九《循吏传》，北京：中华书局，1962年标点本。

④ 杨伯峻：《论语译注》为政篇，北京：中华书局，1980年。

⑤ 从《论语·子路》篇来看，先富后教可以说是儒家为治的基本程序，北京：中华书局，1980年。

⑥ 《汉书》卷九十《酷吏传》，严延年"其治务在摧折豪强，扶助贫弱"，北京：中华书局，1962年标点本。

⑦ 《史记》卷一百二十二《酷吏传》，北京：中华书局，1959年标点本。

⑧ 《史记》卷一百二十二《酷吏传》，前者如郅都、张汤、义纵；后者如杜周、王温舒，北京：中华书局，1959年标点本。

汉武帝后期,就是因为"诛杀甚多",反而使"百姓不安其生","吏民益轻犯法",而"盗贼滋起","大群至数千人","小群以百数,掠卤乡里者,不可胜数"。只好再派"直指使者",作"沈命法",严督各郡国,尅期镇压。① 事实证明,酷吏的政治实验在根本上是失败的,进入和平时期后,仍不放弃战争年代所惯用的严酷手段,这只能作为一种历史的教训来加以记取。

那么,循吏找到致太平的万应良药了吗?显然也没有。"导之以德,齐之以礼"是存在国野对立的前提下,周人有意保留部分原始传统,所形成的治理国人的特殊形式,孔子将其上升为理论,大肆宣扬,却四处碰壁,本身就说明随着国野界线的消失和阶级分化的加剧,到春秋末,这种做法已落后于时代了。若谓对建立在私有制基础之上、幅员辽阔、且成分复杂万端的大汉帝国仍可以只靠德礼来管制,岂非痴人说梦?

果然,"治为天下第一"的黄霸,一旦被放到京兆尹的位子上,立刻就玩不转,皇帝只好让其"归颍川太守官,以八百石居治如其前"②。京兆尹及左冯翊、右扶风号为三辅,治所皆在长安,货物辐凑,五方杂居,"奸猾浸多","城中薄暮尘起,剽劫行者",常常"死伤横道,枹鼓不绝"③,像由这片土地滋养起来的闾里少年、轻贼大猾,怎能指望用德礼诱进?黄霸到此,"视事数月",即以"不称"罢归④,足见循吏的最大毛病是不能治剧。还有一个例子发人深省,不妨举出,一并观察。薛宣为左冯翊,其属下频阳县令乃平陵孝子薛恭,频阳"北当上郡、西河",为通往京师的要冲,因"多盗贼"而号为难治,薛恭虽以孝闻名却"职不办",薛宣只好将其与"辟在山中,民谨朴易治"的粟邑长尹赏对调,不久,居然"两县皆治"。⑤ 这正说明循吏的治术或可奏效于一时一地,但绝非放之四海而皆准。即便是在取得成功的地方,被报上去的治绩是否真实,也大可怀疑。循吏王成为胶东相,因"劳来不息,流民自占八万余口",受到朝

---

① 《史记》卷一百二十二《酷吏传》,北京:中华书局,1959 年标点本。
② 《汉书》卷八十九《循吏传》,北京:中华书局,1962 年标点本。
③ 《汉书》卷九十《酷吏传》,北京:中华书局,1962 年标点本。
④ 《汉书》卷七十六《张敞传》,北京:中华书局,1962 年标点本。
⑤ 《汉书》卷八十三《薛宣朱博传》,北京:中华书局,1962 年标点本;另据《汉书》卷九十《酷吏传》。尹赏后来做过长安令、江夏太守、右辅都尉、执金吾。疾病且死,诫其诸子曰:"丈夫为吏,正坐残贼免,追思其功效,则复进用矣。一坐软弱不胜免,终身废弃无有赦时,其羞辱甚于贪污坐臧,慎毋然。"他初入仕途,即能把"难治"的频阳理顺,所用的办法应与薛恭不同。

廷的褒奖。他死后,丞相御史向郡国上计吏及守丞们调查,才发现其中有"伪自增加,以蒙显赏"①的情弊。黄霸在颍川,因为治得好,"屡蒙丰年",便有凤凰翔集,"上贤焉,下诏称扬其行"。相邻的河南郡太守严延年便不屑地说:"地上这么多蝗虫,难道上天还专门为凤凰送来了吃食?"②后来,黄霸升到丞相,在相府按能否"成大化"分三拨接见"郡国上计长吏守丞",在前者受赏,居后者被责,此时,恰有一群鹖雀"飞至丞相府屋上",便又同群下谋划,想把这说成是凤凰之瑞,意谓他的为治之道连天都被感动了。京兆尹张敞看不过去,上书揭露说:"明明是鹖雀,却偏说成是凤凰,丞相如此微信奇怪,只能令人窃笑。若听信丞相,先在京师搞耕者让畔、男女异路、道不拾遗这一套,就是带头作假,将会流毒全国;若从地方上做起,造伪的风气也会波及京师。此绝非小事。"天子嘉纳敞言,弄得黄霸很没面子,为丞相五岁,竟郁郁而薨。③循吏之治如此虚无缥缈,一如海市蜃楼,教人感到同样靠不住。

酷吏、循吏都不中用,便为新政治观念的产生和发展留下了广阔空间。在汉代,较早主张重定经国大计的代表人物主要有陆贾、贾谊和董仲舒。他们起码在三个方面表达了类似的看法。

首先,他们都主张废止由秦代延续下来的军事专制主义,全面刷新政治。陆贾第一个提出了"马上"得天下,未必能"马上治之"的问题④。贾谊著《过秦论》,通过历史分析,阐明了"并兼者高诈力,安定者贵顺权",取与守"不同术"的道理,认为秦朝速亡,主要是因为在"离战国而王天下"后,"其道不易,其政不改",没有把"守天下"的政策与"取天下"的政策区别开,继续用军事强制的手段"暴虐以重祸",故"一夫作难而七庙堕,身死人手,为天下笑"⑤。为了避免重蹈覆辙,他屡屡上书汉文帝,对"毋为"、"毋动"、一味因循的政治观进行了严厉批评,最后告诫说:若不及早"审取舍"、"定经制","是犹渡河亡维楫,中流而遇风波,船必覆矣!"相反,"此业一定",则"世世常

---

① 《汉书》卷八十九《循吏传》,北京:中华书局,1962年标点本。
② 《汉书》卷九十《酷吏传》,北京:中华书局,1962年标点本。
③ 《汉书》卷八十九《循吏传》,北京:中华书局,1962年标点本。张敞奏议颇长,今仅采其大意,不录原文。
④ 《汉书》卷四十三《陆贾传》,北京:中华书局,1962年标点本。
⑤ 《史记》卷六《秦始皇本纪》所载贾谊《过秦论》,北京:中华书局,1959年标点本。

安,而后有所持循"①。到了董仲舒,秦时的"遗毒余烈"腐朽发酵,使"习俗恶薄,人民嚚顽",所产生的负面影响已近"熟烂",再不改实在不行了,于是,他便趁着贤良对策的机会,正式向汉武帝提出了"更化"的建议。董仲舒说,凡"圣王之继乱世",都要"扫除其迹而悉去之",汉从秦那里继承下来的,无非是些"朽木粪墙","不可雕也","不可圬也","琴瑟不调",尚且要"解而更张","为政而不行",当然必须"变而更化",在不清理秦制的前提下小修小补,只能是"以汤止沸,抱薪救火","汉得天下以来,常欲善治而至今不可为善治者,失之于当更化而不更化也。"②综括上述,可以明显地看到,他们所谓的"更化"就是"变秦",所谓的"审取舍"、"定经制"就是赶快放弃战争年代习以为常的老一套,制定与和平环境相适应的治国纲领。正是在这个意义上,西方学者才把陆贾、贾谊、董仲舒和后来的贤良文学都视为改革家。③

其次,他们都强调教化的作用,重视礼制的恢复与重建。汉高祖时,战火稍熄,陆贾即"时时前称说《诗》、《书》",大讲"行仁义,法先圣","逆取而以顺守之",并著了《新语》一书,通过总结"古成败之国"的经验教训,来表达自己推明教化的思想倾向。④待天下粗安,人心思治,贾谊便正式上书朝廷,要求立刻改变"四维"不张、礼义廉耻不修的情况,把工作重点转移到"移风易俗"上,以期能"使天下回心向道","返廉愧之节,仁义之厚"。⑤而董仲舒则把教化比作堤防,认为"教化废"就等于"堤防坏",倘若堤防大坏,"奸邪并出",单靠刑罚是堵不住的,所以王者"南面而治天下",必须"以教化为大务"。他还把自己的建议用天人感应理论包装起来,说"下务明教化民"以成其性,就是"上谨于承天意"以顺其命,谁要逆此而行,那就违背了天命,或竟如桀、纣那样,会走上"寖微寖灭"的道路,后果是不堪设想的。⑥如此一来,教化又变成了天的意志和绝对命令,从而使自秦以来一直流行的以农战为"一务"、重刑罚、尚功首、"信兼并之法,遂进取之业"的政治观失去了立足的余地。

至于教化的基本内容,无非是"渐民以仁,摩民以义,节民以礼"⑦。其中,

---

① 《汉书》卷四十八《贾谊传》,北京:中华书局,1962年标点本。
② 《汉书》卷五十六《董仲舒传》,北京:中华书局,1962年标点本。
③ (英)崔瑞德、鲁惟一:《剑桥中国秦汉史》,北京:中国社会科学出版社,1992年。
④ 《汉书》卷四十三《陆贾传》,北京:中华书局,1962年标点本。
⑤ 《汉书》卷四十八《贾谊传》,北京:中华书局,1962年标点本。
⑥ 《汉书》卷五十六《董仲舒传》,北京:中华书局,1962年标点本。
⑦ 《汉书》卷五十六《董仲舒传》,北京:中华书局,1962年标点本。

因其最具可操作性而成为重点的，就是礼制的恢复和重建。贾谊对其生活的时代只用一个"舛"字来评价，他所举出的"舛"的具体表现是"至大不敬"、"至亡等"、"至冒上"。说阶级社会无等，显然有悖于常理。不是真无等，而是秦以军功爵分等，造成了"闾阎以公乘侮其乡人，郎中以上爵傲其父兄"，影响到汉初，这与读古书者心目中的"等"有距离，令他寝食难安，故而才有礼制重建之议。按贾谊的设想，在基层，应该先使"父子六亲各得其宜"；在全国，应让人主"如堂"，"群臣如陛，众庶如地"，陛九级，则堂高，"高者难攀，卑者易陵"，"等级分明，而天子加焉"，"其尊"就"不可及"了。[①] 可见他所谓的礼，乃是以加强中央集权为目的、以农业社会和家庭伦理为基础的等级制度。被破坏的部分，必须通过整顿加以修补，而新的君臣上下之等也必须得到体现，一旦尊卑明、贵贱异，再以仁义导之，民焉得不顺，又焉敢"不敬"和"冒上"？同样的，董仲舒把"人有父子兄弟之亲，出有君臣上下之谊，会聚相遇则有耆老长幼之施"说成是人和动物的根本区别，认为只有使人"超然异于群生"才算人性成而"大本举矣"[②]，也是强调先从血缘亲情入手，由区分亲疏长幼开始，引导社会走向尊尊贵贵之化。只是他站在人性的高度立论，便大大增加了说教的分量。

肩负承流宣化责任的，上为公卿，下为郡守、县令。但在贾谊的时代，"灌、绛、东阳侯、冯敬之属"，只"以簿书期会为急"，终日注目于"刀笔筐箧而不识大体"。[③] 即便是在汉武帝掌权以后，长吏也仍"多出于郎中、中郎"，而"吏二千石子弟选郎吏"，或以"荫任"，或以"富赀"，"未必贤也"。如此"累日以取贵，积久以致官"，派出去充当"民之师帅"，多不称职，以至于在天子下举贤良文学诏书时，他们管辖的郡国竟找不到一个可"应书者"。委任非人，再好的王道也会"往往而绝"。所以，董仲舒一边建议"兴太学，置明师，以养天下之士"，一边又敦请皇帝令"诸列侯、郡守、二千石各择其吏民之贤者，岁贡各二人以宿卫"，他认为这样做不仅可以考察大臣识贤、选贤、用贤的能力，还可以从根本上改变干部队伍的成分。他甚至希望，对举上来的真正的贤才，

---

① 《汉书》卷四十八《贾谊传》，北京：中华书局，1962年标点本。
② 《汉书》卷五十六《董仲舒传》，北京：中华书局，1962年标点本。
③ 《汉书》卷四十八《贾谊传》，北京：中华书局，1962年标点本。

不必"以日月为功",只要"实试贤能为上",就可以"量材而授官,录德而定位"。① 如果把明教化看作汉初政治家的治国纲领,把重建等级秩序看作这一纲领的核心,我们也不妨说,正是董仲舒的这两点建议,为纲领的实施和"更化"的完成提供了思想保证和组织保证。也许正是认识到了全面的政治设计对开辟新时代具有特殊意义,所以刘向才盛称"董仲舒有王佐之才,虽伊吕无以加,管晏之属,伯者之佐,殆不及也。"②。

其三,他们都不否认刑罚的重要性,主张礼与法互相补充。陆贾对汉高祖说:"文武并用,长久之术也。"③ 其所谓文,就是礼乐教化;其所谓武,当指强制性的刑罚。他的话虽不多,但已表明了两手不可偏废的政治主张。贾谊一方面承认即使圣明的先王也不免要用"刑罚以惩恶",而且主张"执此之政,坚如金石,行此之令,信如四时,据此之公,无私如天地";另一方面他又指出,礼有"绝恶于未萌,而起教于微眇"的宝贵作用,可以"使民日迁善远罪而不自知也"。同时,在他看来,刑罚用得过多,长期积累,容易造成民的"怨背",而礼义行之既久,相沿成习,反能造成和乐亲爱的氛围。故而,他强调,若真欲使民为善,就不能只"驱之以法令",还必须"导之以德教"。言及礼与法的关系,贾谊使用了两分法,认为礼的作用是"禁于将然之前",而法的作用是"禁于已然之后"。出于维护官僚阶层政治权威的需要,他还以所谓"古者礼不及庶人,刑不上大夫"为借口,主张用"廉耻节礼以治君子",用"黥劓髡刖笞骂弃市之法"对付众庶。④ 董仲舒以"三年不窥园"的毅力精研经术,最重要的一个成绩就是学会了假托天人感应,用阴阳五行的宇宙图式来进行包装。他说:"天道之大者在阴阳,阳为德,阴为刑;刑主杀,而德主生","天使阳出布施于上而主岁功,使阴入伏于下而时出佐阳;阳不得阴之助,亦不能独成其岁",所以,"为政而任刑",虽"不顺于天",但用"刑罚以威其恶",更能产生使"民晓于礼仪而耻犯其上"的效果,最理想的办法是"德主刑辅",这样,就可以做到"其刑罚甚轻而民不犯","教化行而习俗美"。⑤ 于是,通过董仲舒的解释,礼与法、教化与刑罚的关系便借阴阳学说达到了有机统一。礼是主导,是统率,

---

① 《汉书》卷五十六《董仲舒传》,北京:中华书局,1962年标点本。
② 《汉书》卷五十六《董仲舒传》,北京:中华书局,1962年标点本。
③ 《汉书》卷四十三《陆贾传》,北京:中华书局,1962年标点本。
④ 《汉书》卷四十八《贾谊传》,北京:中华书局,1962年标点本。
⑤ 《汉书》卷五十六《董仲舒传》,北京:中华书局,1962年标点本。

行刑的目的是驱民归礼，因此，上承于天的礼意就应贯穿于司法活动的全过程。

据考证，陆贾曾与荀子门人浮丘伯游①，贾谊则从荀门弟子阳武张苍学过《左氏春秋》，董仲舒也曾"作书美孙卿"②。荀子为战国晚期最重要的儒学大师。他认为，为政"不教而诛，则刑繁而邪不胜；教而不诛，则奸民不惩"③，因此，对于广大民众，必须"明礼义以化之，起法正以治之，重刑罚以禁之"④，"以善至者待之以礼，以不善至者待之以刑"，这才是"听政之大分"⑤。言及礼与法的关系，他特别强调：礼是法令、律例的"纲纪"，抓住了礼，即"若挈裘领，诎五指而顿之，顺者不可胜数也"⑥。他还用民歌的形式宣传自己的基本观点："治之经，礼与刑，君子以修百姓宁，明德慎罚，国家既治，四海平。"⑦将前述陆贾、贾谊、董仲舒所提政策性建议同荀子的政治思想相比，很容易发现其间存在着明显的相承关系。由此便可证明，汉世贤士大夫在劝谏皇帝时，虽然盛称三代，推崇周、孔，打的是尊儒旗号，但是压根儿不想完全回到西周以德、礼治理国人的旧传统上去，也不相信只靠"导之以德，齐之以礼"就能使民"有耻且格"。就其主体精神而言，他们的"更化"与其说是"复古"⑧，不如说是"变秦归荀"。董仲舒在对策中提道："今汉继大乱之后，若宜少损周之文致，用夏之忠者。"⑨"周之文致"即被推向极端的周礼，"夏之忠者"应指因较朴素反更为切合实际的东西，从他的话里，我们也可以看出，汉人需要的是在"损益"中前行，而不是简单地废除秦政，来一次翻烧饼。

对陆贾写在《新语》里的成败之道，"高帝未尝不称善"⑩。班固据"孝文玄默躬行以移风俗"观察，认为贾谊之所陈已被"略施行矣"⑪。至于董仲舒，他前后"上疏条教，凡百二十三篇"，又"说《春秋》事得失"，"复数十篇，十余

---

① 王利器：《新语校注》前言，北京：中华书局，1986年。
② （清）王先谦：《荀子集解》考证，沈啸寰、王星贤点校，北京：中华书局，1988年。
③ （清）王先谦：《荀子集解》卷六《富国篇》，沈啸寰、王星贤点校，北京：中华书局，1988年。
④ （清）王先谦：《荀子集解》卷十七《性恶篇》，沈啸寰、王星贤点校，北京：中华书局，1988年。
⑤ （清）王先谦：《荀子集解》卷五《王制篇》，沈啸寰、王星贤点校，北京：中华书局，1988年。
⑥ （清）王先谦：《荀子集解》卷一《劝学篇》，沈啸寰、王星贤点校，北京：中华书局，1988年。荀子曰："礼者，法之大分，类之纲纪也。"法即法令，类指律例。
⑦ （清）王先谦：《荀子集解》卷十八《成相篇》，沈啸寰、王星贤点校，北京：中华书局，1988年。
⑧ 钱穆：《国史大纲》，北京：商务印书馆，1994年。
⑨ 《汉书》卷五十六《董仲舒传》，北京：中华书局，1962年标点本。
⑩ 《汉书》卷四十三《陆贾传》，北京：中华书局，1962年标点本。
⑪ 《汉书》卷四十八《贾谊传》，北京：中华书局，1962年标点本。

引礼入法的得与失

万言",不仅"传于后世",更是多被采择,"世施朝廷"。像"推明孔氏,抑黜百家,立学校之官,州举茂材孝廉"等,在贤良对策后不久都已完全落实。种种迹象表明,经过长期酝酿、反复、试验和选择,用阴阳五行宇宙图式包装起来、承袭荀学传统、融德礼刑法为一体的新的统治思想,到汉武帝时,总算正式确立了。这种新的政治模式被后来的汉宣帝说成是"霸王道杂之"①。它是汉家"自有"的制度,既不同于秦,也不同于周。有了这种政治模式,从礼法结合、以礼统法走向引礼入法,注定会成为历史的必然。

其实,随着汉初儒学的复兴,早就有人把经义和礼的精神运用到司法实践当中。较前的例子当首举田叔治梁孝王反狱。梁王使人刺杀故吴相袁盎,"所欲杀大臣"仍有十余人,"文吏穷本之,谋反端颇见。太后不食,日夜泣不止。景帝甚忧之",问于公卿,公卿以为"遣经术吏往治之,乃可解",于是,便派了田叔和吕季主。两人调查后,至霸昌厩,"取火悉烧梁王反辞,但空手来见景帝",把一切罪责都推到幸臣羊胜、公孙诡身上,硬说"梁王不知也"。汉景帝大喜,令其赶紧报于太后知道,"太后闻之,立起坐餐",气也马上平复了。这种做法虽使"汉法不行",却成全了汉景帝的孝,又符合为亲者讳、为尊者讳的原则,故而被誉为"知大礼"。自此,朝廷盛言:"不通经术知古今大礼,不可以为三公左右近臣"。初步显示了以经义决狱的影响力②。后来,公孙弘议主父偃、郭解狱,吕步舒治淮南王狱,儿宽为奏谳掾,依古义拟书奏,终军诘徐偃矫制罪,等等③,断案的具体情节不同,"以儒术缘饰文法吏事"则一。董仲舒老病致仕,朝廷每有疑狱,辄令廷尉张汤亲至陋巷,以问得失,仲舒每以经对,经他条分缕析,详加评判过的案件竟有二百三十二事。④ 不难看出,与朝廷的统治思想逐渐发生重大变改相同步,一种既有别于酷吏、又有别于循吏的新的执政倾向也在官员队伍中悄然兴起。

统治理论与执法实践互动,必然促进法律条文的不断修订。汉惠帝除挟书

---

① 《汉书》卷九《元帝纪》,北京:中华书局,1962年标点本。
② 《史记》卷五十八《梁孝王世家》,北京:中华书局,1959年标点本;《史记》卷一百四十《田叔传》,北京:中华书局,1959年标点本。
③ 《史记》卷一百一十二《平津侯主父偃传》,北京:中华书局,1959年标点本;《史记》卷一百二十四《游侠传》,北京:中华书局,1959年标点本;《史记》卷一百二十一《儒林传》,北京:中华书局,1959年标点本;《汉书》卷六十四《终军传》,北京:中华书局,1962年标点本。
④ 《后汉书》卷四十八《应劭传》,北京:中华书局,1965年标点本。

律①；汉文帝除诽谤妖言之罪，去肉刑，定刑期，废收孥相坐律②；汉元帝有蠲除轻减之制③；汉成帝有议减死刑之诏④；汉元帝、汉哀帝时轻殊死之刑共一百二十三事⑤；光武帝许女徒顾山归家，令"男子八十以上、十岁以下、及妇人坐者，自非不道，诏所名捕，皆不得系"，又规定诛杀奴婢者不得减罪，敢炙灼奴婢者论如律⑥；汉章帝除残酷之科，著胎养之令⑦；汉和帝"诏郡国中都官及笃癃老小女徒各除半刑"⑧，等等；凡此种种，其意皆为用儒家精神改造现行司法。东汉永和至永初年间，先有廷尉郭躬"条诸重文可从轻者四十一事奏之，事皆施行"，后有继任者陈宠以《甫刑》"五刑之属三千"为标准，删去"溢于《甫刑》"的法条"千九百八十九事"，只取"应经合义者"，留下"大辟二百，而耐罪、赎罪二千八百，并为三千，悉删除其余令"，使律"与礼相应，以易万人视听"。其子陈忠又"略依宠意，奏上二十三条，为《决事比》"，并建议"除蚕室刑"，"解赃吏三世禁锢"，使"狂易杀人者，得减重论"，许"母子兄弟相代死"⑨。这些"明法之家"的做法，更是希望通过伤筋动骨式的整理，来实现礼对法的统摄。另外，叔孙宣、郭令卿、马融、郑玄诸儒纷纷为律令撰写章句，家各"数十万言"⑩，汉末以"笃学、博览、多闻"著称的应劭"又删定律令为《汉仪》"⑪，无疑都加大了礼意对法律的渗透力度。曹魏制定新律，以《周礼》八辟之法为蓝本，将八议首次订入律典⑫；西晋的《泰始律》明确提出要"峻礼

---

① 《汉书》卷二《惠帝纪》，北京：中华书局，1962年标点本。
② 《史记》卷十《孝文帝本纪》，北京：中华书局，1959年标点本；《汉书》卷四《文帝纪》，北京：中华书局，1962年标点本；高恒：《秦律中"隶臣妾"问题探讨——兼批四人帮的法家"爱人民"的谬论》，《文物》1977年第7期，第43—50页。
③ 《汉书》卷九《元帝纪》，北京：中华书局，1962年标点本。
④ 《汉书》卷十《成帝纪》，北京：中华书局，1962年标点本。
⑤ 《后汉书》卷三十四《梁统传》，北京：中华书局，1965年标点本。
⑥ 《后汉书》卷一《光武纪》，北京：中华书局，1965年标点本。据《汉书》卷十二《平帝纪》："元始元年，天下女徒已论，归家，顾山钱，月三百。"注："师古曰，谓女徒论罪已定，并放归家，不亲役之，但令一月出钱三百以雇人也。"盖此制始自平帝，然当时朝纲已坠，徒为具文，故至光武又重审之，北京：中华书局，1962年标点本。
⑦ 《后汉书》卷三《章帝纪》，北京：中华书局，1965年标点本。
⑧ 《后汉书》卷四《和帝纪》，北京：中华书局，1965年标点本。
⑨ 《后汉书》卷四十六《郭陈列传》，北京：中华书局，1965年标点本。
⑩ 《晋书》卷三十《刑法志》，北京：中华书局，1974年标点本。
⑪ 《后汉书》卷四十八《应劭传》，北京：中华书局，1965年标点本。
⑫ 八议见《三国志·夏侯尚传》注引《魏略》、《中山恭王衮传》、《杜畿传》等，北京：中华书局，1959年标点本；程树德《九朝律考·魏律考》曰："按《唐六典》注，八议自魏晋宋齐梁陈后魏北齐后周及隋皆载于律，是八议入律，始于魏也。"，北京：中华书局，2003年。

教之防，准五服以制罪"①；至南北朝，北魏略承汉律，兼采魏晋，"严不道之诛，重诬罔之辟"②，北齐增广其文，列为重罪十条③，隋的《开皇律》、唐的《武德律》、《贞观律》踵而继之，易其名曰"十恶"，《唐律疏议》指出："五刑之中，十恶尤切，亏损名教，毁裂冠冕"，故"特标篇首，以为明诫"④；至此，儒家提倡的以忠孝、道义、恭敬为主要内容的核心价值观正式成了法律的主宰，法律则成为维护名教的工具。汉以后常称法律为礼律⑤，正标志着儒法结合、引礼入法的正式完成。这种以经义释狱、决狱，或干脆将礼的规定写入法律条文的情况，在世界法律史上比较少见，故而便被一些研究者津津乐道，认为是中国法治传统的优点和特色。事实如何，且看下节。

四、引礼入法的得与失

引礼入法是"变秦"的产物，它适应了结束军事专制主义、使社会回归常态的需要，当然有其历史的合理性。值得肯定的地方可归纳为以下三点。

（1）消减了苛法的严酷性。从先秦法家到汉室酷吏，一脉相承，都相信严刑苛法最管用，认为将其推行到极致，就能收到"以刑去刑，以杀去杀"的效果。这一执政理念的出发点是为了适应严酷战争形势和治理剧郡的需要，它的理论基础则是把人与人的关系看作单纯的利害关系，并对儒家提倡的仁义惠爱做出最彻底的否定。⑥

---

① 《晋书》卷三十《刑法志》，北京：中华书局，1974年标点本。
② 程树德：《九朝律考》后魏律考序，北京：中华书局，2003年。
③ 《隋书》卷二十五《刑法志》，北京：中华书局，1973年标点本。
④ 隋唐律的十恶是：谋反、谋大逆、谋叛、恶逆、不道、大不敬、不孝、不睦、不义、内乱。与北齐律的重罪十条名称小异，实质相同。
⑤ 《晋书》卷五十四《殷仲堪传》，北京：中华书局，1974年标点本；《晋书》卷九十二《李充传》，北京：中华书局，1974年标点本；《晋书》卷四十四《华廙传》，北京：中华书局，1974年标点本；《晋书》卷三十六《卫瓘传》，北京：中华书局，1974年标点本；《晋书》卷五十《庾纯传》，北京：中华书局，1974年标点本；《南史》卷十五《傅隆传》，北京：中华书局，1975年标点本；《南史》卷三十一《张率传》，北京：中华书局，1975年标点本；《南史》卷二十九《蔡兴宗传》，北京：中华书局，1975年标点本等。
⑥ 此种理论《商君书》、《韩非子》均有论述。如《韩非子集解·六反》曰："父母之于子也，犹用计算之心以相待也，而况无父子之泽乎！今学者之说人主也，皆去求利之心，出相爱之道，是求人主之过于父母之亲也，此不熟于论恩诈而诬也，故明主不受也。"又如，《奸劫弑臣》曰："夫施与贫困者，此世之所谓仁义；哀怜百姓，不忍诛罚者，此世所谓惠爱也。夫施与贫困，则无功者得赏；不忍诛罚，则暴乱者不止……吾以是明仁义惠爱之不足用，而严刑重罚之可以治国也。"（清）王先慎《韩非子集解》，锺哲点校，北京：中华书局，1998年。

引礼入法确立了儒家学说对刑律的指导地位,同时也为仁义惠爱正了名。在新的统治思想的影响下,早期刑法的严酷性会有所消减,几乎是毋庸置疑的事情。

"李悝集诸国刑书,造《法经》六篇,商鞅传之,改法为律,以相秦,增相坐之法,造三夷之诛,大辟加凿颠、抽胁、镬烹、车裂之制"①,可谓残酷至极。刘邦入关,与父老约法三章,恐怕只是临时笼络民心的口惠,在正式颁行的萧何所作《九章律》里,夷三族、枭首、腰斩、弃市、宫、刖、劓、黥、城旦、鬼薪诸刑皆仍秦旧。历史性的变化始自汉文帝除肉刑。虽然在他的新办法中,斩右趾者反被弃市,"斩左趾者笞五百,当劓者笞三百,率多死",因而常被讥为"外有轻刑之名,内实杀人",然窥其本意,实出于对受刑者"断肢体、刻肌肤"后"终身不息"的"怜悲"②。后来,很快就发明了"以钛代刖"③,汉景帝时又下诏减笞数、定箠令,从此可使斩右趾者不死,斩左趾者不笞,受笞者也能"得全"④,这样,改革之初因始料未及而产生的疏漏实已得到了弥补。正因为立法意图与此前有所不同,故自东汉以下,梁统等上书反对"刑轻之作",主张"宜重刑罚,以遵旧典"⑤,陈纪、荀彧、陈群、刘颂、卫展、桓玄等屡屡建策,欲复肉刑⑥,均未获采纳,反遭时贤驳议;而郭躬、陈宠诸明法吏以"轻殊死之刑"、"绝钴钴诸残酷之科"为请,却能最终被"定著于令"、"事皆施行"⑦。甚至个别地方官对罪人"但用蒲鞭罚之,示辱而已"⑧,朝廷也不过问,可知人不欲复见刻肌、断体之痛,已成自然大势。梁天监十四年(515),除黥面之

---

① (唐)李林甫等:《唐六典》陈仲夫点校,北京:中华书局,1992年。
② 《汉书》卷二十三《刑法志》师古曰:"息,生也",北京:中华书局,1962年标点本。
③ 《史记》卷三十《平准书》:"敢私铸铁器煮盐者,钛左趾。"《集解》:"《史记音义》曰:钛音徒计反。韦昭曰:钛,以铁为之,著左趾以代刖也。",北京:中华书局,1959年标点本;《汉书》卷二十三《刑法志》"臣瓒曰:文帝除肉刑,皆有以易也。故以完易髡,以笞代劓,以钛左右趾代刖。",北京:中华书局,1962年标点本;《晋书》卷三十《刑法志》:"魏武定甲子科,犯钛左右趾者,易以木械,是时乏铁,故易以木焉。",北京:中华书局,1974年标点本。沈家本曰:"曹操甲子科在建安之中,以乏铁改钛木械,此可证钛左右趾为汉代旧法,臣瓒之说,实有所本。以钛代刖,则斩左趾者不笞,斩右趾者不弃市,于法大有变更,史文不具,史之疏也。"沈家本:《历代刑法考》,北京:中华书局,1985年,第1544页。
④ 景帝元年下诏,规定笞五百者改为三百,笞三百者改为二百;中元六年又规定,笞三百者改为二百,笞二百者改为一百。箠令既规定了箠的大小厚薄,又规定只准笞臀,一名罪人笞未毕中间"毋得更人",皆为"使笞者得全"也。
⑤ 《后汉书》卷三十四《梁统传》,北京:中华书局,1965年标点本。
⑥ 《晋书》卷三十《刑法志》,北京:中华书局,1974年标点本。
⑦ 《后汉书》卷四十六《郭陈列传》,北京:中华书局,1965年标点本。
⑧ 《后汉书》卷二十五《刘宽传》,北京:中华书局,1965年标点本。

刑①；隋开皇中，废枭首、轘裂之法②；唐贞观中，根据裴弘献的建议，禁止以断右趾免死罪③，屡经厘改而渐趋完善，终于使隋唐律的刑名正式被规范为笞、杖、徒、流、死五类，死刑只剩下了斩、绞二法，连城旦舂、鬼薪、白粲、隶臣妾、司寇诸名也均归于消失。相反，准许女徒顾山归家④，老幼、侏儒及经师皆颂系之⑤，死囚无子听妻入狱同宿⑥，孕妇缓刑⑦，祖父母、父母年迈无人侍奉者允许罪人留养其亲⑧，等等，则陆续出现于历朝的律令中，并多积久而成定制。这正反映从汉至唐存在着一种刑罚趋轻的基本走向。

先秦之法，酷在重刑，严在告奸连坐。以父子相告为直的观念大约伴随着成文法的刊布就已经产生了，故孔子在《论语》中便对此提出过批评，说："吾党之直者异于是，父为子隐，子为父隐——直在其中矣。"⑨然而，面对战国"大争之世"，鲁国传统却变得越来越没有市场，重孝的鲁民因"易降北"而为世所不屑⑩。如本文第二节所述，不仅商鞅曾在秦国下令："不告奸者腰斩，告奸者与斩敌首者同赏，匿奸者与降敌同罚"⑪，东方六国实际上都不同程度地推

---

① 《梁书》卷二《武帝本纪》，北京：中华书局，1973年标点本。
② 《隋书》卷二十五《刑法志》，北京：中华书局，1973年标点本。
③ 《新唐书》卷五十六《刑法志》，北京：中华书局，1975年标点本。
④ 《后汉书》卷一《光武纪》，北京：中华书局，1965年标点本。
⑤ 《汉书》卷二十三《刑法志》，北京：中华书局，1962年标点本；《汉书》卷十二《平帝纪》，北京：中华书局，1962年标点本；《后汉书》卷一《光武纪》，北京：中华书局，1965年标点本。
⑥ 《后汉书》卷六十四《吴祐列传》，北京：中华书局，1965年标点本；（宋）李昉等：《太平御览》六百四十三引《东观汉记》，北京：中华书局，1960年；《晋书》卷九十《乔智明传》，北京：中华书局，1974年标点本；《北史》卷七十七《裴政传》，北京：中华书局，1974年标点本。
⑦ 《汉书》卷二十三《刑法志》，北京：中华书局，1962年标点本；《汉书》卷九十九《王莽传》，北京：中华书局，1962年标点本；《三国志》卷十二《何夔传》注引干宝《晋纪》，北京：中华书局，1959年标点本；《魏书》卷一百一十一《刑罚志》，北京：中华书局，1974年标点本。
⑧ 《魏书》卷一百一十一《刑罚志》，北京：中华书局，1974年标点本；沈家本：《历代刑法考》，北京：中华书局，1985年，第911—912页。
⑨ 杨伯峻：《论语译注》子路篇，北京：中华书局，1980年。
⑩ （清）王先慎：《韩非子集解》卷十九《五蠹》，锺哲点校，北京：中华书局，1998年。
⑪ 《史记》卷六十八《商君列传》，北京：中华书局，1959年标点本。阶级社会早期，成文法未形成，家族成员犯罪，由族长依族规处理，不存在子要不要告父的问题。春秋以后，《论语》、《孟子》、《韩非子》、《吕氏春秋》、《韩诗外传》、《淮南子》、《史记》中出现了与此命题有关的寓言或故事，所表达的观点除告和隐两个极端外，还有负父弃位以逃和先放走父亲然后自杀等，说明社会意识及相应的法律还不固定。《睡虎地秦墓竹简·法律答问》有"子告父，臣妾告主，非公室告，勿听"等文，论者多谓此可证秦也行容隐制度。考虑到《法律答问》所记仅是地方小吏墓主人喜个人的理解，而喜任职的安陆和鄢又原属楚地，为秦占领的时间不长，因此，我们认为对秦简的性质尚待深入研究，起码还不足以推翻《史记》等书关于秦行告奸连坐制的明确记录。

出过类似的管理办法。后来，李斯行"督责之术"，将告奸扩大到了整个官僚系统，张汤、赵禹"作见知故纵，监临部主之法"，则是告奸的回光返照。连坐以其巨大的震慑力而被当做"开相告之路"①的必备手段，从而使它常与告奸相连，成为同一政策的两面。以连坐相迫，逼人告奸，最明显的效应便是有利于"出造恶之身"，"使夫妻交友不能相为弃恶盖非"，"民人不能相为隐"②，最终消灭奸事奸人。但这样做彻底否定了亲情，斩断了血缘，必使每个人都处于无时无刻不被监视的恐怖之中。任何超越现实、违反人性的东西都不可能维持长久。到了汉代，董仲舒的《春秋决狱》已以父为子隐为宜，不主张连坐③，而以御史大夫桑弘羊为首的一批掌权者却仍觉得"一室之中，父兄之际，若身体相属，一节动而知于心"，让民人"比地为伍，居家相察，出入相伺"，是再正常不过的事，若不要求父子兄弟相纠弹，"舍是谁责乎？"此言一出，立即遭到贤良文学们的围攻。批评者认为：正是坚持"以子诛父，以弟诛兄，亲戚相坐，什伍相连"，才造成了"以有罪诛及无罪"，"若引根本之及华叶，伤小指之累四体"，"自首匿相坐之法立，骨肉之恩废"，反而更使"刑罚多矣"，何曾见过什么以刑去刑、以杀去杀？④经过长期的反复论争，到汉宣帝地节四年（前66），朝廷才颁下诏书，正式宣布："自今子首匿父母、妻匿夫、孙匿大父母，皆勿坐。其父母匿子，夫匿妻，大父母匿孙，殊死，皆上请廷尉以闻。"⑤从此，容隐成了人的法律权利，孔子的梦想开始有了化为现实的可能。魏晋南北朝期间，虽然仍有"考子正父死刑"、"鞭父母问子所在"、"一人为劫，阖门应刑"的事不断发生，却多被作为"伤顺破教"、"毁和损俗"的恶政而受到批评⑥。《北魏律》首次规定："子孙告父母、祖父母者死"⑦，进而使容隐由权利变为严厉的法律责任。《唐律疏议·名例》篇将容隐制度表述为："诸同居，若大功以上亲及外

---

① 《南史》卷三十《何尚之传》，北京：中华书局，1975年标点本。
② 蒋礼鸿：《商君书锥指》卷五《禁使》，北京：中华书局，1986年。
③ （唐）杜佑：《通典》卷六十九引董仲舒《春秋决狱》，北京：中华书局，1988年。
④ 王利器校注：《盐铁论校注》卷十《周秦篇》，北京：中华书局，1992年。
⑤ 《汉书》卷八《宣帝纪》，北京：中华书局，1962年标点本。
⑥ 《晋书》卷三十《刑法志》，北京：中华书局，1974年标点本；《南史》卷三十《何尚之传》，北京：中华书局，1975年标点本；《南史》卷二十九《蔡廓传》，北京：中华书局，1975年标点本；《隋书》卷二十五《刑法志》，北京：中华书局，1973年标点本等。
⑦ 《魏书》卷八十八《窦瑗传》，北京：中华书局，1974年标点本。

祖父母、外孙，若孙之妇、夫之兄弟及兄弟妻，有罪相为隐；部曲、奴婢为主隐，皆勿论。"即漏露其事及摘语消息亦不坐。"其小功以下相为隐，减凡人三等。若犯谋叛以上者，不用此律。"①更加明确并扩大了容隐的范围。其《斗讼》篇又要求对违例相告行为严厉惩罚，最重要的条款是："诸告祖父母、父母者，绞"，"诸部曲、奴婢告主，非谋反、逆、叛者，皆绞"②。其后宋元明清诸朝刑法中的容隐制度虽有若干变更，但大致沿袭唐律之旧。从正面意义上看，容隐的历史作用就是遏制了告奸。而告奸既被禁止，连坐的必要性自然也相对减弱。汉初，高后、文帝曾"除三族罪"、"除收孥相坐律"③，然不久即复行之。后来，伴随着容隐制度的产生与确立，曹魏律中出现了《免坐律》，又特许"但以言语及犯宗庙园陵"而被处腰斩者，"家属从坐，不及祖父母、孙"④；北魏孝文帝曾下诏称："自非大逆干犯者，皆止其身，罢门房之诛"⑤；至隋《开皇律》出，又重除"孥戮相坐之法"，并"诏免尉迟迥、王谦、司马消难三道逆人家口之配没者，悉官酬赎，使为编户"⑥；隋唐以下，除谋反、大逆仍要亲属负一定的连带责任外，夷三族与族诛之类确已不见于正刑常法。中国古代刑法由严酷走向平允，应与引礼入法有着深刻的内在关系。

（2）在刑法理论上有一定的建树。两汉及其以后的儒家，屡屡称引先秦典籍，提出了不少新的立法和司法原则，试图对法家的偏颇进行矫正。

先秦法家把人看作只知趋利避害的动物，坚持用诛罚和庆赏两途，驱民于农战，把国家变成一架纯粹的军事专制机器。汉儒则与之相反，正式以《孝经·圣治》章所谓的"天地之性人为贵"⑦作为执政治民的出发点，认为"绝人

---

① （唐）长孙无忌等：《唐律疏议》卷六《名例·同居相为隐》，北京：中华书局，1983年。
② （唐）长孙无忌等：《唐律疏议》卷二十三《斗讼·告祖父母、父母》，北京：中华书局，1983年；（唐）长孙无忌等：《唐律疏议》卷二十四《部曲奴婢告主》，北京：中华书局，1983年。
③ 《汉书》卷二十三《刑法志》，北京：中华书局，1962年标点本；《汉书》卷四《文帝纪》，北京：中华书局，1962年标点本。
④ 《晋书》卷三十《刑法志》，北京：中华书局，1974年标点本。
⑤ 《魏书》卷一百一十一《刑罚志》，北京：中华书局，1974年标点本。
⑥ 《隋书》卷二十五《刑法志》，北京：中华书局，1973年标点本。
⑦ 《后汉书》卷一《光武纪》曰："天地之性人为贵"，北京：中华书局，1965年标点本；《后汉书》卷四十五《张敏传》曰："天地之性，唯人为贵。"，北京：中华书局，1965年标点本。

命者，天亦绝之"，主张行刑必"重人命"。① 要做到这一点，就先得要求各级官吏都有一颗"仁恕"之心，即使审出了真情，也应"哀矜而勿喜"，抱着对罪犯同情的态度，慎下判断②。当时人已意识到，"有罚无恕"绝非"怀远之弘规"③，因而便又回到孔、孟"己所不欲，勿施于人"、"以不忍人之心，行不忍人之政"的立场上④。

以仁恕之心行政，所行应是有别于以前的宽政。汉晋皇帝屡下诏令，敕群下息事宁人，务崇宽和⑤；执法吏员也多以为"五教在宽，著之经典"，一味"峻法严刑"，并非"帝王之隆业"，故而争以宽容相尚⑥；卿相大臣深知"为政如张琴瑟，大弦急则小弦绝"，因此常有人以天变灾异警示最高当局，要求"缓刑罚，顺时气，以调阴阳"⑦。这些看法与战国的"行刑重其轻者"相比，可谓大相径庭。

欲行宽政，必须"蠲除繁苛，更立疏网"。东汉建立之初，桓谭就明确指出：想"尽塞天下之奸，皆合众人之欲"，是做不到的，设法立禁，只要"大抵取便国利事多者"⑧，就可以了。与他同时代的杜林、卓茂等也认为，若把米肉、果桃、菜茹之馈都当做赃罪，将"小事无妨于义"者入于大戮，必然是"国无廉士，家无完行"，人人动辄得咎；所以，律令只能粗设大法，揽其纲要，法防过严，吹毛求疵，反会造成"诋欺无限"、"苟免之行兴"。⑨ 三人都是有名的"通儒"，他们的看法代表着占主导地位的政治倾向。正是在儒家"立网欲疏"

---

① 《后汉书》卷三十下《襄楷传》，北京：中华书局，1965年标点本；《后汉书》卷四十一《钟离意传》，北京：中华书局，1965年标点本；《后汉书》卷三十五《曹襃传》，北京：中华书局，1965年标点本。

② 杨伯峻：《论语译注》子张篇，北京：中华书局，1980年；《后汉书》卷四十六《郭陈传》，北京：中华书局，1965年标点本。

③ 《三国志》卷五十八《陆逊传》，北京：中华书局，1959年标点本。

④ 杨伯峻：《论语译注》颜渊篇，北京：中华书局，1980年；杨伯峻：《孟子译注》卷三《公孙丑上》，北京：中华书局，1960年。

⑤ 《后汉书》卷三《章帝纪》，北京：中华书局，1965年标点本；《后汉书》卷四《和帝纪》，北京：中华书局，1965年标点本；《后汉书》卷六《冲帝纪》，北京：中华书局，1965年标点本等。

⑥ 《后汉书》卷五十六《王畅传》，北京：中华书局，1965年标点本；《三国志》卷五十八《陆逊传》，北京：中华书局，1959年标点本。

⑦ 《后汉书》卷四十六《郭陈传》，北京：中华书局，1965年标点本；《后汉书》卷四十一《钟离意传》，北京：中华书局，1965年标点本等。

⑧ 《后汉书》卷二十八上《桓谭传》，北京：中华书局，1965年标点本。

⑨ 《后汉书》卷二十五《卓茂传》，北京：中华书局，1965年标点本；《后汉书》卷二十七《杜林传》，北京：中华书局，1965年标点本。

的思想影响下,渐渐地,"网漏吞舟之鱼"被美化成了由"明哲之君"管理的理想社会①;"简而易从"被誉为"大人之化";而"不失有罪"的察察之政则被看做最要不得的"庸世之治"②。

然而,立法又是为了"御暴而卫善人"③,行宽政绝不等于说可以舍刑不用。怎样在断狱行刑中既达到抑暴扶弱的目的,又体现恕道,贯彻"重人命"的精神呢?汉儒继承先秦时期的中庸思想,以《尚书·吕刑》为蓝本,形成了"刑中"观念,认为"赏刑之宜",关键在于"允执厥中"④。"过犹不及",要做到"刑中",首先就得避免"杀罚过理"⑤。为此,朝廷在防止"以轻为德"的同时,明确反对"以苛为察,以刻为明"和"以重为威"⑥,舆论也对"锻炼周纳"、"专为深刻"、"残贼无极"的行为提出过强烈批评⑦。于是,《尚书》、《左传》中的"宁僭勿滥"、"与其杀不辜,宁失不经"等又被搬出来⑧,变为司法量刑的圭臬。不过,"宁僭勿滥"只是一道减少冤狱的安全阀,儒家"刑中"境界的最高标的却是"刑罪相应"。他们说:"刑不应罪,不祥莫大焉","有罪不论"和"无过被刑"都属于"逆理废节","逆理废节"就可能使"法亏于平"而"王道有缺",这一点不能不"俾后之人永为监焉"⑨。谈到实现"刑罪相应"的措施,他们历数了"一其法度"的重要性,反对"全恣考掠,以判刑罪"⑩;重申要依准《周礼》所谓的"五听"来"验其虚实"⑪;而且主张"论心定罪"、"舍状以探情"⑫,高度关注犯罪意图。

在坚持"宁僭勿滥"、"刑罪相应"的前提下,遇到不易判断的案例怎么办?

---

① 《后汉书》卷五十六《王畅传》,北京:中华书局,1965年标点本。
② 《三国志》卷十二《司马芝传》,北京:中华书局,1959年标点本。
③ 《汉书》卷二十三《刑法志》,北京:中华书局,1962年标点本。
④ 《汉书》卷九《元帝纪》,北京:中华书局,1962年标点本;《后汉书》卷四十八《应劭传》,北京:中华书局,1965年标点本。
⑤ 《后汉书》卷三十下《襄楷传》,北京:中华书局,1965年标点本。
⑥ 《后汉书》卷三《章帝纪》,北京:中华书局,1965年标点本。
⑦ 《汉书》卷五十一《路温舒传》,北京:中华书局,1962年标点本。
⑧ 杨伯峻编著:《春秋左传注》襄公二十六年,北京:中华书局,1981年。所引《夏书》杜注认为应属《尚书》的"逸书"。
⑨ 《后汉书》卷四十八《应劭传》,北京:中华书局,1965年标点本;《后汉书》卷三《章帝纪》,北京:中华书局,1965年标点本;《后汉书》卷六十六《陈蕃传》,北京:中华书局,1965年标点本等。
⑩ 《后汉书》卷二十八《桓谭传》,北京:中华书局,1965年标点本。
⑪ 《陈书·沈洙传》载都官尚书周弘正语。五听见《周礼·小司寇职》,即辞听、色听、气听、耳听、目听。孙星衍认为五听即《尚书·吕刑》的五辞。
⑫ 《盐铁论·周秦篇》、《后汉书·郭陈列传》。原文作"舍状以贪情",注以为贪与探同。

汉儒的态度很明确，叫做"罪疑从轻"，而《尚书·吕刑》中"上刑适轻"一句则常被引作最主要的理论依据①。东汉执法名臣陈宠的祖父陈咸曾戒子孙曰："为人议法，当依于轻，虽有百金之利，慎无与重比。"所秉持的正是这一观念。陈宠任尚书时，就曾上书请"绝钻钻残酷之科，解妖恶之禁，除文致之请谳"；做廷尉后"数议疑狱，常亲自为奏，每附经典，务从宽恕"，所"济活者甚众"。其子陈忠继之，又建议"除蚕室刑，解赃吏三世禁锢"，允许"狂易杀人"者得减重论。②而在其他官员的坚持下，朝廷断狱开始区分故误、首从，从此，误犯及胁从者有了生的希望③。一些地方官以"善善及子孙，恶恶止其身"为原则，来处理群体事件，不肯"委屈生意"，妄开杀戒，除诛其首恶外，将大量因饥寒沦为群盗的傭保赦归乡里④，都收到了较好的效果。

由上述可知，汉儒不是不要法治，而是要用儒家思想来规范法治。他们设计的法治理论基本架构是恕道、宽政、疏网、轻刑。这不免带有理想化的成分，与现实政治之间存在着相当大的差距，但正是在这一理论的浸润下，才催化了汉晋以来缓慢却具成效的法律改革。隋开皇年间修律，在前代已屡有变更的基础上"以轻代重，化死为生"，所改"条目甚多"⑤；唐贞观中，据《开皇律》重加删定，"凡削繁去蠹、变重为轻者，不可胜纪"⑥；仅"减开皇律大辟入流者"就有九十三条，至此，"比之古之死刑，殆除其半"⑦，儒家在法治理论上的建树不可小觑。

（3）有助于恢复乡里人伦秩序。儒家理想化的基层社会是九族相亲，乡里和睦，出入相友，守望相助，疾病相救，而教化齐同。⑧战国的法家乃至汉代的

---

① 《尚书·吕刑》原文是"上刑适轻，下服；下刑适重，上服。轻重诸罪有权"。意谓量刑可以权变。汉儒常常只引上句，或改造原文以支持自己的从轻理论。虽可以理解，但确属断章取义。
② 《后汉书》卷四十六《郭陈传》，北京：中华书局，1965年标点本。
③ 《后汉书》卷四十六《郭陈传》，北京：中华书局，1965年标点本；《后汉书》卷四十一《钟离意传》，北京：中华书局，1965年标点本；《后汉书》卷三十四《梁统传》，北京：中华书局，1965年标点本；《三国志》卷三十二《卢毓传》，北京：中华书局，1959年标点本。
④ 《汉书》卷七十七《孙宝传》，北京：中华书局，1962年标点本；《后汉书》卷三十五《曹褒传》，北京：中华书局，1965年标点本；《后汉书》卷四十五《张酺传》，北京：中华书局，1965年标点本；《后汉书》卷二十六《赵熹传》，北京：中华书局，1965年标点本。
⑤ 《隋书》卷二十五《刑法志》，北京：中华书局，1973年标点本。
⑥ 《旧唐书》卷五十《刑法志》，北京：中华书局，1975年标点本。
⑦ （唐）李林甫等撰：《唐六典》，陈仲夫点校，北京：中华书局，1992年。
⑧ 《汉书》卷二十四《食货志》，北京：中华书局，1962年标点本。

引礼入法的得与失

酷吏却"连相坐之法,造三夷之诛"①,鼓励告奸,令民自相举发;又以军功授爵,视爵级赋予特权;从而使以血缘关系为基础的人伦秩序遭受重创。终于,儒生和儒学摆脱了被斥为六虱、五蠹的可怜地位,有了出头之日,他们自然会抓住引礼入法的机会而立志匡复。

从汉至唐,从皇帝到地方官,行事各异,但在重建和恢复乡里伦理秩序方面,却走着同样的路,存在一条占正统地位的政治演变轨迹。其最基本的做法是:令"嫁妻卖子欲归父母者恣听之,许诸妖言它过坐徙边者各归本郡,没入官为奴婢者,免为庶人,有敢执拘论如律"②,对破碎的乡里结构进行修补;推行容隐制度,遏止告奸连坐,培植血缘亲情;据《孝经》"五刑之属三千,而罪莫大于不孝"诸语,以恶逆、不孝、不睦、内乱入十恶,凡五服至亲自相屠戮,亲族相犯,或对祖父母、父母诸尊长忤逆不敬者,均予严厉惩处③,借以树立家长的权威;定立嫡法,设六亲长幼之礼及丧纪婚姻制度④,使家庭伦理和乡规民俗法制化;以覆人之过为敦厚之道,不受偷薄之诉,后来又形成了反坐律,凡民有争讼,或引之于前,提耳训告,或身到闾巷,劝令和解,通过司法调处,以实现"使争隙息省"的目的⑤;"劝人生业,为制科令,至于果菜为限,鸡豕有数",对"剽轻游恣者",除"晓其父兄使黜责之"以外,"皆役以田桑,严设科罚"⑥,希望繁重的体力劳动能使人改恶向善,并由积累恒产而逐步产生恒心。

在施以惩罚与约束的同时,自西汉开始,便由赐军功爵改为赐民爵,借以奖励孝悌力田,表彰贞妇、顺孙⑦,选吏也"举孝廉",高者三府交征,可以骤

---

① 《汉书》卷二十三《刑法志》,北京:中华书局,1962年标点本。
② 《后汉书》卷一《光武纪》,北京:中华书局,1965年标点本;《后汉书》卷三《章帝纪》,北京:中华书局,1965年标点本。
③ 《孝经注疏》五刑章,北京:中华书局,1980年影印清阮元《十三经注疏》本;(唐)长孙无忌等撰:《唐律疏议·名例·十恶》,北京:中华书局,1983年。
④ (唐)长孙无忌等撰:《唐律疏议》卷十二《户婚·立嫡违法》,北京:中华书局,1983年;《后汉书》卷七十六《秦彭传》,北京:中华书局,1965年标点本;《后汉书》卷七十六《许荆传》,北京:中华书局,1965年标点本。
⑤ 《后汉书》卷四十三《朱穆传》,北京:中华书局,1965年标点本;《后汉书》卷七十六《廉范传》,北京:中华书局,1965年标点本;《后汉书》卷六十四《吴祐传》,北京:中华书局,1965年标点本;《后汉书》卷七十六《刘矩传》,北京:中华书局,1965年标点本。
⑥ 《后汉书》卷七十六《仇览传》,北京:中华书局,1965年标点本;《三国志》卷十六《杜畿传》,北京:中华书局,1959年标点本。
⑦ 赐民爵、奖励孝悌力田的记录屡见于两汉书,"复贞妇,乡一人"的记录首见于《汉书》卷十二《平帝纪》,北京:中华书局,1962年标点本。

成显宦,下者为州、郡从事,乡里三老,足以教化民间①。又褒封周、孔,广立簧舍,备俎豆黻冕,行礼奏乐,尊享老寿,宴会诸儒,"百姓观者莫不劝服"。②除于学校教授子弟外,还"使天下诵《孝经》",有的人为官一方,竟欲多写其书,"令家习之",以期"使人知义",还有人甚或"执经垄畔以追之",诱民向善之心,可谓至诚。③

正反两方面的措施双管齐下,交互为用,久之成效自见。随着大土地所有制的发展,一些"三世共财"的强宗"子孙朝夕礼敬",平居"常若公家"④,内部矛盾消弭于无形;即使普通家庭,也能"推财相让","追行丧服","出居者皆归养其父母"⑤,邑聚相率,争励孝行。邻里若起纠纷,既有父老自相呵责,又有名儒"义断行于乡党",再经官员陈说利害,常使"讼者感之,辄各罢去"⑥,于是,人人以为"忿恚可忍",而"县官"不可轻入,狱讼大省却四境清净⑦。有的地方居然"狗不夜吠,民不见吏","路得遗者,皆推寻其主",有的地方更是习经者渐多,境内"但闻诵声"。⑧伦理秩序在一定程度上得到加强,有利于社会稳定、经济繁荣和文化传承。

但是,引礼入法没有通过法律自身的完善来解决秦制留下的问题,而是企图引进外力形成制衡;在构建新的刑法理念时,不是向前看,而是向后看,专在先秦儒家经典中吸取思想营养;加之儒法两家在本质上都是为加强帝王专制统治服务的,毫不顾及如何保护人的基本权利;所以,汉晋以来儒者所倡新政的意义便大大衰减,而且越来越成为中国古代法制建设路上的绊脚石。其弊有

---

① 《后汉书》卷四十六《郭陈列传》,北京:中华书局,1965年标点本;《后汉书》卷六十三《荀淑传》,北京:中华书局,1965年标点本;《后汉书》卷三十六《张霸传》,北京:中华书局,1965年标点本;《后汉书》卷七十六《秦彭传》,北京:中华书局,1965年标点本。
② 《汉书》卷十二《平帝纪》,北京:中华书局,1962年标点本;《后汉书》卷十六《寇恂传》,北京:中华书局,1965年标点本;《后汉书》卷二十九《鲍永传》,北京:中华书局,1965年标点本;《后汉书》卷五十九《张衡传》,北京:中华书局,1965年标点本。
③ 《后汉书》卷六十二《荀爽传》,北京:中华书局,1965年标点本;《后汉书》卷五十八《盖勋传》,北京:中华书局,1965年标点本;《后汉书》卷七十九《儒林列传》,北京:中华书局,1965年标点本。
④ 《后汉书》卷三十二《樊宏传》,北京:中华书局,1965年标点本。
⑤ 《后汉书》卷四十三《何敞传》,北京:中华书局,1965年标点本。
⑥ 《后汉书》卷七十六《刘矩传》,北京:中华书局,1965年标点本;《后汉书》卷六十四《吴祐传》,北京:中华书局,1965年标点本;《三国志》卷十六《杜畿传》,北京:中华书局,1959年标点本;《三国志》卷九《夏侯玄传》,北京:中华书局,1959年标点本。
⑦ 《后汉书》卷七十六《刘矩传》,北京:中华书局,1965年标点本。
⑧ 《后汉书》卷七十六《刘宠传》,北京:中华书局,1965年标点本;《后汉书》卷七十六《刘矩传》,北京:中华书局,1965年标点本;《后汉书》卷三十六《张霸传》,北京:中华书局,1965年标点本。

以下五点。

（1）向"议事以制，不为刑辟"回归，增加了司法过程中的人为因素。礼不是法，更不是确意法。加之"五经剖判，去圣弥远"，儒学本身也"异端纷纭，互相诡激，遂令经有数家，家有数说"①。故而，引礼入法和依礼断狱必然造成事同议异，狱犴不平，有伤于法，甚至以礼坏法。

这种情况在西汉就已经有了。例如，主父偃要调查齐厉王"内淫佚行辟"的问题，诱发了王的自杀，"上欲勿诛"，公孙弘却以为凡绝人之后者，首恶必办②；游侠郭解被捉，"吏奏解无罪"，公孙弘也说他"任侠行权"，罪"当大逆无道"③；结果两人均被处极刑。相反，汉哀帝时，薛况因博士给事中申咸数言其父薛宣之短，即指使人"遮斫咸宫门外，断鼻唇，身八创"，廷议的结果竟是"原况以父见谤发忿怒，无它大恶"，减况罪一等，徙敦煌。④ 很明显，上述判例都因要顾及忠、孝等礼教之大防，而漠视犯罪事实。到了东汉，随着儒学从鼎盛走向熟烂，公卿每议疑狱，辄附经典，却又"不依章句，妄生穿凿"⑤，离谱的事就更屡见不鲜。"河间人尹次、颍川人史玉皆坐杀人当死，次兄初及玉母军并诣官曹求代其命，因缢而物故"，出身自法律世家的尚书陈忠居然也觉得其情可感而"议活次、玉"，并建议皇帝增订了可以让"母子兄弟相代死"的律条。这种做法连大儒应劭都深感不解，追驳之曰："杀人者死，伤人者刑，此百王之定制，有法之成科"，高祖约法三章时，"亦无宽降"，"今杀无罪之初、军，而活当死之次、玉"，若造成"败法乱政"，"悔岂可追？"⑥ 从以后的发展来看，应劭的担心并非没有道理。

魏晋南北朝时期，清议变为清谈，士大夫争慕玄远而菲薄实务，常于成制之内妄称"看人设教"、"随时之宜"，于是，治狱竟至离开刑律本身，又有退回到"议事以制，不为刑辟"状态的趋势。因法虽系"国家之所重"，却为"私议之所轻贱"，卫觊曾奏请曹魏皇帝"置律博士"，使"转相传授"，以期维系法治统绪；因常以"庙阙屋瓦有数枚倾落"、"陵上荆一枝围七寸二分者被斫"之类

---

① 《后汉书》卷三十五《郑玄传》，北京：中华书局，1965年标点本。
② 《史记》卷一百一十二《平津侯主父偃传》，北京：中华书局，1959年标点本。
③ 《史记》卷一百二十四《游侠传》，北京：中华书局，1959年标点本。
④ 《汉书》卷八十三《薛宣朱博传》，北京：中华书局，1962年标点本。
⑤ 《后汉书》卷四十四《徐防传》，北京：中华书局，1965年标点本。
⑥ 《后汉书》卷四十八《应劭传》，北京：中华书局，1965年标点本。

的小事为由，诏免太常，严相逼迫，裴頠也曾上书晋廷，对这种"不复以理"、"皆在法外"的"临时议处之制"提出批评，认为"按行奏劾，应有定准"，若"相承务重"，则"体例遂亏"。但"曲议"之风并未因此而稍衰。晋惠帝一朝，政出群下，"每有疑狱，各立私情，刑法不定，狱讼日繁"。三公尚书刘颂只好再从法治史的角度重加论列，他在疏文中尖锐地指出："议事以制，不为刑辟"只是上古才有的现象，到三代之叔世，就已放弃了"曲当之妙鉴"，改"任征文之直准"，今时社会风气的纯朴程度连中古都赶不上，而"执平者"却"欲适情之所安，自讬于议事以制"，"听言则美，论理则违"，实不过是"奉用之司公得出入以差轻重"的借口罢了。为此，他郑重建议，自今断狱定罪，"皆当以法律令正文，若无正文，依附名例断之，其正文名例所不及，皆勿论"，"守法之官，唯当奉用律令"，"法曹郎令史""唯得论释法律"，皆"不得援求诸外，论随时之宜"。刘颂之议，虽为时论所美，并有重臣表奏，欲将其定为"永久之制"，然积习已久，绝非人力可挽。及于江左，门阀政治形成，"王与马共天下"，更是"议断不循法律，人立异议，高下无状"。尽管又有丞相主簿熊远对"竞作属令"、"曲物适情"、"辄改法制"、"以情怀法"的做法进行过猛烈抨击，治狱过程中"复存宽纵，疏密自由，律令无用"的现象却变本加厉，愈演愈烈。①

事实上，东晋南朝的法治非但没有进步，反而是在萎缩。"宋、齐均沿用晋律"，梁、陈虽有修律活动，"大体悉仍晋律之旧"②，加之"仕途以门第为升进，缙绅以清谈为庙略"，"说法理者，名为俗吏"，"执法者，意为出入"③，自然会使人治因素大增，而律令等于具文，汉代综核名实之风于斯尽矣。幸而北方政权以少数民族为主的统治者受儒学的浸染相对较浅，兼以军政多务，反能深悉国不可一日无法之理。他们直承汉制，兼采魏晋，屡次改定律令，考订之勤，

---

① 以上皆见《晋书》卷三十《刑法志》，北京：中华书局，1974年标点本。据志文，刘颂上疏后曾诏下其事，侍中、太宰、汝南王亮奏以为可作"永久之制"。然校勘记引《通鉴考异》指出："时亮死已久，盖志误也。"或奏者另有其人。

② 程树德：《九朝律考》南朝诸律考序，北京：中华书局，2003年。程树德认为：南朝定律者"厥惟蔡法度之《梁律》与范泉之《陈律》"。然"《梁律》篇目，均与晋同"，"《陈律》篇目，全与梁同"，"梁、陈两朝之律，质言之，即晋律之张杜旧本"。

③ 程树德：《九朝律考》晋律考序，北京：中华书局，2003年。

自古无与伦比①。北魏孝文帝竟至躬自下笔,亲决疑义②。《北齐律》号称"科条简要",律成,"仕门子弟常讲习之,故齐人多晓法律"③。赖有上述努力,古代法治传统才得绵延不断,并为唐律及后世的法典奠定了基础。

不过,强调"南北朝诸律,北优于南"④,也只是抓住了问题的一个方面;从另一方面看,北系诸律都是在中原儒家知识分子的帮助下制定的,北朝皇帝尽管重视法,出于通过汉化以巩固统治的需要,他们也对儒家的礼制思想格外垂青。所以,正是北系诸律,全盘接受了曹魏以"八议入律"和西晋"准五服以治罪"的做法,又总结汉以来一直对谋反、叛逆、不道、不敬、不孝等加以严惩的惯例,正式形成了"十恶"之条。从而,不仅使引礼入法经北魏、北齐迄于隋唐得以完全定型,而且也给以礼议法、以礼坏法披上了合法的外衣。在北朝,法治虽是主流,但"决狱定罪,罕依律文,相承谓之变法从事"⑤亦属常态。由于"不可为定法"的临时议处甚多,北齐不得不于河清年间特制《权令》二卷,又为《别条权格》,与律并行⑥,可见人为因素的干扰同样十分严重。在这一点上,南北之间,正五十步笑百步耳。

唐本于隋,隋本于北齐,北齐律、隋律、唐律三者"大体同符"⑦,素称完备的唐律在继承北系诸律的一切长处的同时,实也接过了前者"以礼议律"的衣钵。视《唐律疏议》,"议曰"已远远超过了律文,且议与律具有同等法律效力。虽然议依礼经,但经由人释,清明之世,持平之议,或可防止奸吏妄判;一遇暴君乱世,溢出法外的曲议必至故态复萌。所以,在法律制度已有重大发展的唐代,"与夺系于人情,法官不得守职"⑧的情况仍然屡见不鲜。而借议为名,大开人事之路、广私请之端也成为唐以后历朝历代都难于根治的痼疾。

---

① 程树德:《九朝律考》后魏律考序,北京:中华书局,2003年;程树德:《九朝律考》北齐律考序,北京:中华书局,2003年。程树德说:北魏自"太祖、世祖、高宗、高祖、世宗凡五次改定律令",北齐自"神武文襄增损魏法为麟趾格,已不纯用旧制。文宣命造新律,久而未成,至武成河清三年,始颁齐律,历时最久"。
② 《魏书》卷五十三《李冲传》,北京:中华书局,1974年标点本。
③ 《隋书》卷二十五《刑法志》,北京:中华书局,1973年标点本。
④ 程树德:《九朝律考》北齐律考序,北京:中华书局,2003年。
⑤ 《隋书》卷二十五《刑法志》,北京:中华书局,1973年标点本。
⑥ 《隋书》卷二十五《刑法志》,北京:中华书局,1973年标点本。
⑦ 程树德:《九朝律考》后魏律考序,北京:中华书局,2003年;程树德:《九朝律考》隋律考序,北京:中华书局,2003年。
⑧ 《新唐书》卷五十六《刑法志》,北京:中华书局,1975年标点本。

在中国古代，君臣之际形同主奴，公卿百官"至有诛斥诘辱之累"①，尚书近臣更被"捶扑牵曳于前"②。"幸得居尊官、食重禄"者，"志但在营私家"、"为奸利而已"，岂肯加恻隐于罪人？故而，除少数直言敢谏之士以外，参与议刑者率多以拱默尸禄为智。③ 东汉的寒郎曾记述当时的情况：天子于朝会中问刑之得失，大臣"皆长跪言，旧制大罪祸及九族，陛下大恩裁止其身，天下幸甚。及其归舍，口虽不言，而仰屋窃叹，莫不知其多冤"④。群僚由昧心求荣而形成的人格分裂之状被描绘得惟妙惟肖。正因为如此，以礼议律实际上只会加强天子的律外专断，由议而生的人治往往又转化为一人之治。如曹魏时，治书执法鲍勋内行甚修，守正不挠，却因小过为人所陷。廷尉议：当处"正刑五岁"；三官驳："依律罚金二斤。"文帝大怒，曰："勋无活分，而汝等敢纵之？"遂诛勋，"收三官以下付刺奸"，欲"令十鼠同穴"。⑤ 北魏神龟中，"兰陵公主驸马都尉刘辉，坐与河阴县民张智寿妹容妃、陈庆和妹慧猛，奸乱耽惑，殴主伤胎"，门下处奏："各入死刑，智寿、庆和并以知情不加防限，处以流坐"。尚书三公郎中崔纂、尚书元修义、右仆射游肇议以为"并处极法，准律未当"。孝明帝马上下诏斥责，说："古有诏狱，宁复一归大理？""特敕门下结狱"，就是为了"不拘恒司"，"岂得一同常例，以为通准？"立免崔纂，"都坐尚书，悉夺禄一时"⑥。隋初"禁恶钱"，"有二人在市，以恶钱易好钱"，被巡逻的武士抓住，文帝"令悉斩之"，大理少卿赵绰进谏，力陈"此人当坐杖，杀之非法"。帝曰：此"不关卿事"，"撼大木不动者，当退"，"啜羹者，热则置之。天子之威，欲相挫耶？"偏偏赵绰果真不知进退，"帝尝发怒，六月棒杀人"，他又固争之，说"季夏之月，天地成长庶类，不可以此时诛杀"，惹得文帝性起，怒诘之曰："六月虽曰生长，此时必有雷霆，天道既于炎阳之时，震其威怒，我则天而行，有何不可？"⑦ 就这样，皇帝凭借对以礼议狱的终裁权，不断地削弱着法律和司法机

---

① 《后汉书》卷三十三《朱浮传》，北京：中华书局，1965年标点本。
② 《后汉书》卷二十九《申屠刚传》，北京：中华书局，1965年标点本；《后汉书》卷四十一《钟离意传》，北京：中华书局，1965年标点本。
③ 《汉书》卷七十二《鲍宣传》，北京：中华书局，1962年标点本；《后汉书》卷六十一《左雄传》，北京：中华书局，1965年标点本；《三国志》卷十四《董昭传》，北京：中华书局，1959年标点本。
④ 《后汉书》卷四十一《寒朗传》，北京：中华书局，1965年标点本。
⑤ 《三国志》卷十二《鲍勋传》，北京：中华书局，1959年标点本。
⑥ 《魏书》卷一百一十一《刑罚志》，北京：中华书局，1974年标点本。
⑦ 《隋书》卷六十二《赵绰传》，北京：中华书局，1973年标点本；《隋书》卷二十五《刑法志》，北京：中华书局，1973年标点本。

关的权威,只允许执法大臣乖乖地做好贯彻朝廷意图的工具,绝不准他们搬弄三尺之法,把法变成妨碍自己任情生杀的紧箍咒。到唐代,大狱已由"尚书刑部、御史台、大理寺杂按,谓之三司",皇帝仍不放心,又"令中书一人参酌而轻重之"①。在宋朝,或是惑于开国之君曾有"不杀言事者"的表态,一些人竟将"轻重予夺在上"的铁律置诸脑后,遇有"特旨处分",三省居然"引用敕令","抑阻不行",妄图"以有司之守常,格人主之威福",崇宁五年(1106),宋徽宗特下诏重申:"夫擅杀生之谓王,能利害之谓王,何格令之有?"自今凡有"特旨处分","如或以常法阻格不行,以大不敬论"。第二年,又颁诏曰:"凡御笔断罪,不许诣尚书省陈诉。如违,并以违御笔论。"更在律令中新加一条规定:"凡应承受御笔官府",若不及时遵旨办理,"稽滞一时杖一百,一日徒一年,二日加一等,罪止流三千里,三日以大不恭论"②。正是在号称宽松的宋代,议狱必须由皇帝说了算被完全合法化。有了"特旨处分"和"御笔断罪",皇帝总揽威柄,权不借下,意欲恣情生杀,可就方便多了。入明后,竟至出现了"巨恶大憝,案如山积,而旨从中下,纵之不问;或本无死理,而片纸付诏狱,为祸尤烈"③的情况,而且宁至于亡,对此也无稍改。清继明后,干脆发展到判罪"用例不用律",所谓例,大多都是朝廷处理旧案的谕旨④。然而,皇帝个人毕竟精力有限,最简单的办法就是利用贴身亲信掌控诏狱,代为决断,这又成为宦官专权和特务政治的催化剂。于是,一人之治在特定条件下实无异于坏人为治,明之锦衣卫、东西厂非司法机构,却可肆意捕人拷问,轻易置人于死地,以至于"举朝野之命,一听之武夫、宦竖之手",正是长期以来人治挤压法治的必然结果。

(2)廷杖、比附、赦事诛意——使刑罚处分更加随意。引礼入法在是否违法之外,又把是否违礼也当做量刑的标准,纳入司法过程,本质上就是允许刑开二门。然其弊尚不止此。引礼入法的审判原则是原心定罪⑤。"君猎得麑,

---

① 《新唐书》卷五十六《刑法志》,北京:中华书局,1975年标点本。
② 《宋史》卷一百九十九《刑法志》,北京:中华书局,1977年标点本。
③ 《明史》卷九十三《刑法志》,北京:中华书局,1974年标点本。
④ 马建石、杨育棠:《大清律例通考校注》卷四十《比引律例》引乾隆皇帝诏曰:"既有定例,则用例不用律",北京:中国政治大学出版社,1992年。
⑤ 王利器校注:《盐铁论校注》卷十《刑德篇》曰:"《春秋》之治狱,论心定罪",北京:中华书局,1992年。

使大夫持以归，大夫道见其母随而鸣，感而纵之"，"甲父乙与丙争言相斗，丙以佩刀刺乙，甲以杖击丙，误伤乙"，董仲舒以为"君子原心"，似此之类均可"赦而不诛"①。这样做体现了对犯罪意图的重视，固然有助于避免机械套用法条，但一味追求"原情定过，赦事诛意"②，必然会使治狱常常出于法律之外。东汉建初中，"有人侮辱人父者，而其子杀之，肃宗贳其死而降宥之"，并以此为比，形成了为亲报仇杀人可以免死的"轻侮法"，当时就因易开"相杀之路"而受到张敏的批评③。汉末，管秋阳与弟避乱绝粮，共杀其伴而食之，却未受到任何惩罚，孔融为其辩护说：因"爱先人遗体"，吃掉"犹鸟兽而能言"的伴当，不失为"善士"④。如此强词夺理地"原心"，实已到了令人吃惊的程度。北魏时，费羊皮卖女葬母，合犯掠卖人口为奴婢律，皇帝与公卿议，却判定他"孝诚可嘉，便可特原"，不仅不能治罪，还应受到"表赏"。⑤"志善而违于法者免"，只有"志恶而合于法者"才诛⑥，志之善恶又全由权势者说了算，这样，法律就成了伸缩性很大的橡皮筋，司法过程也显得非常随意和多变。

在中国，"前主所是著为律，后主所是疏为令"⑦，皇帝就是立法者。但他们又置身于法之外，高居于法之上，从未产生过自己也要守法的观念。除随时通过增删法令以厉行严打或肆赦外，不依科律、任情生杀乃其最大之偏好，所以，皇帝又首先成为最随心所欲的执法人。魏明帝大修宫室，"而期会迫急"，被召至朝堂汇报工程进度的人常是"言犹在口，身首已分"⑧；北齐文宣帝高洋更"为大镬、长锯、剉碓之属，并陈于庭，意有不快，则手自屠裂，或命左右脔啖，以适其意"⑨；隋文帝"每于殿廷打人，一日之中，或至数四"，"尝怒问事挥楚不甚，即命斩之"⑩；比起这些做法，此前的最高统治者或斥辱公卿，或

---

① （唐）白居易：《白氏六帖事类集》卷二十六，北京：文物出版社，1987年；（宋）李昉等：《太平御览》卷六百四十引董仲舒《春秋决狱》，北京：中华书局，1960年。
② 《后汉书》卷四十八《霍谞传》，北京：中华书局，1965年标点本。
③ 《后汉书》卷四十四《张敏传》，北京：中华书局，1965年标点本。
④ 王天海、王韧：《意林校释》引《傅子》，北京：中华书局，2014年。
⑤ 《魏书》卷一百一十一《刑罚志》，北京：中华书局，1974年标点本。
⑥ 王利器校注：《盐铁论·刑德篇》，北京：中华书局，1992年。
⑦ 《史记》卷一百二十三《酷吏传》引《杜周语》，北京：中华书局，1959年标点本。
⑧ 《晋书》卷三十《刑法志》，北京：中华书局，1974年标点本。
⑨ 《隋书》卷二十五《刑法志》，北京：中华书局，1974年标点本。
⑩ 《隋书》卷二十五《刑法志》，北京：中华书局，1974年标点本。

"自起撞郎"①，已经算不了什么了。耐人寻味的是，正是由上述三帝下令，修成了在中国法律史上具有重要地位的《魏律》、《北齐律》和隋《开皇律》，后两者还因其明审、美备直接为《唐律》提供了雏形②，可见，"有法而不循法，法虽善，与无法等"③。三朝都以短命而亡过早退出历史舞台，应与皇帝带头破坏法治密切相关。面对如此胡来的暴君，臣下的谏诤也接连不断。如王肃就曾向魏明帝抗疏，要求但凡杀人，都应"下之于吏而暴其罪"④。高颎、柳彧还曾以"朝堂非杀人之所，殿庭非决罚之地"为由，率百官向隋文帝集体请愿，要求停止"殿庭行决"，帝虽"不怿"，一度居然真的"去杖"，"欲有决罚"，都移交给相关部门。但没有合理的制度，专制者的权势欲如何约束得住？不久，楚州行参军李君才言语冒犯，"上大怒，命杖之，而殿内无杖"，只好"以马鞭笞杀之"。鞭杀比杖杀死得慢，受刑人更痛苦，群臣无奈，只得容忍文帝于"殿内复置杖"⑤。其实，与隋文帝等行为相似者在隋唐以后也同样存在，像武则天大诛宗室，当庭杖毙李重润、李仙蕙⑥，朱元璋手刃胡大海之子，命武士摔死李仕鲁于阶下等⑦，皆其显例。洪武年间，"京官每旦入朝，必与妻子诀，及暮无事，则相庆以为又活一日"⑧，至此，专制主义的炙人烈焰已旺到了不可向迩的程度。不过，自唐迄明，告密制度和特务机构有了长足的发展，大部分律外杀人的勾当已由鹰犬代劳，从表面看，皇帝亲自动手的现象倒确有减少，唯廷杖作为他们心爱的至宝，一直都未被废除。

官吏不能如同皇帝一样完全无视法律，但"中官外司，各各考事"，"刺史太守，专州典郡"，他们"手握玉爵，口含天宪"，操"生杀之柄"，却"不务奉事尽心为国，而司察偏阿，取与自己"⑨，在司法过程中兴风作浪者，实又不少。

---

① 《后汉书》卷二十九《申屠刚传》，北京：中华书局，1965年标点本；《后汉书》卷三十三《朱浮传》，北京：中华书局，1965年标点本；《后汉书》卷四十一《钟离意传》，北京：中华书局，1965年标点本。
② 程树德：《九朝律考》魏律考序，北京：中华书局，2003年；程树德：《九朝律考》北齐律考序，北京：中华书局，2003年；程树德：《九朝律考》隋律考序，北京：中华书局，2003年。
③ 沈家本：《历代刑法考》刑制总考三，北京：中华书局，1985年。
④ 《晋书》卷三十《刑法志》，北京：中华书局，1974年标点本。
⑤ 《隋书》卷二十五《刑法志》，北京：中华书局，1973年标点本。
⑥ 《新唐书》卷四《则天纪》，北京：中华书局，1975年标点本；《新唐书》卷八十一《李重润传》，北京：中华书局，1975年标点本。
⑦ （清）赵翼著、王树民校证：《廿二史札记校证》胡兰之狱，北京：中华书局，1984年。
⑧ （清）赵翼著、王树民校证：《廿二史札记校证》明祖晚年去严刑，北京：中华书局，1984年。
⑨ 《后汉书》卷二十四《马援传附马严传》，北京：中华书局，1965年标点本。

引礼入法恰恰为其任意胡为提供了更大的自由度。如"十恶"有不道、不敬之条，向无正解，汉"以不道伏诛者，无虑数十百人"①，到西晋，张斐作《律表》，才说"逆节绝理，谓之不道"，"亏礼废节，谓之不敬"②，含义依旧相当模糊，极易引起比附。有人因"强奸妻妹于妻母之侧"，"案以不道处死"；有人仅为"同姓而婚"，也"以不道论"；有人"舆棺谏诤"，被"劾大不敬"；有人本为"德孝仁贤忠义忠信者"，仅是不肯"应召赴阙"，也以"不敬论"；量刑殊为不类。③ 除此而外，由礼律并用提供给比附者的其他漏洞尚有很多。久之，贪官奸吏因缘为市，转相比况，"所欲活则出生议，所欲陷则与死比"④，必致奇情他比，日益繁滋。至于隋唐，比附已被著为定例，叫做"出罪者举重以明轻，入罪者举轻以明重"⑤。《明律》改为"引律比附，加减定拟"。于是，"因律起例，因例生例，例愈纷而弊愈无穷。"⑥ 司法官吏能用类似之文致人于罪，等于变相拥有了部分立法权，这不仅使刑狱轻重偏畸、审判不统一的局面不断加剧，而且法律也更变为酷虐之人"烦扰刻暴，割剥黎元"的工具。冤滥之狱不绝于书，多由官吏唯心所适、妄加比附所造成。

原心定罪主张"赦事诛意"⑦，实已认主观臆断为合法。故中国司法始终奉行有罪假定，不问有无事实，先捕后审，全资拷讯以求证据。三国时，汉故太尉杨彪被"收付县狱"，尚书令荀彧、少府孔融并嘱许令满宠："但当受辞，勿加拷掠"，"宠一无所报，考讯如法"。⑧ 可见严刑逼供为常规，虽名满海内也不能独免。由于定罪主要依靠口供，为了让受审者招认，自然什么办法都可以用。所以，中国的非法刑讯十分普遍，刑讯过程尤为酷暴，而刑讯手段也特别发达，可谓走在世界的前列。在汉代，就已有了"三木囊头"、"烧斧锧挟于肘腋"等

---

① 程树德：《九朝律考》后魏律考下，北京：中华书局，2003年。
② 《晋书》卷三十《刑法志》，北京：中华书局，1974年标点本。
③ 《魏书》卷十一《安定王传》，北京：中华书局，1974年标点本；《魏书》卷五《高祖纪》，北京：中华书局，1974年标点本；《魏书》卷七十七《辛雄传》，北京：中华书局，1974年标点本；《魏书》卷十一《前废帝纪》，北京：中华书局，1974年标点本等。
④ 《后汉书》卷二十八《桓谭传》，北京：中华书局，1965年标点本。
⑤ 《新唐书》卷二百《赵冬曦传》，北京：中华书局，1975年标点本。
⑥ 沈家本：《历代刑法考》刑制总考四，北京：中华书局，1985年。
⑦ 《后汉书》卷四十八《霍谞传》，北京：中华书局，1965年标点本。
⑧ 《三国志》卷二十六《满宠传》，北京：中华书局，1959年标点本。

奇招①。魏晋南北朝时，又出现了测立法和用车辐夹指压踝、令囚立烧犁耳上、使囚以臂贯烧车釭等②。到唐代，更发明了"泥耳笼首，枷楔兼暴，拉胁签爪，悬发熏目"及"昼禁食，夜禁寐，敲扑摇撼，使不得瞑"之类③，花样越翻越新，并逐步成龙配套。有人说这是从佛教的地狱变中学来的④，其实更与自身法治不完善和专制主义的恶性发展有关。此后，宋代有"断薪为杖，掊击手足，名曰掉柴"，"木索并施，夹两胠，名曰夹帮"，"缠绳于首，加以木楔，名曰脑箍"，"反缚跪地，短竖坚木，交辫两股，令狱卒跳跃于上，谓之超棍"等⑤；明代之刑也有"挺棍、夹棍、脑箍、烙铁及一封书、鼠弹筝、拦马棍、燕儿飞、灌鼻钉针"等，凡十八种⑥；都与唐代大同小异，如出一辙。发人深省的是，唐人一方面修订了空前完备的法典《唐律疏议》，另一方面却又打造完成了专门非法残民的刑讯机器，从中不难窥见中国古代政治十足的两面性和虚伪性。但凡被塞进刑讯机器的人，往往是痛入骨髓，宁求速死。在这种心态支配下，自然就会竹筒倒豆子，要什么招什么。因此，中国历史上的冤案，不管多么离奇和荒诞，在定谳时却都是板上钉钉的铁案。而"锻炼成狱"也成为汉语中一个充满血泪的常用词。

判案主观随意，刑讯过程又可越出法外，必定会给主事者留下上下其手、贪污受贿、甚至公开索贿的广阔空间。东汉时，外戚梁冀曾"遣客籍属县富人，闭狱拷掠，使出钱自赎"。扶风人士孙奋"居富而性吝"，梁冀向他索贿五千万，"奋以三千万与之"，冀大怒，乃告郡县，诬奋母为梁家窃赃以逃的守藏婢，"遂收拷奋兄弟，死狱中，悉没资财亿七千余万"。⑦ 这大概是发生较早的最为霸道的索贿行为。不过，类似的事历朝历代都不鲜见，且逐步走向公开化、正常化。在明朝，刑讯已不成文地分为三等，"寻常只云'打着问'，重者加'好生'二

---

① 《后汉书》卷六十七《党锢列传》，北京：中华书局，1965年标点本；《后汉书》卷八十一《独行列传》，北京：中华书局，1965年标点本。
② 《隋书》卷二十五《刑法志》，北京：中华书局，1973年标点本。测立法出现于陈，据《隋书·刑法志》："其有赃验显然而不款，则上测立。立测者，以土为垛，高一尺，上圆，劣容囚两足立，鞭二十，笞三十讫，著两械及杻，上垛。一上测七刻，日再上。三七日上测，七日一行鞭。凡经杖，合一百五十，得度不承者，免死。""用车辐夹指压踝"则为北齐之制。
③ 《新唐书》卷二百二十二《酷吏传》，北京：中华书局，1975年标点本。
④ 沈家本：《历代刑法考》刑法分考十七引致堂胡氏语，北京：中华书局，1985年。
⑤ 《宋史》卷一百九十九《刑法志》，北京：中华书局，1977年标点本。
⑥ 《明史》卷九十三《刑法志》，北京：中华书局，1974年标点本。
⑦ 《后汉书》卷三十四《梁冀列传》，北京：中华书局，1965年标点本。

字，其最重大者则云'好生着实打着问'"①。最初，重刑主要用于对付谋反、叛逆、强盗，正德以后，却"一概打问，无复低昂"②。于是，竟至于"立限"受银，"不如数"即加"痛棍"，甚或"受全刑"③。刑之轻重唯视银之多寡，衙门俨然是台填不满的收银机。为了保证收银效率，刑讯技术也随之提高到了专业化的水平。据说，明之行杖者皆需反复练习，测试时，"先缚革为二人，一实砖于中，一纸裹于外，俱以衣覆之。杖实砖者，视之若轻，徐解而观，则砖都裂；杖纸裹者，视之极重，而纸无伤"，手段要如此之好，才能入选。然单有手上功夫尚且不够，还得会看眼色，主审官双脚箕张，"则囚可生"，靴尖向内一敛，"则囚无生理矣"④。这样的刑讯，何异于做给别人看的戏？在通常情况下，往往是"理则持正而不挠"，"曲则谄意而行贿"。"不挠"即"无恩于吏"，最终都吃大亏；行贿则可"见私于法"，变曲为直，免受任何惩处。⑤ 所以，狱以贿成和由此造成的是非颠倒、司法不公，实为中国最具特色的政治景观。

司法过程越来越随便，由引礼入法所促成的法律改善便逐渐失去意义。肉刑废除了，却出现了刺配、断手、挑筋⑥；死刑法定为绞、斩二等，却有肢解、剥皮、凌迟作补充⑦；夷三族屡被禁断，早已不在律令，明成祖朱棣却可以诛方孝孺十族，九族之外，"乃收其门生廖镛、杜嘉猷等为一族"⑧，拿来凑数。至于未经判罪即毙于杖下、瘐死狱中者，更不知凡几。综观历史，古代中国显然仍处在有法律而无法治的阶段上。

（3）"准五服以制罪"——抑卑幼以奉尊长。儒家的政治理想是建设等级分明的秩序型社会。引礼入法以不孝、恶逆、不睦、内乱入十恶，又"准五服以制罪"，甚至把五服图也载于刑书⑨，其目的就是要让法律在维护家内秩序方面发挥最大的作用。

---

① （明）沈德符：《万历野获篇》卷二十一《镇抚司刑具》，北京：中华书局，2004年。
② （明）朱国桢：《涌幢小品》，北京：中华书局，1959年。
③ 《明史》卷九十三《刑法志》，北京：中华书局，1974年标点本；（明）黄煜汇辑：《碧血录》附燕客《天人合征纪实》，转引自丁易：《明代特务政治》，北京：中华书局，2006年，第368页。
④ 沈家本：《历代刑法考》刑法分考十四，北京：中华书局，1985年。
⑤ 《后汉书·王符传》载《爱日篇》。按王符虽就东汉社会情态立论，然整个古代社会实无不如此。
⑥ 沈家本：《历代刑法考》刑法分考七，北京：中华书局，1985年。
⑦ 沈家本：《历代刑法考》刑法分考二，北京：中华书局，1985年。
⑧ 《明史》卷一百四十一《方孝孺传》，北京：中华书局，1974年标点本。
⑨ "准五服以制罪"最早见于《晋书》卷三十《刑法志》。《元典章》三十有"五服图"；《明会典》一零二有"本宗九族五族正服图"；《大清律例》二有"本宗九族五服正服图"。

家长是家庭的首脑，法律对他的权威给予坚决的支持和保证。

子孙违反祖、父的意志而不遵约束，家长可用箠挞等方式进行责罚。《颜氏家训》说："笞怒废于家，则竖子之过立见"。① 可见打骂是最正常的治家手段，须臾不能离开。子孙受到扑责时，不仅不能逃避，还应受之怡然，虽挞之流血，亦"不敢疾怨"。颜色惋愉，"起敬起孝"② 是礼律对孝子的起码要求。西周、春秋时代，父亲对子女原本握有生杀之权，因此，即使将其殴打致死也不算犯罪。秦汉以后，生杀权向皇帝和国家机关手里集中，法律已不许普通民众随意杀人了，但杀死子孙却并没有绝对被禁止。例如，因决罚子孙无心造成的死亡叫邂逅致死，对于此类案件，元、明、清律都主张不予追究。③ 至于有殴骂不孝行为才被父母杀死，杀人者被免罪的可能就会更大。清人王起将"回骂"自己的儿子王潮栋活埋，刑部认为"以子骂父，系犯罪应死之人，与故杀并未违犯教令之子不同"，应"依律勿论"④，便是一个典型例证。用不同于普通扑责的残忍手段将子孙杀害，谓之"非理殴杀"。这样做固然已经触犯刑律，处罚却带有象征性，明、清律仅杖一百，或罚银五十两⑤。

政府在允许民间自行责罚的同时，还通过立法将对子、孙的送惩权赋予家长。父母认为子孙不肖，即可以"不孝"或"违犯教令"的名义呈请官吏代为处罚。按《唐律疏议》，不孝包括告言、诅骂祖父母、父母；祖父母、父母在，别籍、异财，供养有缺；居父母丧身自嫁娶，作乐，释服从吉；闻丧匿不举哀，诈称祖父母、父母死等⑥，内容相当宽泛。至于违犯教令，律注只说"可从而违"⑦，含义更加抽象含混，常使许多细微琐事都可作为定罪的依据。《宋书·何承天传》引《晋律》："违犯教令，敬恭有亏，父母欲杀，皆许之。"《大清律例》："父母控子，即照所控办理，不必审讯。"⑧ 实际上，只要家长提出要求，历代法官都不会拒绝，也不会追问谁是谁非。因为"天下无不是的父母"，若怀

---

① 王利器撰：《颜氏家训集解》卷一《治家》，北京：中华书局，1993年。
② （清）孙希旦：《礼记集解》内则，沈啸寰、王星贤点校，北京：中华书局，1989年。
③ 瞿同祖：《中国法律与中国社会》，北京：中华书局，1981年，第8页。
④ （清）祝庆祺等编：《刑案汇览》，清光绪十二年（1886）刊本。
⑤ 瞿同祖：《中国法律与中国社会》，北京：中华书局，1981年，第8页。
⑥ （唐）长孙无忌等撰：《唐律疏议》卷一《名例·十恶》，北京：中华书局，1983年。
⑦ （唐）长孙无忌等撰：《唐律疏议》卷二十四《斗讼·子孙违犯教令》，北京：中华书局，1983年。
⑧ 马建石、杨育棠主编：《大清律例通考校注》卷二十八《刑律斗殴下》，北京：中国政法大学出版社，1992年。

疑送惩的理由，就等于否定了父权的绝对性①。在唐代，违犯教令，处徒刑二年，明、清改为杖一百。千百年间，因这一罪名而蒙冤受屈的人必定很多。家长除对子女能够任加制裁外，更对家族财产拥有完全的支配权，田宅、牲畜的典卖须由他书押才有契约上的效力，他不仅可以任意为子女授室或许配，而且可以将其典质或卖人。将子女视同财产的古老观念几乎原封不动地渗透到了后世的法典中。

与家长相反，子、孙在家内所处的法律地位却十分被动。"骂人"在常人之间本不算大事，一般不必涉讼，但骂祖父母、父母，便属"十恶"，要处绞刑。假如进而殴及祖父母、父母，则不管有伤无伤，故伤或误伤，均应处斩②。其中，致祖父母、父母于死者，又罪加一等。唐、宋律死刑只有绞、斩两级，殴罪已犯斩刑，再加一等，仍然是斩，不足以对不孝之人起震慑作用，幸而辽朝发明了凌迟③，于是元、明、清三代便借这种骇人听闻的残酷手段处置弑祖、弑父者，即使无心误杀，甚至因父母被人殴击、救父母情急误伤父母致死，也不能获免，只有情节特殊的案子，由主审官夹签声请，经皇帝恩准，才可酌情核减。"耳目所不及，思虑所不到"的伤害为"过失杀伤"④。按《唐律疏议》："诸过失杀伤人者，各依其状，以赎论。"⑤但被杀者若为祖父母、父母，却不得收赎，反要科以重罪，宋、明、清律过失伤者徒三年，过失杀者流三千里，乾隆时又定例为过失杀祖父母、父母绞立决⑥。因为在古代立法者看来，子孙对于父、祖本该敬慎循礼，根本就不应有过失发生。更让人匪夷所思的是，祖父母、父母因生子孙的气而自尽，或在追打殴骂中自行跌毙，子孙也都要负威逼致死的责任，或拟斩决，或拟绞候，仅有个别人可受到皇帝的矜原，由绞候改为满流⑦。法官虽知如此处置会伤及无辜，但服制所关，不敢懈慢，只好将莫须有的

---

① 瞿同祖：《中国法律与中国社会》，北京：中华书局，1981年，第15页。
② （唐）长孙无忌等撰：《唐律疏议》卷二十二《斗讼·殴詈祖父母父母》："诸骂祖父母、父母者，绞；殴者，斩。"，北京：中华书局，1983年。
③ 《辽史·刑法志》：死刑有绞、斩、凌迟。沈家本曰：凌迟之刑，始见于此，古无有也。详见沈家本：《历代刑法考》，北京：中华书局，1985年，第109页。
④ 瞿同祖：《中国法律与中国社会》北京：中华书局，1981年，第32页；此页注释详细说明，在中国古代法律中，过失杀伤与误伤误杀含义不同。
⑤ （唐）长孙无忌等撰：《唐律疏议》卷二十三《斗讼·过失杀伤人》，北京：中华书局，1983年。
⑥ 马建石、杨育棠主编：《大清律例通考校证》卷二十八《刑律斗殴下》，北京：中国政法大学出版社，1992年。
⑦ 瞿同祖：《中国法律与中国社会》，北京：中华书局，1981年，第33—38页。

罪名加在子孙的头上。另外，由于实行容隐制度，在通常情况下，祖父母、父母有罪，子孙是不能告发的。北魏时已有"子孙告父母、祖父母者死"①的规定，《唐律疏议》曰："诸告祖父母、父母者，绞。"②宋人完全沿袭唐代的做法，到明清，才改为诬告者处死，所告属实者杖一百，徒三年③。处分虽逐步减轻了，子孙却仍始终摆脱不掉法、礼不能两全的尴尬处境。既然家长仍可像支配物品一样地支配子女的人身，子孙势必不会拥有处置家财的自主权。依《唐律疏议·户婚律》："凡是同居之内，必有尊长，尊长既在，子孙无所自专。若卑幼不由尊长，私辄用当家财物者，十疋笞十，十疋加一等，罪止杖一百。"宋律的量刑标准与此略同。至于祖父母、父母在而"别籍异财"，则已有亏侍养之道，大伤慈亲之心，属于不孝重罪，隋唐以来均入十恶，处分要更加严厉④。

直系亲属以外的其他亲属依服制也有远近尊卑之序。期亲尊长最亲，大功次之，小功又次之，缌麻最疏。"准五服以制罪"使亲属相犯时的刑事责任因服制而生差异：尊长伤害卑幼，关系越近，责任越轻；卑幼冒犯尊长，关系越近，则判罪越重。例如，常人相殴，轻则满杖，重则徒流。尊长殴卑幼，却是非折伤以上皆勿论。折伤以上，处分亦较常例为轻：缌麻减凡人一等，小功减二等，大功减三等。倘若行殴者为期亲尊长，即使将子孙殴打致死，也不过处徒刑三年，而折伤和过失杀则可免于处分。反之，依明、清律，卑幼骂缌麻兄姊即笞五十，按服制递加，小功杖六十，大功杖七十，期亲杖一百。若被骂者为尊长，则较骂同服兄、姊各加一等治罪。至于殴及缌麻兄、姊，唐、宋、明、清律不问有伤无伤，皆杖一百。殴小功兄、姊，处徒刑一年，大功一年半，重伤各递加凡斗伤一等，至死者斩。殴期亲兄姊，无伤者处徒刑二年半，伤者三年，折伤流三千里，刃伤者绞，至死者斩。若被殴者为尊长，则也较同服兄姊各加一等治罪。而故杀期亲尊长，明、清律均比照杀祖父母、父母例拟凌迟处死。明、清律还规定，即使宗支疏远，服制已尽，只要亲属世系可考，尊卑名分犹存，

---

① 《魏书》卷八十八《窦瑗传》，北京：中华书局，1974年标点本。
② （唐）长孙无忌等撰：《唐律疏议》卷二十三《斗讼·告祖父母父母》，北京：中华书局，1983年。
③ 瞿同祖：《中国法律与中国社会》，北京：中华书局，1981年，第58页。
④ （唐）长孙无忌等撰：《唐律疏议》卷十二《户婚·子孙别籍异财》："诸祖父母、父母在，而子孙别籍异财者，徒三年。"，北京：中华书局，1983年。

尊长犯卑幼得减凡斗一等,卑幼犯尊长则加凡斗一等。①

除家长与子孙外,家族关系还包括夫妻、主奴关系等,发生在家内的罪案也不只斗讼一类,还有奸非、窃盗等,但仅从上述所举即可以看出,当亲属成员相互侵犯时,处理的方式往往是轻忽事实,而看重身份,所取的量刑原则大别于常规。朱熹说:"凡有狱讼,必先论其尊卑上下、长幼亲疏之分,而后听其曲直之辞。凡以下犯上、以卑凌尊者,虽直不右,其不直者罪加凡人坐。"② 足见"准五服以制罪"的实质就是"损卑幼以奉尊长"。儒家的本意是想借此树立家长的权威,进而保证纲常伦理永世不衰,其结果却不仅造成了司法不公,更因专注于"明刑以弼教"、"曲法以伸情",过度抹杀了卑幼的权益,从而使家族逐步丧失活力,终于变为一个死的社会细胞,而大大落后于时代。

(4)八议、爵减与官当——急于黎庶,缓于权贵。"乐统同,礼辨异","名位不同,礼亦异数"③。就本质而言,礼是对人群进行分等的工具。在家内,区分尊卑、长幼、亲疏;在社会上,区分贵贱上下。引礼入法既将体现社会身份的礼制法典化,从而进一步增加其强制性,又将司法量刑与社会等级紧密挂钩,形成士庶、良贱、主奴之间同罪不同罚。

周人侧重于用礼治理国人,认为贵族既受六艺教育,自能遵守礼法,无需刑辱,遂有"刑不上大夫"之说,果有罪戾,则由长老议处,或放逐,或令其自杀,或"罄于甸师氏",于"辟处"处死。编定于战国的《周礼》以传统为素地,系统提出"八议之法"④,意在为即将出现的统一政权提供治国蓝图,带有很大的理想化成分。汉以后的帝王和儒生却引为典据,并将"刑不上大夫"的内涵由贵族知礼、无需刑辱偷换为在上位者尊贵,不可刑辱,自此以后,八议便逐步由理论和制度设计变成了少数人现实的法律特权⑤。

两汉帝王已有"宗室"、"郎中"、"吏六百石位大夫"者,及"不满六百石

---

① 瞿同祖:《中国法律与中国社会》,北京:中华书局,1981年,第39、40、44页。
② (宋)朱熹:《晦庵先生朱文公文集》卷十四《戊申延和奏劄一》,北京:北京图书馆,2006年;朱杰人、严佐之、刘永翔主编:《朱子全书》第二十册,上海、合肥:上海古籍出版社、安徽教育出版社,2002年,第65页。
③ (清)孙希旦:《礼记集解》乐记,沈啸寰、王星贤点校,北京:中华书局,1989年;杨伯峻编著:《春秋左传注》庄公十八年,北京:中华书局,1981年。
④ (清)孙诒让:《周礼正义》卷六十六《小司寇》,王文锦、陈玉霞点校,北京:中华书局,1987年。
⑤ 瞿同祖:《中国法律与中国社会》,北京:中华书局,1981年。第200页。

下至墨绶长相"有罪先请之诏①，郑司农注《周礼》，认为此即议亲、议贤、议贵之法②，而议故、议能、议功、议勤、议宾之事尚属少见。此后，"先请"的案例不断增加，陆续将公侯、列侯嗣子、公主子、功臣、功臣子、勤死事者之子、驸马、皇后姪孙等都包括进来。③到了曹魏，便正式以八议入律，成为定制。④自晋迄隋，历朝相沿，至《唐律疏议》，已将其载入名例，置于卷首。"其应议之人，或分液天潢，或宿侍旒扆，或多才多艺，或立事立功，简在帝心，勋在王府。"具体包括：皇帝袒免以上亲及太皇太后、皇太后缌麻以上亲，皇后小功以上亲；皇帝接遇历久的故旧；有大德行、大才艺、大功勋、大勤劳之人；职事官三品以上、散官二品以上及爵一品者；承先代之后为国宾者等，他们不管犯什么罪，"轻重不在刑书"，"曹司不敢与夺"，"皆须取决宸衷"⑤，完全变成了一个可以置身于法外的特殊政治利益集团。《唐律》还规定："诸皇太子妃大功以上亲、应议者期以上亲及孙"和"官爵五品以上"者，若犯死罪，也须"别录奏请"，"听敕"裁决。⑥明律将上请的范围延伸至六品以下官及地方府、州、县官，清律要求无论大小官员，均须依照议拟奏闻的手续，候复准后方得判处⑦。这样，这个拥有司法特权的集团就像滚雪球一样，越滚越大。

对应议之人，司法机关不能自行捕系，必须先以所犯奏闻，若奉旨推问，才可拘押；假如上谕免究，便作罢论。事实上，可以享受此种优待的人也包括"八议"以外的其他官吏。如明律规定，京官及在外五品以上官有犯，或州、

---

① 《汉书》卷一《高帝纪》，北京：中华书局，1962年标点本；《汉书》卷八《宣帝纪》，北京：中华书局，1962年；《后汉书》卷一《光武纪》，北京：中华书局，1965年标点本。
② （清）孙诒让：《周礼正义》卷六十六《小司寇》郑玄注引郑司农说，王文锦、陈玉霞点校，北京：中华书局，1987年。
③ 《汉书》卷十二《平帝纪》，北京：中华书局，1962年标点本；《三国志》卷九《夏侯尚传》，北京：中华书局，1959年标点本；《三国志》卷二十《中山恭王衮传》，北京：中华书局，1959年标点本；《三国志》卷十六《杜畿传》，北京：中华书局，1959年标点本；《晋书》卷四十九《羊曼传》，北京：中华书局，1974年标点本；《晋书》卷三十四《杜预传》，北京：中华书局，1974年标点本；《晋书》卷四十四《华廙传》，北京：中华书局，1974年标点本；《晋书》卷五十九《赵王伦传》，北京：中华书局，1974年标点本；《南史》卷十九《谢灵运传》，北京：中华书局，1975年标点本；（唐）虞世南辑：《北堂书钞》卷44引《晋律》，北京：学苑出版社，2015年等。
④ 程树德：《九朝律考》魏律考，北京：中华书局，2003年。
⑤ （唐）长孙无忌等撰：《唐律疏议》卷二《名例·八议者（议章）》，北京：中华书局，1983年。
⑥ （唐）长孙无忌等撰：《唐律疏议》卷二《名例·皇太子妃（请章）》，北京：中华书局，1983年。
⑦ 瞿同祖：《中国法律与中国社会》，北京：中华书局，1981年，第211页。

府、县官犯重罪，未经奏请，皆不许擅问。这种做法也为清代所沿袭①。早在汉惠帝时，即曾颁布诏书，要求对"爵五大夫、吏六百石以上及宦皇帝而知名者"，有罪"皆讼系"之②，《汉书》颜师古注谓"古者讼与容同"，王先谦《补注》引沈钦韩之说曰："此讼系即《唐律》之散禁。"据此，应议者和官吏即被拘押，也不需着械，其狱中生活自然大别于普通囚徒。

《隋书·刑法志》述《开皇律》曰："其在八议之科，及官品第七以上犯罪，皆例减一等。"《唐律》改定为"诸七品以上官及官爵得请者之祖父母、父母、兄弟、姊妹、妻、子孙，犯流罪以下，各从减一等之例。"③ 可知对应议、应请者及其亲属，还有普通官吏，若所犯罪行较轻，法司即可依例自行核减，只是"其犯十恶，反逆缘坐，杀人，监守内奸、盗、略人、受财枉法者，不用此律"。犯流罪以上，由都堂集议，议定上奏，仅开具所犯及应议之状而"不正决之"，留待皇帝终裁，虽不免获刑，却仍有爵减、官当、收赎诸法为之开脱，使罪犯在大多数情况下可以免于惩罚。

秦行二十级军功爵制，至汉，爵级照旧，而加赐民爵，因有爵之人较多，故常以爵抵罪。《汉旧仪》云："男子赐爵一级以上，有罪以减"，"无爵为士伍"，"有罪各尽其刑"。此即爵减之制。薛况支使人遮斫申咸于宫门，事下有司集议，廷尉即认为"况与谋者"皆应"爵减完为城旦"，颜师古注："以其身有爵级，故得减罪而为完也。况身及同谋之人皆从此科。"因此，薛况"竟减罪一等，徙敦煌"④，不仅免受诛戮，而且完而不髡。虽然从理论上说爵减适用于每个有爵者，但实受其惠的却是拥有高爵的王侯显宦。仅据《汉书》所记，即有"祚阳侯仁坐兴繇赋，削爵一级，为关内侯"，"博阳侯周遬有罪，夺爵一级"，"壮武侯宋昌有罪，夺爵一级，为关内侯"，"高平侯魏弘坐酎宗庙骑至司马门，不敬，削爵一级，为关内侯"等⑤，比比皆是，不胜枚举，足证爵减的实质主要在于为贵族提供特权。魏晋南北朝时期，以爵减罪之例仍不绝如缕。例如，西晋赵王伦有罪，有司认为其"爵重属亲，不可坐"，谏议大夫刘毅驳议曰："当

---

① 沈家本：《历代刑法考》，北京：中华书局，1985年，第1792页。沈家本曰："《明律》言京官及在外五品以上官，是京官兼大小而言，自四品以下至未入流皆是，此较《唐律》为宽。"
② 《汉书》卷二《惠帝纪》，北京：中华书局，1962年标点本。
③ （唐）长孙无忌等撰：《唐律疏议》卷二《名例·七品以上之官（减章）》，北京：中华书局，1983年。
④ 《汉书》卷八十三《薛宣朱博传》，北京：中华书局，1962年标点本。
⑤ 《汉书》卷十五《王子侯表》，北京：中华书局，1962年标点本；《汉书》卷十六《功臣表》，北京：中华书局，1962年标点本；《汉书》卷十八《恩泽侯表》，北京：中华书局，1962年标点本。

引礼入法的得与失

以亲贵议减,不得缺而不论"①。此处的议减即指爵减。刘宋时,刘彤"坐刀斫妻,夺爵",向植"多过失,不受母训,夺爵";萧梁时,邵陵王纶"有罪免官,削爵土",江淹"有罪削爵"等②,均属此类;北魏时,《法律例》规定:"五等列爵及在任官品令从第五,以阶当刑二岁",鉴于"免官者"还可三载之后听任"降先阶一等"叙用,而"五等封爵,除刑若尽,永即甄削,便同除名,于例实爽",故经尚书邢峦首倡,由八坐门下参论,改为"自王公以下,有封邑,罪除名,三年之后,宜各降本爵一等,王及郡公降为县公,公为侯,侯为伯,伯为子,子为男,至于县男,则降为乡男",全部恢复其贵族身份。北魏宣武帝"诏从之",并将其"附为永制"③。于是,爵减之制又不断弄出新花样。不过,自东汉末年以后,赐爵制度即已废弛,少数高爵皆入八议,爵减在重要性和普遍性方面便让位于官当。

《太平御览》引《晋律》:"免官比三岁刑。"④ 此或官当之滥觞。至南北朝,《陈律》已有"五岁四岁刑,若有官,准当二年,余并居作;其三岁,若有官,准当二年,余一年赎"的条文;《北魏律》则规定,在官品令第五以上,"以阶当刑二岁"。隋承北系诸律,而以因公、因私区分犯罪性质,所犯为"私罪"者,"五品以上一官当徒二年,九品以上一官当徒一年",所犯为"公罪"者"各加一年","当流者"按"三流同比徒三年"折算。⑤ 在唐代,官当制度已经成熟,故《唐律疏议》以之入《名例》篇,在大致照搬隋律的基础上,又予以补充完善。新增的内容主要是:将流罪的折算办法由"三流同比徒三年",改为"三流同比徒四年";以职事官、散官、卫官为一类,勋官别为一类,以官当徒时,职事官每阶为一官,勋官正、从各为一官,若兼有两类官,许先于职事官、散官、卫官中"取最高品当讫","次以勋官当";二官当罪之外,仍有余罪,"或当罪虽尽而更犯法",还可用他过去曾担任过的官阶当之;"用官不尽,一年听叙,降先品一等;若用官尽者,三载听叙,降先品二等";罪薄不需用官当者,"不追告身","期年听叙,不降其品"。由此可以看出,法律对官吏的优容真正达到了无微不至的程度。譬如一人有六品职事官,又兼带勋官柱国以上,

---

① 《晋书》卷五十九《赵王伦传》,北京:中华书局,1974年标点本。
② 《南史》卷十五《刘穆之传》,北京:中华书局,1975年标点本;《南史》卷十七《向靖传》,北京:中华书局,1975年标点本;《梁书》卷五十九《江淹传》,北京:中华书局,1973年标点本。
③ 《魏书》卷一百一十一《刑罚志》,北京:中华书局,1974年标点本。
④ (宋)李昉等:《太平御览》卷六百五十一《刑法部》,北京:中华书局,1966年。
⑤ 《隋书》卷二十五《刑法志》,北京:中华书局,1973年标点本。

因私犯流罪折合徒刑四年，依例减一等，还剩三年，他可用六品职事当徒一年，以柱国当徒二年，不仅不需服刑，一年后还可以继续做官①。很显然，官当制度已使法律的首要职能由惩治犯罪变成了维护社会现存等级永世不坠。

除爵减和官当外，为官宦提供的避罪途径还有收赎。由于它是"富贵多金"者的专利，故而向为偏爱等级制度的儒家所推崇，常常称述《尧典》、《吕刑》，将其出现的时间追溯到尧舜时代。然而，较为可信的记录可能最早见之于《周礼》和战国人托名管仲而编著的《管子》"三匡"。至汉，关于以钱谷除罪的诏令和实例才日渐增多，而围绕其利弊得失所展开的争论也始终不断②。曹魏时，陈群、刘劭等"依古义制为五刑"，其中始有"赎刑十一"③；此后，《晋律》出现了"诸侯应八议以上，请得减收留赎，勿髡钳笞"等条文④，张斐《律表》认为"意善而功恶"者，可以金赎之⑤；《陈律》对处三岁刑者，许官当二年，"余一年赎"，若为二岁刑，有官者以"赎论"⑥；北魏神嘉中，崔浩定律令，准"当刑者赎，贫则加鞭二百"⑦；《北齐律》分赎刑为十五等，又列重罪十条，将"犯此十者"排除于"八议论赎"之外；隋律规定官在九品以上犯罪，皆可听赎⑧。自魏迄隋，赎罪之科臻于完备，且与八议、官当配合，而相得益彰。因此，《唐律疏议》便于议章、请章、减章之后正式列入赎章。其主要内容为："诸以官当徒者，罪轻不尽其官，留官收赎；官少不尽其罪，余罪收赎"；"若官尽未叙，更犯流罪以下，听以赎论"；"诸应议、请、减者及九品以上官"，还有七品以上官之"祖父母、父母、妻、子孙"，"犯流罪以下，听赎"；"诸五品以上妾，犯非十恶者，流罪以下，听以赎论。"⑨赎罪之物，历史上曾用铜、金、钱、

---

① （唐）长孙无忌等：《唐律疏议》卷二《名例·官当》，北京：中华书局，1983年；（唐）长孙无忌等：《唐律疏议》卷三《名例·除免官当叙法》，北京：中华书局，1983年；（唐）长孙无忌等：《唐律疏议》卷三《名例·以官当徒不尽》，北京：中华书局，1983年。
② 《汉书》卷二十四《食货志》，北京：中华书局，1962年标点本；《汉书》卷七十八《萧望之传》，北京：中华书局，1962年标点本；《汉书》卷七十二《贡禹传》，北京：中华书局，1962年标点本。
③ 《晋书》卷三十《刑法志》，北京：中华书局，1974年标点本。
④ （唐）虞世南辑：《北堂书钞》卷四十四引《晋律》，北京：学苑出版社，2015年。
⑤ 《晋史》卷二十五《刑法志》，北京：中华书局，1974年标点本。
⑥ 《隋书》卷二十五《刑法志》，北京：中华书局，1973年标点本。
⑦ 《魏书》卷一百一十一《刑罚志》，北京：中华书局，1974年标点本。
⑧ 《隋书》卷二十五《刑法志》，北京：中华书局，1973年标点本。
⑨ （唐）长孙无忌等撰：《唐律疏议》卷三《名例·以官当徒不尽》，北京：中华书局，1983年；（唐）长孙无忌等撰：《唐律疏议》卷二《名例·应议请减（赎章）》，北京：中华书局，1983年；（唐）长孙无忌等撰：《唐律疏议》卷二《名例·五品以上妾有犯》，北京：中华书局，1983年。

引礼入法的得与失

绢，隋、唐、宋一律用铜。既有官爵护身，又有财物保底，法律对于官吏，还有什么威慑力可言呢？这就无怪乎历代皇帝惩戒臣下时，常常要于律外用刑了。

事情还没有到此为止，更有奇者，则为赐功臣僚属铁券丹书。此制或谓创自汉高祖①。《旧唐书·良吏传》提到杨元琰被"赐铁券，恕十死"。清人凌扬藻所著《蠡勺编》曰："台州民钱允一，有家藏吴越王缪唐赐铁券"。但汉唐铁券之式已不可得见。《明史·太祖纪》称朱元璋曾"作铁榜诫功臣"。据凌扬藻说，即仿自钱家所藏而损益之，其制如瓦，字嵌以金②。按《续通考》所载，榜文共九条，凡公侯、功臣犯罪，属前七条者，初犯、再犯免罪，三犯免死一次；第八、第九条则为："初犯免罪附过，再犯住支俸给一半，三犯停其禄，四犯与庶人同罪。"③ 官民之间的法律地位相去多么遥远，于此又可见其一斑。

在千方百计为贵族官吏开脱罪责的同时，对平民的违法却毫不留情，甚至要加重处罚。以斗讼为例，倘若两造身份不同，便不得以凡论。常人相殴，无伤不成罪，轻伤不至徒，但唐、宋、明、清律却一致规定，殴皇家袒免亲，虽无伤亦处徒一年，有伤便处徒二年，重伤者加凡斗二等，若为缌麻、小功、大功、期亲，又各递加一等，殴皇家亲属至于笃疾者，明、清律处绞，殴死者，当然是斩。假如殴三品以上官，无伤处徒二年，有伤加徒一年，折伤流三千里。殴伤四品、五品官减三品以上官二等，但减等后若轻于凡斗，又须加凡斗二等论罪。殴伤六品以下、九品以上官，则各加凡斗伤二等。总之一句话，被殴者与皇室的亲缘关系越近，或官位越高，对殴人者的判罪就越重。假如殴、杀本属地方长官及其家属，等于是殴、杀父母尊长，已犯十恶之"不义"，处分自会更加严厉。④ 除了官民法律地位不平等，良贱之间，主奴之间，更是两重天地。良犯贱，其处分轻于常人；贱犯良，则又较常人相犯为重；一减一加，便把距离拉得很大。在元代，殴死奴婢只杖一百，征烧埋银五十两，与私宰牛马同罚，

---

① 《汉书》卷一《高帝纪》："又与功臣剖符作誓，丹书铁契，金匮石室，藏之宗庙"，北京：中华书局，1962年标点本。

② （清）凌扬藻：《蠡勺编》，（清）伍元薇辑：《岭南遗书》，南海伍氏粤雅堂文字欢娱室同治二年（1863）刻本。

③ 沈家本：《历代刑法考》，北京：中华书局，1985年，第1123页。

④ （唐）长孙无忌等撰：《唐律疏议》卷一《名例·十恶》，北京：中华书局，1983年；（唐）长孙无忌等撰：《唐律疏议》卷十九《斗讼·殴皇家袒免以上亲》，北京：中华书局，1983年；瞿同祖：《中国法律与中国社会》，北京：中华书局，1981年。

可知法律依然将奴婢视比畜产；相反，若有奴婢杀主，则以"具五刑论"，实同于凌迟。①

南北朝时，梁武帝"敦睦九族，优借朝士，有犯罪者，皆讽群下，屈法申之。百姓有罪，皆案之以法。其缘坐则老幼不免，一人亡逃，则举家质作。"帝亲谒南郊，秣陵老人遮帝曰："陛下为法，急于黎庶，缓于权贵，非长久之术。"②综括以上所述，八议、爵减与官当实"纵封豕于境内，放长蛇于左右"③，准以财物赎罪，又使富贵得生，贫者独死，则历朝之法与梁武帝所行实无任何不同。因此，我们不能不认为，早在一千五百年前，这位秣陵老人的话，就已道出了中国古代法的本质。

（5）充当道德警察，干预日常生活。"律设大法，礼顺人情"④，"礼禁于将然之前，而法禁于已然之后"⑤，礼与法性质不同，一为教化，一为刑政，所适用的领域也应不同，"礼之所去"，才是"刑之所取"⑥，两者各有其效，却不能相互混淆。引礼入法或将礼的规定变成法律条文，或以礼意断狱，实已由礼法结合，走向政教合一。从此，法律便日渐超越自身的职能范围，在日常生活中扮演思想和道德警察的角色。

在今天看来，衣食住行纯属个人私事，只要不妨碍他人，法律便不得干涉。但在中国古代却并非如此，举凡饮食、服饰、房舍、舆马、仪卫及婚丧嫁娶所用，均有与其身份相应的令式，官民有别，良贱有别，不同官阶之间也有等差。对踰等不遵者，汉代皇帝就曾下诏，命司隶校尉严加究查⑦；至曹魏，已在《兴擅律》中，列入"擅作修舍事"；西晋贾充等奉命定法，则将"违制"置于第十九篇⑧；此后，北魏、北齐至隋各有条格⑨，均以潜用为犯罪行为，视其轻重，以行决罚。唐人集前代所为而整齐之，既颁布《营缮令》、《仪制令》、《衣服

---

① 《元史》卷一百零四《刑法志》，北京：中华书局，1976年标点本；《元史》卷八《世祖纪》，北京：中华书局，1976年标点本。
② 《隋书》卷二十五《刑法志》，北京：中华书局，1973年标点本。
③ （宋）李昉等：《太平御览》卷六百五十二引《傅子》，北京：中华书局，1966年。
④ 《后汉书》卷二十五《卓茂传》，北京：中华书局，1965年标点本。
⑤ 《汉书》卷四十八《贾谊传》，北京：中华书局，1962年标点本。
⑥ 《后汉书》卷四十六《郭陈列传》，北京：中华书局，1965年标点本。
⑦ 《汉书》卷十《成帝纪》，北京：中华书局，1962年标点本。
⑧ 《晋书》卷三十《刑法志》，北京：中华书局，1974年标点本。
⑨ 《魏书》卷七《高祖纪》，北京：中华书局，1974年标点本；《魏书》卷五《高宗纪》，北京：中华书局，1974年标点本。

令》、《礼部式》等作出详细规定，又于律文中宣示处分办法，曰："诸营造舍宅、车服、器物及坟茔、石兽之属，于令有违者，杖一百，虽会赦，皆令改去之"①。这种做法为宋、明律所沿用，唯清律又将令、式的内容列入"服舍违式"律的条例之内。② 因为有严厉的法律管制，个人事实上丧失了独立安排生活的主动权。假如是一个平民，不唯不能戴金描银、坐轿乘车，而且，在汉代，只能穿青、绿两种颜色的衣服③，在隋、唐、宋，紫、朱、青、绿又成为官品专用的服色，他便只能穿白，被称为"白衣"，连内着朱、紫、青、绿的短衫袄子都不许④。即使家中富裕，其正厅的房屋也不得超过三间，更不准施重拱、藻井、悬鱼、对凤、瓦兽。由此可知，为了异车服、序尊卑，政府已把民众追求幸福的自由全部剥夺了。

婚姻乃人道之始，统治者自然不会弃之不管。历代法律皆有《户婚律》，除禁止"同姓为婚"、"外姓有服属而尊卑共为婚姻"、"弟收其嫂"、"子收其庶母"等落后婚俗外⑤，其重点一是反对不顾士族高下，与非类婚偶，杜绝贵贱不分，巨细同贯⑥；二是竭力维护父母之命，媒妁之言，例如《唐律》即规定："诸卑幼在外，尊长后为定婚，而卑幼自娶妻"，"未成者，从尊长，违者，杖一百"⑦，宋、明、清律也大致如是；三是不许妻妾改醮，若强迫誓心守志的妇女另嫁，《唐律》处徒刑一年，"女追归前家"⑧，对类似情况，历朝皆各有罚；四是严礼教之大防，用强制手段保证男女授受不亲，若犯各类奸非罪自会依律严惩不贷，即如《三国志》的作者陈寿，仅因居父丧有疾，使婢女丸药，就"坐是沈滞累年"⑨，可以说社会在道德伦纪方面的警惕性已到了神经过敏的程度。至于婚娶

---

① （唐）长孙无忌等撰：《唐律疏议》卷二十六《杂律·舍宅车服器物违令》，北京：中华书局，1983年。
② 瞿同祖：《中国法律与中国社会》，北京：中华书局，1981年，第159页。
③ 《汉书》卷十《成帝纪》，北京：中华书局，1962年标点本。
④ 瞿同祖：《中国法律与中国社会》，北京：中华书局，1981年，第140—141页。
⑤ （唐）长孙无忌等撰：《唐律疏议》卷十四《户婚·同姓为婚》，北京：中华书局，1983年。
⑥ 《魏书》卷七《高祖纪》，北京：中华书局，1974年标点本；《魏书》卷五《高宗纪》，北京：中华书局，1974年标点本。
⑦ （唐）长孙无忌等撰：《唐律疏议》卷十四《户婚·卑幼自娶妻》，北京：中华书局，1983年。
⑧ （唐）长孙无忌等撰：《唐律疏议》卷十四《户婚·夫丧守志而强嫁》，北京：中华书局，1983年；《隋书》卷七十五《刘炫传》，北京：中华书局，1973年标点本；《隋书》卷六十六《李谔传》，北京：中华书局，1973年标点本。
⑨ 《晋书》卷八十二《陈寿传》，北京：中华书局，1974年标点本。

不以礼，婚前即"攘窃以奔者"，则更为刑法所不容，犯者竟"以奸论"①。

《史记·高祖本纪》曰："父老苦秦苛法久矣。诽谤者族，偶语者弃市。"则以言论使人入于刑戮，原为秦代法家之故技。辞语偶或不慎，即获罪戾，重者至于族诛，过易陷人于死，显与情理不合。然而，汉皇屡诏禁除，却又禁而不止②，关键在于用重刑封口，能最有效地消灭杂音，控制舆论，不仅可以服务于法家的"一教"，也可成为儒家建立等级秩序的得力工具，所以，处于等级塔尖上的帝王实"固欲留此律以自尊也"③。若被陷者并未张嘴说话，还可诬之以"腹非"，"腹非"应为诽谤之延伸。《史记》卷六《秦始皇本纪》载："入则心非，出则巷议"。"心非"即"腹非"。但"腹非"罪如何界定，起初全然没有标准。汉武帝时，有人语大司农颜异"令下有不便者"，异闻而不敢应，"仓猝自禁不觉微笑而唇蹇耳"，张汤即"奏当异九卿见令不便，不入言而腹非，论死"④。从此，这一最难捉摸的刑名，也有了可供后世参照的比例。汉之诽谤又被称为妖言，大致包括以巫术诅祝和政治牢骚两个方面，有的甚至是对朝廷错误做法的谏议或批评，故路温舒《尚德缓刑疏》有"正言者谓之诽谤，遏过者谓之妖言"⑤之句。至唐，则专以"诈为鬼神之语"属妖言，"诸造妖言、妖书者，绞"⑥；而其他言论罪则入"指斥乘舆"条。凡"言议乘舆，原情及理，俱有切害者，斩"，"非切害者，徒二年"，"论国家法式，言论是非，而因涉乘舆者"，"临时上请"，另定处罚。⑦这样，诽谤便因与神秘咒语分途而更加政治化。明成祖起"靖难之师"，凡违抗者尽行杀戮，懼人窃议之，或片言及国事，辄以诽谤论，顷刻身家破灭，萧议、周新、解缙等名臣多无罪死⑧，这应是秦汉以后借诽谤罪管制言论的又一个严酷期。

言语见诸文字，流布更广，也更为统治者所忌，因而在诽谤罪的基础上，

---

① 《金史》卷七《世宗纪》，北京：中华书局，1975年标点本。
② 《汉书》卷三《后纪》，北京：中华书局，1962年标点本；《汉书》卷四《文帝纪》，北京：中华书局，1962年标点本；《汉书》卷十一《哀帝纪》，北京：中华书局，1962年标点本；《后汉书》卷三《章帝纪》，北京：中华书局，1965年标点本；《后汉书》卷五《安帝纪》，北京：中华书局，1965年标点本。上述书中皆有诏禁除此律，可见前禁不止，或禁后复设。
③ 沈家本：《历代刑法考》，北京：中华书局，1985年，第1416页。
④ 《汉书》卷二十四《食货志》，北京：中华书局，1962年标点本。
⑤ 《汉书》卷五十一《路温舒传》，北京：中华书局，1962年标点本。
⑥ （唐）长孙无忌等撰：《唐律疏议》卷十八《贼盗·造妖书妖言》，北京：中华书局，1983年。
⑦ （唐）长孙无忌等撰：《唐律疏议》卷十《职制·指斥乘舆及对捍制使》，北京：中华书局，1983年。
⑧ 《明史》卷九十三《刑法志》，北京：中华书局，1974年标点本。

又发展出文字狱。西汉杨恽为戴长乐所诬，免官家居，内怀不服，在《报孙会宗书》中有"君父至尊，送其终也，有时而既"，"臣之得罪，已三年矣"，"今子尚安得以卿大夫之制而责仆哉"诸语，含有君臣之间已恩断义绝之意，"宣帝见而恶之"，廷尉即承旨"当恽大逆无道腰斩，妻子徙敦煌"①，一般认为这是中国历史上较早的文字狱。此后，梁松因"悬飞书诽谤下狱死"②；孔融因编"武王伐纣，以妲己赐周公"的典故刺讥曹丕"私纳袁熙妻甄氏"招祸③；谢灵运因诗中有"韩亡子房奋，秦帝鲁连耻"句遭忌④；薛道衡因在《高祖文皇帝颂》中"致美先朝"，有"《鱼藻》之义"，被隋炀帝逼迫自杀⑤；刘禹锡新从流放地被召回，写诗抒发愉快的心情，内有"玄都观里桃千树，尽是刘郎去后栽"，即被指为"讥忿"，再贬夔州⑥；苏轼因乌台诗案被捕受刑，并辗转谪迁⑦等；由诗文获罪者代有其人，举不胜举，且多才华横溢、恃才傲物的名士。

至明、清，专制主义走向极端，文字狱也随之出现新高峰。朱元璋出身贫寒，做过和尚，以参加红巾军起家，粗通文墨而又涉学不深，故对读书多者猜忌尤甚，往往以字词疑误杀人。浙江府学教授林元亮，为海门卫作《谢赠俸表》，表内有"作则垂宪"；北平府学训导赵伯宁，为都司作《万寿表》，表内有"垂子孙而作则"；因则与贼音近，皇帝即怀疑他们暗骂自己做过贼。尉氏县教谕许元，为本府作《万寿贺表》，内有"体乾法坤，藻饰太平"，"法坤"硬被读作"发髡"，意即剃光头，"藻饰太平"则被读作"早失太平"，皇帝又疑他暗骂自己"和尚坐天下，长不了"。来复和尚蒙朝廷赐宴，作谢恩诗，内有"金盘苏合来殊域，玉碗醍醐出上方，稠叠滥承天上赐，自惭无德颂陶唐"句，意谓所赐竟有外国贡来的苏合香等，皇恩如此浩荡，可惜自己才德不够，不足以充分表达对圣上的称颂，而皇帝却把殊字拆开，怀疑他骂自己是歹朱（猪），且又无德⑧。苏州知府魏观在张士诚宫殿旧址上修造衙门，请"博学工诗"的高启写《上梁文》，内有"龙蟠虎踞"四字，皇帝也疑其要"兴既灭之基"，有背叛之

---

① 《汉书》卷六十六《杨恽传》，北京：中华书局，1962年标点本。
② 《后汉书》卷三十四《梁松传》，北京：中华书局，1965年标点本。
③ 《后汉书》卷七十《孔融传》，北京：中华书局，1965年标点本。
④ 《宋书》卷六十七《谢灵运传》，北京：中华书局，1974年标点本。
⑤ 《隋书》卷五十七《薛道衡传》，北京：中华书局，1973年标点本。
⑥ 《旧唐书》卷一百六十四《刘禹锡传》，北京：中华书局，1975年标点本。
⑦ 《宋史》卷三百三十八《苏轼传》，北京：中华书局，1977年标点本。
⑧ （清）赵翼著、王树民校证：《廿二史劄记校证》明初文字之祸，北京：中华书局，1984年。

心①，等等。以上诸人皆被斩杀，连辩解的机会都不给。由于常"以区区小过，纵无穷之诛"，以文学授官者，皆"卒不免于祸"，故明初文人或被荐而不赴，或已征而求归，大多宁终老于家，也不敢受职②。朱棣发动"靖难之役"成功，命方孝孺起草新皇登基诏书，方孝孺夺笔大书"燕贼篡位"四字，边哭边骂，曰："死即死耳，诏不可草。"朱棣怒不可遏，将他九族之内的亲属并门生、故旧共八百七十三人一一处死，然后又将本人肢解。下令凡方孝孺所著书，并陈迪、黄观、练子宁、黄子澄等同党的诗文，一律销毁，所写碑铭悉皆铲掉磨平，不许有片言只字流传民间③，以此显示其除之务尽的决心。写了统治者不喜欢的东西和不按统治者的意志去写，都要遭殃，正是文字狱这把罪恶魔剑的双刃。清人骤得天下，入主关内，尤其害怕汉族知识分子潜怀异志，不肯弭首贴伏，故而文网更密，稍触忌讳，便被目为"狂吠"、"异端"、"悖逆"，而置以重典。庄廷鑨增编刻印《明史》，戴名世著《南山集》，方孝标著《滇黔纪闻》，以及吕留良所遗诗文等，都因被指有反清的内容而招杀身之祸，已死者也要戮其尸④。可笑又可气的是，江西考官查嗣庭所出的考题为"维民所止"，竟被说成有"雍正去首"之意，而下狱死。⑤ 至于曾静与弟子张熙致书四川总督岳钟琪劝其造反，内列雍正九大罪状，自然更要加以严惩。⑥ 而且每起大狱，辄广为株连，案犯家人、师徒、为书写序、校对及卖书、买书、刻字、印刷之人都不放过，或杀、或流、或配为奴，情状之惨烈，令人酸鼻。同时，由于鼓励告发，又为奸人开倾轧之端。迂儒之常谈，舒怀之词章，一字之失检，经比附曲解，皆成罪证。故有人认为，清代文字之祸在乾隆以前，"出于素挟仇怨者半，出于藉端诈索者半"⑦。乾隆晚年以降，文字狱确有减少，告奸之风也随之渐息，一则因为经过康、雍、乾三朝的镇压，清廷的统治已十分稳固，不可摇撼，反而需要与大量文化应声虫携手，以装点盛世；再则是面对鲜血和大量书籍被抄没、毁禁的现实，有才华的学者多胆丧气夺，纷纷潜心考据，钻进故纸堆去了。这虽在

---

① 《明史》卷一百四十《魏观传》，北京：中华书局，1974年标点本。
② （清）赵翼著、王树民校证：《廿二史劄记校证》明初文人多不仕，北京：中华书局，1984年。
③ 《明史》卷一百四十一《方孝孺传》，北京：中华书局，1974年标点本。
④ （清）全祖望：《鲒埼亭集外编》卷22，清同治华间刊本，第10—20页。
⑤ （清）徐珂：《清稗类钞》狱讼类，北京：中华书局，1984年。
⑥ （清）雍正：《大义觉迷录》卷4；长春：北方妇女儿童出版社，2001年。
⑦ 沈家本：《历代刑法考》，北京：中华书局，1985年，第1819页。

客观上成就了乾嘉之学，但一代知识分子的社会责任和社会作用却大为削弱。

除了管衣食住行，管如何说、如何写，中国古代的法律对日用生活之常几乎无所不管。如吕巽淫弟吕安妻徐氏而诬安不孝，嵇康因保明吕安无其事而被杀①；王式因父死后许继母归前夫家，后又与前夫合葬，而被废弃终身②；北魏有"妻无子而不娶妾，请科不孝罪"之议③，又下令不准百工、技巧、驺卒子息私立学校，违者师身死，主人门诛④；宋代要求对"诱人子弟析家产，或潜出息钱，辄坏坟域者"，一旦擒捕，即行流配⑤；金人规定民间不得习角觝、枪棒，伶人不得以历代帝王为戏⑥；元朝严禁白衣以"善友为名，聚众结社"，也不许"俗人集众鸣铙作佛事"及"非礼迎赛祈祷"⑦；明初对"逸夫"及"游食者"重则捕获到官处死，轻则黥窜化外；在朱元璋的《大诰》中，乡间饮酒，若有奸顽紊乱正席，或身为奴仆、皂隶，却敢贸然"入正门，驰当道，坐公座"，也要远流云南⑧；从基层社会组织来看，唐行保任制，命同伍保内，在家有犯，互相纠弹，清改为保甲法，几乎又恢复了秦的什伍连坐，等等。所有这些都证明，军事专制是把人民绑在战车上，而儒家的引礼入法，则是借礼法之合力，将人民箝制于秩序中。两种社会都是半死的社会，但前者尚可通过严明赏罚激发战斗活力，后者却连这一点也做不到了。

综括以上所述，可以说引礼入法有得有失，失抵消得，最终的结果是失大于得。

五、余 论

中国古代的成文法出自军法。其最大的长处是公平，主张法行所爱，不避亲贵；同时强调法律公开、条文不得更动，等等。其最大的短处是严酷，主张轻罪重罚，相信以刑去刑，以杀去杀，与刑罪相应原则相悖。优缺点同出一源，

---

① 《三国志》卷二十一《王粲传》注引《魏氏春秋》，北京：中华书局，1959 年标点本。
② 《晋书》卷七十《卞壸传》，北京：中华书局，1974 年标点本。
③ 《魏书》卷十八《太武五王列传》，北京：中华书局，1974 年标点本。
④ 《魏书》卷四《世祖纪》，北京：中华书局，1974 年标点本。
⑤ 《宋史》卷七《真宗纪》，北京：中华书局，1977 年标点本。
⑥ 《金史》卷九《章宗纪》，北京：中华书局，1975 年标点本。
⑦ 沈家本：《历代刑法考》，北京：中华书局，1985 年，第 1846 页。
⑧ 沈家本：《历代刑法考》大明峻令考，北京：中华书局，1985 年，第 1919、1935 页。

即战争的需要。

战国时期，兼并益趋激烈，各国纷纷重用法家，推进改革，构建集权统治。由商鞅开创的极端军事专制主义帮助秦国完成了统一，也为秦朝的短命而亡埋下了伏笔。

汉代进入了和平发展期。人民渴望过上正常生活，通过"变秦"结束军事专制的呼声越来越高。试验和选择的结果使引礼入法成为主流统治思想。发展到魏晋南北朝，开始"准五服以制罪"，并以"八议"、"十恶"入律，则标志着以新思想为指导的法律改造逐步完成。

引礼入法的出发点在于矫秦律之失。所以，在法律制定和司法实践中，确曾起到过消减苛法严酷性和恢复伦理秩序的作用。由两汉以来法律名家和儒家学者提出的以宽政、疏网、轻刑为核心的政治主张，以及"刑罪相应"、"宁僭勿滥"的"刑中"理论，都是中国法律思想史上的瑰宝。中国古代刑法在条文上日益脱离野蛮，走向平允，与引礼入法有着深刻的内在关联。

但是，引礼入法不是通过法律自身的完善解决秦制留下的问题，而是企图引入外力形成制衡；在构建新的刑法理念时，不是向前看，而是向后看，只在先秦儒家经典中吸取思想营养；加之抱有鲜明的维护帝王专制统治的目的，丝毫没有顾及保护每个人的基本权利；故而，由此所造成的负面影响也同样不可忽视。其主要方面是：设置礼与法、情与理双重标准，不仅增加了司法过程中的人治因素和主观随意性，而且为刑讯逼供、狱以贿成提供了广阔空间，甚至在一定程度上向"议事以制，不为刑辟"倒退；竭力维护尊长和官僚贵族的权益，使中国古代法律带上浓厚的血缘性和等级性，造成严重的司法不公；干预日常生活，管制思想言论，充当道德警察，剥夺多数人的自由，使社会丧失活力；在家族内施行容隐制度，惩罚告奸而提倡隐瞒，包庇犯罪行为，留下司法漏洞。行之愈久，引礼入法的负面作用便越膨胀，既销蚀了自身的优长，也抛弃了法家的公平，从而使中国长期处于"有法与无法同"的人治状态中。

在人类发展到一定历史阶段时，秩序的建立曾经显得非常必要。如果老是男女无别、父子无别、君臣无别，便很难摆脱野蛮，进入文明。就此点而言，早期儒家主张长幼有序，区分等级尊卑，可谓居功甚伟。同时，中国是一个多灾的农业大国，重视忠、孝，强调伦理，有助于维护家族的延续和社会的稳定，以便利用老一代的经验和集体的力量去战胜困难，谋求生存。然而，随着历史的进步，劳动者自己谋生的能力已有所提高，"个人像单个蜜蜂离不开蜂房一样"、"从属于一个更大的整体"不再成为必须①，追求独立、平等、自由开始转化为社会发展的原动力。在新的情况下，中国的法律却依旧甘心充当旧伦理的附庸和工具，继续发挥维护血缘羁绊和等级特权的作用，当然会沦为历史前进的绊脚石。所以，引礼入法，有得有失，但从最终结果看，却是得不偿失。

我们已经进入社会主义市场经济阶段。市场经济就要做买卖，必须有买主和卖主。如果只有一个所有者，即国家所有，就不是市场经济；反之，各种所有制形式相互竞争、共同发展则是市场经济的逻辑结果。所有制多元，利益多元，必然产生多元诉求，各种矛盾纷至沓来，成为当今社会的主要特征。要化解争端，消除对立，达至和谐，唯一的办法是民主协商和法治。因此，法治不仅"是人类所能够选择的最佳治理方式"②，也是中国成功走向现代化的必由之路。所谓提高执政能力，其核心是要提高用民主和法治的方式解决问题的能力。

要建设社会主义法治，应该吸取古代法学的一切优秀成果。如上所述，法家、儒家各有建树，对他们的贡献都需要通过批判、选择和转换，抽象地继承。但必须承认，引礼入法在很大程度上是"以古施今"、"混淆刑德"③，用死的拖住活的，并最终走向了以礼代法、以礼坏法。所以，中国始终未能进入真正的法治社会，在法律思想上可供借鉴的资源并不丰富。正确的态度是：在不忘自身某些好的传统的同时，以开放的视野和健康的心理，向国外学习，尤其是学习欧美发达国家的成功经验。正如搞市场经济不必问姓资姓社一样，搞法治建设也应只问是否合乎公平正义，是否设计合理，不必区分东西方。

西方英美法系的源头是希腊文化、罗马法、日耳曼传统和教会法。希腊人虽完全将奴隶视作战利品，但其政治哲学的基础却是城邦民主制度，所以很早便在理论上承认人人平等，城邦法也主要发挥着约束僭主的作用。罗马征服了希腊，却又继承了希腊文化，形成了连续的古代社会。经共和国发展到帝国，

---

① 马克思：《资本论》第一卷，《马克思恩格斯全集》第23卷，北京：人民出版社，1972年，第371页；马克思：《政治经济学批判导言》，《马克思恩格斯选集》第二卷，北京：人民出版社，1972年，第87页。
② 信春鹰：《中国国情与社会主义法治建设》，《法治时报》2008年6月29日。
③ 《三国志》卷二十一《傅嘏传》，北京：中华书局，1959年标点本。

一方面出现了皇权专制,另一方面,元老院、民众大众依然存在,传子制未能定型,在地理、文化多元的外省,实行的是带有分治性质的总督制,根本没有出现如同中国那样的高度集权统治。故而正是在这一时期,基于蛮族归化的事实和对奴隶的人道主义介入,在法律文本中正式出现了"人生而平等"[①] 的明确阐述。至于野蛮的日耳曼人,由于原始民主的影响,更根深蒂固地认为:权力来自人民,统治者的行为必须顾及人民的同意和举足轻重人物的参酌。而早期基督教出于传教的需要,也极力鼓吹唯有上帝全能至善、其余人在上帝面前一律平等的观念。进入中世纪中晚期,教会团体中的商讨运动,由红衣主教选举大主教的制度,行会、互助会、城市及学校的自治等,为法律的改进提供了广泛的现实基础,文艺复兴又鼓励人们用古代那种知识自由和独立自信精神看待世界,臣民义务具有双向契约性、法律的制定需经人民同意的思想进一步巩固和发展,由此便催生了产业革命以来的议会制和制宪运动。"五月花"号上的清教徒则完全按契约论的思想在西半球建立了管理机构。正是在这样波澜壮阔的历史长河中,经过无数人的奋斗牺牲和各种文化的碰撞选择,才形成了人民主权原则,法律应顾及全体人民利益的原则,法律的衡平、无歧视、无例外原则,刑罪适当原则,法律只惩治危害社会的活动、不干涉内在行为的原则,以及人民陪审员制度,等等。如果对这些都视而不见,或简单地斥之为遮蔽残酷真相的虚伪工具,显然是在亵渎历史,或对历史缺乏起码的敬畏。

我们高兴地看到,我国法律工作者已在通过"量刑规范化"的试点和推广遏制"同案不同判",以期最终达到"有法可依,有法必依,执法必严,违法必究"的宏伟目标。只要勇于抛弃法律是阶级斗争工具的陈腐之见,彻底废除历史遗留下来的以特权和不合理箝制为特征的旧制度,在确保人的基本权利和调处各阶层利益的法律实践中坚持公平正义,努力促进人民之间的团结和互助,司法的公信力一定会得到大幅度的提升。

令人遗憾的是,一些法律史研究者却以专家教授的身份,仍在自己的著作或文章中不断发出与历史和现实完全背离的声音。他们或谓"中国法文化积淀

[①] 罗马皇帝兼哲学家马可·奥勒利乌斯说:"国家的法律适用于所有的人,因为每个人都是平等且拥有言论自由的。"《学说汇纂》中则明确说:"人生而平等。"(爱尔兰)J. M. 凯利:《西方法律思想史》,王笑红译,北京:法律出版社,2000年。

之深厚，法律系统之完整，法律规范之详密，都是世界其他文明古国所少有的"①；或谓中国的传统法结构是"礼与法的完美结合"②，等等；表面看，似在弘扬传统文化，实际上却曲折表达了对人治社会和等级制度的肯定。人人都承认法治优于人治，人人都不愿意自觉接受法律的约束，并对自己正在享受或通过暗箱运作就有可能享受的司法特权充满依恋，这正是中国法治建设所面临的最大难题。但不论多难，都应义无反顾地走下去。因为"世无无法之国而能长久者"③，这句话，不仅是真理，而且也正在成为常识。

---

① 张晋藩：《中国民法通史》，北京：商务印书馆，2010年，第1页。
② 曾宪义、马小红：《中国传统的法结构与基本概念辩证——兼论古代礼与法的关系》，《中国社会科学》2003年第5期，第61—73页。
③ 沈家本：《历代刑法考》，北京：中华书局，1985年，第47页。

挡不住的诱惑——中国古代等级制度述论

等级制度是历史的产物，近代以来，又成为历史的包袱。研究中国等级制度的发生与发展，有助于认清社会进步的大趋势。本人不揣简陋，勉力而成此文，颇以国家前途为念。或有不当之处，尚望批评指正。

一、等级制度的起源

假如地球上只有一个人，当然就不会有等级了。但这是不可能的。如所周知，人一开始就以群体的形式降临到了世间，事实上，非如此，人类也无法延续和发展。

在群体内部，人的性别、年龄、健康状况、体力以及心理或精神素质各不相同；而在群体之间，也会存在大小与强弱的差异；所以，不平等几乎与生俱来。科学家对灵长类动物的观察和研究已足以佐证这一点。文献所记的和平安宁的黄金时代或至德之世只是后世人们对以往较为自由生活的追忆，且已加入了理想化的成分。差异孕育着等级的萌芽，我们应该承认：不平等是绝对的，平等是相对的。不过，这种主要取决于人的生理的不平等充其量只能算是一种自然的不平等，它和体现政治、经济特权的社会等级划分完全不可等量齐观。

更加深刻的变化是在漫长的时光隧道中陆续发生的。

在中国西部的黄土高原、东部围绕泰山的丘陵高地及分布于东西两区的河谷平原上，由于土壤所含可溶性矿物质及有机质较多，故团粒结构细微，疏松易耕,且具有"自我加肥"能力和涵水性好的优点①,先民选择以粟为主的耐旱作物进行种植,很早就进入了原始农耕阶段,过上了村落定居生活。据说,"农业养活的人数要比畜牧业多十至二十倍"②。于是,到了父系氏族社会,人们的劳动所得,除了维系生命之外,已经有了剩余,并逐步积累成财富。

但是,中国又"位于世界最大的大陆——欧亚大陆的东南部,濒临世界最大的海洋——太平洋,由于海陆之间的热力差异而造成季风气候特别显著"③。由此带来的最重要的后果就是季节变化剧烈,降水集中,洪涝多发。而在漫长的缺雨期,大片的内陆地区又要遭受旱魔的威胁。与之相伴,还会有风灾、雹灾、霜灾、雪灾、冻灾以及蝗灾,时时来袭。在地质方面,漂移的几大板块在中国交接,又造成地震灾害相对集中。在这样的条件下从事农业生产,需要深谋远虑,需要尊重老人的经验,更需要凭借集体的力量。同时,灾害的普遍性、危害性和不可预测性必然会增加人的恐惧心理,并将这种心理上升为恐惧人格,进而导致对权威的依赖和对秩序的强调。所以,古代的农业都是以家族为单位进行的,"一个家族就是一个生产队",父家长既是生产的组织者、领导者,也是家族财富的支配者,所有的家族成员都必须屈从他的意志,甘心接受按性别、辈分、年龄相区别的族内分层。

上述情况已有考古材料可资印证。首先,在新石器时代偏晚的墓葬中,同一墓地各墓的大小和规格出现了明显的差异。多数仅能容身,少数却十分豪华,除墓圹较大外,还设有木椁或其他木质葬具,椁底疑用朱砂涂成红色。④ 其次,随葬品的数量也开始变得多寡悬殊。与大部分墓葬没有随葬品或仅有一、二件随葬品形成鲜明对照的,是个别大墓随葬品甚多,有的竟达180多件。⑤ 其种类

---

① 徐中舒:《试论周代田制及其社会性质——并批判胡适井田辨观点和方法的错误》,《四川大学学报》(哲学社会科学版),1955年第2期,第51—90页;何炳棣:《中国文化的土生起源:30年后的自我检讨》,《读史阅世六十年》附录,桂林:广西师范大学出版社,2005年;史念海:《论两周时期黄河流域的地理特征》,《河山集》二集,北京:生活·读书·新知三联书店,1981年,第347页。

② (法)布罗代尔:《15至18世纪的物质文明、经济和资本主义》,北京:生活·读书·新知三联书店,1992年,第118页。

③ 林之光:《中国的气候及其极值》,北京:商务印书馆,1996年,第4—5页。

④ 山东省文物管理处、济南市博物馆编:《大汶口——新石器时代发掘报告》,北京:文物出版社,1974年,第126—127页;高天麟、张岱海:《山西襄汾陶寺遗址发掘简报》,《考古》1980年第1期,第18—31页;高炜、李健民:《1978—1980年山西襄汾陶寺墓地发掘简报》,《考古》1983年第1期,第30—42页。

⑤ 山东省文物管理处、济南市博物馆合编:《大汶口——新石器时代发掘报告》,北京:文物出版社,1974年,第126—127页。

除工具和陶器外,还可见到玉鸟、玉珠、玉斧、玉铲、玉璜、玉琮及石璧等,大都造型规整,光润美观,既是财富的体现,也是权力的象征。由于通常所谓的六畜此时已普遍饲养,于是又形成了以狗、羊、猪为殉的习俗,而埋葬猪下颌骨的做法最为盛行,甘肃永靖秦魏家一座属齐家文化的墓葬中,居然埋了68块。① 一般认为,这正是当时衡量是否富有的一种标尺。最后,从葬式中更可看到人与人之间的主从关系。这一时期出现了不少男女一次合葬墓,较典型的有秦魏家及武威皇娘娘台、内蒙古朱开沟、江苏新沂花厅墓地,最常见的葬式是男子仰身直肢,一或两个女子侧身屈肢,居于其旁,面向前者,将妻妾对家长的依附表现得淋漓尽致。② 有的墓除成年女子外,还葬入幼童。考虑到双方同时亡故的可能性很小,故考古工作者将其视为以妻妾殉夫的例证。③ 在《左传》、《国语》等书中,贵族出亡之时能够携之而去的为器用财贿和帑。前者是死的财产,即物;后者是活的财产,即人。其中,既有妻妾子女——孥,又有被收养的奴隶——奴;因为两者都包含在家内,且受家长绝对支配,其地位和性质近乎一样,故常用一个"帑"字来概括。这种积久而成的习惯应该起源甚早。恩格斯说:"最初的阶级压迫是同男性对女性的奴役同时发生的。"④ 从中国各类材料所反映的情况看,真正的等级分化应首先出现在父系家长与家族成员之间。

不仅如此,邻居的财富很快便刺激了人们的贪欲,由抢夺财富或保卫财富而诱发的武装冲突及血亲复仇也开始频繁起来。大致相当于龙山时代,各地纷纷修建城堡,目前已发现的城址起码达五十多座,分属至少八个以上的考古学文化。⑤ 这些城堡不仅筑有高厚的夯土城墙及城门,有的还环以深挖的壕沟,显然带有防御性质。与之相应,石镞、骨镞、石矛及源于石斧的钺,也由农业工具和狩猎工具迈上了朝武器化方向演进的道路。⑥ 而众多战死者的乱葬坑更是随

---

① 谢端琚:《甘肃永靖秦魏家齐家文化墓地》,《考古学报》1975年第2期,第57—96页。
② 《甘肃武威皇娘娘台遗址发掘报告》,《考古学报》1960年第2期,第53—71页;魏怀珩:《武威皇娘娘台遗址第四次发掘》,《考古学报》1978年第4期,第421—448页。
③ 徐扬杰:《中国家族制度史》,武汉:武汉大学出版社,2012年,第48页。
④ 恩格斯:《家庭私有制和国家的起源》,《马克思恩格斯选集》第四卷,北京:人民出版社,1975年,第61页。
⑤ 任式楠:《中国史前城址考察》,《考古》1998年第1期,第1—16页;曲英杰:《古城址的发现与研究》,《文史知识》1999年第11期,第39—46页。过去多谓"长江下游地区未发现史前城址",现在也有人指出:良渚遗址群北侧、西侧的垄状土垣就是城墙,良渚古文化城是史前最大的城址。蒋卫东:《余杭良渚遗址群内的良渚古文化城》,《中国文物报》1999年1月13日,第3版。
⑥ (日)冈村秀典:《中国新时期时代的战争》,张玉石译,《华夏考古》1997年第3期,第100—112页。

处可见。① 这一切都表明战争不仅进入了社会生活，而且成了某些人"经常的职业"。②

因为优质资源短缺，武装争夺便必然呈现你死我活的严峻态势。在河南渑池班村、陕西长安客省庄、河北邯郸涧沟等处的丛葬坑里，死者或身首分离，或肢体残缺，或头部带劈琢痕，或两手、两足交叉，像是被捆缚的姿势，或脊柱严重扭曲，作痛苦挣扎之状③，他们应是早期战争的牺牲品，甚至可以确定为惨遭杀害的敌对部族成员。而山东大汶口文化的墓地中，则出现了随葬品相当丰厚、却无墓主人的大型墓葬，这或许意味着，某些冲锋陷阵的勇士或军事首领，连尸体都无从寻觅了。④ 正是在战争多发和复仇心理的支配下，将失败酋长之头做成饮器的风俗流行起来。其间不仅蕴含着敌忾情绪，更表明试图通过控制首级以摧毁敌方的战争巫术已经应运而生。⑤ 鉴于山西襄汾陶寺遗址被普遍视为尧都，而晚期文化中又存在城墙被拆除、宫殿被废弃、宗庙被毁坏、祖陵被扰乱和壮丁被杀、妇女被淫的现象，有人就结合战国法家著作的记述，认为发生在尧、舜间的权位更迭是激烈斗争的结果，并非出自禅让。⑥ 我虽对匆忙对号入座的做法有所保留，但却不能不相信，这种推测具有极大合理性。因为"人类是从野兽开始的"，"为了摆脱野蛮状态，他们必须使用野蛮的、几乎是野兽般的手段"。⑦ 这一点，任何民族都无法例外。

然而，中国毕竟地域辽阔，活动在同一舞台上的部族号为"万国"，实则多到数不胜数。将敌对者进行屠戮既难于实现，而依靠本族纯粹的自然发展更不可能在剧烈角逐中脱颖而出，也许还有天然的"同情心"在起作用，所以，以不同形式对顺从者进行吸纳便成为壮大自身的主要途径。渐渐地，尽管依然充

---

① 严文明：《黄河流域文明的发祥与发展》，《华夏考古》1997年第1期，第49—54页。
② 恩格斯：《家庭私有制和国家的起源》，《马克思恩格斯选集》第四卷，北京：人民出版社，1975年，第100页。
③ 黄展岳：《古代人牲人殉通论》，北京：文物出版社，2004年，第11页。
④ 黎家芳：《从大汶口文化葬俗演变看其社会性质》，山东大学历史系考古教研室编：《大汶口文化讨论文集》，济南：齐鲁书社，1979年，第190—202页。
⑤ 孙作云：《中国古代图腾研究》，《孙作云文集》第3卷，开封：河南大学出版社，2003年，第90页。
⑥ 王晓毅、丁金龙：《从陶寺遗址的考古新发现看尧舜禅让》，《山西师范大学学报》（社会科学版），2004年第3期，第87—91页。
⑦ 恩格斯：《反杜林论》，《马克思恩格斯选集》第三卷，北京：人民出版社，1972年，第220页。

满血腥,但"服之而已"却作为"古之伐国者"的主要传统流行开来①。于是,除了族内分层,在不同族团之间又建立了臣服关系。

古人不会预作政治设计,只能利用因系自然生成而最易得到普遍认可的族,对臣服者进行编联。如"黄帝二十五子,其得姓者十四人",颛顼为黄帝之孙,帝喾为颛顼族子,帝尧为帝喾子,帝舜为黄帝远孙,"自黄帝至舜、禹,皆为同姓而异其国号"②,都是在征服中因不断重组而形成的"仿族"组织,不能判定其间果真存在血缘关系。"夏启有钧台之享,商汤有景亳之命,周武有孟津之誓,成有岐阳之蒐,康有丰宫之朝,穆有涂山之会"③,正是通过编联、朝觐、巡狩、盟会、宣誓效忠和对违令者的惩处,三代国家产生了。但"周之宗盟,异姓为后"④ 的传统又清楚表明,此类盟会最初不过是家族会商的延展和扩大。在这样的国家中,一方面是强大的盟主变成了王,他的家室,即王室,变成了凌驾于一切之上的公共权力机关;另一方面臣服了的家族作为次级统治机构或基层社会单位被完整地吸纳到新的管理系统中。

"服之而已"的根本之点是"不尔杀"。可以"尚有尔土"、"宅而邑,继尔居"、"畋尔田"。某些上层分子还能"迪简在王庭,有服在大僚"。但前提是必须"臣我宗多逊"。倘若"自不作典",经过再三"教告",仍"不用我降尔命"者,则要"大罚殛之","战要囚之","离逖尔土"。⑤ 这正表明,被征服者的内部结构虽未触动,其人身却"作为土地的有机附属物跟土地一起被占领"⑥ 了。从杀到不杀,前进了一步,所付出的代价则是集体不同程度地被"降为臣"。

既已臣服,就需要承担义务。义务繁多,轻重不一,但大致皆可归入"服"的范畴。"服之而已"的本意就是迫使失败者接受服。

服,甲骨文作,金文作,或谓象用手按跪跽之人,或谓是推跽人于盘,或谓令人乖乖登舟,实皆不杀而迫其做事之会意。故《诗经》郑笺、《礼记》郑

---

① 《国语》越语上,上海:上海古籍出版社,1978年,第634页。
② 《史记》卷一《五帝本纪》,北京:中华书局,1959年点校本。
③ 杨伯峻编著:《春秋左传注》隐公十一年,北京:中华书局,1990年。
④ 恩格斯指出:"亲属关系在一切蒙昧民族和野蛮民族的社会制度中起着决定的作用"。《马克思恩格斯选集》第四卷,北京:人民出版社,1975年,第24页。
⑤ 《尚书正义》卷十六《多士》、卷十七《多方》,北京:中华书局,1980年影印清阮元校刻《十三经注疏本》。
⑥ 马克思:《资本主义生产以前的所有制形态》,《马克思、恩格斯、列宁、斯大林论资本主义以前诸社会形态》,北京:文物出版社,1978年,第321页。

注、《山海经》郭注、《史记正义》、《楚辞》王逸注及《尔雅·释诂》等,皆谓:"服,事也。"引申为"服事"或"所服之事"。

商代甲骨卜辞所记录下来的事涉及征战、戍守、筑城、"省廪"、田猎、农业劳动及其他杂役。其中,"叒田"类似古书所谓的"藉田"礼;"圣田"是垦辟土地;"尊田"是"除田间杂草"或"聚土作垄亩";"致众步"、"呼众人步"是令人为王挽车推辇;"奏步"于某,是王出行到某地时,既有人为之挽车,又有人为之奏乐。① 到了西周,随着政权职能的延伸和贵族贪欲的膨胀,事的内容也随之变得日益复杂。据春秋时重臣、史官的追述及金文所见,起码应有征伐、耕藉、耨获、修城郭、除道、成梁、除门、视途、入材、积薪、监燎、监濯、司火、致饔、献饩、陈刍、展车、脂辖、圉马、驾乘、击柝、俯磬、缘卢、歌咏及填馆宫室、张设行屋、执犬、先马走、守宫、执掌膳羞、巡护场、林、牧、虞等名目。② 注家多谓:"侯,为王者斥候也","甸,田也。治田入谷也","男,任也,任王事","卫,为王捍卫也"。③ 实仅抓住了诸项事务中的荦荦大者,并不能反映事的全貌。

多数的事必须调集人力前来始能完成,但也有一些,可令人分头从事,最后向贵族缴纳制成品。广义而言,制成品还应包括各地的土产。于是,事在很多情况下就转化成了贡,或者说,服原来就包括事和贡两部分。正因为这样,郑玄注《周礼》时,才有"服贡,绨绤也"、"服物,玄纁绨纩也"之类的说法。④ 在商代,以下奉物于上叫致、贡、登、入、见(献)、工(贡)、示,王室索要贡物叫取、来、至、乞、匄,涉及的物品除奴隶外,主要有麦、稷、牛、马、羊、豕、犬、舟车、弓矢、盐卤、织物、石料、鬯、卤、龟、贝、虎、猴等。⑤ 至西周,常见于文献的贡品是子女玉帛、皮币珪璋、车马甲兵、资粮屝屦、元龟象齿、大赂南金、歌钟镈磬,乃至白狼白鹿、楛矢石砮及各种玩好等。

---

① 彭邦炯、宋镇豪:《商人奴隶制研究》,胡庆钧、廖学盛主编:《早期奴隶社会比较研究》,北京:中国社会科学出版社,1996年,第133—137页。
② 《国语》周语中,上海,上海古籍出版社,1978年。
③ 《逸周书·职方解》孔晁注,黄怀信、张懋镕、田旭东:《逸周书汇校集注》,上海:上海古籍出版社,1995年。
④ (清)孙诒让:《周礼正义》卷三《太宰》,王文锦、陈玉霞点校,北京:中华书局,1987年;(清)孙诒让:《周礼正义》卷七十一《大行人》,王文锦、陈玉霞点校,北京:中华书局,1987年。
⑤ 彭邦炯、宋镇豪:《商人奴隶制研究》,胡庆钧、廖学盛主编:《早期奴隶社会比较研究》,北京:中国社会科学出版社,1996年,第154—158页。

接受服就意味着战败者在政治上愿降为臣的同时，在经济上也与夏、商、周王室形成了剥削和被剥削的关系。例如，殷墟甲骨卜辞所见"入戈五"①的卢方，"来白马五"、"来牛"的奚②，西周铜器《中甗》铭文"入（纳）史（使）锡于武王作臣"的福人，《兮甲盘》铭文中既"出其帛"、"其积"，即丝织品和粮食，又"进人"承担劳役的南淮夷③等，显然都是被打服了的国族。文献谓其"以服事诸夏"④，其实是说，他们都以服的形式臣事了诸夏，与《左传》定公四年（前506）称殷民六族"法则周公"、"用即命于周"、"职事于鲁"是同一个意思。而曾"陷处我土"、直到西周晚期才低下头来的淮夷，则干脆就被称为"服子"和"帛贿臣"。⑤ 由此可见，"有服"与"无服"似乎成了一个标尺，它将两类族团划入两个等级。

只是另一个不争的事实也需引起高度注意，即有服者并不仅限于被征服之人，也同样包括殷周王室的同族、姻亲或臣宰。例如，商代率众服事或入贡的，就有子商、子央、子画等诸子，妇井、妇喜、妇良等诸妇，以及犬侯、小臣𤰞等，商王要调发众人，需通过占卜征得神灵的同意，还常"米众"、"食众"，即为众举行禳灾之祭或给予犒劳，同时，卜辞也未见以众作为人牲的现象⑥，说明实际负担劳作的众与商王室或商先王有一定的渊源关系，总体上属于一个族类，而有别于被称作丑的奴隶。西周的情况与此类似，例如《左传》说晋侯、曹伯为甸服，郑伯为男服⑦，而晋、曹、郑都是王室宗亲，与商之众人地位接近者在西周叫庶人或舆人，要动员这支力量以兴大役，必"俟毕农事"⑧，而且他们可以用"讴"的形式表达对贵族的不满，通过传语以箴谏王失。他们即使有错，也不能随便杀害。陈国贵族筑城时因"板坠杀人"，而招致激烈反抗，就是明显

---

① 中国社会科学院考古研究所编著：《殷墟妇好墓》，北京：文物出版社，1980年，第47页。
② 郭沫若主编：《甲骨文合集》9177/9178甲、乙，北京：中华书局，1999年。
③ 郭沫若：《两周金文辞大系考释》，上海：上海书店出版社，1999年，第16、144页。
④ 杨伯峻编著：《春秋左传注》僖公二十二年，北京：中华书局，1990年。
⑤ 《宗周钟》铭，《两周金文辞大系考释》，上海：上海书店出版社，1999年，第51页。又称《胡钟》，中国社会科学院考古研究所编：《殷周金文集成》00260，北京：中华书局，1992年。
⑥ 彭邦炯、宋镇豪：《商人奴隶制研究》，胡庆钧、廖学盛主编：《早期奴隶社会比较研究》，北京：中国社会科学出版社，1996年，第156、139页
⑦ 杨伯峻编著：《春秋左传注》桓公二年，北京：中华书局，1990年；杨伯峻编著：《春秋左传注》定公四年，北京：中华书局，1990年；杨伯峻编著：《春秋左传注》昭公十三年，北京：中华书局，1990年。
⑧ 杨伯峻编著：《春秋左传注》襄公十三年，北京：中华书局，1990年。

的例证。① 由此可知，随着家族的扩大和大小宗关系的形成，以任事和贡纳为主要形式的服制在统治部族内部也普遍化了。那么，究竟是先行于内，再推之于外，还是恰恰相反？我们以为应该是前者，而不是后者。因为如前所言，最初的奴役都是从家内开始的，而古人不会预作政治设计，现成的家族管理模式，就是他们治理国家的最好蓝本。从家内的"有事弟子服其劳"，到族中的"上下有服"，再到用"厥取厥服"、"厥献厥服"②，来实现对异族人劳动的无偿占有，实际上仍是用族和"仿族"组织对新旧属民不断进行编联，正因为如此，所以周代出自四夷的诸侯便多列为子爵，所谓子者，意谓已是王之假子也。

不过，虽然内外皆有其服，但两者的区别仍旧依稀可辨。外族人因武力驱迫才接受了服的剥削，正是在这个意义上，服字才有了降服、屈服、服从的内涵。他们承担的役和贡，可能多带经济性质，而且一定更为辛苦和繁重，所以才会有"东国困于役而伤于财"、谭大夫作诗"以告病"之类事情的发生③。而本族内服的产生和推广，则应与杨堃、杨向奎先生介绍过的普遍流行于世界各地的"保特拉吃"制度有关。在这一传统深厚的制度中，氏族首领先赠送礼品给亲族，受赠者必须接受，并应在以后加倍偿还。④ 今观铜器铭文和文献典籍，周王册命时必伴以赏赐，各级大家长也常有"庇族"、"恤族"的举措，其目的实皆为"收族聚党"，从而使族人对在上位者"无忘职事"，甘心无酬地贡献自己的全部心力，甚至"庶民子来"般地成为贵族的附庸。也正是由于血缘联系尚未割断和"保特拉吃"习俗影响久远，同族各类有服者才显得地位较高，即使成了最普通的庶人，未经族长允许，也不能随意处死和残害。

服制不仅有内外之别，更有上下之分。国家发展了，事务增多了。久而久之，驻防各地的侯、卫，任重要王事的男和熟化了的被征服者的首领——子，被封为诸侯，率众服役的族长变成了督众履事的司徒、司工或"官司藉田"的小藉臣等；而负责专供某器、某物的国或族，则被视为车正、陶正、牧正，或被称作索氏、陶氏、施氏、繁氏、锜氏、樊氏、长勺氏、尾勺氏，可谓之"以

---

① 杨伯峻编著：《春秋左传注》襄公二十三年，北京：中华书局，1990年。
② 《驹父盨盖》铭，中国社会科学院考古研究所编：《殷周金文集成》4464，北京：中华书局，1992年。
③ 《毛诗正义》卷十三《小雅·大东·序》，北京：中华书局，1980年影印清阮元校刻《十三经注疏》本。
④ 杨向奎：《宗周社会与礼乐文明》，北京：人民出版社，1992年，第238—244页。

服为氏",连本来的氏名都忘掉了。于是,以诸侯、臣宰和族长为主体,形成了服制中居于管理地位的上层;由于"主管其事曰职"①,这些管理人便有了固定的职位,并经由周王申命其子孙"更厥祖考服",而最终变为世官。甚至将所掌职事标示在族徽中。② 他们还须穿上与自己职位相应的衣和裳,所以,上衣下裳也开始被统称为衣服。但是,成了高管,是否就无需自己动手了呢?否。据《国语·周语中》,单襄公曾述周之《秩官》曰:若王吏使于诸侯,"则皆官正莅事,上卿监之","若王巡守,则君亲监之",《荀子·正论》讲得更明确:天子"居则张容,负依而坐,诸侯趋走乎堂下",出则"三公奉軶持纳,诸侯持轮挟舆先马,大侯编后,大夫次之,小侯、元士次之,庶士介而夹道,庶人隐窜,莫敢视望。"这都是合乎情理的真实记录和正确观察。试想,乾隆爷下了江南,巡抚、知府、道台一干人等还能坐得住吗?以此推之,西周铜器《员鼎》铭文中的员为王执犬,《令鼎》铭文中的溓仲为王驭,令及奋先马走,《匡卣》铭文中的匡为王抚象乐,《师嫠簋》和《辅师嫠簋》铭文中的师嫠司铸及钟鼓,《大鼎》铭文中的大"以厥友"守卫于王宫门外,等等,均系贵族己身执役之显例。③ 员与溓仲之流应属王的同宗、姻族或已是王者假子的亲信。他们虽已身居高位,却仍甘心亲供驱使,根子仍在于"保特拉吃"的制约和"有事弟子服其劳"的传统影响,和后世"对下是老爷,对上是奴才"的官场恶习尚不完全等同。

与上层分子向管理者转化相应,服制所规定的劳作则主要落到了各族下层民众身上。他们在兵役中或随家长"刍荛"、"追蓐",或作为步卒,配合由贵胄子弟构成的车兵,在蒐狩中"取彼狐狸,为公子裘",只能在"献豜于公"的前提下"言私其豵"④,在任土功时,"缩版以载","度之薨薨","筑之登登"⑤,辛苦备尝,在耕耤时实际负责"终于千亩","耨获"亦复如是,直至"廪于耤东南",⑥ 对于技术含量较高的手工业劳动,则由匠人百工轮流到官营作坊中去服役,已经类似于后世的"番上",不然,即要求擅长某类技能的家族自备或领取

---

① 《尔雅注疏》释诂,北京:中华书局,1980年影印清阮元校刻《十三经注疏》本;《汉书》卷三十七《季布传》,北京:中华书局,1962年标点本。
② 张光直:《商代文明》,沈阳:辽宁教育出版社,2002年,第224页。
③ 郭沫若:《两周金文辞大系考释》,上海:上海书店出版社,1999年,第29、30、82、149、88页。
④ 《毛诗正义》卷八《豳风·七月》,北京:中华书局,1980年影印清阮元校刻《十三经注疏》本。
⑤ 《毛诗正义》卷十六《大雅·緜》,北京:中华书局,1980年影印清阮元校刻《十三经注疏》本。
⑥ 《国语》周语上,上海:上海古籍出版社,1978年。

材料，按照规定的"式法"、"度量"及时提供制成品。① 总之，由于上古尚无那么多非农专业人士和国家公务人员，商品交换又极不发达，贵族所需的一切，无不直接仰赖于力役和贡纳，所以，举凡"生九谷"、"毓草木"、"作山泽之材"、"养蕃鸟兽"、"圈牛牧马"、"化治丝枲"，乃至"膳羞割烹"、"饭米熬谷"、"设几布席"、"进奉酒浆"、"涤濯器用"等②，都会成为普通劳动者无法逃遁的负担，而且为了适合于当时的管理水平，所有这些又都被分别固定地摊派到各家族，正如孔颖达所说，"任"皆"有常"，"殊于"汉唐间的"不主一"也。③ 于是，和西南少数民族土司统治区流行的做法一样，普通的村邑变成了世袭的送柴庄、送菜村或养马寨等。④ 事实上，作为家族成员，庶人还需以助耕等形式为大宗服"白工"劳役，并"贺其福而弔其凶"，虔心侍奉家长，他们"明而动，晦而休，无日以息"⑤，不仅为沉重的体力劳动所困，同时也无任何自由，虽有别于皮鞭驱赶下的典型奴隶，比起有一定的私有经济、并独立从事个体劳动的农奴来，又相差甚远。

还需关注的是介于上下的中间层。金文所见西周官制多有名同实异者，如走马、膳夫、小臣等，有的地位很高，有的地位较低。专家还发现，在同一王世的太史之下，往往存在多个史官；很可能是在西周后期，诸士之上，新设了司士一职；这都充分反映了管理阶层的复杂化。另外，重要的贵族之家和属邑中，也有各自的执事人员，如师汤父有司、荣有司、南公有司及《裘卫鼎》铭所见的"三有司"，《散氏盘》铭所见的矢人有司、散有司，《大盂鼎》铭所见的"邦司四伯"、"尸司王臣十又三伯"等。⑥ 有了这些人，王公诸侯及中枢的两寮、宰官才能将服制规定的各项任务摊派下去，贯彻到底。

由于各项事务皆有专职掌管，且已固定到各族、各邑分头执行，这就在全

---

① （清）孙诒让：《周礼正义》卷十三《天官·掌皮》，王文锦、陈玉霞点校，北京：中华书局，1987年；（清）孙诒让：《周礼正义》卷三十一《地官·角人》，王文锦、陈玉霞点校，北京：中华书局，1987年。
② （清）孙诒让：《周礼正义》卷二《天官·大宰》，王文锦、陈玉霞点校，北京：中华书局，1987年。
③ 《尚书·禹贡》的"二百里男邦"，伪孔传曰："男，任也，任王者事。"《尚书正义》，北京：中华书局，1980年影印清阮元校刻《十三经注疏》本。
④ 云南省编辑委员会：《阿昌族社会历史调查》，昆明：云南人民出版社，1981年。
⑤ 《国语》鲁语下，上海：上海古籍出版社，1978年。
⑥ 张亚初、刘雨：《西周金文官制研究》，北京：中华书局，1986年。

天下造成了"通达之属，莫不从服"、"大夫士日恪位著，以儆其官，庶人工商各守其业，以共其上"的新局面。① 所以，不是别的，正是服，即社会分工和人们在劳动组织中所占的地位，把初始形态的族内依附和族间奴役变成了序列化的等级。"王臣公，公臣大夫，大夫臣士，士臣皂，皂臣舆，舆臣隶，隶臣僚，僚臣仆，仆臣台，马有圉，牛有牧，以待百事"②，很像古代天主教中的神父服从主教、副主祭服从神父、襄礼员服从副主祭、驱魔员服从襄礼员、诵经员服从驱魔员、司门员服从诵经员③。谁在什么时候干什么，以及必须听从哪些人的指挥，都已规定好了，而且积久成习，故"雨毕而除道，水涸而成梁"、"清风至而修城郭"、"我稼既同，上入执宫功"，及期，四方民众自会"偕尔畚梮"，应时而至。④ 甚至连残疾人，也各因其所才而有相应的安排，并渐渐形成了"戚施植鎛，蘧除蒙璆，侏儒扶庐，蒙瞍循声，聋聩司火"和"刖者守门"的传统。这种看似简单的分工在早期文明中带来了"国有班事，县有序民"、"上下有服"、"都鄙有章"的管理效果。既然人们在服制中所任之事恒定不变，则民之"少多、死生、出入、往来"皆可通过"审之以事"加以掌控，治农于籍、四时蒐狩及由众官所职之事都是"习民数"的好机会，哪里还用得着"料民"呢？⑤

命服受职既看出身，有时也看能力。这正是某些被征服者可以"有服在大僚"的原因之一。如商贵族在商亡后即不仅有供职于西周王室者，同时也有供职于诸侯国或卿大夫之家的情况。最典型的像担任王国史官、负责掌管威仪的微史家族，为周王执犬的举族首领"员"，同样出自举族、因受匽侯赏赐而作器的复⑥，等等，似都应归入"殷士肤敏"之列。还有一些仍存实力、具备一定规模的国族，则以客或子的名义被封为诸侯。服讲上下，故可形成班序，同服即同职、同位，且世代相传，长此以往，自会"少而习焉，其心安焉"，并使族间隔阂趋于淡化。甚至普通民众，也会在服事过程中互相接近，以致我们有时竟无法辨清庶人、舆人的来源和族属。由服制划分的上下之等开始取代血缘关系，

---

① （清）王先谦：《荀子集解》卷十《议兵》，沈啸寰、王星贤点校，北京：中华书局，1988年；《国语》周语上，上海：上海古籍出版社，1978年。
② 杨伯峻编著：《春秋左传注》昭公七年，北京：中华书局，1990年。
③ 施治生主编：《古代国家的等级制度》，北京：中国社会科学出版社，2003年，第444页。
④ 《国语》周语中，上海：上海古籍出版社，1978年；《毛诗正义》卷八《豳风·七月》，北京：中华书局，1980年影印清阮元校刻《十三经注疏》本。
⑤ 《国语》周语上，上海：上海古籍出版社，1978年。
⑥ 何景成：《商周青铜器族氏铭文研究》，济南：齐鲁书社，2009年，第248—249、272、276页。

是一个历史的进步。这正说明文明发展的路径确实是先转化、后排挤。① 但这种排挤直至西周时期力度仍十分有限，相反，服的确立依旧要依托在血缘基础上。周人分封，目的是"并建母弟，以蕃屏周"，所以在武王时，"其兄弟之国者十五人，姬姓之国者四十人，皆举亲也"。② 以后经过册命、在朝中有服的重臣，也多为周之同族。周公在《洛诰》篇谆谆告诫成王，治国时务须顺从"正父"们的意志，并表示他自己要率多子"笃（继）前人成烈（业）"，周王发布文告，辄呼"伯父、伯兄、仲叔、季弟、幼子、童孙，皆听朕言"③，每有政令，也都通过"以大家达厥庶民及厥臣"的管道予以落实④。都反映以"正父"、"多子"为首的"大家"才是政权的支柱。被整齐化了的文献仍以"蛮夷要服"、"戎狄荒服"与"邦内甸服"、"侯卫宾服"相对⑤，足见族间壁垒更没有完全打破。综而观之，学者多谓殷周的等级是亲亲与尊尊的结合，应不为无理。

依亲亲尊尊关系相区分的等级既然已经出现，就需要用制度将其固定起来。在中国，由于成文法形成较迟，用以规范等级的，主要是由传统习惯演化而成的礼。考古材料表明，龙山时代的墓葬不仅在大小、有无棺椁及随葬品多寡等方面差异显著，而且随葬的陶器、木器、玉石器等已经出现了成组配套、位置固定和缺乏实用价值、仅具有礼仪性质的倾向，至于什么人可以使用，什么人不能使用，更有相当严格的限制，所以，鼓、特磬、玉钺、蟠龙纹彩绘陶盘等只见于少数大型墓，而仅能容身的小型墓往往一无所有，或仅随葬极少的工具和小件装饰品。根据这些能够反映出一定规律性的特征，有人已将陶寺早期墓地的墓葬分为七、八个层次，而以泗水尹家城大墓、临朐西朱封大墓和诸城呈子四类墓为代表的山东龙山文化墓葬，也存在着六至七个阶梯。⑥ 由此可见，礼与等级如影之随形，一表一里，相互依存，应产生于夏之前，所谓周公制礼作

---

① 汪连兴：《荷马时代·殷周社会·早期国家形态》，《社会科学战线》1994年第5期，第131—137页。该文认为"国家对氏族制度的关系一般都是先'转化'，后'排挤'，即首先把原始社会的血缘部落基本上原封不动地保留下来，使之转化为隶属于国家之下的统治机构。第二步才逐渐地用地缘和财产关系来排斥、取代血缘关系。"我认为，这是文明起源研究中最重要的理论突破。
② 杨伯峻编著：《春秋左传注》昭公二十六年，北京：中华书局，1990年；杨伯峻编著：《春秋左传注》昭公二十八年，北京：中华书局，1990年。
③ 《尚书正义》卷十九《吕刑》，北京：中华书局，1980年影印清阮元校刻《十三经注疏》本。
④ 《尚书正义》卷十四《梓材》，北京：中华书局，1980年影印清阮元校刻《十三经注疏》本。
⑤ 《国语》周语上，上海：上海古籍出版社，1978年。
⑥ 高炜：《龙山时代的礼制》，《庆祝苏秉琦考古五十五年论文集》编写组：《庆祝苏秉琦考古五十五年论文集》，北京：文物出版社，1989年，第235—244页。

乐，不过是说，随着历史的进步，他曾对礼做过扩充和整理罢了。

整理过的周礼，据说已有"礼经三百，曲礼三千"①，这显然存在夸大的成分。但其内容确实可分为吉、凶、宾、军、嘉五大类，"达于丧、祭、射、御、冠、婚、朝、聘"②诸方面，左右着人的周旋、进退、俯仰、升降、动作、容止、饮食、衣服。③所用的礼器，则由陶而铜，由石而玉，由粗到精，包括笾豆、簠簋、牺象、樽彝、鼎俎、圭璋、钟磬、干戚等多种。尤应加以注意的是，班、位、度、量、数、制更加详明，如对丧祭中所用的鼎、簋之数，乐舞中的"羽数"及所悬钟、磬之数等，都规定得十分具体。④如此全面地发展礼，究为何因？原来，直观经验使古人越来越坚信，只有"有上有下，有先有后"，才"可以有制于天下"。⑤但"民不知礼"，则"未生其共"⑥，"上下无礼"，还会"乱虐并生"，相反，假如能使"上下有礼"，却可收到"谗慝黜远"而"民不慢"的好效果。⑦在古人看来，要是贵族们都因恪守礼则而变得庄敬威严起来，必能使众人"瞻其颜色而弗与争也，望其容貌而不生易慢焉"，对来自上边的诸多命令自然就会"莫不承听"、"莫不承顺"了。⑧而王者若能以礼"临照百官"，百官也会"于是乎戒惧，而不敢易其纪律"。⑨所以，自龙山时代至西周，统治阶级在政治上追求的实际只有一类事，那就是通过"教之礼"，"使知上下之别"⑩；通过"示有等威"，以"训民事君"⑪；通过让"君子勤礼"，来让"小人尽力"⑫。而礼的一切改进和拓展，都服务于这一总体目标。由此充分说明，若从起源或发生学的角度看，礼的功能就是"明贵贱，辨等列"⑬；礼的本质特征

---

① （清）孙希旦：《礼记集解》卷二十四《礼器》，沈啸寰、王星贤点校，北京：中华书局，1989年。
② （清）孙希旦：《礼记集解》卷二十一《礼运》，沈啸寰、王星贤点校，北京：中华书局，1989年。
③ 古人所穿，本分上衣下裳，因与服制发生联系而体现等级，故而才又有衣服之称。
④ 俞伟超：《周代用鼎制度研究》，《北京大学学报》（哲学社会科学版）1978年第2期，第85—94页；1979年第1期，第84—97页。
⑤ （清）孙希旦：《礼记集解》乐记，沈啸寰、王星贤点校，北京：中华书局，1989年。
⑥ 杨伯峻编著：《春秋左传注》僖公二十七年，北京：中华书局，1990年。
⑦ 杨伯峻编著：《春秋左传注》襄公十三年，北京：中华书局，1990年；《国语》楚语下，上海：上海古籍出版社，1978年。
⑧ （清）孙希旦：《礼记集解》乐记，沈啸寰、王星贤点校，北京：中华书局，1989年。
⑨ 杨伯峻编著：《春秋左传注》桓公二年，北京：中华书局，1990年。
⑩ 《国语》楚语上，上海：上海古籍出版社，1978年。
⑪ 杨伯峻编著：《春秋左传注》文公十五年，北京：中华书局，1990年。
⑫ 杨伯峻编著：《春秋左传注》成公十三年，北京：中华书局，1990年。
⑬ 杨伯峻编著：《春秋左传注》隐公五年，北京：中华书局，1990年。

挡不住的诱惑——中国古代等级制度述论

在于"别异"①，即让"名位不同"的人，"礼亦异数"②；极力推行礼，无非是要固化等级，建立顺而不逆，"上下有章"的秩序型社会，以便最终实现"治政安君"③。现在，有人说"礼对个人不是一种外加的束缚，而是自我表达的一种渠道"④，恐怕在考古和文献两方面都找不到证据，只是他别有用心的主观臆断。

为了构筑以亲亲尊尊为原则、以服为核心的等级统治，上层人士还最大限度地利用了下层民众的落后和愚昧。殷周已进入青铜时代，但那只是片面的贵族文明。一般劳动者却仍知识未开，普遍不识字，"生耕稼以老十室之邑"，对外部世界缺乏最起码的了解。战争和各种事务都由王、侯及公卿、大夫、士指挥调度，为什么能够胜利或成功，大家不明就里，从而感到神秘莫测。况且，贵族们绣衣朱裳，狐裘皇皇，动作有文，言语有章，居则钟鸣鼎食，出则銮铃和鸣，前有旗旟导引，后有扈从簇拥，庄敬肃穆，望之俨然，在常人眼里，他就是神或半神，焉能不对他俯首帖耳，百般屈从？

更重要的是，古人相信万物有灵和灵魂不灭，认定显赫人物和家长死后为鬼为神，仍能继续控制地上的一切，"实照临子孙而祸福之"⑤。灵魂既然活着，就会产生"鬼犹求食"的观念。⑥故而，统治者不仅"受命于庙"⑦、"治兵于庙"⑧、"舍爵策勋"⑨ 于庙，出则奉祖祢之主，"载于斋车而行"⑩，更于礼所规定的祭日及欲行大事之际，以币帛皮圭、牲牷肥腯、粢盛丰备、嘉栗旨酒奉献于神灵。据说，祭祀的费用起码要占到一年总收入的十分之一。⑪那么，具体由谁负责向神供奉，并从神那里领受指示呢？这又取决于"神不歆非类，民不祀非族"的族群认同意识。⑫在同族当中，唯有嫡长子的血统因最纯而变得最为高

---

① （清）孙希旦：《礼记集解》乐记，沈啸寰、王星贤点校，北京：中华书局，1989年。
② 杨伯峻编著：《春秋左传注》庄公十八年，北京：中华书局，1990年。
③ （清）孙希旦：《礼记集解》礼运，沈啸寰、王星贤点校，北京：中华书局，1989年。
④ 语为魏斐德对杜维明《仁与礼之间的创造性紧张》（The Creative Tension Between Jen and Li，《东西哲学报》，1968年4月）一文的总结，魏斐德：《当代西方学者对中国文化的评价》，《中外文化研究》，北京：生活·读书·新知三联书店，1988年，第185页。
⑤ 《国语》周语上，上海：上海古籍出版社，1978年。
⑥ 杨伯峻编著：《春秋左传注》宣公四年，北京：中华书局，1990年。
⑦ 杨伯峻编著：《春秋左传注》闵公二年，北京：中华书局，1990年。
⑧ 杨伯峻编著：《春秋左传注》庄公八年，北京：中华书局，1990年。
⑨ 杨伯峻编著：《春秋左传注》桓公二年，北京：中华书局，1990年。
⑩ （清）孙希旦：《礼记集解》王制，沈啸寰、王星贤点校，北京：中华书局，1989年。
⑪ （清）孙希旦：《礼记集解》王制，沈啸寰、王星贤点校，北京：中华书局，1989年。
⑫ 杨伯峻编著：《春秋左传注》僖公十年，北京：中华书局，1990年。

贵，沟通神人的角色渐渐地就被公认非他莫属。于是，每逢大祭，作为主祭人的大宗宗主处净室中斋戒，冥想着祖先生前的"居处"、"笑语"、"志意"及"所乐"、"所嗜"，到了祭日，他就于"恍惚"中"与神明交"，既能"僾然必有见乎其位"，甚至还能"肃然必有闻乎其声容"、"忾然必有闻乎其叹息之声"。①由他"肉袒亲割"，"夫人荐酒"，②抱着"事死者如事生"的态度，"进退必敬"地将祭品献上，神才会"庶或飨之"、"或使之也"。他"如亲听命"③一样，再把神意向下转达，众人焉敢不听？即便偶有疑义，还可像商王盘庚那样，以"先后"将"断弃汝，不救乃死"④予以恐吓。若事涉多个国、族，则通过盟、诅，相警以"明神殛之，俾失其民，坠命亡氏，踣其国家"⑤。一般而言，有了这几手，"神飨而民听，民神无怨"⑥的效果就出来了。由此可见，表面上是祭神，骨子里却是借祭礼在活人中明尊卑、上下、主次、亲疏、远近。其他各类礼典的作用无不如此。所以，《礼记·祭义》便总结道："明命鬼神，以为黔首则"，就会使"百众以畏，万民以服"，"听且速也"。而秦始皇却说："古之五帝三王，知教不同，假威鬼神，以欺远方"。⑦前者是褒，后者略含贬损之意，但都算抓住了事物的本质，要比"当代叔孙通"们的分析诚实、准确得多。事实上，正是靠压制和欺骗，才维持了自龙山时代以迄殷周"上下有服"式的等级制。由于古人好骗，这种并不难解的神权政治居然给统治者带来了"诱民孔易"⑧的自足。

二、孔子维护旧等级的努力和对等级制理论的初步建构

传统是一种巨大的保守力量。以内外上下、人皆有服为内容的殷周等级统治，凭借武力强制、鬼神观念和围绕祭神拜鬼而形成的礼乐制度，居然绵延了一千多年。千余年中，不仅王室赖此而稳定，一些古老的名族，也如长寿神龟，

---

① （清）孙希旦：《礼记集解》祭义，沈啸寰、王星贤点校，北京：中华书局，1989年。
② （清）孙希旦：《礼记集解》郊特牲，沈啸寰、王星贤点校，北京：中华书局，1989年；（清）孙希旦：《礼记集解》礼器，沈啸寰、王星贤点校，北京：中华书局，1989年。
③ （清）孙希旦：《礼记集解》祭义，沈啸寰、王星贤点校，北京：中华书局，1989年。
④ 《尚书正义》卷九《盘庚中》，北京：中华书局，1980年影印清阮元校刻《十三经注疏》本。
⑤ 杨伯峻编著：《春秋左传注》襄公十一年，北京：中华书局，1990年。
⑥ 《国语》周语上，上海：上海古籍出版社，1978年。
⑦ 《史记》卷六《秦始皇本纪》，北京：中华书局，1959年标点本。
⑧ （清）孙希旦：《礼记集解》乐记，沈啸寰、王星贤点校，北京：中华书局，1989年。

历久不衰。例如，综观眉县杨家村所出《逑盘》铭文及《左传》、《国语》的记录，便知单氏家族自周文王时代直到春秋期间，始终地位显赫，其生命力之顽强，足以令人惊诧。而情况与单氏类似者，更不知凡几。

然而，物盛而衰，乃理之固然。殷周等级制的前提是商品经济极不发育，只能通过具体的直接服役和多种实物贡纳来满足贵族各方面的需求。同时，由于王畿和诸侯国面积有限，"行其政事，共其职贡，从其时命"，众"听且速"，①并不觉路途劳顿。故而，王、侯便能顺利地"以大家达厥庶民及厥臣"②，把剥削摊派给各个血缘团体。但到平王东迁之后，文武之道坠失于地，社会渐入"礼坏乐崩"之境，这种被叫做"服"的古老统治方式，就很难继续维持下去了。

首先，通过激烈的争霸和兼并，强大的诸侯由"土不过同"变为"有土数圻"，要求方圆数千里内的劳动者亲履其事，不仅本人会因过于遥远而不堪其苦，即便是统治者，也会感到很不合算。其次，由于血缘关系断裂，个体家庭涌现和人口流动加剧，以"有事弟子服其劳"为出发点、以家族为基本单元的服制就失去了存在的基础。最后，商品经济日渐活跃，贵族事神、布政及生活所需也能通过交换弄到手了。与上述三种趋势相伴随，"偕偕士子"对"朝夕从事"、"不已于行"、却又"终窭且贫，莫知我艰"的怨怒之声不绝于耳，③"民溃"事件和劳动者阶层公开反抗指定服役的斗争也因"事充、政重"而越演越烈。例如，鲁国的成邑因拒绝替孟孙氏养马而集体叛离④；卫国因国君"使匠久"和"使三匠久"发生过两次匠氏暴动⑤；连王城之内也有百工起义⑥。至于靠庶人助耕的各类公田，更出现了"维莠骄骄"、"维莠桀桀"⑦的荒凉景象。而且，在许多反抗活动中，失势贵族与广大民众开始互相利用和合作，往往使事变带上夺权斗争的性质，这便不能不使统治者受到空前的政治压力。

---

① 杨伯峻编著：《春秋左传注》襄公二十八年，北京：中华书局，1990年；（清）孙希旦：《礼记集解》祭义，沈啸寰、王星贤点校，北京：中华书局，1989年。
② 《尚书正义》，北京：中华书局，1980年影印清阮元校刻《十三经注疏》本。
③ 《毛诗正义》小雅，北京：中华书局，1980年影印清阮元校刻《十三经注疏》本；《毛诗正义》邶风，北京：中华书局，1980年影印清阮元校刻《十三经注疏》本。
④ 杨伯峻编著：《春秋左传注》哀公十四年，北京：中华书局，1990年。
⑤ 杨伯峻编著：《春秋左传注》哀公十七年，北京：中华书局，1990年；杨伯峻编著：《春秋左传注》哀公二十五年，北京：中华书局，1990年。
⑥ 杨伯峻编著：《春秋左传注》昭公二十二年，北京：中华书局，1990年。
⑦ 《毛诗正义》齐风，北京：中华书局，1980年影印清阮元校刻《十三经注疏》本。

既然"上失其道，民散久矣"①，迫不得已，各国只好进行改革，用新方法来取代旧服制。于是便有了齐国的"相地而衰征"，晋国的"作爰田"、"作州兵"，鲁国的"初税亩"、"以田赋"，楚国的"量入修赋"，郑国的"作丘赋"，以及后来秦国的"初租禾"。②对于各项举措的理解众说不一，其实，最核心之点却都是用按比例征税代替固定的劳役、贡纳和用按地区出兵赋代替由族兵组成的"卫服"。《左传》哀公二年（前493）："周人与范氏田，公孙尨税焉"。除税吏抽税和按乘丘出赋以外，产品尽归己有，且可支配剩余劳动时间，这就使剥削的量第一次有了限度，人身第一次有了自由。虽然一切都很初步，但社会毕竟已从漫长的固定、死板状态中挣脱出来，从而极大地焕发了人们的生产积极性。所以，与其说春秋战国经济飞跃的原因是井田的垮台，不如说是服制的瓦解。战国人孟子把自己仅知其"大略"的三种剥削方式分别配给夏商周三代，实际情况却是：先有服制中的役和贡，后来才让位给较为灵活的税和赋。③

"人有十等"、"以待百事"式的"服制"走向解体，整个社会的行为方式由死变活了，这样一来，再单靠礼的庄敬、威严、神秘就很难收到使人"莫不承听"、"莫不承顺"的效果，一些意识到"猛政"时代将要到来的列国执政，随即开启了以刑驭民的新篇章。郑人"铸刑书"、"用竹刑"，④晋人"铸刑鼎"⑤，楚国则有《仆区之法》、《茅门之法》和《将遁之法》⑥，大致都是把在大蒐中所定的临时性军规固定下来，"以为国之常法"，用以管民。新的做法及时填补了因"礼坏"而造成的管理上的空当，遏止了"民闻公命，无逃寇仇"的颓势，更为战国法家的改革奠定了基础。

当此"庶民罢弊"、"民无所依"之际⑦，部分头脑灵活的统治者还敏锐地看

---

① 杨伯峻：《论语译注》子张篇，北京：中华书局，1980年。
② 《国语》齐语，上海：上海古籍出版社，1978年；杨伯峻编著：《春秋左传注》僖公十五年，北京：中华书局，1990年；杨伯峻编著：《春秋左传注》宣公十五年，北京：中华书局，1990年；杨伯峻编著：《春秋左传注》哀公十一年，北京：中华书局，1990年；杨伯峻编著：《春秋左传注》襄公二十五年，北京：中华书局，1990年；杨伯峻编著：《春秋左传注》昭公四年，北京：中华书局，1990年。
③ 杨伯峻：《孟子译注》卷五《滕文公上》，北京：中华书局，1960年。
④ 杨伯峻编著：《春秋左传注》昭公六年，北京：中华书局，1990年；杨伯峻编著：《春秋左传注》定公九年，北京：中华书局，1990年。
⑤ 杨伯峻编著：《春秋左传注》昭公二十九年，北京：中华书局，1990年。
⑥ 杨伯峻编著：《春秋左传注》昭公七年，北京：中华书局，1990年；（清）王先慎：《韩非子集解》卷十三《外储说右上》，钟哲点校，北京：中华书局，1998年。
⑦ 杨伯峻编著：《春秋左传注》昭公三年，北京：中华书局，1990年。

到了"获民"、"得民"的重要性，并突破传统礼制关于"家施不及国"的规定①，采取种种特殊政策，处心积虑地同公室及其他对手争夺民众。例如，晋之六卿皆计亩而征，但范、中行氏以百六十步为亩，智氏以百八十步为亩，韩、魏以二百步为亩，赵氏以二百四十步为亩，亩积越大，耕者得利就越多，而且，赵氏还常全部免税，只令其属民出军赋。②齐国的陈氏以容积较大的家量贷出粮食，却以容积较小的公量收之，又使"山木入市，弗加于山；鱼盐蜃蛤，弗加于海"，居然引得民众"归之如流水"。③其实，鲁国的季孙氏在"三分公室"、"以作三军"时，"使其乘之人以其役邑入者无征"④，也是只责军赋而不征税，与晋国赵氏的做法如出一辙。这样一来，很快便有一些家族异军突起，变得不胜其富，而公室和其他家族则相形见绌，有的竟沦为"敝族"，甚或"降在皂隶"。一方面是"筚门圭窦之人而皆陵其上"⑤，一方面却是有人不断哀叹："于我乎，夏屋渠渠，今也每食无余。于嗟乎，不承权舆！于我乎，每食四簋，今也每食不饱。于嗟乎，不承权舆！"⑥真可谓"高岸为谷，深谷为陵"⑦。由于"富而不骄者鲜"⑧，于是，新贵们几乎无例外地僭越礼则，"大夫而设诸侯之服"⑨，"自大夫以下皆僭"⑩，影响所及，连商人也能"金玉其车，文错其服"，"结驷连骑，束帛之币"，而四出聘享，"所至，国君无不分庭与之抗礼"。⑪正是出自对现实残酷性的深刻体察，史墨才结合"三姓之后，于今为庶"的历史，提出了"社稷无常奉，君臣无常位"的政治论。⑫后来，田氏代齐，三家分晋，臣登君位，他的话全部得到了有力验证。

孔子生于鲁襄公二十二年（前551），卒于鲁哀公十六年（前479），赶上了新与旧的大交替，真正算得上是"据乱世"。简单梳理一下他对耳闻目睹的诸种

---

① 杨伯峻编著：《春秋左传注》昭公二十六年，北京：中华书局，1990年。
② 吴树平：《从临沂汉墓竹简〈吴问〉看孙武的法家思想》，《文物》1975年第4期，第6—13页。
③ 杨伯峻编著：《春秋左传注》昭公三年，北京：中华书局，1990年。
④ 杨伯峻编著：《春秋左传注》襄公十五年，北京：中华书局，1990年。
⑤ 杨伯峻编著：《春秋左传注》襄公十年，北京：中华书局，1990年。
⑥ 《毛诗正义》秦风，北京：中华书局，1980年影印清阮元校刻《十三经注疏》本。
⑦ 《毛诗正义》小雅，北京：中华书局，1980年影印清阮元校刻《十三经注疏》本。
⑧ 《国语》鲁语下，上海：上海古籍出版社，1978年。
⑨ 《国语》晋语，上海：上海古籍出版社，1978年。
⑩ 《史记》卷四十七《孔子世家》，北京：中华书局，1959年标点本。
⑪ 《史记》卷一百二十九《货殖列传》，北京：中华书局，1959年标点本。
⑫ 杨伯峻编著：《春秋左传注·昭公三十二年》，北京：中华书局，1990年。

事变所持的看法，将有助于我们认识这位圣人的真面目。据《左传》成公二年（前589）记载，卫国的新筑大夫仲叔于奚曾救过正卿孙桓子，"卫人赏之以邑，辞，请曲悬繁缨以朝，许之。"这本是一件陈年旧事，仲尼闻之，却评论说："惜也，不如多与之邑。"并借题发挥，讲出了一套关于"唯器与名，不可以假人"的大道理。《左传》昭公二十九年（前513），"晋赵鞅、荀寅帅师城汝滨，遂赋晋国一鼓铁以铸刑鼎，著范宣子所为刑书焉。"对此，孔子反应十分强烈，居然发出了"晋其亡乎"的感叹。在他看来，只有"贵贱不愆"，才是最重要的"度"，将法律条文铸到鼎上，公布出去，就会形成只问是否违法、而不问贵贱的新型是非标准。"民在鼎矣，何以尊贵？""贵贱无序，何以为国？"因此，他便将"铸刑鼎"视为"晋国之乱制"而严加谴责。《左传》哀公十一年（前484）和《国语·鲁语下》都记有"季康子欲以田赋"一事，曾"使冉有访诸仲尼"，"仲尼不对"，却私于冉有曰："若欲行而法，则周公之典在"，"若不度于礼，而贪冒无厌，则虽以田赋，将又不足"。以此推之，则《左传》宣公十五年（前594）斥鲁国"初税亩"为"非礼"，所代表的恐怕正是孔子的意见。《左传》哀公十四年（前481），齐陈桓子弑其君壬于舒州，这时，孔子已经七十一岁了，闻讯后沐浴斋戒了三日，三次上朝请求伐齐，以惩治乱臣贼子，并替鲁君分析形势说："陈恒弑其君，民之不与者半，以鲁之众加齐之半，可克也。"哀公不能决，他又去拜求"三桓"，仍无结果，只好叹道："吾以从大夫之后也，故不敢不言。"上述四事足以证明，孔子的政治立场是保守的。历史是面镜子，一切为尊者讳的拙劣表演都将在这面镜子前现出原形。

而且，我们还很容易发现，孔子所保所守，不是别的，正是殷周以来始终占据统治地位的以服为中心的等级制度。在政治上，他反对"贵贱无序"，坚持"贵贱不愆"，反对"度于刑"，坚持"度于礼"，认为只有民"能尊其贵"，贵才能守其业；在经济上，他赞美"籍田以力，而砥其远迩"、"任力以夫，而议其老幼"式的固定劳役[1]，反对任何有违"周公之籍"的改作；在思想文化上，他讨厌"郑声之乱雅乐"，武断地把"诗三百"的主旨概括为"思无邪"[2]，要求人

---

[1] 《国语》鲁语下，上海：上海古籍出版社，1978年。
[2] 杨伯峻：《论语译注》阳货篇，北京：中华书局，1980年；杨伯峻《论语译注》为政篇，北京：中华书局，1980年。

们不可胡想乱来，并将不同意见视为异端①，试图随时加以扑灭。据此便不能不说，他的目的实在就是要恢复过去的老一套。他一边对"季氏八佾舞于庭"、"三家者以雍彻"之类的越礼行为表示不满和抨击②，一边叹息自己久矣"不复梦见周公"③，并明确表示："殷因于夏礼，所损益可知也；周因于殷礼，所损益可知也"，"周监于二代，郁郁乎文哉，吾从周"。④还说，假如有人用他，他就能使周文武之道在东方复兴。⑤他的梦境确定而清晰，想抹也抹不掉。

　　孔子的政治立场是保守的，政治态度却是积极的。他不愿意做一个只被挂着而不给人吃的匏瓜。⑥但年过五十，尚"温温无所试"，故而，连"公山不狃以费叛季氏"，派人召他，他也想去干上一番，并自我解嘲说："盖周文武起丰镐而王，今费虽小，傥庶几乎？"⑦后却因故未行。直到鲁定公派他做中都宰，这才有了施展的机会，居之一年，竟收到了"四方皆则之"的好效果，于是，"由中都宰为司空，由司空为大司寇"，"摄行相事"，"会于夹谷"，"堕三都"，"诛鲁大夫乱政者少正卯"，"与闻国政三月，鬻羔豚者弗饰价，男女行者别于涂"，因此而"有喜色"。正思如何大展宏图，齐国却用"遗以女乐"之计贿赂季桓子，桓子受之，"三日不听政，郊，又不致膰俎于大夫"，无奈，"孔子遂行"，周游列国，以弘其道，虽"皇皇如丧家之犬"，终不肯与隐者为伍，并坚信："苟有用我者，期月而已，三年有成。"晚年归鲁，临死前仍惦记着"君子病没世而名不称焉。"⑧他在政治上的追求不可谓不执著。

　　那么，孔子用以救世的办法又是什么呢？概括说来，他四处推销、并身体力行的政治主张就是"正名"和"复礼"四个字。两者互为因果，密不可分，应一并予以观察。那时候，最大的名实问题就是位与礼相悖离，"上下有礼"的

---

①　杨伯峻：《论语译注》为政篇，北京：中华书局，1980年。
②　杨伯峻：《论语译注》八佾篇，北京：中华书局，1980年。
③　杨伯峻：《论语译注》述而篇，北京：中华书局，1980年。
④　杨伯峻：《论语译注》为政篇，北京：中华书局，1980年；杨伯峻：《论语译注》八佾篇，北京：中华书局，1980年。
⑤　杨伯峻：《论语译注》阳货篇，北京：中华书局，1980年。
⑥　杨伯峻：《论语译注》阳货篇，北京：中华书局，1980年。
⑦　《史记》卷四十七《孔子世家》，北京：中华书局，1959年标点本。
⑧　《史记》卷四十七《孔子世家》，北京：中华书局，1959年标点本。关于杀少正卯一事，除《孔子世家》外，《荀子·宥坐》、《尹文子·大道》篇下、《吕氏春秋》、《说苑》、《孔子家语》等均有明确记录。虽阎若璩《四书释地》、崔述《洙泗考信录》、梁玉绳《史记志疑》力辨其无，却苦无确证，至今信疑参半，本文姑且采其一说。

局面已不复存在,变成了"下有上礼"。先后上下的次序都乱了,焉能继续"有制于天下"?故当子路问他"为政奚先"时,他便明确回答说:"必也,正名乎?"并进而解释说:"名不正则言不顺,言不顺则事不成,事不成则礼乐不兴,礼乐不兴则刑罚不中,刑罚不中则民无所措手足。"① 很显然,孔子是想从治理乱源入手,通过对名实应该相符的强调,达到复兴礼制的目的。由此点看来,正名是因,复礼是果;正名是手段,复礼是目的。

要实现名实相符必须有个好的切入点。齐国的陈氏用"厚施"的办法使民歌舞称颂其德,引起国君的警惕,问计于晏婴,晏婴说:"唯礼可以已之"。② 孔子与晏婴一样,也认为只有"导之以德,齐之以礼"③,才能使人从内心里服从,不做犯分之事。他觉得,像樊迟的非"学稼"即"为圃",简直就是抓了芝麻,丢了西瓜,所以就强调:"上好礼则民莫敢不敬,上好义则民莫敢不服,上好信则民莫敢不用情"④,从复礼、守礼入手,自可做到民敬、民服、民力可尽,而且名正言顺,哪里用得着自己种庄稼呢?他希望学生和世人都从我做起,"克己复礼"。在他想来,倘若每个人都"非礼勿视,非礼勿听,非礼勿言,非礼勿动"⑤,不仅颠倒了的名实关系可以再颠倒回来,长期坚持下去,也就进入仁的理想境界了。从他这些语录所隐含的逻辑来看,似乎又变成了"复礼"是因,"正名"是果;"复礼"是手段,"正名"是目的。所以,我们称之为互为因果。

至于正什么名,孔子也有十分清楚的表述。齐景公问政于孔子,孔子对曰:"君君臣臣父父子子"。⑥ 此前,管仲曾谓齐桓公曰:"为君不君,为臣不臣,乱之本也。"⑦ 寺人勃鞮则向晋文公指出"君君臣臣,是谓明训。"⑧ 赵盾力劝晋灵公伐宋,也提道:"大者天地,其次君臣,所以为明训也。"⑨ 这些都可视之为孔子言论的先声,但却不及孔子讲得更加全面。殷周等级制度的基础是亲亲和尊尊的结合,君臣关系是父子关系的转化,所有等级关系皆由君臣父子关系推衍

---

① 杨伯峻:《论语译注》子路篇,北京:中华书局,1980。
② 杨伯峻编著:《春秋左传注》昭公二十六年,北京:中华书局,1990年。
③ 杨伯峻:《论语译注》为政篇,北京:中华书局,1980。
④ 杨伯峻:《论语译注》子路篇,北京:中华书局,1980。
⑤ 杨伯峻:《论语译注》颜渊篇,北京:中华书局,1980年。
⑥ 杨伯峻:《论语译注》颜渊篇,北京:中华书局,1980年。
⑦ 《国语》齐语,上海:上海古籍出版社,1978年。
⑧ 《国语》晋语四,上海:上海古籍出版社,1978年。
⑨ 《国语》晋语五,上海:上海古籍出版社,1978年。

而来，君臣父子之名既正，各类等级名分随之皆正，一切问题岂不都迎刃而解了吗？所以，齐景公心领神会，盛赞孔子说："善哉！信如君不君臣不臣父不父子不子，虽有粟，吾得而食诸？"他一眼便看穿，孔子要他从君臣父子做起，狠抓正名，归根结底，是要保证等级制剥削能够落实，旧贵族不劳而获的享乐生活不至于泡汤。由于知识精英之毛一直附在统治阶级的皮上，故而，他们在对事物本质的理解上，往往灵犀相通。

其实，孔子从来都没有隐瞒过自己这种政治观点。他曾反复申论："上好礼，则民易使也"①，"小人学道，则易使也"②；"博学于文，约之以礼，亦可以弗畔矣夫！"③ 使在下位者"易使"和"弗畔"，从而挽救殷周等级制度覆亡的命运，就是他提出"正名"和"复礼"的出发点。或如极力推尊孔子的荀况所言：大儒之效，恰在于"谨乎臣子而致贵其上"④。孔子与叔向、晏婴、蔡墨等人一样，都属于熟悉并挚爱旧的礼乐文化的知识群体，若硬说他们的政治理想也是先进的，不是落后的，就与这个群体留恋传统文化的基本价值取向不相吻合了。但是，孔子毕竟是"圣之时者"。他没有简单化地肯定旧制度，而是通过阐释，来发掘、论证旧制度的合理性。这套办法，用他自己的话说，就叫"述而不作"⑤。《墨子》非儒时则称之为"循而不作"。⑥ 所谓不作者，不在制度上加以改作也。⑦

孔子虽不另起炉灶，只把自己的活动限定于"述"，但对如何更好地述，却下了很大工夫，成绩颇丰，在等级制理论的建构方面，实有开创之功。且看下列诸点：

（1）不谈天人，改谈人人。如前所言，中国以服为核心的等级制源自家族内家长对妻妾子女的奴役，又以建立仿族组织的方式，推及到被征服者的身上，进而转化为普遍的剥削制度。它的后盾是武力强制，它的意识形态基础则是灵

---

① 杨伯峻：《论语译注》宪问篇，北京：中华书局，1988年。
② 杨伯峻：《论语译注》阳货篇，北京：中华书局，1988年。
③ 杨伯峻：《论语译注》颜渊篇，北京：中华书局，1988年。
④ （清）王先谦：《荀子集解》卷四《儒效篇》，沈啸寰、王星贤点校，北京：中华书局，1988年。
⑤ 杨伯峻：《论语译注》述而篇，北京：中华书局，1980年。
⑥ 吴毓江撰：《墨子校注》卷九《非儒下》，孙启治点校，北京：中华书局，1993年。
⑦ （清）孙希旦：《礼记集解》卷五十《中庸》："虽有其位，苟无其德，不敢作礼乐焉，虽有其德，苟无其位，亦不敢作礼乐焉。"作礼乐，即作制度，孔子不作，盖因"无其位"也。沈啸寰、王星贤点校，北京：中华书局，1989年。

魂不灭和万物有灵。笼盖于全社会的看法是：祖先虽死，却仍在冥冥中控制着自己，王公贵族通过祭祀、占卜与之沟通，代表祖先发号施令，礼所规范的等级体现的是神人关系，任何违礼之举都将受到鬼神严惩。因此，人们不唯不敢乱说乱动，而且对礼从内心里怀有天然的敬畏，将其视为"天之经也，地之义也，民之行也"①，无需枉费口舌，去谈什么合理性。这种全靠习惯和鬼神恫吓维持的礼乃"无理之礼"，即没有必要解说的神示。

到了西周，情况就有点不同了。小邦周代殷作"民主"，凭什么呀！周公等人及时地提出了"敬天保民"或"敬德保民"，认为天随时都在寻找适合于君临天下的有德者②，只因"文王尚克修和我有夏"，"闻于上帝"，帝才"申劝宁王德"，"集大命于厥躬"③。这就不仅从众神中抽象出了有别于祖先神的天或帝，为周人统治各族树立了新的权威，而且通过对天命可以依德转移的认可，突出了人的能动作用，淡化了礼乐政治的宗教色彩。但是，周人心目中的天或帝可以"命哲，命吉凶，命历年"，可以"改厥元子"④，乃是一个典型的有意志的人格神，决定着王朝的兴衰。进而，他们还把人与人"胡不相畏"归因于"不畏于天"⑤。这样，"受命于天"、"于时保之"的希望就只有寄托在让大家皆"畏天之威"上边了。⑥ 所以，总体上看，周人并没有脱离神道设教的窠臼，只是将借以吓人的大神由人鬼换成了天帝。

进入春秋时期，王室衰微，权力下移，王命不行，与之相应，人们对天及天人关系的看法也出现了新变化。虞国的宫之奇引《周书》曰："皇天无亲，惟德是辅。"⑦晋国的韩简引《小雅·十月之交》曰："下民之孽，匪降自天；噂沓背憎，职竞由人"⑧；周内史叔兴曰："吉凶由人"⑨；随大夫季梁曰："夫民，神之主也。是以圣王先成民而后致力于神。"⑩ 郑执政子产曰："天道远，人道迩，

---

① 杨伯峻编著：《春秋左传注》昭公二十五年，北京：中华书局，1990年。
② 《尚书正义》卷十七《多方》曰："天惟时求民主"，北京：中华书局，1980年影印清阮元校刻《十三经注疏》本。
③ 《尚书正义》卷十六《君奭》，北京：中华书局，1980年影印清阮元校刻《十三经注疏》本。
④ 《尚书正义》卷十五《召诰》，北京：中华书局，1980年影印清阮元校刻《十三经注疏》本。
⑤ 《毛诗正义》小雅，北京：中华书局，1980年影印清阮元校刻《十三经注疏》本。
⑥ 《毛诗正义》周颂，北京：中华书局，1980年影印清阮元校刻《十三经注疏》本。
⑦ 杨伯峻编著：《春秋左传注》僖公五年，北京：中华书局，1990年。
⑧ 杨伯峻编著：《春秋左传注》僖公十五年，北京：中华书局，1990年。
⑨ 杨伯峻编著：《春秋左传注》僖公十六年，北京：中华书局，1990年。
⑩ 杨伯峻编著：《春秋左传注》桓公六年，北京：中华书局，1990年。

非所及也。"① 很显然，重人、重德的观念正在发展，天命的主宰地位开始动摇。在这种情况下，单用"畏天之威"的办法已难将人纳入上下"相畏"的礼制轨道了。于是，孔子明智地采取了"罕言命"的态度②，主张先"事人"，后"事鬼"，先"知生"，后"知死"③。他仍十分重视祭祀，但却"敬鬼神而远之"④。在"论六经"时，孔子把"国殊窟穴，家占物怪，以合时应"的卜筮及巫术活动记录，都视作"禨祥不法"的文字和图籍，采取"记异而说不书"的办法处理，进行了一次彻底净化，致使"天道命不传"。⑤ 如此一来，他所谓的天几乎就成了"四时行焉，风雨生焉"的自然之天了。⑥ 他自己"不语怪力乱神"⑦，偶或叹息命运，亦为习惯使然。他甚至以"由己率常"为大道，认为国君掌握了这一点，起码可以不失其国。⑧ 基于新的理念，孔子开始以仁释礼。许慎的《说文解字》曰："仁，亲也，从人二。"郑玄注《中庸》曰："读如相人偶之人"。段玉裁的《说文解字注》云："独则无偶，偶则相亲，故其字从人二。"据此，以仁释礼的关键就是把礼所体现的等级看成人与人相处的方式，从而剥去套在礼制身上的神人关系、天人关系的旧装，换上人际关系的新衣。孔子大肆宣扬仁，与他对天命鬼神的"罕言"、"不语"和"敬而远之"形成鲜明对照，并通过讲学和周游，去引领时代潮流，使人们逐渐从神道设教的恐怖中获得解脱。仅就此点而论，所谓"世无仲尼，万古如长夜"，并非没有道理。而章太炎称"孔子之功"在于"变禨祥神怪之说而务人事"，也算是一语破的。⑨

（2）以仁释礼，沟通忠孝。我们根据汉儒及段玉裁的意见，认为仁讲的是人际关系，即偶，或相人偶。胡适则把仁视为"做人的道理"。⑩ 冯友兰又说：仁即"性情之真及合礼的流露"。⑪ 此外，还有许多解释，其实意思都很接近。在儒家看来，

---

① 杨伯峻编著：《春秋左传注》昭公十八年，北京：中华书局，1990年。
② 杨伯峻：《论语译注》子罕篇，北京：中华书局，1980年。
③ 杨伯峻：《论语译注》先进篇，北京：中华书局，1980年。
④ 杨伯峻：《论语译注》雍也篇，北京：中华书局，1980年。
⑤ 《史记》卷二十七《天官书》，北京：中华书局，1959年标点本。
⑥ 杨伯峻：《论语译注》阳货篇，北京：中华书局，1980年。
⑦ 杨伯峻：《论语译注》述而篇，北京：中华书局，1980年。
⑧ 杨伯峻编著：《春秋左传注》哀公六年，北京：中华书局，1990年。
⑨ 章太炎：《论诸子学》，朱维铮、姜义华编注：《章太炎选集》，上海：上海人民出版社，1981年，第366页。
⑩ 胡适：《中国哲学史大纲》，第四篇《孔子》，上海：商务印书馆，1919年。
⑪ 冯友兰：《中国哲学史》，上海：商务印书馆，1934年。

一个人，如果真能很好地处理各种人际关系，就算是有德行和懂得如何做人了。

据《论语·颜渊》章："樊迟问仁。子曰：爱人"。应当肯定，"爱人"是孔子对仁的最重要的解释，也可以看做是他处理人际关系的一个基点。但为什么要爱，如何去爱，却又大有讲究。

在《孝经·圣治章》中，孔子对曾子说：要"因亲以教爱"①。道理很简单，由于"父子之道天性也"，所以，爱的第一要义便是"爱父"。"资于事父以事母，而爱同"，可将"爱父"之心推及到母亲身上。② 这种以爱父母为主要内容的爱亲之道就是孝道。既然"身体发肤，受之父母"③，"子生三年然后免于父母之怀"④，要学会做人，基本的东西岂不就是要首先学会孝亲吗？于是，孔子便在《论语》中，通过反复讲孝，来"因亲以教爱"。他尖锐地指出，仅仅"能养"不能算孝，因为"至于犬马，皆能有养"。⑤ 甚至"有事弟子服其劳，有酒食，先生馔"也不算孝，孝的关键在于"敬"而"无违"⑥，"劳而不怨"⑦。孔子说的"无违"就是不违背礼制，而不怨的标准则是"色难"。在他看来，"生，事之以礼；死，丧之以礼，祭之以礼"，"三年无改于父之道"，"可谓孝矣"；⑧至于父母怀怒，"挞之流血"，仍能流露出愉悦的颜色，"起敬起孝"者⑨，那就是孝的更高层次了。而他的学生宰我，要求用"期"来代替"三年之丧"，孔子坚决不予接受。他认为，作为一个君子，父母死去尚未满三年，应该是"食旨不甘，闻乐不乐，居处不安"的，怎能对提前"食夫稻，衣夫锦"的做法心安理得呢？⑩他据此批评宰我忘掉了父母最初对自己的三年抚爱，算是一个不懂得仁、缺乏爱心的人。综观孔子的多次谈话，即可看出，他是紧紧抓住报本反始、慎终追远的人之常情和追求心安的普遍心理，从孝入手，在大力宣扬遵守家礼

---

① 《孝经注疏》卷五《圣治章》，北京：中华书局，1980年影印清阮元校刻《十三经注疏》本。
② 《孝经注疏》卷二《士章》，北京：中华书局，1980年影印清阮元校刻《十三经注疏》本。
③ 《孝经注疏》卷一《开宗明义》，北京：中华书局，1980年影印清阮元校刻《十三经注疏》本。
④ 杨伯峻：《论语译注》阳货篇，北京：中华书局，1980年。
⑤ 杨伯峻：《论语译注》为政篇，北京：中华书局，1980年。
⑥ 杨伯峻：《论语译注》为政篇，北京：中华书局，1980年。
⑦ 杨伯峻：《论语译注》里仁篇，北京：中华书局，1980年。
⑧ 杨伯峻：《论语译注》为政篇，北京：中华书局，1980年；杨伯峻：《论语译注》学而篇，北京：中华书局，1980年。
⑨ （清）孙希旦：《礼记集解》卷二十七《内则》，沈啸寰、王星贤点校，北京：中华书局，1989年。
⑩ 杨伯峻：《论语译注》阳货篇，北京：中华书局，1980年。

的必要性。春秋人已经相当开化，这种宣传要比以前的神道设教更贴近现实，贴近生活，更人性化，也更易见到效果。

"教以孝，所以敬天下之为人父者也。"① 而"敬"、"无违"、"色难"都强调了对父家长的无条件服从。这对处于解体过程中的家族和正趋于衰落的父权来说，无疑是一剂起死良药。但孔子的理想却更加高远。他深知，只有先把合于天性的"父子之道"讲清楚，才能巧妙地阐释好"君臣之义"，所以，便打算以孝为入仁之门，诱导人们"资于事父以事君"。② 在《论语》中，有人问到孔子："子奚不为政？"孔子引《书》回答说："'孝乎惟孝，友于兄弟，施于有政'，是亦为政，奚其为为政？"③ 可见同样是服务于政治，其方法却有多种选择，他是想由养成孝的风气做起，然后去影响家国天下的整体进程。《论语》记子夏的话说："事父母能竭其力"者，"事君能致其身"。④ 又记有子的话说："其为人也孝弟，而好犯上者，鲜矣；不好犯上，而好作乱者，未之有也。君子务本，本立而道生。孝弟也者，其为仁之本与？"⑤ 子夏、有若都在孔门贤人之列，其所言，可视为是对先生意见的直接转述。由此可让我们更清楚地认识到，孔子师徒是要充分利用孝子惯于服从的特点，致力于在恢复家礼的基础上，进一步恢复整个礼制，即在恢复家内秩序的基础上，进一步恢复政治秩序和社会秩序。他们的目标十分宏伟，故曰"任重而道远"，他们深知，要把已挣脱枷锁的人身重新禁锢起来并不容易，仁的目标难于达到，故而抱着"死而后已"的决心去追求。⑥ 虽心向往之，而不能至，但确实逐渐把一套政治学说的基本框架搭建起来了，那就是："君子之事亲孝，故忠可移于君；事兄悌，故顺可移于长；居家理，故治可移于官。"⑦ 这样，事亲和忠君就得到了良好的沟通，并为茫然无措的旧贵族指点了迷津。但儒家仍不以此为满足，他们还告诉广大士人说："以孝事君则忠，以敬事长则顺，忠顺不失，以事其上，然后能保其禄位"，俸禄和职位保住了，不仅可以"守其祭祀"，对祖先"祭之以礼"，而且还可"扬名于后

---

① 《孝经注疏》卷七《广至德章》，北京：中华书局，1980年影印清阮元校刻《十三经注疏》本。
② 《孝经注疏》卷二《士章》，北京：中华书局，1980年影印清阮元校刻《十三经注疏》本。
③ 杨伯峻：《论语译注》为政篇，北京：中华书局，1980年。
④ 杨伯峻：《论语译注》学而篇，北京：中华书局，1990年。
⑤ 杨伯峻：《论语译注》学而篇，北京：中华书局，1980年。
⑥ 杨伯峻：《论语译注》泰伯篇，北京：中华书局，1980年。
⑦ 《孝经注疏》卷七《广扬名章》，北京：中华书局，1980年影印清阮元校刻《十三经注疏》本。

世，以显父母"，依照此意，孝能转化为忠，忠又有助于孝，两者的关系竟是互补的，孝的作用也因之发展为"始于事亲，中于事君，终于立身"，成了人们一生须臾都不能轻忽的东西。①

"因亲教爱"和"移孝作忠"具有崇父尊君的倾向，这是毫无问题的。除此而外，我们还想指出，孔子所谓的仁或爱人，完全是一种有等差的爱。最明显的例证是，他曾特别强调："君子而不仁者有矣夫，未有小人而仁者也。"② 这一下子就把普通劳动者排除在爱的范围之外了。他甚至认定，民宁可蹈水火而死，也不会"蹈仁而死"③，这里的民指的就应是他所谓的小人。凡熟悉《论语》者都知道，孔子对君子、小人言之最详，界线分得最清。诸如"君子喻于义，小人喻于利"④；"君子上达（达于仁义），小人下达（达于财利）"⑤；"君子固穷，小人穷斯滥矣"⑥；"君子怀德，小人怀土；君子怀刑，小人怀惠"⑦；"君子和而不同，小人同而不和"⑧；"君子坦荡荡，小人长戚戚"⑨；等等，比比皆是。这也难怪，因为随着社会的发展和早期国家走向成熟，以往由服役内容所决定的阶层已朝"或劳心"、"或劳力"的阶级转化，劳心者"谋道不谋食"，"学也，禄在其中"，因参与管理，虽不耕也无须"忧贫"⑩，此为君子；那些因必须从土里刨食，不能不"怀惠"、"怀土"、"忧贫"，终日"为稼"、"为圃"的劳力者，自然成为小人。孔子说："唯上智与下愚不移"⑪，又说："中人以上，可以语上也；中人以下，不可以语上也"⑫，并把女子和小人看作两种最难对付的人⑬，由此可见，他内心里始终持守着"民可使由之，不可使知之"⑭的政治原则，压根

---

① 《孝经注疏》卷二《士章》，北京：中华书局，1980年影印清阮元校刻《十三经注疏》本；《孝经注疏》卷一《开宗明义章》，北京：中华书局，1980年影印清阮元校刻《十三经注疏》本。
② 杨伯峻：《论语译注》宪问篇，北京：中华书局，1980年。
③ 杨伯峻：《论语译注》卫灵公篇，北京：中华书局，1980年。
④ 杨伯峻：《论语译注》里仁篇，北京：中华书局，1980年。
⑤ 杨伯峻：《论语译注》宪问篇，北京：中华书局，1980年。
⑥ 杨伯峻：《论语译注》卫灵公篇，北京：中华书局，1980年。
⑦ 杨伯峻：《论语译注》里仁篇，北京：中华书局，1980年。
⑧ 杨伯峻：《论语译注》子路篇，北京：中华书局，1980年。
⑨ 杨伯峻：《论语译注》述而篇，北京：中华书局，1980年。
⑩ 杨伯峻：《论语译注》卫灵公篇，北京：中华书局，1980年。
⑪ 杨伯峻：《论语译注》阳货篇，北京：中华书局，1980年。
⑫ 杨伯峻：《论语译注》雍也篇，北京：中华书局，1980年。
⑬ 杨伯峻：《论语译注》阳货篇："唯女子与小人难养也。"北京：中华书局，1980年。
⑭ 杨伯峻：《论语译注》泰伯篇，北京：中华书局，1980年。

儿就没打算在普通民众中推销仁。他的仁是仅限于君子群体的，正所谓"君子之德风，小人之德草，草上之风，必偃"①，让君子去引导、影响一下百姓，也就足够了。所以，当他坐着车子来到武城时，"闻弦歌之声"，便"莞尔而笑"，不由自主地质疑道："割鸡焉用牛刀？"虽经子游反诘，而以"前言戏之耳"为遁词，勉强遮掩过去，但子游的话又恰恰证明，老师确曾以"君子学道则爱人，小人学道则易使"教育学生。②偶或让劳力者接触一下仁道，目的却完全两样，孔子的态度不可谓不鲜明。后来，墨家专门在《经上》和《经说上》中把用以"体爱"的"仁"界定为"爱民者，非为用民也，不若爱马者"，似乎正可视为是对孔子有针对性地提出了批评。

在排斥了小人之后，孔子的爱变成了君子之爱，但即使是在君子之间，爱也不可滥施。孔子设定的基本原则是："仁者，人也，亲亲为大；义者宜也，尊贤为大。"③

亲亲，即亲其亲者。从"亲亲为大"的精神出发，必然要求君子"笃于亲"和"不弛其亲"，④并尽可能做到"故旧不遗"⑤。其用意在于督促家长履行"收族"之责，也是对富而"不周急"的"为富不仁者"所提出的委婉批评。⑥但亲亲又包含不准"过其所爱"之意。孔子指出："天子爱天下，诸侯爱境内"，普通的贵族只能"爱其家"，"过其所爱曰侵"。所以，当"子路以其私秩粟为浆饭，要（邀）作沟者于五父之衢而飱之"，并自认为是在行仁义时，孔子闻之，却立刻"使子贡往覆其饭，击毁其器"，还亲自责备子路说："鲁君有民，而子擅爱之"，就是仍不懂得仁的真谛。⑦不能"擅爱"的规定不仅适用于生者，也同样适用于死者，故曰："非其鬼而祭之，谄也。"⑧孔子这样做是要消弭私家与公室争夺民众的斗争，以防田常之祸四处蔓延。从孔子既有所提倡、又有所禁止的行为中即可看出，亲亲在本质上就是主张爱有亲疏，厚此而薄彼。孔子的

---

① 杨伯峻：《论语译注》颜渊篇，北京：中华书局，1980年。
② 杨伯峻：《论语译注》阳货篇，北京：中华书局，1980年。
③ （清）孙希旦：《礼记集解》卷五十《中庸》，沈啸寰、王星贤点标，北京：中华书局，1989年。
④ 杨伯峻：《论语译注》泰伯篇，北京：中华书局，1980年；杨伯峻：《论语译注》微子篇，北京：中华书局，1980年。
⑤ 杨伯峻：《论语译注》泰伯篇，北京：中华书局，1980年。
⑥ 杨伯峻：《论语译注》雍也篇，北京：中华书局，1980年。
⑦ （清）王先慎：《韩非子集解》卷十三《外储说右上》，锺哲点校，北京：中华书局，1998年。
⑧ 杨伯峻：《论语译注》为政篇，北京：中华书局，1980年。

弟子巫马子曾公开宣示孔门教义说："我爱邹人于越人，爱鲁人于邹人，爱我乡人于鲁人，爱我家人于乡人，爱我亲于我家人，爱吾身于吾亲。以为近我也。"①於，犹厚也。这套爱的次第具体而生动地表明，孔子的君子之爱是以个人为圆心、以家族为本位的，故孔颖达为"亲亲为大"作疏时，便认为"按五服之节，降杀不同"乃儒家爱人的基本特征。而在墨子看来，此种依血缘远近，先爱其亲与家人，后爱乡人，再推及其他人的爱，拒绝"视人之身若其身"、"视人之家若其家"，必然导致拒绝"视人之国若其国"②，正是造成"强之劫弱，众之暴寡，诈之欺愚，贵之傲贱"及"大家之乱小家"、"大国之攻小国"等一切祸乱的根源。正因为如此，他才把讲究"远迩亲属"、"阿亲戚兄弟"的儒家之爱斥之为别，决心"兼以易别"，并建立起兼爱理论与之抗衡。

　　早期国家重尊尊亲亲而不重尊贤。彼时贵族掌控一切，贵者、尊者即被认为是贤者，不必另立歧义。现在孔子居然要以"尊贤为大"替换尊尊，说明时代毕竟有所不同。部分贵族降在皂隶，剩下的虽可世其官位，但其子弟却因"不悦学"而丧失办事能力，相反，原本在野之人，随着私学的兴起，通过学习礼乐，然后出来办事或做官，却成了一种新的政治力量。既然"世臣"、"新臣"来源不一，政治格局已有改变，尊贤思想当然也就应运而生，并经常挂在各派学者的嘴上。不过，孔子虽承认"尊贤为大"，但言及尊贤时，仅提出过一些抽象的伦理和方法，诸如"举直错诸枉"、"举善教不能"和"不以言举人"等，③远不如墨家"官无常贵，民无终贱"、"虽在农与工肆之人，有能则举之"的"尚贤"思想来得彻底④。他甚至向国君或执政建议，要"兴灭国，继绝世，举逸民"⑤，"故旧无大故，则不弃也，无求备于一人。"⑥ 由此，我们便可以肯定，孔子的尊贤充其量是在不打破世卿世禄的前提下，适度重视品德和能力，或如孔颖达所指出的，他讲的"尊贤之等"，不过是"公卿大夫，其爵各异"罢了⑦。爵异，其爱亦异。族内和族间之爱要讲亲疏远近，轮到从政治地位上考量，就

---

① 吴毓江撰：《墨子校注》卷十一《耕柱》，孙启治点校，北京：中华书局，1993年。
② 吴毓江撰：《墨子校注》卷四《兼爱中》，孙启治点校，北京：中华书局，1993年。
③ 杨伯峻：《论语译注》颜渊篇，北京：中华书局，1980年；杨伯峻：《论语译注》为政篇，北京：中华书局，1980年。
④ 吴毓江撰：《墨子校注》卷二《尚贤上》，孙启治点校，北京：中华书局，1993年。
⑤ 杨伯峻：《论语译注》尧曰篇，北京：中华书局，1980年。
⑥ 杨伯峻：《论语译注》微子篇，北京：中华书局，1980年。
⑦ 《礼记正义》中庸，北京：中华书局，1980年影印清阮元校刻《十三经注疏》本。

得区分上下贵贱。所以，孔子固然对上层统治者提出过"勿骄，勿吝"、"敬事而信，节用而爱人，使民以时"之类的爱人指标，① 但在更多的地方却是要求地位低者虽"居下流"而不"讪上"②，"成人之美，不成人之恶"③、"贫而乐"④、"不怨天，不尤人"⑤。为了实现这一目的，他不厌其烦地为君子或想挤入君子队伍的人规定了"三畏"、"三戒"、"三愆"、"四道"、"四恶"、"九思"，⑥ 其中就有"畏大人"、"畏圣人之言"、认命、"事上也敬"、"察言观色，虑以下人"、"戒色"、"戒斗"、"戒得"、"恶不逊"、"恶称人之恶"诸条目，经过精心规范，行于官场的君子之爱，侧重点便向以下爱上、以下顺上方面倾斜了。如果读《论语》时，能将"己欲立而立人，己欲达而达人"、"己所不欲，勿施于人"与"三畏"、"三戒"、"三愆"、"四道"、"四恶"、"九思"仔细对照，⑦ 就不难发现，孔子这两句名言也主要是针对臣下的教诲。前一句讲要尽忠，后一句讲要隐忍，不要反抗，不要犯分。两者加起来，就是忠恕之道。由于只有落实了这两点，他所担心的"贵贱无序"的问题才能解决，他理想中的"贵贱不愆"式的秩序型社会才能恢复，所以，他便抱定"一以贯之"的态度"终身行之"。⑧

　　分析了孔子所说的仁或爱人的基本特征之后，我们差不多已能懂得他的良苦用心了。既然爱本身就存在着亲疏长幼、尊卑贵贱的差异，那么，坚持复兴等级社会，岂不就理所应当了吗？仁爱之道行于族内、族间和官场，是"五服之节，降杀不同"、"公卿大夫，其爵各异"的，当然需要有好的制度"辨明此等诸事"、"节文斯二者"⑨，所以，孔子说："亲亲之杀，尊贤之等，礼所生也"⑩。礼根植于仁，出于有等差之爱。如果把仁看成是洁净的白纸，礼则是绚

---

① 杨伯峻：《论语译注》泰伯篇，北京：中华书局，1980年；杨伯峻：《论语译注》学而篇，北京：中华书局，1980年。
② 杨伯峻：《论语译注》阳货篇，北京：中华书局，1980年。
③ 杨伯峻：《论语译注》颜渊篇，北京：中华书局，1980年。
④ 杨伯峻：《论语译注》学而篇，北京：中华书局，1980年。
⑤ 杨伯峻：《论语译注》宪问篇，北京：中华书局，1980年。
⑥ 杨伯峻：《论语译注》季氏篇，北京：中华书局，1980年；杨伯峻：《论语译注》公冶长篇，北京：中华书局，1980年；杨伯峻：《论语译注》阳货篇，北京：中华书局，1980年。
⑦ 杨伯峻：《论语译注》雍也篇，北京：中华书局，1980年；杨伯峻：《论语译注》颜渊篇，北京：中华书局，1980年。
⑧ 杨伯峻：《论语译注》卫灵公篇，北京：中华书局，1980年。
⑨ 《礼记正义》中庸，北京：中华书局，1980年影印清阮元校刻《十三经注疏》本；（宋）朱熹：《四书章句集注》中庸章句，北京：中华书局，1983年。
⑩ 《礼记正义》中庸，北京：中华书局，1980年影印清阮元校刻《十三经注疏》本。

丽的图案，两者结合，才能使"绘事"得以完成。① 但礼虽后于仁，却又具有规范仁道的作用，是诱导大家正确施爱的准则。"恭而无礼则劳，慎而无礼则葸，勇而无礼则乱，直而无礼则绞"②，"知及之，仁能守之，庄以莅之，动不以礼，未善也"③，因此，作为一个君子，"不知礼"则"无以立"。④ 更何况，对整个国家和社会而言，"君臣、上下、父子、兄弟，非礼不定；宦学事师，非礼不亲；班朝治军，莅官行法，非礼威严不行；祷祠祭祀，供给鬼神，非礼不诚不庄"。⑤ 正是基于这样的考量，孔子又坚持认为："安上治民，莫善于礼"⑥，"礼者，君之大柄也"⑦，为政必须"道之以德，齐之以礼"⑧，只有"克己复礼"⑨，才能真正实现仁。

可以说，正是因为有了孔子，礼的理据才开始走向体系化。他在用"不语"、"罕言"和"敬而远之"的办法把天命鬼神束之高阁之后，第一次把礼请下神坛，安放于仁的基座上，从此，无理之礼，变成了有理之礼。清儒方以智曰："礼本周公，义本孔子"。⑩ 前半句或可存疑，后半句千真万确。我们必须承认，孔子是我国等级制理论的开创者，因而也是中国古代早期最有智慧的政治思想家。

（3）重形式，更重内容，为礼注入灵活性。孔子对三代之礼都做过深入研究，"据鲁，亲周，故殷"⑪，赞赏夏的历法、殷的车制、周的礼服和韶、武这样的古乐，而且"入太庙，每事问"⑫，随时用心学习和观察。他深知，礼正是由一定形式体现出来的，所以，不愿意放过为常人所忽略的任何细枝末节，他看到礼器的制作已经粗滥，便叹息道："觚不觚，觚哉！觚哉！"⑬ "子贡欲去告朔

---

① 杨伯峻：《论语译注》八佾篇，北京：中华书局，1980年。
② 杨伯峻：《论语译注》泰伯篇，北京：中华书局，1980年。
③ 杨伯峻：《论语译注》卫灵公篇，北京：中华书局，1980年。
④ 杨伯峻：《论语译注》尧曰篇，北京：中华书局，1980年。
⑤ 《礼记正义》曲礼上，北京：中华书局，1980年影印清阮元校刻《十三经注疏》本。
⑥ 《孝经注疏》卷六《广要道章》，北京：中华书局，1980年影印清阮元校刻《十三经注疏》本。
⑦ 《礼记正义》礼运篇，北京：中华书局，1980年影印清阮元校刻《十三经注疏》本。
⑧ 杨伯峻：《论语译注》为政篇，北京：中华书局，1980年。
⑨ 杨伯峻：《论语译注》颜渊篇，北京：中华书局，1980年。
⑩ 方以智：《通雅》礼仪，《方以智全书》，上海：上海古籍出版社，1988年。
⑪ 《史记》卷四十七《孔子世家》，北京：中华书局，1959年标点本。
⑫ 杨伯峻：《论语译注》八佾篇，北京：中华书局，1980年。
⑬ 杨伯峻：《论语译注》雍也篇，北京：中华书局，1980年。

之饩羊",他也很不赞成,立刻批评说:"赐也!尔爱其羊,我爱其礼。"① 但相比较而言,孔子关注的重点确实已向内容转移了。他觉得,有人把礼搞得只剩下一套徒有其表的"仪"和"器",应是更加可悲的事,于是便愤愤然地质问:"礼云,礼云,玉帛云乎哉?乐云,乐云,钟鼓云乎哉?"② 他认为:"文犹质也,质犹文也"③,两者谁也离不开谁,只有紧密结合,使名至实归,才是真正的知礼和守礼。

从内容上看,孔子开创了以仁释礼的新路,当然就希望礼能够体现仁爱精神,他说:"人而不仁,如礼何?人而不仁,如乐何?"④ 这似乎是在强调,一点爱心都没有的人不配谈论礼乐。他所谓的爱并不是普遍的人类之爱,也不是对等的双向之爱,甚至只是为给文明时代向前进展所必然产生的坏事"披上爱的外衣"⑤,但既然已经开始讲爱,原来被宣称是来自神谕或降自于天的冷冰冰的礼制就有可能走向柔化,压迫剥削的手段及程度就有可能在爱的名义下受到约束。所以,对孔子用述和释的办法为礼注入爱,不能简单化地视为"伪善",而应看做是对礼意的重要调整和补充。

为了使仁爱精神在礼制中得到贯彻,孔子一方面希望贵族们由"贵而无骄"进一步提升到"富而好礼"⑥,在征收物品和摊派劳役时,要尽可能"因民之所利而利之","择可劳而劳之",施行"惠而不费,劳而不怨,欲而不贪"的惠人政治⑦,一方面又从各国的政治传统中提炼出"和"与"让",同仁、义、礼、智、信一起,作为重要的德目,加以提倡,并说:"礼之用,和为贵。先王之道,斯为美"⑧,"不能以礼让为国,如礼何?"⑨ 如果孔子的要求能够成为现实,孔子的仁爱便不再那么虚无缥缈了。因为它至少可以"缓和冲突,把冲突保持在秩序的范围之内"⑩。

---

① 杨伯峻:《论语译注》八佾篇,北京:中华书局,1980年。
② 杨伯峻:《论语译注》阳货篇,北京:中华书局,1980年。
③ 杨伯峻:《论语译注》颜渊篇,北京:中华书局,1980年。
④ 杨伯峻:《论语译注》八佾篇,北京:中华书局,1980年。
⑤ 恩格斯:《家庭私有制与国家的起源》,《马克思恩格斯选集》第四卷,北京:人民出版社,1972年,第174页。
⑥ 杨伯峻:《论语译注》尧曰篇,北京:中华书局,1980年。
⑦ 杨伯峻:《论语译注》尧曰篇,北京:中华书局,1980年。
⑧ 杨伯峻:《论语译注》学而篇,北京:中华书局,1980年。
⑨ 杨伯峻:《论语译注》里仁篇,北京:中华书局,1980年。
⑩ 《马克思恩格斯全集》第二十一卷,北京:人民出版社,1972年,第447页。

但是，孔子的理想毕竟是恢复"礼乐征伐自天子出"的"有道"社会。"天下有道，则政不在大夫；天下有道，则庶民不议"①；天下有道，则"贵贱、长幼、远近、男女、外内莫敢相逾越"②。这就决定了礼的更重要的内容不会是由仁派生出来的"让"与"和"，而应该是敬。正如孔子所指出的："礼者，敬而已矣。"③ 他觉得，假如君子都能"正其衣冠，尊其瞻视"，用严肃恭敬的态度履行礼则，自会收到"威而不猛"、使人"望而畏之"的好效果。④ 所以他就反复告诉学生说："礼达而分定"⑤，"上好礼，则民莫敢不敬"⑥，"上好礼，则民易使也"⑦。这些结论都建立在他对敬字作用的深刻洞察上。相反，假如"为礼不敬"，就会使礼的功能消解于无形，在孔子看来，无论排场多大，都已"无以观之"了。⑧

孔子曾说："可与共学，未可与适道；可与适道，未可与立；可与立，未可与权。"⑨ 这段话反映，他承认礼可以权，即可以变通，只是能够一起"通权达变"的人不多而已。由于礼的要害是"体爱章敬"，所以权变的原则也只能是舍形式而保内容。当林放问"礼之本"时，孔子回答说："大哉问！礼与其奢也，宁俭；丧，与其易也，宁戚"⑩。针对鲁国在行礼中出现的乱象，他也曾表明自己的立场，曰："麻冕礼也；今也纯，俭，吾从众。拜下，礼也；今拜乎上，泰也。虽违众，吾从下。"⑪ 前一例强调，感情的表达重于祭品和随葬品的多寡；后一例强调，服饰可省，对在上位者的敬意不能减。从中完全可以看出，孔子不赞成因权变而损及礼的本质。尽管如此，允许变通，总比不许变通好，从此以后，一向僵化的礼，也开始有了一定的灵活性。据《礼记·檀弓上》，子游问丧具，夫子曰："称家之有亡"，"有，毋过礼。苟亡矣，敛首足形，还葬，悬棺而封，人岂有非之者哉！"此一答问可能为后儒伪托，不一定真是孔子的原话，但如果没有孔子权变思想的影响，如此通达、如此注重实际的态度就不可能

---

① 杨伯峻：《论语译注》季氏篇，北京：中华书局，1980年。
② 《礼记正义》仲尼燕居，北京：中华书局，1980年影印清阮元校刻《十三经注疏》本。
③ 《孝经注疏》卷六《广要道章》，北京：中华书局，1980年影印清阮元校刻《十三经注疏》本。
④ 杨伯峻：《论语译注》尧曰篇，北京：中华书局，1980年。
⑤ 《礼记正义》礼运，北京：中华书局，1980年影印清阮元校刻《十三经注疏》本。
⑥ 杨伯峻：《论语译注》子路篇，北京：中华书局，1980年。
⑦ 杨伯峻：《论语译注》宪问篇，北京：中华书局，1980年。
⑧ 杨伯峻：《论语译注》八佾篇，北京：中华书局，1980年。
⑨ 杨伯峻：《论语译注》子罕篇，北京：中华书局，1980年。
⑩ 杨伯峻：《论语译注》八佾篇，北京：中华书局，1980年。
⑪ 杨伯峻：《论语译注》子罕篇，北京：中华书局，1980年。

出现。

上述三点分析告诉我们，孔子是在礼崩乐坏之际，换了一个角度，为等级制度构建了一套更切合实际、更具人文色彩的解释体系，从而使以前全资神谕而存在的礼获得了新的意识形态基础。从这点来看，他提出的正名、复礼的政治主张尽管十分守旧，但与其说他是一个保守主义者，似乎不如说是一个改良主义者。因为正是通过孔子"述而不作"式的转换和改造，已经"缺有间"的周礼才有可能重新复活。

孔子对此曾经坚信不疑。他对季康子说："政者，正也。子帅以正，孰敢不正？"① 他以为只要统治者带起头来，那种"君使臣以礼，臣事君以忠"的局面并不难实现。② 他自己可以说就是个守礼的典范。他不仅"席不正不坐"，"割不正不食"，"斋必变食"，"食不语寝不言"，"升车必正立"，"车中，不内顾，不疾言，不亲指"，而且，与乡党在一起，就做出好像不会说话的恭顺样子；上朝时与下大夫交谈，立即变得温和而快乐；与上大夫交谈，又变成小心而满怀崇敬；及至进入朝廷，则是一副害怕、谨慎的姿态，似乎无处容身，经过国君的座位前边，面色更加矜庄，脚步也加快，说话都有点中气不足了③；若在国君身边陪侍，站立时，上身略向前倾，使绅带离身下垂，衣裳下摆接地，视线下不低于国君的腰带，上不超过国君的衣领。④ 他设想，如此一点点地做下去，就会如火之燎于原，不断扩大影响，逐渐地接近于仁。所以，他说："仁远乎哉？我欲仁，斯仁至矣！"⑤ 然而，事情的发展却与孔子的预料相反，除鲁国由季氏"僭于公室"，走向了"陪臣执国政"、"自大夫以下皆僭离正道"之外，"悠悠者天下皆是"，"至大"的"夫子之道"居然"天下莫能容"。不得已，他只好退而修诗书礼乐，并以此为四科，教授门徒，致力于保存与礼制相关的文献和培养或可弘道、或可从政的人才。即使在"陈蔡绝粮"的艰难环境中，虽"从者病，莫能兴"，弟子有愠心，他也不肯稍贬，仍然"讲诵弦歌不衰"。⑥ 对这样一位意志坚定的政治理论家、实践家和宣传家，我们自应抱有足够的尊重，并给予恰

---

① 杨伯峻：《论语译注》颜渊篇，北京：中华书局，1980年。
② 杨伯峻：《论语译注》八佾篇，北京：中华书局，1980年。
③ 杨伯峻：《论语译注》乡党篇，北京：中华书局，1980年。
④ 《礼记正义》玉藻，北京：中华书局，1980年影印清阮元校刻《十三经注疏》本。
⑤ 杨伯峻：《论语译注》述而篇，北京：中华书局，1980年。
⑥ 《史记》卷四十七《孔子世家》，北京：中华书局，1959年标点本。

当的历史评价。

三、荀子对等级制理论的全面发展

转眼到了战国。社会由春秋的乱世,进一步演化为"大争之世"①,不仅国与国"争地以战,杀人盈野;争城以战,杀人盈城","率土地而食人肉"②;即使在家族内部,也多"用计算之心以相待"③,父子相"诮怒"、兄弟"相拂夺"者,比比皆是。至于列国朝廷,则更是"君以计蓄臣,臣以计事君"④,因"臣主之利相与异"⑤,而明争暗斗不休。礼原为维护等级秩序的堤防,例如,规定"天无二日,土无二王,家无二主,尊无二上",就是要"示民有君臣之别也";提出"父母在,不敢有其身,不敢私其财",就是要"示民有上下也"。然而,"以此坊民",民犹"争利而忘义",民犹"以色厚于德"、"淫逸而乱于族",民犹"忘其亲而贰其君",甚至公开借暴力而行篡弑。⑥ 由此可见,连经过孔子改良的、以仁为内容、以礼为形式的等级制理论,也落到了时代的后边,又赶不上人们前进的步伐了。

于是,在历史的召唤下,荀子就以孔门礼学继承者的姿态出现,对等级问题,进行新的阐发。如果说孔子之功在于初创,那么,荀子的贡献则是全面发展。从更加科学和更加体系化的角度考量,荀子堪称中国等级制理论的奠基人。我们且看他的说法:

(1) 群论。荀子选择人和动物的区别作为切入口。一方面,他举例指出:人"力不如牛,走不如马",但牛马却都为人所用,关键即在于"人能群,彼不能群",这就很自然地导出了群则"多力"、"多力则强,强则胜物"的结论,由此公开表明了人类欲"序四时,裁万物,兼制天下",便"不能无群"的政治主张⑦;另一方面,在分析了群的必要性之后,荀子又借概括各类事物的特点和差异,来讲群的可能性,即人为什么能群。他说:"水火有气而无生,草木有生而

---

① (清) 王先慎:《韩非子集解》卷十八《八说》,钟哲点校,北京:中华书局,1998年。
② 杨伯峻:《孟子译注》卷七《离娄上》,北京:中华书局,1960年。
③ (清) 王先慎:《韩非子集解》卷十八《六反》,钟哲点校,北京:中华书局,1998年。
④ (清) 王先慎:《韩非子集解》卷五《饰邪》,钟哲点校,北京:中华书局,1998年。
⑤ (清) 王先慎:《韩非子集解》卷四《孤愤》,钟哲点校,北京:中华书局,1998年。
⑥ 《礼记正义》坊记,北京:中华书局,1980年影印清阮元校刻《十三经注疏》本。
⑦ (清) 王先谦:《荀子集解》卷五《王制篇》,沈啸寰、王星贤点校,北京:中华书局,1988年。

无知，禽兽有知而无义，人有气、有生、有知，亦且有义"。① 生即生命，知即感知，义字被多数注释家释为礼义，实际上，此处是指人在进化过程中产生的更高级的认知能力，即理性思维能力。正是有了这种能力，人才有了主观世界，使自身成为受自己意志支配的能动之物，而不是一直受本能和环境左右的受动之物。也正是有了这种能力，人才会真正理解群的意义，从而形成人类社会，以至于连有感知的哺乳类动物也无法企及，更不待说无感知的草木和无生命的水火。从特别强调人在气、生、知之外"亦且有义"可以看出，荀子确已认识到，人所独具的社会性才是其"最为天下贵"和成为"万物之灵"的根本原因。他用一个群字较准确地表达了这种社会性，并最早将能群与否看作人不同于禽兽的主要标志。群论的创立为他一整套等级制言说的出台开辟了新路。

（2）性恶论。荀子举"目可以见，耳可以听"为例，认为像"目明耳聪"之类不假于学、与生俱来的本能，皆"天之就也"。在他看来，凡天所成就，"不可学，不可事，而在人者"，即"谓之性"。以此为出发点，他把"饥而欲饱，寒而欲暖，劳而欲休"看作人最基本的"情性"，并进而推导出了"今人之性，生而好利焉"、"生而有疾恶焉"、"生而有耳目之欲，有好声色焉"的结论，质言之，就是人性恶。② 这一理论阐述单从物质欲望说人性，未免失之片面，但其目的却是要告诉世人，虽然人以"能群"为优势而有别于水火、草木、禽兽，若要真正实现"群居和一"，却殊非易事。因为"欲恶同物，欲多而物寡，寡则必争"③，假如没有得力措施加以制约，相反，却"从人之性，顺人之情"，则人们必然会"纵性情，安恣睢"，并在行为方式上"出于争夺，合于犯分乱理而归于暴"。④ 任其发展下去，群就难以抟成，即使有了群，也会因争夺而四分五裂。然而，"人生"又"不能无群"，无群则弱，"弱则不能胜物"，不仅"宫室不可得而居"⑤，而且社会也将走向"偏险而不正，悖乱而不治"⑥，这是何等的可怕！

---

① （清）王先谦：《荀子集解》卷五《王制篇》，沈啸寰、王星贤点校，北京：中华书局，1988年。
② （清）王先谦：《荀子集解》卷十七《性恶篇》，沈啸寰、王星贤点校，北京：中华书局，1988年。
③ （清）王先谦：《荀子集解》卷六《富国篇》，沈啸寰、王星贤点校，北京：中华书局，1988年。
④ （清）王先谦：《荀子集解》卷十七《性恶篇》，沈啸寰、王星贤点校，北京：中华书局，1988年。
⑤ （清）王先谦：《荀子集解》卷五《王制篇》，沈啸寰、王星贤点校，北京：中华书局，1988年。
⑥ （清）王先谦：《荀子集解》卷十七《性恶篇》，沈啸寰、王星贤点校，北京：中华书局，1988年。

分析至此，荀子事实上已用"群论"和"性恶论"做好了铺垫，接着便顺理成章地推出了"群居和一"之道。

（3）分论。荀子的"群居和一之道"内容丰富，但其核心却在一个"分"字。

荀子指出："人之性恶，其善者，伪也"，即承认人皆可通过后天的努力，像"木受绳则直，金就砺则利"一样"化性起伪"。① 但他又强调，"伪者，文理隆盛也"②，只有"真积力久"③，"谨注错，慎习俗"，长期去下"积靡"的功夫，才能"长迁而不返"，最终成为君子。至于一般人，则无非是"居楚则楚，居越则越，居夏则夏"，子继父业，"安习其服"，故"积耕耨而为农夫，积斲削而为工匠，积贩货而为商贾"，若再"纵情性"，而轻视"问学"，"则为小人矣"。④ "君子役物，小人役于物"⑤；"君子以德，小人以力，力者，德之役也"⑥。在荀子的心目中，两者的界线本不容混淆。

同时，荀子又认为，不仅人对物质的欲求会因"物不能赡"而"势不能容"，⑦ 而且，群居并处者在对事物的看法上，也会"同求而异道，同欲而异智"。赞成什么，反对什么，追求什么，无论智愚，都有自己的选择，这一点是共同的；但最终的选项却千差万别，甚至截然相反，由此便可看出高下。假如允许智不同而"势同"，不去区分尊卑之等，则人们必然因利害和意见不一，而纵其私欲，行其私智，永远陷入奋起竞争之中而不可解脱。⑧

不仅如此，荀子更在文章中深刻揭示了"两贵之不能相事，两贱之不能相使"和"能不能兼技，人不能兼官"的道理。⑨ 他说的"群众未悬"，即不把人相互分隔，君臣关系就无法确立。"君臣未立"，就"无君以制臣"，推衍开来，则是"无上以制下"。而"职业未分"，又将导致好逸恶劳，遇事偷懦推

---

① （清）王先谦：《荀子集解》卷十七《性恶篇》，沈啸寰、王星贤点校，北京：中华书局，1988年。
② （清）王先谦：《荀子集解》卷十三《礼论篇》，沈啸寰、王星贤点校，北京：中华书局，1988年。
③ （清）王先谦：《荀子集解》卷一《劝学篇》，沈啸寰、王星贤点校，北京：中华书局，1988年。
④ （清）王先谦：《荀子集解》卷四《儒效篇》，沈啸寰、王星贤点校，北京：中华书局，1988年。
⑤ （清）王先谦：《荀子集解》卷一《修身篇》，沈啸寰、王星贤点校，北京：中华书局，1988年。
⑥ （清）王先谦：《荀子集解》卷六《富国篇》，沈啸寰、王星贤点校，北京：中华书局，1988年。
⑦ （清）王先谦：《荀子集解》卷二《荣辱篇》，沈啸寰、王星贤点校，北京：中华书局，1988年。
⑧ （清）王先谦：《荀子集解》卷六《富国篇》，沈啸寰、王星贤点校，北京：中华书局，1988年。
⑨ （清）王先谦：《荀子集解》卷五《王制篇》，沈啸寰、王星贤点校，北京：中华书局，1988年。

诱，有功利则群起争之。长此以往，"强胁弱，知惧愚，下违上，少陵长"的局面便无法避免，而老弱必"有失养之忧"，壮者必"有争功之祸矣"。发展到极致，连"男女之合，夫妇之分"也会受到冲击，"如是，则人有失合之忧，而有争色之祸矣"。①他还再一次用人兽之别来强化自己的观点，曾经十分尖锐地问道：人和猩猩都是"二足而无尾"，但人却能"啜其羹，食其胾"，就是因为禽兽虽"有父子而无父子之亲，有牝牡而无男女之别"②，假如人也闹到君臣不分、上下不分、职业不分、长幼不分、夫妇不分，岂不是退回到动物状态去了吗？

以上述观点为理据，荀子就坚定地回答道："人何以能群？"曰："分"；"群而无分则争"；"分则和，和则一，一则多力"③；"无分者，天下之大害也；有分者，天下之本利也"；"救患除祸，则莫若明分使群矣"④。由此可见，在他的等级制学说里，"分"是群居和一之道的关键。

进而，荀子还对国君的职责做了恰当的定位。他明确表示，所谓"取天下者"，并非"负土地而从之"，其道在于"一人"⑤，欲"一人"必须"能群"，故"君者，善群者也。群道当，则万物皆得其宜，六畜皆得其长，群生皆得其命"⑥，君道就是群道。而他，又早对只有"明分"才能"使群"做过充分论证，这就使人不能不承认，"人君者"，实乃"管分之枢要也"。⑦圣明之君不仅要"善班治人"，即分等而治，还要"善显设人，善藩饰人"⑧，即给重要人物以显赫地位，并称其班位而加以文饰。直至做到了上下之间"足以相兼临"，才算抓住了"养天下之本"。⑨总之，"有分义则容天下而治，无分义则一妻一妾而乱"⑩，要成为称职的国君，就得在"分"字上狠下工夫。从一定意义上看，荀子的"分论"未尝不可视作他的"君主论"。

---

① （清）王先谦：《荀子集解》卷六《富国篇》，沈啸寰、王星贤点校，北京：中华书局，1988年。
② （清）王先谦：《荀子集解》卷三《非相篇》，沈啸寰、王星贤点校，北京：中华书局，1988年。
③ （清）王先谦：《荀子集解》卷五《王制篇》，沈啸寰、王星贤点校，北京：中华书局，1988年。
④ （清）王先谦：《荀子集解》卷六《富国篇》，沈啸寰、王星贤点校，北京：中华书局，1988年。
⑤ （清）王先谦：《荀子集解》卷七《王霸篇》，沈啸寰、王星贤点校，北京：中华书局，1988年。此处"一"字为动词，而非数量词，一人，即统一人心之意。
⑥ （清）王先谦：《荀子集解》卷五《王制篇》，沈啸寰、王星贤点校，北京：中华书局，1988年。
⑦ （清）王先谦：《荀子集解》卷六《富国篇》，沈啸寰、王星贤点校，北京：中华书局，1988年。
⑧ （清）王先谦：《荀子集解》卷八《君道篇》，沈啸寰、王星贤点校，北京：中华书局，1988年。
⑨ （清）王先谦：《荀子集解》卷五《王制篇》，沈啸寰、王星贤点校，北京：中华书局，1988年。
⑩ （清）王先谦：《荀子集解》卷十九《大略篇》，沈啸寰、王星贤点校，北京：中华书局，1988年。

（4）礼论。"有分义"就是"比中而行之",分得好,分得恰当,分得合适。然而,"曷谓中？"荀子的答案为："礼义是也"。① 在他看来,"辨（别）莫大于分,分莫大于礼"②,只要善于"制礼义以分之",社会就会显出"贵贱之等,长幼之差,智愚能不能之分"③,再根据不同的情况赋事、分职、定位、颁禄,使"德必称位,位必称禄,禄必称用"④,更可以做到"人载其事而各得其宜"⑤,皆始终"以礼待君,忠顺而不懈"⑥。正是基于这一点,他首先把礼当做"人主"用以分层而治的"寻丈检式"⑦,把礼在"正国"方面的不可替代作用比成"衡之于轻重"、"绳墨之于曲直"、"规矩之于方圆"⑧,并将礼的主要内涵界定为"贵贱有等,长幼有差,贫富轻重皆有称者也"⑨。如果说"分"是"群居和一之道"的关键,则只有依礼"分割而等异之"⑩,群才能最终拼成,国家才能产生,人类才能真正由野蛮进入文明。故而,荀子高度强调："国无礼则不正"⑪,"国之命在礼"⑫,礼乃"天下之大虑",是为"天下生民之属长虑顾后而保万世"的良策⑬。他既然将礼视作国家的"强固之本"⑭,我们也不妨追随多数学者,把荀子的政治学说体系称之为礼治。

不过,荀子并不把礼的作用局限在社会分层上。他清醒地意识到,"性者,天之就也",即"不事而自然谓之性","情者,性之质也",由人本能所具有的"好恶喜怒哀乐"之情构成了性的质体,而欲念又因情之感应而生,故曰："欲者,情之应也。"这样一来,人人皆"以所欲为可得而求之",实际上就成为"情之所必不可免也"。⑮ 十分遗憾的是,人们发乎性情的欲望又往往很难满足,

---

① （清）王先谦：《荀子集解》卷四《儒效篇》,沈啸寰、王星贤点校,北京：中华书局,1988年。
② （清）王先谦：《荀子集解》卷三《非相篇》,沈啸寰、王星贤点校,北京：中华书局,1988年。
③ （清）王先谦：《荀子集解》卷二《荣辱篇》,沈啸寰、王星贤点校,北京：中华书局,1988年。
④ （清）王先谦：《荀子集解》卷六《富国篇》,沈啸寰、王星贤点校,北京：中华书局,1988年。
⑤ （清）王先谦：《荀子集解》卷二《荣辱篇》,沈啸寰、王星贤点校,北京：中华书局,1988年。
⑥ （清）王先谦：《荀子集解》卷八《君道篇》,沈啸寰、王星贤点校,北京：中华书局,1988年。
⑦ （清）王先谦：《荀子集解》卷四《儒效篇》,沈啸寰、王星贤点校,北京：中华书局,1988年。
⑧ （清）王先谦：《荀子集解》卷七《王霸篇》,沈啸寰、王星贤点校,北京：中华书局,1988年。
⑨ （清）王先谦：《荀子集解》卷六《富国篇》,沈啸寰、王星贤点校,北京：中华书局,1988年。
⑩ （清）王先谦：《荀子集解》卷六《富国篇》,沈啸寰、王星贤点校,北京：中华书局,1988年。
⑪ （清）王先谦：《荀子集解》卷七《王霸篇》,沈啸寰、王星贤点校,北京：中华书局,1988年。
⑫ （清）王先谦：《荀子集解》卷十一《天论篇》,沈啸寰、王星贤点校,北京：中华书局,1988年。
⑬ （清）王先谦：《荀子集解》卷二《荣辱篇》,沈啸寰、王星贤点校,北京：中华书局,1988年。
⑭ （清）王先谦：《荀子集解》卷十《议兵篇》,沈啸寰、王星贤点校,北京：中华书局,1988年。
⑮ （清）王先谦：《荀子集解》卷十六《正名篇》,沈啸寰、王星贤点校,北京：中华书局,1988年。

"欲而不能得，则不能无求，求而无度量分界，则不能无争，争则乱，乱则穷"①，弄不好的话，"分层而治"也就无从谈起了。作为破解之道，荀子提出要用礼"养人之欲，给人之求"，即让礼进一步发挥"节求"的功能②，而不仅仅是用它来区分贵贱、长幼和智愚。

荀子指出，"虽为守门"，地位至贱，欲望仍难免除；贵为天子，富有天下，也不会因此而满足；若不节制，势必上下交争。反之，"欲虽不可尽"，却"可以近尽"，"欲虽不可去"，"求"却"可节"，"进则近尽，退则节求"，这才是对待欲望的正道，没有任何东西可以代替它。③ 荀子用以"节求"的办法就是教人守礼。他说："程者，物之准也；礼者，节之准也"④，犹如绳为"直之至"、衡为"平之至"、规矩为"方圆之至"一样，礼则是"人道之极"⑤。人的"好恶喜怒哀乐"之情虽以性为端绪，出于自然，但却必须认真修正和制约，才能使之合于礼文。"情文俱尽"为"至备"，"情文代胜"为"其次"，任情而为，复归于性为最下，总之，能使情性"一之于礼义"，则礼义、情性"两得"，反之，"一之于情性"，则礼义、情性"两丧"。⑥

倘若人们能使情性"一之于礼义"，严格以礼为标准来"节求"，就必将使欲"不穷乎物"，物亦"不屈于欲"，而且情性、礼义还会"相持而长"，相得益彰。从这个角度看，"制礼义"的目的确为"养人之欲，给人之求"，所以，荀子才说："礼者，养也"。⑦ 然而，"君子既得其养，又好其别"⑧，"别异"才是礼的本质。⑨ 这不仅要求王者"论德而定次，量能而授官"，还需要"修冠弁衣裳黼黻文章雕琢刻镂"，使"皆有等差"，"上以饰贤良而明贵贱，下以饰长幼而明亲疏"。⑩ 鉴于整套礼则颇为繁杂，荀子便从中提炼出了"以财物为用，以贵贱

---

① （清）王先谦：《荀子集解》卷十三《礼论篇》，沈啸寰、王星贤点校，北京：中华书局，1988年。
② （清）王先谦：《荀子集解》卷十三《礼论篇》，沈啸寰、王星贤点校，北京：中华书局，1988年；（清）王先谦：《荀子集解》卷十六《正名篇》，沈啸寰、王星贤点校，北京：中华书局，1988年。
③ （清）王先谦：《荀子集解》卷十六《正名篇》，沈啸寰、王星贤点校，北京：中华书局，1988年。
④ （清）王先谦：《荀子集解》卷九《致士篇》，沈啸寰、王星贤点校，北京：中华书局，1988年。
⑤ （清）王先谦：《荀子集解》卷十三《礼论篇》，沈啸寰、王星贤点校，北京：中华书局，1988年。
⑥ （清）王先谦：《荀子集解》卷十三《礼论篇》，沈啸寰、王星贤点校，北京：中华书局，1988年。
⑦ （清）王先谦：《荀子集解》卷十三《礼论篇》，沈啸寰、王星贤点校，北京：中华书局，1988年。
⑧ （清）王先谦：《荀子集解》卷十三《礼论篇》，沈啸寰、王星贤点校，北京：中华书局，1988年。
⑨ （清）王先谦：《荀子集解》卷十四《乐论篇》，沈啸寰、王星贤点校，北京：中华书局，1988年。
⑩ （清）王先谦：《荀子集解》卷八《君道篇》，沈啸寰、王星贤点校，北京：中华书局，1988年。

为文，以多少为异，以隆杀为要"四项基本原则。① 他认为，只要全社会既循此而"节求"，又"曲得其次序"，有别而不乱，就不仅可以实现不同阶层的人"足以相监临"②，而且还能使大家"出于辞让，合于文理，而归于治"③。

以"节求"为起点，继续推延，荀子还把礼引申为"治气养心之术"④。他指出，既然枸木有了檃栝可以变直，纯金通过砻砺就能变利，那么，人们若都"始于诵经，终乎读礼"，"数诵以贯之"，"思索以通之"，自为其人以履行其道，及时除去妨害礼的事物"以持养之"⑤，如此这般，长期经过礼的磨洗，也会由"节求"入于变性，其"汙者"，"皆化而修"，其"悍者"，"皆化而愿"，其"躁者"，"皆化而愨"。⑥ 进而，若能使目非所学"无欲见也"，使耳非所学"无欲闻也"，使口非所学"无欲言也"，使心非所学"无欲虑也"，达到极致时，则必能使五色、五声、五味不能扰其目、耳、口、鼻，连支配人行为的心志，也会变得"权利不能倾也，群众不能移也，天下不能荡也"。⑦ 生由乎礼、死由乎礼者可谓有道德操守，有道德操守者信念坚定，足以应变万物，才算是一个真正成熟的人。基于这一逻辑，荀子明确提出："凡治气养心，莫善于礼"，"礼者，所以正身也"，礼完全可以"矫饰人之情性而正之"，"扰化人之情性而导之"，"使皆出于治，而合于道"。⑧ 他甚至说："人莫贵乎生（性），莫乐乎安"，而"养生（性）乐安"的根本大法莫过于"乐礼仪"，那些只知"贵生（性）乐安"却"弃礼仪"的人，简直可比作"欲寿而刎颈"，真是"愚莫大焉"！⑨

从上述诸点可以看出，在荀子的政治学说中，礼不仅是"分"的标准，决定着社会的治乱，而且"管乎人心"，影响着时代的风尚。所以，他就以更加宏观的视野综论"隆礼"的意义，说："凡用血气、志意、知虑，由礼则治通，不由礼则勃乱提慢；食饮、衣服、居处、动静，由礼则和节，不由礼则触陷生疾；

---

① （清）王先谦：《荀子集解》卷十三《礼论篇》，沈啸寰、王星贤点校，北京：中华书局，1988年。
② （清）王先谦：《荀子集解》卷五《王制篇》，沈啸寰、王星贤点校，北京：中华书局，1988年。
③ （清）王先谦：《荀子集解》卷十七《性恶篇》，沈啸寰、王星贤点校，北京：中华书局，1988年。
④ （清）王先谦：《荀子集解》卷一《修身篇》，沈啸寰、王星贤点校，北京：中华书局，1988年。
⑤ （清）王先谦：《荀子集解》卷一《劝学篇》，沈啸寰、王星贤点校，北京：中华书局，1988年。
⑥ （清）王先谦：《荀子集解》卷六《富国篇》，沈啸寰、王星贤点校，北京：中华书局，1988年。
⑦ （清）王先谦：《荀子集解》卷一《劝学篇》，沈啸寰、王星贤点校，北京：中华书局，1988年。
⑧ （清）王先谦：《荀子集解》卷一《修身篇》，沈啸寰、王星贤点校，北京：中华书局，1988年。
⑨ （清）王先谦：《荀子集解》卷十一《强国篇》，沈啸寰、王星贤点校，北京：中华书局，1988年。

容貌、态度、进退、趋行，由礼则雅，不由礼则夷固僻违庸众而野"；"故人无礼则不生，事无礼则不成，国家无礼则不宁"①；反之，紧紧地依靠礼，却能收到"以治情则利，以为名则荣，以群则和，以独则足"②的好效果。正是从重要性上加以考量，荀子才把礼定义为"法之大本，类之纲纪也"。这里的法未必专谓刑法，指的应是国之大法；而类字，则指与法相应的各种条例。荀子认为，礼就是推广仁义的"经纬蹊径"，抓住这个"大本"，就像提起了皮衣的领子又弯过五指向下梳理一样，全裘之毛"顺者不可胜数矣"！因此，学也可"至乎礼而止矣"③。

（5）维齐非齐论。依礼而分固然有助于"明分使群"，但却使人在衣服、宫室、俸禄及付出辛苦的程度上"或美，或恶，或厚，或薄，或佚乐，或劬劳"，④从而加剧相互之间的不平等。这究竟合理不合理呢？为澄清是非，解除疑惑，荀子提出了"维齐非齐"论。

他首先将"两贵之不能相事，两贱之不能相使"推衍为"势齐则不一，众齐则不使"⑤；将"能不能兼技，人不能兼官"推衍为"精于物者以物物，精于道者兼物物"，即"农精于田而不可以为田师，贾精于市而不可以为市师，工精于器而不可以为器师"，只有"精于道"的君子，虽"不能此三技"，却"可使治三官"⑥。然后强调，"为人主"或"为人上"者，"不美不饰"就"不足以一民"，"不富不厚"就"不足以管下"，"不威不强"就"不足以禁暴胜悍"⑦。这就十分明确地告诉世人，从社会分工和职业分工考量，不仅分层而治是必要的，而且，以财物的"多少"、礼仪的"隆杀"来体现贵与贱的差异，同样是必要的。基于此，荀子指出，之所以使"衣服有制，宫室有度，人徒有数，丧祭械用皆有等宜"⑧，之所以设"钟鼓、管磬、琴瑟、竽笙"，之所以在器物、旗帜、服饰上"为之雕琢、刻镂、黼黻、文章"，绝非仅仅为了以壮观瞻，更不是一味追求奢华

---

① （清）王先谦：《荀子集解》卷一《修身篇》，沈啸寰、王星贤点校，北京：中华书局，1988年。
② （清）王先谦：《荀子集解》卷二《荣辱篇》，沈啸寰、王星贤点校，北京：中华书局，1988年。
③ （清）王先谦：《荀子集解》卷一《劝学篇》，沈啸寰、王星贤点校，北京：中华书局，1988年。
④ （清）王先谦：《荀子集解》卷六《富国篇》，沈啸寰、王星贤点校，北京：中华书局，1988年。
⑤ （清）王先谦：《荀子集解》卷五《王制篇》，沈啸寰、王星贤点校，北京：中华书局，1988年。
⑥ （清）王先谦：《荀子集解》卷五《王制篇》，沈啸寰、王星贤点校，北京：中华书局，1988年；（清）王先谦：《荀子集解》卷十五《解蔽篇》，沈啸寰、王星贤点校，北京：中华书局，1988年。
⑦ （清）王先谦：《荀子集解》卷六《富国篇》，沈啸寰、王星贤点校，北京：中华书局，1988年。
⑧ （清）王先谦：《荀子集解》卷五《王制篇》，沈啸寰、王星贤点校，北京：中华书局，1988年。

壮丽，其真正的目的恰在于通过"辨贵贱"、"辨轻重"、"辨吉凶"，以实现"明仁之文，通仁之顺"，即彰显出合于仁道的礼文与次序，使朝野上下"秩秩焉"。①

不仅如此，荀子还就人在智能上的差异做了分析。他说："有圣人之智者，有士君子之智者，有小人之智者，有役夫之智者"②。"人主者，以官人为能者也；匹夫者，以自能为能者也。"面对具体的事物，"人主得使人为之"，匹夫则不能转嫁于他人，必须亲身操持。③ 这是因为，"治万变，材万物，养万民"绝非易事，只有"人主"，"其志虑足以治之，其仁厚足以安之，其德音足以化之"④；只有仁人在上，才能使"农以力尽田，贾以察尽财，百工以巧尽械器，士大夫以上至于公侯，莫不以仁厚智能尽官职"，使社会达到"至平"⑤。表面看来，人主、仁人似因百姓而立，实际上，百姓更因人主、仁人而生，仰赖他们的智慧，"其所得焉诚大"，"其所利焉诚多"。⑥ 所以，"合天下而君之"，"重色而衣之"，"重味而食之，重财物而制之"，"相率而为之劳苦以务佚之"，就不仅属于天经地义之事，而且更具有"养其智"而"美其德"的巨大意义⑦，最有利于国家治理。相反，有人不顾"少事长，贱事贵，不肖事贤"这一"天下之通义"，"势不在人上而羞为之下"，按荀子的想法，则要算是一种"奸人"的心态了。⑧

明确了上述两点，荀子就总结说："斩而齐，枉而顺，不同而一"，这才合于伦理。对于天子，即使以整个天下为禄，也不算多，对于普通士人，能在"监门、御旅、抱关、击柝"的位子上以俸米糊口，就已经不少。⑨ 文中的斩字乃不齐之谓，例如《仪礼·丧服》曰："斩者何？不缉也。"不缉边的丧服口缘长短参差。而枉字则谓不直也。三句的意思连起来，就是：只有不齐才能齐，只有不直才能顺，只有不同才能统一。⑩ 从相反的角度看，则是"维齐非齐"⑪，

---

① （清）王先谦：《荀子集解》卷六《富国篇》，沈啸寰、王星贤点校，北京：中华书局，1988年；（清）王先谦：《荀子集解》卷三《仲尼篇》，沈啸寰、王星贤点校，北京：中华书局，1988年。
② （清）王先谦：《荀子集解》卷十七《性恶篇》，沈啸寰、王星贤点校，北京：中华书局，1988年。
③ （清）王先谦：《荀子集解》卷七《王霸篇》，沈啸寰、王星贤点校，北京：中华书局，1988年。
④ （清）王先谦：《荀子集解》卷六《富国篇》，沈啸寰、王星贤点校，北京：中华书局，1988年。
⑤ （清）王先谦：《荀子集解》卷二《荣辱篇》，沈啸寰、王星贤点校，北京：中华书局，1988年。
⑥ （清）王先谦：《荀子集解》卷六《富国篇》，沈啸寰、王星贤点校，北京：中华书局，1988年。
⑦ （清）王先谦：《荀子集解》卷六《富国篇》，沈啸寰、王星贤点校，北京：中华书局，1988年。
⑧ （清）王先谦：《荀子集解》卷三《仲尼篇》，沈啸寰、王星贤点校，北京：中华书局，1988年。
⑨ （清）王先谦：《荀子集解》卷二《荣辱篇》，沈啸寰、王星贤点校，北京：中华书局，1988年。
⑩ 王天海：《荀子校释》，上海：上海古籍出版社，2005年。
⑪ （清）王先谦：《荀子集解》卷五《王制篇》，沈啸寰、王星贤点校，北京：中华书局，1988年。

追求整齐,只能造成最大的不整齐。这样一来,在荀子那里,不平等的等级制就变成了平等,而常人期盼的平等反而成了有悖伦理的不平等。荀子在理论上的雄辩,不能不让人感到惊异。

需要指出的是,"维齐非齐"一语源出《尚书·吕刑》。齐,同也;非齐,即不同;其本义是说:"刑罚世轻世重",同或不同,皆有道理和要求。① 荀子选摘其中四字,以喻参差不一才最为整齐,实属赋诗断章,各取所需。然修正前论,以抒己意乃诸子之惯技,这种做法虽不合文献学的常规,甚至有偷换概念之嫌,却也无足深怪。

荀子不仅创造性地以"五论"释礼,而且用大力推尊孔子的办法替自己张目。他把"仲尼将为鲁司寇,沈犹氏不敢朝饮其羊"、"鲁之鬻牛马者不豫贾"、"阙党之子弟"不妄取,以及"为鲁摄相,朝七日而杀少正卯"之类的传闻当作史实,到处宣传②;又认为唯有孔子"仁智不蔽","德与周公齐,名与三王并"③,抓住这种德和德的物化表现形式——礼,以此来"总方略,齐言行,壹统类",就可以"群天下之英杰",使"天下之害除,仁人之事毕,圣人之迹著"。④ 既然像孔子这样的大儒上可以"美政",下可以"美俗"⑤,荀子便大胆倡言:"今夫仁人也,将何务哉?"只要上务"法舜禹之制",下务"法仲尼、子弓之义"就足够了。⑥ 而在建构自己的学说时,荀子也确对孔子的思想多有吸收,例如,他坚持学"终乎读礼",强调凡非所学,即应无见、无闻、无言、无虑⑦,这显然袭自孔子的"非礼勿视,非礼勿听,非礼勿言,非礼勿动";他的以"隆礼"为核心的政治主张,应是孔子礼学的深化与扩大;他说:"民易一以道而不

---

① 《尚书·吕刑》原文是:"刑罚世轻世重,惟齐非齐,有伦有要。"《尚书正义》卷十九《吕刑》,北京:中华书局,1980年影印清阮元校刻《十三经注疏》本。周秉钧《尚书易解》曰:"齐,同也。惟齐非齐,同与不同也。伦,理也。要,求也。言刑罚随世轻重,同或不同,皆有道理有要求也"。上海:华东师范大学出版社,2010年。

② (清)王先谦:《荀子集解》卷四《儒效篇》,沈啸寰、王星贤点校,北京:中华书局,1988年;(清)王先谦:《荀子集解》卷四《宥坐篇》,沈啸寰、王星贤点校,北京:中华书局,1988年。

③ (清)王先谦:《荀子集解》卷十五《解蔽篇》,沈啸寰、王星贤点校,北京:中华书局,1988年。

④ (清)王先谦:《荀子集解》卷三《非十二子篇》,沈啸寰、王星贤点校,北京:中华书局,1988年。

⑤ (清)王先谦:《荀子集解》卷四《儒效篇》,沈啸寰、王星贤点校,北京:中华书局,1988年。

⑥ (清)王先谦:《荀子集解》卷三《非十二子篇》,沈啸寰、王星贤点校,北京:中华书局,1988年。

⑦ (清)王先谦:《荀子集解》卷一《劝学篇》,沈啸寰、王星贤点校,北京:中华书局,1988年。

可与共故"①，正与孔子"民可使由之，不可使知之"的立场一以贯之；他的《正名》篇，干脆就从孔子"必也正名乎"一语中选取两字为篇名；荀子一方面反复论证用宫室、衣服、械用之度区分等级的重要性，一方面又要求"声则凡非雅声者举废，色则凡非旧色者举息，械用则凡非旧器者举毁"②，足见在如何以器别异上，他根本没有提出新东西，无非如孔子一样奉行"从周"主义；他的著名的天人相分思想，很可能也是由孔子"罕言天命"、"敬鬼神而远之"、"不语怪力乱神"的理性态度发展而来。

但是，荀子却没有像孔子那样"述而不作"，而是以述为作，既述且作。他从人兽之别的高度揭示等级划分的巨大意义，这种做法，孔子压根儿就没有想到；他的性恶论不仅有可能会让地下的孔子感到惊诧，即使在他所处的时代，也足以骇世惊俗。至于用"维齐非齐"公然宣告，只有等级制度，才能更好地体现平等精神，荀子更是有史以来第一人。就连他那紧紧围绕孔子礼学来展开的礼治，也在多个方面出现了十分重要的新突破。

（1）用与时俱进超越"述而不作"。荀子把礼当作"法之大本，类之纲纪"和划分人群的"寻丈检式"，同时又强调行礼必须"顺乎人心"③，"合乎时宜"④。因为在他看来，先圣孔子既然说过"仁者人也"、"义者宜也"的话⑤，那么，只有"处仁以义，行义以礼"⑥，才能诸事得宜，曲尽人情，做到"好恶以节，喜怒以当，以为下则顺，以为上则明"，⑦从而收取"卑而不得以临尊，轻不得以悬重，愚不得以谋智"之效，直至达到"万举不过"。⑧

为了让礼能够更好地体现"顺人心"，荀子提出了"称情而立文"的主张，并举丧礼予以说明。⑨ 所谓情，即"孝子之情"，所谓文，即"礼义之文"。荀子

---

① （清）王先谦：《荀子集解》卷十六《正名篇》，沈啸寰、王星贤点校，北京：中华书局，1988年。
② （清）王先谦：《荀子集解》卷五《王制篇》，沈啸寰、王星贤点校，北京：中华书局，1988年。
③ （清）王先谦：《荀子集解》卷十九《大略篇》曰："礼以顺人心为本。"沈啸寰、王星贤点校，北京：中华书局，1988年。
④ （清）王先谦：《荀子集解》卷十三《礼论篇》曰："使死生始终莫不称宜而好善，是礼义之法式也。"沈啸寰、王星贤点校，北京：中华书局，1988年。
⑤ （清）孙希旦：《礼记集解》卷五十《中庸》，沈啸寰、王星贤点校，北京：中华书局，1989年。
⑥ （清）王先谦：《荀子集解》卷十九《大略篇》，沈啸寰、王星贤点校，北京：中华书局，1988年。
⑦ （清）王先谦：《荀子集解》卷四《儒效篇》，沈啸寰、王星贤点校，北京：中华书局，1988年。
⑧ （清）王先谦：《荀子集解》卷八《君道篇》，沈啸寰、王星贤点校，北京：中华书局，1988年。
⑨ 本段除注出者外，引文及所述文意多据《荀子》卷十三《礼论篇》。（清）王先谦：《荀子集解》，沈啸寰、王星贤点校，北京：中华书局，1988年。

认为，人遇吉凶而生忧、喜两情，出乎本性，自有端绪，需要得到抒发，但只有通过"断之、继之、博之、浅之、益之、损之、类之、尽之、盛之、美之"的功夫，才能使"本末终始莫不顺比纯备"，而"达敬爱之文"，"滋成行义之美"。用以节制"情貌之变"、进退之宜的法则就是礼，其基本的尺度则是"足以别吉凶，明亲疏贵贱之节"，做到了这一点，文就算立起来了，"外是，奸也，虽敬君子贱之"。① 以此为标准进行衡量，荀子指出：亲"朝死而夕忘之"，其行为已"鸟兽不如"，若纵之不问而"相与群居"，难免不生祸乱，故"刻死以附生谓之墨"，只有最愚昧的人才会如此②；反之，"刻生以附死，谓之惑"，"杀生而送死，谓之贼"，遂心之所欲，丧期将永无终止，还会形成限食、束腰，竞相攀比，争以毁疾为高的奸人之道。这就明确告诉人们，礼不称情和情过于礼同样弊害无穷。出于协调情与礼的需要，荀子提倡"忠厚而敬文"和"著诚去伪"。他说："事生不忠厚，不敬文，谓之野；送死不忠厚，不敬文，谓之瘠；君子贱野而羞瘠"，而只有"著诚去伪"，才是"礼之经也"。③ 由此可见，荀子从未简单化地看待礼的分层作用，而是要在收拾人心、实现"称情而立文"的基础上，用"礼义之文"恰如其分地体现等级。

从时空上考量，荀子还发明了"名无固宜，约之以名，约定俗成谓之宜，异于约谓之不宜"④的观点，借以论证礼文"合乎时宜"的重要性。"约之以命"，即用要约以制名。"名者，圣人之所以纪万物也。"⑤ 注《荀子》的唐人杨倞将其分之为三科，即命物之名、毁誉之名和况谓之名。⑥ 其中，所谓毁誉之名者，"善恶贵贱是也"，扩大言之，应包括用以区分善恶贵贱的各种制度。故杜预注《左传》曰："名，爵号也"⑦。韦昭注《国语》曰："名，谓尊卑职贡之名号"⑧。正是类似尊卑、爵位、职贡等一系列的制度和与之相应的器合称名器，

---

① 《荀子·礼论篇》原文"敬"字作"难"字，今据王引之《经义述闻》径改为敬，以便读者理解文意。
② 王天海：《荀子校释》，上海：上海古籍出版社，2005年。
③ （清）王先谦：《荀子集解》卷十四《乐论篇》，沈啸寰、王星贤点校，北京：中华书局，1988年。
④ （清）王先谦：《荀子集解》卷十六《正名篇》，沈啸寰、王星贤点校，北京：中华书局，1988年。
⑤ 黎翔凤：《管子校注》卷十三《心术》，北京：中华书局，2004年。
⑥ （清）王先谦：《荀子集解》卷十六《正名篇》，沈啸寰、王星贤点校，北京：中华书局，1988年。
⑦ 杨伯峻编著：《春秋左传注》成公二年，北京：中华书局，1990年；杨伯峻编著：《春秋左传注》昭公三十二年，北京：中华书局，1990年。
⑧ 《国语》周语上，上海：上海古籍出版社，1978年。

"上以名贵贱,下以辨异同"①,作为两大支柱,建构了体现等级身份的礼。如前所言,荀子在器的问题上并无建树,依然唱的是"器惟求旧"的老调,但对于名,却采取了倾向于综合的新立场。他说:"刑名从商,爵名从周,文名从礼,散名之加于万物者,则从诸夏之成俗曲期,远方异俗之乡,则因之而为通"②。"成俗曲期"即因需要而自然产生的成规。荀子这种通达的态度必然导致通过融汇历史与现实推陈出新,已不是像孔子那样梦寐以求地只渴望着恢复周礼。

既然重视"顺乎人心"和"合乎时宜",礼就不可能一成不变了。事实上,对某些突破旧文的做法,荀子是认可的。他说:"礼以顺人心为本,故亡于《礼经》而顺人心者,皆礼也。"又说:"贵贵、贤贤、老老、长长,义之伦也",只要"行得其节",就算合于"礼之序"。③ 为替礼应因事而化、因时而化找到根据,荀子提出了"法后王"的历史观。理由是:"文久而息,节奏久而绝",岁月日深,礼法即会因有司的疲沓而废弛;五帝时代的贤人只传下来五位,那时的善政更寂然无闻,汤、禹的治绩虽有流传,却不如周代详察,足见时间越靠前,可供参稽的东西就越少。④ 有鉴于此,荀子主张:"欲观圣王之迹,则于其粲然者矣,后王是也",并明确表示:"彼后王者",即近时"天下之君也"。⑤ 他认为,"舍后王而道上古",言必称尧舜禹稷,正好比是"舍己之君而事人之君",简直愚蠢透顶。⑥ 荀子这种"法不贰后王"的思想具有强烈的时代感⑦,实际上是用与时俱进超越了孔子的"述而不作"。

(2) 用尚贤使能突破尊尊亲亲。殷周礼制的核心是尊尊和亲亲,作为儒学大师,荀子不可能蔑视传统。他说:"君臣父子兄弟夫妇,始则终,终则始,与天地同理,与万世同久,夫是谓大本"⑧。这与孔子所谓的"君君臣臣父父子子"并无二致,足见两人都重视通过别贵贱、分亲疏以严等级。

但是,荀子却将孔子提出的"尊贤"发展成为"尚贤使能"。他认为:"尚贤使能,则主尊下安;贵贱有等,则令行而不流;亲疏有分,则施行而不悖;

---

① (清) 王先谦:《荀子集解》卷十六《正名篇》,沈啸寰、王星贤点校,北京:中华书局,1988年。
② (清) 王先谦:《荀子集解》卷十六《正名篇》,沈啸寰、王星贤点校,北京:中华书局,1988年。
③ (清) 王先谦:《荀子集解》卷十九《大略篇》,沈啸寰、王星贤点校,北京:中华书局,1988年。
④ (清) 王先谦:《荀子集解》卷三《非相篇》,沈啸寰、王星贤点校,北京:中华书局,1988年。
⑤ (清) 王先谦:《荀子集解》卷三《非相篇》,沈啸寰、王星贤点校,北京:中华书局,1988年。
⑥ (清) 王先谦:《荀子集解》卷三《非相篇》,沈啸寰、王星贤点校,北京:中华书局,1988年。
⑦ (清) 王先谦:《荀子集解》卷五《王制篇》,沈啸寰、王星贤点校,北京:中华书局,1988年。
⑧ (清) 王先谦:《荀子集解》卷五《王制篇》,沈啸寰、王星贤点校,北京:中华书局,1988年。

长幼有序，则事业捷成而有所休。"① 因此，都应视为王道的基本要素。这样一来，礼制所体现的等级关系，便由两个变成了三个，即在尊尊和亲亲之前，又加上了贤贤。

荀子虽贵君子而贱小人，却又明确指出："性也者，吾所不能为也，然而可化也"，只要"谨注错，慎习俗，大积靡"，重学而力行之，"并一不二"，以化其性，则"小人君子者，未尝不可以相为也"。② 既承认转化又提倡尚贤，必然导致用人政策由重身份变为重能力。所以，荀子所赞成的"尚贤使能"已是"内不可以阿子弟，外不可以隐远人"③，"不恤亲属，不恤贵贱，唯诚能之求"④。他甚至主张，"虽王公士大夫之子孙也，不能属于礼义，则归之庶人；虽庶人之子孙也，积文学，正身行，能属于礼义，则归之卿相士大夫。"⑤ 作为过渡期的变通办法，他才又有"贤齐则其亲者先贵，能齐则其故者先官"和宁"私人以金石珠玉，无私人以官职事业"的折中性建议。⑥ 这正意味着若推行荀子的"尚贤使能"，就必然会使旧的贵族势力受到削弱。同时，荀子还把"一人有罪而三族皆夷，德虽如舜，不免刑均"叫做"以族论罪"；把"先祖尝贤，后子孙必显，行虽如桀纣，列必从尊"叫做"以世举贤"，公开宣称："以族论罪，以世举贤，虽欲无乱"，不可得也。⑦ 倘若如他设想的那样，废掉了这两条，旧贵族赖以延续的根基就会被挖空。

除此而外，荀子还对关乎亲亲精神能否顺利贯彻的孝做了新的阐释。与孔子以"色难"为最高标的、片面强调对家父绝对服从的做法不同，荀子则把"义"当做衡量孝的唯一尺度。他说："孝子所以不从命有三，从命则亲危，不从命则亲安，孝子不从命乃衷；从命则亲辱，不从命则亲荣，孝子不从命乃义；从命乃禽兽，不从命则修饰，孝子不从命乃敬。可以从而不从，是不子也；未

---

① （清）王先谦：《荀子集解》卷十六《君子篇》，沈啸寰、王星贤点校，北京：中华书局，1988年。
② （清）王先谦：《荀子集解》卷四《儒效篇》，沈啸寰、王星贤点校，北京：中华书局，1988年。
③ （清）王先谦：《荀子集解》卷八《君道篇》，沈啸寰、王星贤点校，北京：中华书局，1988年。
④ （清）王先谦：《荀子集解》卷七《王霸篇》，沈啸寰、王星贤点校，北京：中华书局，1988年。
⑤ （清）王先谦：《荀子集解》卷五《王制篇》，沈啸寰、王星贤点校，北京：中华书局，1988年。
⑥ （清）王先谦：《荀子集解》卷六《富国篇》，沈啸寰、王星贤点校，北京：中华书局，1988年；（清）王先谦：《荀子集解》卷八《君道篇》，沈啸寰、王星贤点校，北京：中华书局，1988年。
⑦ （清）王先谦：《荀子集解》卷十六《君子篇》，沈啸寰、王星贤点校，北京：中华书局，1988年。

可以从而从，是不衷也；明于从不从之义，而能致恭敬忠信，端悫以慎行之，则可谓大孝矣。"① 在他看来，"入孝出弟"，那只是"人之小行"，"上顺下笃"，也不过是"人之中行"，只有"从道不从君，从义不从父"，才算得上"人之大行"。② 经过荀子的改造，虽仍然要求"亲疏有分"、"长幼有序"，虽仍然承认"父者，家之隆也"，"隆一而治，二而乱"③，但钢性的孝却因理性之义的渗入而被柔化，卑幼对尊长的服从不再是绝对的了。

厘清了上述两点，再反观礼，便会有异乎寻常的新发现。荀子说："礼者，贵贱有等，长幼有差，贫富轻重皆有称者也。"④ 由于他对用贤和尽孝所持的态度已不同于以前，所以，在这句话里，不仅贫富作为经济指标首次被纳入礼则，长幼之序也因父权的软化开始朝家内礼义方面转变，而且连所谓的贵者，恐怕已不再专指旧的血亲贵族了。在荀子的书中，与众人、庶人、小人或农工商贾相对的，除天子、三公、诸侯之外，主要是"卿相辅佐"、"士大夫官师"、"官人使吏"和"便嬖左右"等⑤，可见贵与贱所反映的关系已是管理上的层级关系，即管理者与被管理者之间的新型关系。据此，我们大致可以认为，荀子是用贤贤突破尊尊亲亲的方式，适应了贵族体制向官僚体制演变的新趋势。

（3）用综合治理代替"道之以德，齐之以礼"。荀子做过稷下学宫的祭酒，自然是个饱学之士。他说："礼之敬文也，乐之中和也，诗书之博也，春秋之微也，在天地之间者毕矣。"⑥ 可见他思想的源泉就是孔子整理过的儒家典籍。因此之故，他便瞧不上春秋时期的"霸政"，认为五霸"非本政教也，非致隆高也，非綦文理也，非服人心也"，只不过是"畜积修斗"、"诈心以胜"、"能颠倒其敌"的"小人之杰"，"曷足以称乎大君子之门哉！"⑦ 通过比较，他明确指出："在天者莫明于日月，在地者莫明于水火，在物者莫明于礼义"⑧，礼不仅是"道

---

① （清）王先谦：《荀子集解》卷二十《子道篇》，沈啸寰、王星贤点校，北京：中华书局，1988年。
② （清）王先谦：《荀子集解》卷二十《子道篇》，沈啸寰、王星贤点校，北京：中华书局，1988年。
③ （清）王先谦：《荀子集解》卷九《致士篇》，沈啸寰、王星贤点校，北京：中华书局，1988年。
④ （清）王先谦：《荀子集解》卷六《富国篇》，沈啸寰、王星贤点校，北京：中华书局，1988年。
⑤ （清）王先谦：《荀子集解》卷八《君道篇》等，沈啸寰、王星贤点校，北京：中华书局，1988年。
⑥ （清）王先谦：《荀子集解》卷一《劝学篇》，沈啸寰、王星贤点校，北京：中华书局，1988年。
⑦ （清）王先谦：《荀子集解》卷三《仲尼篇》，沈啸寰、王星贤点校，北京：中华书局，1988年。
⑧ （清）王先谦：《荀子集解》卷十一《天论篇》，沈啸寰、王星贤点校，北京：中华书局，1988年。

德之极"①，更是"治辨之极"、"强固之本"、"威行之道"和"功名之总"②，堪称为"君人者之大本"和"王者之法"③，"由之"，可"得天下"，"不由"则"陨社稷"④。在他憧憬的理想社会中，朝廷"隆礼义而审贵贱"，士大夫"敬节死志"，影响所及，百官亦"将齐其制度，重其官秩"，百吏则"莫不畏法而遵绳"，商贾则"莫不忠信而不桔"，农夫则"莫不朴力而寡能"。⑤由于"政令不烦而俗美"，百姓无形中就会"顺上之法，象上之志，而劝上之事"，庶几可以达到"藉敛忘费，事业忘劳，寇难忘死"的程度，从而造就"城郭不待饰而固，兵刃不待陵而劲，敌国不待服而屈，四海之民不待令而一"的大好局面。⑥荀子把这种有别于霸政的王道概括为"推礼义之统，分是非之分，总天下之要，治四海之众，若使一人"⑦。他时刻期盼着如此美妙的"大化至一"式的"至平"之世真的能够降临。⑧

但荀子并非生活在真空里。"上失其道，民散久矣"⑨，让他在现实中看不到太多的"礼义辞让忠信"⑩，相反，"暴悍勇力"、"旁辟曲私"、"矜纠收缭"之属却触目皆是。⑪于是，他一边抓住人性贪利争夺的一面，发展出了性恶论，一边也不得不借鉴霸者和法家的做法，对自己的礼治学说加以变通。他指出："听政之大分"应该是"以善至者待之以礼，以不善至者，待之以刑"，只有"两者分别"，才能使"贤不肖不杂，是非不乱"，而"国家治"。⑫他意识到有些人的恶性单靠说教是化不掉的，便公开提倡"雕雕焉悬贵爵重赏于其前，悬明刑大辱于其后"，认为唯有此法可以看做是驱民从化的杀手锏，如果运用得当，应能使

---

① （清）王先谦：《荀子集解》卷一《劝学篇》，沈啸寰、王星贤点校，北京：中华书局，1988年。
② （清）王先谦：《荀子集解》卷十《议兵篇》，沈啸寰、王星贤点校，北京：中华书局，1988年。
③ （清）王先谦：《荀子集解》卷十一《强国篇》，沈啸寰、王星贤点校，北京：中华书局，1988年；（清）王先谦：《荀子集解》卷七《王霸篇》，沈啸寰、王星贤点校，北京：中华书局，1988年。
④ （清）王先谦：《荀子集解》卷十《议兵篇》，沈啸寰、王星贤点校，北京：中华书局，1988年。
⑤ （清）王先谦：《荀子集解》卷七《王霸篇》，沈啸寰、王星贤点校，北京：中华书局，1988年。
⑥ （清）王先谦：《荀子集解》卷八《君道篇》，沈啸寰、王星贤点校，北京：中华书局，1988年。
⑦ （清）王先谦：《荀子集解》卷二《不苟篇》，沈啸寰、王星贤点校，北京：中华书局，1988年。
⑧ （清）王先谦：《荀子集解》卷十《议兵篇》，沈啸寰、王星贤点校，北京：中华书局，1988年；（清）王先谦：《荀子集解》卷八《君道篇》，沈啸寰、王星贤点校，北京：中华书局，1988年。
⑨ 杨伯峻：《论语译注》子张篇，北京：中华书局，1980年。
⑩ （清）王先谦：《荀子集解》卷十一《强国篇》，沈啸寰、王星贤点校，北京：中华书局，1988年。
⑪ （清）王先谦：《荀子集解》卷十《议兵篇》，沈啸寰、王星贤点校，北京：中华书局，1988年。梁启雄：《荀子简释》曰："矜纠收缭，皆急戾之义。"，北京：中华书局，1983年。
⑫ （清）王先谦：《荀子集解》卷五《王制篇》，沈啸寰、王星贤点校，北京：中华书局，1988年。

"民归之如流水"。① 他当然知道，最终总还有些人"离俗不顺其上"，所以又主张对"邪民不从"者，必须"俟之以刑"。② 以前，孔子只批评过"不教而诛"③，荀子却说："不教而诛，则刑繁而邪不胜；教而不诛，则奸民不惩。"④ 既教且诛的理念实际上已把先辈圣贤的"道之以德，齐之以礼"远远甩在了后边。⑤ 经过不断修正，荀子的政治学说变成了"临之以势，导之以道，申之以命，章之以论，禁之以刑"⑥，或曰："立君上之势以临之，明礼义以化之，起法正以治之，重刑罚以禁之"⑦。对这样复杂而全面的治道，与其用礼治来概括，毋宁说已是一种综合治理。不过，在整个综合治理的框架中，主线却聚焦在两点上，那就是荀子自己在《成相》篇里用舂歌形式所做的归纳："治之经，礼与刑，君子以修百姓宁。明德慎罚，国家既治四海平。"通俗易懂，朗朗上口，极便传诵和记忆。自荀子以后，礼与刑，德与罚，便成了数千年间一切统治者为政的不二法门，而"有耻且格"的境界因过于高妙，则渐渐被人们所淡忘。

在物欲横流的时代，无论怎样地强调和重视，德和礼仍容易被虚化，而对有德守礼者的爵赏和对失德违礼者的惩罚却看得见、摸得着。正因为这样，荀子《成相》辞就又有"听之经，明其请，参伍明谨施赏刑"诸语。尽管"参伍明谨"是指用礼"辨治上下"，使"贵贱有等"，而明"君臣之分"，但与德、礼相比，赏、刑的地位显然已变得十分突出。从荀子重视赏、刑这一点看，他虽不是法家，思想上却与法家有相通之处。而他的学生韩非、李斯，则干脆跨过最后一道门槛，分别成为法家理论的集大成者和积极践行者。

荀子一边以述为作，在继承的基础上实现创新，一边还通过对其他诸子的批评，进一步阐扬自己的观点。如墨子从社会财富总量有限出发，认为统治阶级在礼的名义下，讲究排场，必然造成"饥者不得食，寒者不得衣，劳者不得息"⑧，因而便有《非乐》、《节用》等主张。荀子则针锋相对地指出："天地之生

---

① （清）王先谦：《荀子集解》卷十《议兵篇》，沈啸寰、王星贤点校，北京：中华书局，1988年。
② （清）王先谦：《荀子集解》卷十《议兵篇》，沈啸寰、王星贤点校，北京：中华书局，1988年；（清）王先谦：《荀子集解》卷二十《宥坐篇》，沈啸寰、王星贤点校，北京：中华书局，1988年。
③ 杨伯峻：《论语译注》尧曰篇曰："不教而杀谓之虐。"，北京：中华书局，1980年。
④ （清）王先谦：《荀子集解》卷六《富国篇》，沈啸寰、王星贤点校，北京：中华书局，1988年。
⑤ 杨伯峻：《论语译注》为政篇，北京：中华书局，1980年。
⑥ （清）王先谦：《荀子集解》卷十六《正名篇》，沈啸寰、王星贤点校，北京：中华书局，1988年。
⑦ （清）王先谦：《荀子集解》卷十七《性恶篇》，沈啸寰、王星贤点校，北京：中华书局，1988年。
⑧ 吴毓江：《墨子校注》卷八《非乐上》，孙启治点校，北京：中华书局，1993年。

万物也，固有余足以食人矣；麻葛、茧丝、鸟兽之羽毛齿革也，固有余以衣人矣"，物质的多少绝非"天下之公患"①，最可怕的倒是墨家所鼓吹的君臣齐等。倘若贵为天子，重为诸侯，也要和普通人一样地崇尚强力、劳苦，亲耕亲织，且粗衣恶食，其结果必然是威权尽失而"赏罚不行"。"赏不行，则贤者不可得而进也；罚不行，则不肖者不可得而退也。"有能力和没能力的人都无法得到适当的任用，这样下去，就会使"万物失宜，事变失应，上失天时，下失地利，中失人和"，由混乱造成的不足，靠墨子"衣褐带索，嚽菽饮水"式的节俭，怎能救疗得了呢？以这一驳论为基础，荀子进而强调，儒家定制度、分等级、兴礼乐，让天子、诸侯及各级贵族可以按相应的礼"撞大钟，击鸣鼓，吹竽笙，弹琴瑟"，可以用"雕琢刻镂"之器，衣"黼黻文章"之服，可以食"刍豢稻粱"，闻"五味芬芳"，并备其官职，众其仆从，厚其庆赏，严其刑罚，正是要通过彰显差异，使其权力和地位得到充分的体现和保证，唯有如此，才可以收"赏行罚威"之效，使"贤者可得而进"，"不肖者可得而退"，有能力和没能力的人都有适当的安排。到那时，"万物得其宜，事变得其应，上得天时，下得地利，中得人和"，秩序建立了，混乱消弭了，财货自会"浑浑如泉源，汸汸如河海，暴暴如丘山"，"何患乎不足也？"在做了正反两面的比较之后，荀子就下结论说："儒术诚行，则天下大而富，使而功，撞钟击鼓而和"，"墨术诚行，则天下尚俭而弥贫，非斗而日争，劳苦顿萃而愈无功，愀然忧戚非乐而日不和"。我们不能不承认，荀子之论十分雄辩，而且确实道出了等级划分最初所具有的进步意义。

与"非墨"的长篇大论相比，荀子对孟子的批评则简洁明了，切中要害。他说，孟子认为"人之性善"，既然人皆性善，天下岂不是早就"正理平治"了吗？在一个天生端正合理、安定有序的社会中，是不需要圣王、不需要礼义的，所以，性善论的要害是"去圣王，息礼义"。作为儒学大师，却深陷于取消圣王、礼义的泥淖，为害不可谓不巨。况且，性善说无验于今，无征于人，徒然"坐而言之，起而不可设，张而不可施行"，孟子倡言此论，"岂不过甚矣哉！"②

另外，荀子还专门写了《非十二子》和《解蔽》，以发表自己对当时众多思

---

① （清）王先谦：《荀子集解》卷六《富国篇》，沈啸寰、王星贤点校，北京：中华书局，1988年。本段引文及文意均见此篇。
② （清）王先谦：《荀子集解》卷十七《性恶篇》，沈啸寰、王星贤点校，北京：中华书局，1988年。

想流派的看法，成为学术批评史上最早的鸿篇佳构。其他一些精彩的争鸣还散见于《天论》、《正论》、《正名》诸篇中。他说："墨子蔽于用而不知文，宋子蔽于欲而不知得，慎子蔽于法而不知贤，申子蔽于势而不知智，惠子蔽于辞而不知实，庄子蔽于天而不知人。"① 又说："慎子有见于后，无见于先；老子有见于诎，无见于信（伸）；墨子有见于齐，无见于畸；宋子有见于少，无见于多。"② 类似文字，读后都让人有一语中的之感。在荀子看来，诸子仅得"一物"之"一偏"，"而自认为知道"，实"无知也"，皆属于"蔽于一曲而暗于大理"。他提出的解蔽之法是"虚一而静"、"兼权而熟计"、"率道而行"，以为只有这样，才能"百举而不陷"。而他要求学者凝神清心予以持守的道则是"体常而尽变"③。所谓"常"，当然是指他最推崇的礼；所谓"尽变"，其意应为兼采后王之长，深思熟虑，适时权变。由此可以看出，荀子通过辩驳，已与主观片面、孤立静止看问题的各家划清界限，从而开创了注重随时而化和融会贯通的学术新风尚。

约在公元前266年，荀子曾应邀入秦考察，并多次发表观感。他承认此地"其百姓朴，其声乐不流汙，其服不挑，甚畏有司而顺"；"其百吏肃然，莫不恭俭敦敬忠信而不楛"；"士大夫出于其门，入于公门，出于公门，归于其家，无有私事也；不比周，不朋党，倜然莫不明通而公"；"其朝闲（娴）听决，百事不留，恬然如无治者"。④ 同时又对秦国养民之道"狭隘"、"其使民也酷烈"、单靠"劫之以势，隐之以阸，狃之以庆赏，鰌之以刑罚"的管理办法大加贬抑，认为这只不过是"干赏蹈利之兵，傭徒鬻卖之道"，一点都不符合"贵上、安

---

① （清）王先谦：《荀子集解》卷十五《解蔽篇》，沈啸寰、王星贤点校，北京：中华书局，1988年。综合各家注释，此段大意谓：墨翟欲上下勤力，而不知贵贱等级之文饰；宋钘只言人之情有寡欲的一面，而不知道其更有贪得的一面；慎到主张法治，以为得其法虽无贤亦可为治，而不知法待贤而后举；申不害重势，主张以术驭下，而不知权势须待才智而后用；惠施玩虚词不知理，辞虽辩而乖于实；庄周推治乱于自然和天，却不知人为之重要。

② （清）王先谦：《荀子集解》卷十一《天论篇》，沈啸寰、王星贤点校，北京：中华书局，1988年。综合各家注释，此段大意略谓：慎到专注于事物已成之相，而忽视已成之相的由来；老子以柔弱胜刚强，专务以屈为教，而不知自强不息、日伸无疆为美德；墨翟主兼爱、尚同，以绝对平等为至道，不知不齐才是事物的本质；宋钘唯见人寡欲的一面，不知人实有多欲之特点。

③ （清）王先谦：《荀子集解》卷十五《解蔽篇》，沈啸寰、王星贤点校，北京：中华书局，1988年；（清）王先谦：《荀子集解》卷十一《天论篇》，沈啸寰、王星贤点校，北京：中华书局，1988年。

④ （清）王先谦：《荀子集解》卷十一《强国篇》，沈啸寰、王星贤点校，北京：中华书局，1988年。

制、綦节"之理。① 他觉得,"隆势诈,尚功利"全靠的是诱骗,只有"礼义教化"才能真正整齐人心。如能做到"礼乐修,分义明,举措时,爱利形",则民自会"亲其上,乐其君,而轻为之死"。在他看来,秦国的情况与这种"王者之功名"相比,"其不及远矣"。"地遍天下","威动海内,强殆中国",却不能令行于塞外,反而"忧患不可胜数",常恐诸侯之"一合而轧己也",实在太可惜了。所以,他就直截了当地告诉应侯范睢说:"无儒"就是"秦之所短",是各种病症的总根,而医治的办法只有"节威反文",停止"力术",改行"义术"。②

无论是应侯,还是秦昭王,似乎都没有对荀子的建议发生兴趣。于是,他只好打点行装,踏上了东归的路。是秦人冥顽不灵,难以点化,还是礼治学说本身存在缺陷?揆诸事实,我们不能不说,尽管荀子力主"法后王",重视与时俱进,已对礼做了许多新阐释,但他的步子仍嫌太慢,根本不符合时代的需要。在他入秦的时候,七雄间的兼并已进入秦赵争强阶段③,秦国改奉远交近攻策略,不遗余力地蚕食诸侯,于公元前265年攻赵取三城、攻韩取少曲、高平之后,又连续三年进逼紧邻的韩国,取陉城、南阳、野王,隔断了上党与韩都新郑之间的联系,上党守冯亭宁可归赵,也不愿降秦,从而诱发了公元前260年的长平大战④,白起大败赵括军,坑杀赵之降卒40万。发生在身边的战争惊心动魄,刺激太强烈了,人们最直观的反应就是"搢笏干戚,不敌酋矛铁铦;登降周旋,不逮日中奏百;狸首射侯,不当强弩趋发;干城距衡,不若堙穴伏橐",正所谓远水救不得近火,"当大争之世,而逎揖让之轨"⑤,"欲以宽缓之政",管束"急世之民","犹无辔策而驭悍马","实可以戏而不可以为治也"⑥。

秦国不理会荀子的谈说而我行我素。他们的管理办法都围绕一个"壹"字展开,可以叫壹的政治,简称为"壹政"。⑦ 其中,所谓"壹务",即以农战为唯

---

① (清)王先谦:《荀子集解》卷十《议兵篇》,沈啸寰、王星贤点校,北京:中华书局,1988年。
② (清)王先谦:《荀子集解》卷十一《强国篇》沈啸寰、王星贤点校,北京:中华书局,1988年;(清)王先谦:《荀子集解》卷十《议兵篇》,沈啸寰、王星贤点校,北京:中华书局,1988年。
③ 徐中舒:《战国初期魏齐的争霸及列国间合纵连横的开始》,《徐中舒历史论文选辑》,北京:中华书局,1998年,第896—930页。
④ 冯君实:《中国历史大事年表》,沈阳:辽宁人民出版社,1984年。
⑤ (清)王先慎:《韩非子集解》卷十八《八说》,锺哲点校,北京:中华书局,1998年。
⑥ (清)王先慎:《韩非子集解》卷十九《五蠹》,锺哲点校,北京:中华书局,1998年;(清)王先慎:《韩非子集解》卷十一《外储说左上》,锺哲点校,北京:中华书局,1998年。
⑦ 蒋礼鸿:《商君书锥指》卷二《算地》,北京:中华书局,1986年。

一的任务①；所谓"作壹"，即"止浮学事淫之人"，令民皆"抟之于农"，因为只有"归心于农"，民才"少诈重居"，"朴而可正"，"纷纷易使"，"亲上死制"，可以用赏罚进退之，使其出死力对待外敌，而言谈游士、商贾、技艺之人皆"轻其居"，"必不为上守战者也"②；所谓"壹赏"，即"利禄官爵抟出于兵，无有异施"③，而且应该"赏厚而信"④；所谓"壹刑"，即"刑无等级，自卿相将军至于大夫庶人，有不从王令，犯国禁、乱上制者，罪死无赦。有功于前，有败于后，不为损刑。有善于前，有过于后，不为亏法"⑤；所谓"一孔"，即只以功劳"授官予爵"，"以盛智谋，以盛勇战"，使谋取富贵的门户绝对单一化⑥；所谓"壹教"，就是严格规范教化，不准凭借"博闻、辨慧、信廉、礼乐、修行、群党、信誉、清浊"等，获得任何权益，更不准根据这些批评刑法，陈述己见⑦，通过"多禁以止能"、"任力以穷诈"、"刑戮以止奸"、"官爵以劝功"⑧，凝练出"当壮者务于战，老弱者务于守，死者不悔，生者务劝"的统一意志，使"父兄、昆弟、知识、婚姻、合同者"，都以"务之所加存战而已矣"相激励，最终形成"民间闻战而相贺"、"起居饮食所歌谣者"皆"战也"的集体情绪亢奋⑨；所谓"壹言"，即在禁锢百家言论的基础上，维持法家的独尊，只准用一个声音说话，而且有意让"愚农不智，不好学问"⑩，很早就"燔诗书而明法令"⑪，"置主法之吏，以为天下师"⑫，大行愚民政策，麻痹基层群众。上述各项政策从商鞅变法开始确立，以后逐步修订完善，历经百年⑬，早已成为定制，昭王、范雎正要因利乘便，鲸吞天下，焉能受儒者之蛊惑而动摇？

荀子视自己的政治论为"大便之便"，将秦的做法斥为"不便之便"。⑭ "大

---

① 蒋礼鸿：《商君书锥指》卷三《壹言》，北京：中华书局，1986年。
② 蒋礼鸿：《商君书锥指》卷一《农战》，北京：中华书局，1986年。
③ 蒋礼鸿：《商君书锥指》卷四《赏刑》，北京：中华书局，1986年。
④ 蒋礼鸿：《商君书锥指》卷三《修权》，北京：中华书局，1986年。
⑤ 蒋礼鸿：《商君书锥指》卷四《赏刑》，北京：中华书局，1986年。
⑥ 蒋礼鸿：《商君书锥指》卷三《靳令》，北京：中华书局，1986年。
⑦ 蒋礼鸿：《商君书锥指》卷四《赏刑》，北京：中华书局，1986年。
⑧ 蒋礼鸿：《商君书锥指》卷二《算地》，北京：中华书局，1986年。
⑨ 蒋礼鸿：《商君书锥指》卷四《赏刑》，北京：中华书局，1986年。
⑩ 蒋礼鸿：《商君书锥指》卷一《垦令》，北京：中华书局，1986年。
⑪ （清）王先慎：《韩非子集解》卷四《和氏》，钟哲点校，北京：中华书局，1998年。
⑫ 蒋礼鸿：《商君书锥指》卷五《定分》，北京：中华书局，1986年。
⑬ 商鞅变法始于公元前356年，至荀子入秦，已近百年。
⑭ （清）王先谦：《荀子集解》卷十《议兵》，沈啸寰、王星贤点校，北京：中华书局，1988年。

便之便"缜密周全,长虑顾后。然而,周全必多孔,"取爵禄多途",必产生"不作而食,不战而荣"的奸民①,奸民不除,则民不朴壹,国力不抟。相反,"不便之便"主壹不主多,片面、绝对、极端,只顾眼前,不计久远,但却能使"民所以要利于上者,非斗无由"②,从而建立起"举国责之于兵"③ 的军国主义体制。所以,荀子指望的"赏不用而民劝,罚不用而威行"④ 的仁义之师渺不可及,而秦人之"见战也",却"如饿狼之见肉",每有军令,父送其子,兄送其弟,妻送其夫,皆曰:"不得,无返"。又曰:"失法离令,若死,我死。乡治之。行间无所逃,迁徙无所入"。⑤ 正是这支"从令如流,死而不旋踵"的虎狼之师,盖过了齐的技击、魏的武卒。⑥ 秦"四世有胜",并终于荡平虽也推行法制、却又在德治、礼治、贤治、势治、法治间摇摆不定的六国,真可谓"非幸也,数也"。⑦

为了落实"壹赏",秦国建立了二十级军功爵制。"能得甲首一者,赏爵一级,益田一顷,益宅九亩,除庶子一人";同时,用五大夫以上的高爵专门奖励六百石以上的官吏⑧,使"官爵之迁与斩首之功相称"⑨。于是,秦地之人,不是依照荀子的贤贤,而是依照有爵无爵及军功爵的高低,被重新划分了等级。有爵者可以"乞无爵者以为庶子",平时,庶子每月为其服役六日,遇有战争,还要随军提供廪养;法律规定,爵位高的人可以审判爵位低的人,有爵者可以用爵级赎罪,高爵即使有辜而罢,也不能沦为仆隶。⑩ 可见爵级绝不是抽象的荣誉,其间包含着许多实际的政治、经济利益。非但如此,政治经济地位变了,人的社会身份也会变。日本学者西嶋定生据《九章算术》所保存的几道算题推断,无论是分配共同的猎物,还是醵出钱款饮酒,都有对高爵有利、对低爵不

---

① 蒋礼鸿:《商君书锥指》卷四《画策》,北京:中华书局,1986年。
② (清)王先谦:《荀子集解》卷十《议兵》,沈啸寰、王星贤点校,北京:中华书局,1988年。
③ 蒋礼鸿:《商君书锥指》卷四《画策》,北京:中华书局,1986年。
④ (清)王先谦:《荀子集解》卷十一《强国篇》,沈啸寰、王星贤点校,北京:中华书局,1988年。
⑤ 蒋礼鸿:《商君书锥指》卷四《画策》,北京:中华书局,1986年。
⑥ (清)王先谦:《荀子集解》卷十《议兵篇》,沈啸寰、王星贤点校,北京:中华书局,1988年。
⑦ (清)王先谦:《荀子集解》卷十一《强国篇》,沈啸寰、王星贤点校,北京:中华书局,1988年。
⑧ 蒋礼鸿:《商君书锥指》卷五《境内》,北京:中华书局,1986年。
⑨ (清)王先慎:《韩非子集解》卷十七《定法》,锺哲点校,北京:中华书局,1998年。
⑩ 蒋礼鸿:《商君书锥指》卷五《境内》,北京:中华书局,1986年。

利的习惯计算办法。① 甚至在类似乡饮酒礼的民间酒会上，除还保留有"同爵则尚齿"等些微子遗外，位次也要按爵秩来进行排定了。② 东晋时的庾峻曾评论说：秦人"利出一官"，"唯爵是闻"，故"闾阎以公乘侮其乡人，郎中以上爵傲其父兄"③，征诸秦简必于人名之前冠以爵称的习惯，谓秦风如此，当所言不虚。可以肯定，二十级爵及军功至上原则确已经破坏了旧爵级和亲亲原则，完成了对乡里秩序的改造和重构。随着秦灭六国，这种办法又在更大范围内得到推广。

荀子本赵人，先在齐讲学，又投奔楚国贵族春申君，被任为兰陵令，归赵、赴秦，为时都较短暂，可知并未遇到更能施展才华的机会，回任兰陵令不久，春申君即为李园所害，他失去依恃，只好去过隐居著述的生活。④ 综观其一生，除在稷下学宫三为祭酒外，并不曾十分风光，还时常受到小人的恶意中伤⑤，其际遇不比屡经厄困的孔、孟强。所以，他就在《赋》篇中叹道："天地易位，四时易乡，列星陨坠，旦暮晦盲，幽晦登昭，日月下藏"，"螭龙为蝘蜓，鸱枭为凤凰"，"昭昭乎其智之明也，郁郁乎其遇时之不祥也，拂乎其欲礼义之大行也，暗乎天下之晦盲也，皓天不复，忧无疆也"。愤懑不平之态，跃然纸上。而他的弟子也在《尧问》篇末节替他辩解说："孙卿迫于乱世，鳅于严刑，上无贤主，下遇暴秦，礼义不行，教化不成"，"是其所以名声不白，徒与不众，光辉不博也"⑥。这正说明历史上正确的东西，一开始往往得不到多数人的承认，只能随着社会的演进曲折发展。荀子赍志以殁，终老于楚，死葬兰陵。荀子学说的重生与勃兴，则要晚至汉代了。

四、汉儒对等级制理论的改造和君为臣纲主导下的等级制度

秦的"一政"被《汉书》称为"一切取胜"。⑦ 据颜师古注："一切者"，"犹

---

① （日）西嶋定生：《中国古代帝国的形成与结构》，武尚清译，北京：中华书局，2004年，第334—340页。《九章算术》成书时间较晚，但风俗习惯的养成必须年深日久。所以，说这种因爵级而起的习惯性计算办法实应源于秦行军功爵制，当大致无误。

② （清）孙希旦：《礼记集解》卷四十六《祭义》，沈啸寰、王星贤点校，北京：中华书局，1989年。

③ 《晋书》卷五十《庾峻传》，北京：中华书局，1974年标点本。

④ 《史记》卷七十四《孟子荀卿列传》，北京：中华书局，1959年标点本。

⑤ （西汉）刘向：《战国策》楚策四，上海：上海古籍出版社，1985年。

⑥ 王天海：《荀子校释》曰："末节之文不为荀子原文甚明，乃荀卿弟子崇师之言也"。上海：上海古籍出版社，2005年，第1165—1166页。

⑦ 《汉书》卷十四《诸侯王表》，北京：中华书局，1962年标点本。

如以刀切物，苟取整齐，不顾长短纵横"。① 这种"一刀切"的办法能使人力、物力集中到一个方向，短期内易于就功。因此形成了雷霆万钧之势，使秦以"虎视何雄哉"的姿态扫平六合，完成了"天下归一"的宏伟大业。但是，只关注一点而不计其余，就是走极端，武断片面所带来的后果也极为可怕。古往今来，学者纷纷探讨秦朝"其兴也勃，其亡也忽"的历史教训，都把注意力集中在重禁文学、捐弃礼义、专为自恣苟简之治、繁刑严诛、吏治刻深、赏罚不当、赋敛无度、好勇武、尚首功、务进取、先贪鄙、知进而不知退几点上②，足见正是"一政"为秦埋下了最终将自己炸毁的火药桶。而更令人痛心疾首的是，奉行绝对化政策败坏了社会风气。

儒家的理想社会是九族相亲，出入相友，乡里和睦，守望相助，疾病相救，而教化齐同。秦自商鞅变法起，即"连相坐之法，造三夷之诛"，奖励告奸，令民自相告发；又以军功授爵，视爵级赋予特权。行之既久，人人"崇刑而简义，高力而尚功"③，就会造成"秦俗日败"，"家富子壮则出分，家贫子壮则出赘，借父耰鉏，虑有德色，母取箕帚，立而谇语"，"妇姑不相说，则反唇而相稽"④，甚至"间阎以公乘侮其乡人，郎中以上爵傲其父兄"⑤。在儒家看来，"慈子耆利"若此，"不同禽兽者"，实"亡几耳"⑥。

汉初，镇以"无为"而不扰乱，其实质却是因循不改。高祖入关，约法三章，仅为"顺民心"的权宜之计。⑦ 未久，即因"三章之法不足以御奸"，而令萧何"攈摭秦法，取其宜于时者，做律九章"⑧，汉景帝时，溢为三十章⑨，至汉武帝，"禁网寖密，律令凡三百五十九章，大辟四百九条，千八百八十二事。死

---

① 《汉书》卷十二《平帝纪》颜师古注，北京：中华书局，1962年标点本。
② 《汉书》卷五十六《董仲舒传》，北京：中华书局，1962年标点本；阎振益、钟夏校注：《新书校注》卷一《过秦上》，北京：中华书局，2000年；王利器校注：《盐铁论校注》卷五《国疾》，北京：中华书局，1992年；王利器校注：《盐铁论校注》卷二《非鞅》，北京：中华书局，1992年；《汉书》卷五十二《路温舒传》，北京：中华书局，1962年标点本等。
③ 王利器校注：《盐铁论校注》卷二《非鞅》，北京：中华书局，1992年。
④ 《汉书》卷四十八《贾谊传》，北京：中华书局，1962年标点本。
⑤ 《晋书》卷五十《庾峻传》，北京：中华书局，1974年标点本。
⑥ 《汉书》卷四十八《贾谊传》，北京：中华书局，1962年标点本。
⑦ 《汉书》卷一《高帝纪》曰："初顺民心作三章之约。"北京：中华书局，1962年标点本。王利器校注：《盐铁论校注》卷十《诏圣》也曰："高皇帝时，天下初定，发德音，行一切之令，权也，非拨乱反正之常也。"北京：中华书局，1992年。
⑧ 《汉书》卷二十三《刑法志》，北京：中华书局，1962年标点本。
⑨ 《汉书》卷四十九《晁错传》，北京：中华书局，1962年标点本。

罪决事比万三千四百七十二事。文书盈于几阁",连"典者"也"不能遍睹"①。至于叔孙通定礼义,虽因"时事人情",杂采古礼,"有所增益减损",但亦"大致皆袭秦故,自天子称号下至僚佐及宫室官名,少所变改"。② 张苍定章程,更"袭秦正朔"③,据水德定制,"以十月为年首","色外黑内赤"。④ 故而,汉承秦制,亦承其蔽。各级官吏"其务在于簿书断狱听讼而已"⑤,并无"礼义科指"教训于百姓,到朝廷"深诏执事",要求他们"兴廉举孝"时,竟然"阖郡不荐一人"⑥。"进取之时去矣,并兼之势过矣"⑦,但人皆欲"贱富贵之门"的心未变,"饿狼逐肉"般的临战心态被移用到财物及权利的争夺上,于是,"告罪昆弟,欺突伯父,逆于父母"、"妻公之妾女"、"探柱下之金,剟寝户之簾,搴两庙之器"、"剽吏而夺之金"等,就成了常见现象。⑧ "富民不为奸而贫",即为同里者所侮;"廉吏释官而归",则为邑人讪笑,"居官敢行奸而富"者被视为"贤吏","家处者犯法为利"被誉为材士。⑨ 风俗所及,京师大员"有悖逆不顺之子孙","陷大辟受刑戮者不绝"。⑩ 而诸侯王则"擅爵人,赦死罪"、"戴黄屋","令之不肯听",招之而不至,"或亲弟谋为东帝,亲兄之子西向而击矣"。⑪ 既然廉愧之节尽失,必致"侈靡相竞","上下乱僭而无差"。⑫ "行为狗彘也,苟家富财足,隐机盱视",即自以为是天子。⑬ "舆服僭于王公,宫室溢于制度,并兼列宅,隔绝闾巷"⑭,"设房闼,备厩库,缮雕琢刻画之,博玄黄琦玮之色"⑮。"贵人大贾屋壁得为帝服,贾妇倡优下贱,产子得为后饰",而皇上却"自衣皂

---

① 《汉书》卷二十三《刑法志》,北京:中华书局,1962年标点本。
② 《史记》卷九十《刘敬叔孙通传》,北京:中华书局,1959年标点本。
③ 《汉书》卷二十一《律历志》,北京:中华书局,1962年标点本。
④ 《史记》卷二十八《封禅书》,北京:中华书局,1959年标点本。
⑤ 《汉书》卷二十二《礼乐志》,北京:中华书局,1962年标点本。
⑥ 《汉书》卷六《武帝纪》,北京:中华书局,1962年标点本。
⑦ 阎振益、锺夏校注:《新书校注》卷三《时变》,北京:中华书局,2000年。
⑧ 阎振益、锺夏校注:《新书校注》卷三《时变》,北京:中华书局,2000年;阎振益、锺夏校注:《新书校注》卷三《俗激》,北京:中华书局,2000年。
⑨ 阎振益、锺夏校注:《新书校注》卷三《时变》,北京:中华书局,2000年。
⑩ 《汉书》卷二十二《礼乐志》,北京:中华书局,1962年标点本。
⑪ 《汉书》卷四十八《贾谊传》,北京:中华书局,1962年标点本。
⑫ 阎振益、锺夏校注:《新书校注》卷三《俗激》,北京:中华书局,2000年。
⑬ 阎振益、锺夏校注:《新书校注》卷三《时变》,北京:中华书局,2000年。
⑭ 王利器校注:《盐铁论校注》卷二《刺权》,北京:中华书局,1992年。
⑮ 王利器校注:《新语校注》卷上《无为》,北京:中华书局,1986年。

绨"。① 正所谓"足反居上，首顾居下"②，本末舛逆已到了无以复加的程度。

自汉武帝之前，公卿大臣"咸介胄武夫"③，对"习俗薄恶"、"民心抵冒"，"恬不为怪，以为适然"④。而"颇通诸家之书"的知识精英却忧心如焚。其中，陆贾最早"时时称说诗书"，又著古之成败，为《新语》十二篇，对刘邦做了"居马上"得天下、却不可以"马上治之"的政治启蒙。⑤贾谊写《过秦论》，上《治安策》，反复阐明取与守"不同术"的道理⑥，对误认为"已安"、"已治"而死抱着"无为"、"无动"之旨不放的守旧派，进行了严厉批评，建议汉文帝抛弃"抱火措之薪下而寝其上"的"偷安"思想⑦，尽快"定经制"，通过"移风易俗"，扭转"四维不张"的"倒悬之势"，以便"使天下回心向道"⑧。董仲舒更借贤良对策之机，系统发挥了"圣王之继乱世也"，必"扫除其迹而悉去之"⑨的历史观，尖锐地指出：在已失去战争高压态势的情况下，依旧指望用战时体制孕育出来的"重刑峭法"来解除乱象，必然是"法出而奸生，令下而诈起"，即便"一岁之狱以千万数"，也只能如"以汤止沸，沸愈甚而无益"。⑩ 在他看来，汉从秦那里继承下来的，无非是些"朽木粪墙"，"不可雕也"，"不可圬也"，"琴瑟不调"，尚且要"解而更张"，"为政而不行"，自应立刻"变而更化"，"汉得天下以来，常欲善治而至今不可为善治者，失之于当更化而不更化也"。⑪ 以陆、贾、董为代表的一小部分人，是那个时代的先知先觉者。他们的政治主张适应了结束战时体制、使人过上正常生活的需要，吹响了废止因循政治的号角，开启了以变秦、更化为内容的新篇章。

贾谊强调："若夫经制不定，是犹渡江河亡维楫，中流而遇风波，船必覆

---

① 阎振益、钟夏校注：《新书校注》卷三《孽产子》，北京：中华书局，2000年。
② 《汉书》卷四十八《贾谊传》，北京：中华书局，1962年标点本。
③ 《汉书》卷三十六《楚元王传》，北京：中华书局，1962年标点本。
④ 《汉书》卷二十二《礼乐志》，北京：中华书局，1962年标点本。
⑤ 《史记》卷九十七《陆贾传》，北京：中华书局，1959年标点本。
⑥ 阎振益、钟夏校注：《新书校注》卷一《过秦下》，北京：中华书局，2000年。
⑦ 阎振益、钟夏校注：《新书校注》卷一《数宁》，北京：中华书局，2000年。
⑧ 阎振益、钟夏校注：《新书校注》卷一《俗激》，北京：中华书局，2000年；阎振益、钟夏校注：《新书校注》卷三《解悬》，北京：中华书局，2000年；《汉书》卷二十二《礼乐志》，北京：中华书局，1962年标点本。
⑨ 《汉书》卷五十六《董仲舒传》，北京：中华书局，1962年标点本。
⑩ 《汉书》卷二十二《礼乐志》，北京：中华书局，1962年标点本。
⑪ 《汉书》卷五十六《董仲舒传》，北京：中华书局，1962年标点本。

矣",相反,"此业一定",则"世世常安",且后人"有所持循"。① 董仲舒也说:"今欲以乱为治","非反之制度不可"。② 由此可见,他们提出的"经制"或"制度",都属于"非俗吏所能为"的经国大计和万世长策。那么,究竟要返到哪里去呢? 不妨稍加深入,以略窥其门墙。

董仲舒指出:"圣人之道,众堤防之类也,谓之度制,谓之礼节"。这已向我们明示,"度制"等同于"礼节",汉儒所企盼的不过是用礼重筑堤防,"以蚤防之",使民"有所让而不敢争",杜绝"百乱之源"。③ 然则,礼的本质是什么? 为何竟有如此神奇之功效? 也许,贾谊的看法最为形象生动,表达也相当准确。他在向文帝"陈政事"时说:"人主之尊譬如堂,群臣如陛,众庶如地。故陛九级上,廉远地,则堂高;陛亡级,廉近地,则堂卑。高者难攀,卑者易陵,理势然也","古者圣王"皆"制为等级",先使"等级分明",然后"天子加焉",故"其尊不可及也"。④ 不难看出,所谓礼,就是严格区别人的身份,或曰各种用以区分身份的度可统称为礼。其实,在贾谊之前,陆贾就曾将"长幼异节,上下有差"、"尊卑相承,雁行相随"视为"至德"⑤,把"序"的建立称为"道基"。⑥ 在贾谊之后,董仲舒更反复论述过"上下之伦不别,其势不能相治"的道理⑦,认为"返王道之本",就是"差贵贱"、"差上下"⑧。他最终的结论是:"礼者……慎主客,序尊卑、贵贱、大小之位,而差外内、远近、新故之级者也"⑨。仅据上述即可以肯定,汉初有代表性的精英人物在把礼理解为分等这点上,是高度一致的。这种共识的源头固然可以追溯到孔子的"君君臣臣父父子子",但更应看作是对荀子"分论"、"礼论"的继承和发挥。因为孔子只从"虽有粟吾得而食诸"出发,去强调严君臣父子之等的极端重要性⑩,而荀子却从大

---

① 《汉书》卷四十八《贾谊传》,北京:中华书局,1962年标点本。
② 苏舆:《春秋繁露义证》卷八《度制》,锺哲点校,北京:中华书局,1992年。
③ 苏舆:《春秋繁露义证》卷八《度制》,锺哲点校,北京:中华书局,1992年。
④ 《汉书》卷四十八《贾谊传》,北京:中华书局,1962年标点本。
⑤ 王利器校注:《新语校注》卷下《至德》,北京:中华书局,1986年。
⑥ 王利器校注:《新语校注》卷上《道基》,北京:中华书局,1986年。
⑦ 苏舆:《春秋繁露义证》卷八《度制》,锺哲点校,北京:中华书局,1992年。
⑧ 苏舆:《春秋繁露义证》卷四《王道》,锺哲点校,北京:中华书局,1992年;苏舆:《春秋繁露义证》卷八《度制》,锺哲点校,北京:中华书局,1992年。
⑨ 苏舆:《春秋繁露义证》卷九《奉本》,锺哲点校,北京:中华书局,1992年。
⑩ 杨伯峻:《论语译注》颜渊篇,北京:中华书局,1980年。这是齐景公当面赞孔子的话,非常符合孔子的真实思想。

量的现象中绅绎出了"两贵之不能相事,两贱之不能相使"的普遍原则①,使分等的做法获得了坚实的理论支撑。也是荀子,首次提出了"分莫大于礼"、礼乃人主分层而治的"寻丈检式"等概念②。一望即知,董仲舒的"上下之伦不别,其势不能相治"正是对《荀子》文句的沿用或改写。从荀子到陆、贾、董,礼治思想的演变脉络,可谓皎然明著。

不仅如此,贾谊还强调,人的贵贱从"面目状貌"上是看不出来的,必须借助"等级、势力、衣服、号令"以"明尊卑"。③ 所以,"高下异",则名号、权力、事势、旗章、符瑞、礼宠、秩禄、冠履、衣带、环佩、车马、妻妾、宫室、床席、器皿、饮食、祭祀、死丧等,皆应有异,这就叫高则诸品"周高",下则诸品"周下",进则诸品皆进,退则诸品皆损。④ 在他看来,只有各项待遇彻底拉开档次,做到"明若白黑",才能使天下"见其服"、"望其章而知其势",以至于"众不眩疑"、"人定其心"而"各著其目"。⑤ 甚至行礼中能反映各人心志的仪容也不许淆乱,"身之倨佝,手之高下,颜色声气",凡"大小品事","各宜有称"。⑥ 和贾谊一样,董仲舒也认为,"饮食有量,衣服有制,宫室有度,畜产人徒有数,舟车甲器有禁,生有轩冕、服位、谷禄、田宅之分,死有棺椁、绞衾、圹垄之度",是让人"从之而不逆"、"通贯而不乱"的法宝。⑦ 这些意见,同荀子首创的只有不齐才算齐、追求整齐反而不整齐的"维齐非齐"论,简直如出一辙。而在论证立君、分等的必要性时,他们更在多处言及:"君者,群也"⑧;正因为人能"不失其群",所以才能"生五谷以食之,桑麻以衣之,六畜以养之,服牛乘马,圈豹槛虎"⑨;反之,假如"离散不群",则必导致"民如麋

---

① (清)王先谦:《荀子集解》卷五《王制》,沈啸寰、王星贤点校,北京:中华书局,1988年。
② (清)王先谦:《荀子集解》卷三《非相》,沈啸寰、王星贤点校,北京:中华书局,1988年;(清)王先谦:《荀子集解》卷四《儒效》,沈啸寰、王星贤点校,北京:中华书局,1988年。
③ 阎振益、锺夏校注:《新书校注》卷一《等齐》,北京:中华书局,2000年。
④ 阎振益、锺夏校注:《新书校注》卷一《服疑》,北京:中华书局,2000年。
⑤ 阎振益、锺夏校注:《新书校注》卷一《数宁》,北京:中华书局,2000年;阎振益、锺夏校注:《新书校注》卷一《服疑》,北京:中华书局,2000年。
⑥ 阎振益、锺夏校注:《新书校注》卷六《容经》,北京:中华书局,2000年。
⑦ 苏舆:《春秋繁露义证》卷七《服制》,锺哲点校,北京:中华书局,1992年;苏舆:《春秋繁露义证》卷十七《天道施》,锺哲点校,北京:中华书局,1992年。
⑧ 阎振益、锺夏校注:《新书校注》卷九《大政下》,北京:中华书局,2000年。
⑨ 苏舆:《春秋繁露义证》卷五《灭国》,锺哲点校,北京:中华书局,1992年;《汉书》卷五十六《董仲舒传》,锺哲点校,北京:中华书局,1962年标点本。

鹿，各纵其欲，家自为俗"，到那时，"虽有城郭，名曰虚邑"，整个国家就算"莫之危而自危，莫之丧而自亡"了。① 对于此类说法，我们实应视为荀子群论的汉代版。

既然非"返制度"不可，就势必会突破秦的"一孔"，而回到"多孔"。陆贾提出"文武并用"，认为不必专待"坚甲利兵，深牢刻令，朝夕切切而后行"，还需"分之以度，纪之以节"②，这讲的是"多孔"；贾谊主张"导之以德教"，使"化成俗定"，用礼"禁于将然之前"，以"绝恶于未萌"，然后"驱之以法令"，"庆赏以劝善，刑罚以惩恶"③，也是"多孔"；而董仲舒的"摩民以义，节民以礼"，"正法度之宜，别上下之序"④，更是对"多孔"较为规范的概括。不仅如此，董氏还试图从理论上对必行"多孔"进行证明。他说："天地之数，不能独以寒成岁，必有春夏秋冬；圣人之道，不能独以威势成政，必有教化"⑤，"日月之明，非一精之光也；圣人致太平，非一善之功也"，春气生草木，因大小而量多少，川渎泻海，因地势而分南北，"故异孔而同归，殊施而德均"，"其趣于兴利除害"则一⑥。他把"庆赏罚刑"叫做"四政"，认为四者"异事而同功，皆王者所以成德也"，"不可不具"，不可不"发"，"不可以相干"，"不可以易处"，一如春夏秋冬终不可以相替代也。⑦"多孔"或"四政"与荀子的"临之以势，导之以道，申之以命，章之以论，禁之以刑"多所相似⑧，走的都是综合治理的路。

其实，只要比照一下《荀子》和陆贾的《新语》、贾谊的《新书》及董仲舒的《春秋繁露》，就不难发现，它们之间，连某些篇名和语句都是相当接近的。如《荀子》说："卿相辅佐，人主之基杖也"，《新语》即有《道基》篇；《荀子》有《君道》、《劝学》，《新书》也有之；《荀子》有《礼论》，《新书》有《礼》

---

① 苏舆：《春秋繁露义证》卷十《深察名号》，钟哲点校，北京：中华书局，1992年；苏舆：《春秋繁露义证》卷六《立元神》，钟哲点校，北京：中华书局，1992年。
② 《史记》卷九十七《陆贾传》，北京：中华书局，1959年标点本；王利器校注：《新语校注》卷下《至德》，北京：中华书局，1986年；王利器校注：《新语校注》卷下《思务》，北京：中华书局，1986年。
③ 《汉书》卷四十八《贾谊传》，北京：中华书局，1962年标点本。
④ 《汉书》卷五十六《董仲舒传》，北京：中华书局，1962年标点本。
⑤ 苏舆：《春秋繁露义证》卷十一《为人者天》，钟哲点校，北京：中华书局，1992年。
⑥ 苏舆：《春秋繁露》考功名，钟哲点校，北京：中华书局，1992年。
⑦ 苏舆：《春秋繁露义证》卷十三《四时之副》，钟哲点校，北京：中华书局，1992年。
⑧ （清）王先谦：《荀子集解》卷十六《正名》，沈啸寰、王星贤点校，北京：中华书局，1988年。

篇；《荀子》有《正名》，《春秋繁露》即有《深察名号》；《荀子·性恶》曰：
"善言古者，必有节于今"，《新语·术事》曰："善言古者，合之于今"，而《汉
书》本传记董仲舒语则曰："善言古者，必有验于今"；《荀子·正论》曰："王
公则病不足于上，而小民羸瘠于下"，《春秋繁露·度制》曰："大人病不足于
上，而小民羸瘠于下"；《荀子·天论》曰："不见其事而见其功，夫是之谓神"，
《春秋繁露·立元神》曰："同心相承则变化若神，莫见其所为而功德成"；《荀
子·大略》曰："均薪施火，火就燥；平地注水，水就湿"，《春秋繁露·同类相
动》曰："今平地注水，去燥就湿，均薪施火，去湿就燥"；如此等等，几乎不
胜枚举。总括上述，我们说汉初诸儒的政治见解是在继承荀子的基础上发展起
来的，应大致不差。

陆、贾、董之钟情于荀子，也自有故。据《汉书·儒林传》、《楚元王传》
及《盐铁论·毁学篇》，瑕丘江公受《谷梁春秋》及《诗》于鲁申公，申公学于
浮丘伯，浮丘伯与李斯俱事荀卿，乃亲炙师教的荀门高足。而《新语》一书不
仅字句和思想多同于《荀子》，而且两引《谷梁传》，还在《资质篇》中盛赞
"鲍丘之德行，非不高于李斯、赵高也"。鲍丘子即浮丘伯。依此，有学者推定：
荀况晚年废居楚国兰陵，作为楚人的陆贾应与之私淑相闻，或竟与浮丘伯有过
交游往还。① 从陆贾熟悉荀书内容，又对鲍丘子"伏隐于蒿芦之下"深表同情来
看，此说虽尚乏确证，但却大合情理。贾谊以少年"秀材"见知于河南守吴公，
并被"召置门下"。吴公"故与李斯同邑，而尝学事焉"，所闻荀学精义难免会
熏染贾生。② 而唐陆德明《经典释文·叙录》更说：荀卿以《春秋》左氏之学
"传阳武张苍，苍传洛阳贾谊"。③ 则贾生固荀氏之再传弟子也。董仲舒其生也
晚，却也"作书美荀卿"④。作为《春秋》公羊学的大师，他曾与胡母子都"同
业"。胡母子都学于公羊寿，寿之祖公羊高学于子夏，而荀卿之学也被人认为
"实出于子夏、仲弓"⑤，若然，荀与董又同其渊源矣。太史公论次诸子，专作
《孟子荀卿列传》，余者皆附见于其下，足见自周末历秦汉，孟、荀并称已久，

---

① 王利器校注：《新语校注》，北京：中华书局，1986年，第7—9页。
② 《汉书》卷四十八《贾谊传》，北京：中华书局，1962年标点本。
③ 陆德明：《经典释文》，北京：中华书局，1983年，第13页。原文作："武威张苍"，《汉书》卷
四十二《张苍传》谓苍乃"阳武"人，今据以改正，北京：中华书局，1962年标点本。
④ 刘向：《孙卿书录》，王天海：《荀子校释》下册，上海：上海古籍出版社，2005年，第1184页。
⑤ 汪中：《荀卿子通论》，王先谦：《荀子集解》，北京：中华书局，1988年，第22页。

同为儒家八派中的两大主脉。特因孟子"道性善",高倡"以不忍人之心,行不忍人之政,治天下可运之掌上"①,其说"坐而言之,起而不可设,张而不可施行"②,这便不能不使夙兴夜寐、切盼"变秦"、"更化"、拨乱反正的汉儒,将目光都集中在体用兼备、通达不迂的荀学上边。而在暴秦禁学、举世暗哑、解诂属读率仰口学的情况下,浮邱伯、申公、吴公辈各以所长转相传授,他们所发挥的桥梁纽带作用所关非细,也应引起高度重视。

由于自身具有为时所重的必然性,荀学在汉代的影响实非止一端。清人汪中据《经典释文·叙录》等作《荀卿子通论》,认为在秦焚之后,复又流行起来的《毛诗》、《鲁诗》、《左氏春秋》、《谷梁春秋》,皆"荀卿子所传也";《韩诗》乃"荀卿子之别子也";"曲台之礼"则"荀卿之支与余裔也。"③ 今以诸书互校,最为显著者:《礼记·三年问》、《大戴礼记·礼三本》篇全抄《荀子·礼论》;《礼记·乐记》、《乡饮酒义》多引《荀子·乐论》;《聘义》"子贡问贵玉贱珉"一段与《荀子·法行》篇所载略同;《大戴礼记·劝学》取自《荀子》首篇;《哀公问五义》出于《荀子·哀公》篇;《韩诗外传》广引荀书达59处④;而于《荀子·礼论》、《大略》两篇中,又可尽见谷梁之义。更有意思的是,连汉武帝元朔元年(公元前128年)的诏书,也随手拈来地引用了《荀子·非十二子》中"总方略"、"壹统类"数语,足见汪氏之言非虚。所需注意者仅在于,汉儒对荀子的继承是扬弃,而非照搬。

兹举其荦荦大者。

(1)摒弃性恶论。在荀学五论中,汉儒虽积极地吸收了群论、分论、礼论和维齐非齐论,却显然不认同性恶论。贾谊就曾提到,性乃"道德造物"的"神气所会"⑤,但没有深入展开论证。全面言性的是董仲舒。他说:"生之自然之资谓之性"。⑥ 这与荀子所谓"生之所以然者谓之性"、"不事而自然谓之性"等并无不同。⑦ 然而,再往下走,就立刻与荀分途了。荀子以人的情欲说性,从

---

① 杨伯峻:《孟子译注》卷三《公孙丑上》,北京:中华书局,1960年。
② (清)王先谦:《荀子集解》卷十七《性恶》,沈啸寰、王星贤点校,北京:中华书局,1988年。
③ 汪中:《荀卿子通论》,(清)王先谦:《荀子集解》,沈啸寰、王星贤点校,北京:中华书局,1988年,第21、22页。
④ 王天海:《荀子校释》前言,上海:上海古籍出版社,2005年,第1页。
⑤ 阎振益、钟夏校注:《新书校注》卷八《道德说》,北京:中华书局,2000年。
⑥ 苏舆:《春秋繁露义证》卷十《深察名号》,钟哲点校,北京:中华书局,1992年。
⑦ (清)王先谦:《荀子集解》卷十六《正名篇》,沈啸寰、王星贤点校,北京:中华书局,1988年。

"人生而有欲"推出"人性恶"。① 董仲舒则指出:"人之诚,有贪有仁,仁贪之气,两在于身"②,"天之为人性命,使行仁义而羞可耻","善善恶恶,好荣憎辱",此皆"天施之在人者也"③,因而,性虽"未可全为善"④,却有"善质"⑤,焉能归结为一个恶字?他还拿禾与米、茧与丝、卵与雏、璞与玉的关系比照,证明恰如米出于禾、丝出于茧、雏出于卵、玉出于璞一样,"善出于性中",性有善端的事实不容抹杀。⑥ 在拒斥性恶论的同时,董仲舒也对性善论做了批评。他认为:"性有善端,动之爱父母,善于禽兽,则谓之善,此孟子之善",而"循三纲五纪,通八端之理,忠信而博爱,敦厚而好礼","此圣人之善",两者是根本不一样的。"孟子下质于禽兽之所为,故曰性已善",可是,"万民之性苟已善,则王者受命尚何任也?"基于此,董仲舒便断定,孟子之论是"弃重任而违大命","非法言也"。⑦ 照他看来,"善于禽兽之未得为善,犹智于草木而不得名智",论性之善否,应该"质于圣人之所为"。在标准已然确定的基础上,他将自己的观点概括为:"性者,天质之朴也;善者,王教之化也。无其质,则王教不能化;无其王教,则质朴不能善"。⑧ 简言之,即唯因性有善质,故教化可成;唯因善而不全,故非行教化不可。这样,董仲舒便通过论性,突显了教化的重要,从而与孟子的主扩充和荀子的主矫抑区别开来,更把明教化民成性的责任赋予了皇帝,要求他既做国家的最高统治者,又做天下人的精神导师。据《论衡·本性》篇:"周人世硕以为人性有善有恶……宓子贱、漆雕开、公孙尼子之徒,亦论情性,与世子相出入,皆言性有善有恶。"董仲舒强调性有善质而未能尽善,应是对此派理论的发展和应用。

(2) 重续天和人。孔子罕言天命,"不语怪力乱神","敬鬼神而远之"⑨;荀

---

① (清)王先谦:《荀子集解》卷十七《性恶篇》,沈啸寰、王星贤点校,北京:中华书局,1988年。
② 苏舆:《春秋繁露义证》卷十《深察名号》,钟哲点校,北京:中华书局,1992年。
③ 苏舆:《春秋繁露义证》卷二《竹林》,钟哲点校,北京:中华书局,1992年。
④ 苏舆:《春秋繁露义证》卷十《深察名号》,钟哲点校,北京:中华书局,1992年。
⑤ 苏舆:《春秋繁露义证》卷十《实性》曰:"性有善资,而未能为善也。"钟哲点校,北京:中华书局,1992年。
⑥ 苏舆:《春秋繁露义证》卷十《深察名号》,钟哲点校,北京:中华书局,1992年;苏舆:《春秋繁露义证》卷十《实性》,钟哲点校,北京:中华书局,1992年。
⑦ 苏舆:《春秋繁露义证》卷十《深察名号》,钟哲点校,北京:中华书局,1992年。
⑧ 苏舆:《春秋繁露义证》卷十《实性》,钟哲点校,北京:中华书局,1992年。
⑨ 杨伯峻:《论语译注》子罕篇,北京:中华书局,1980年;杨伯峻:《论语译注》述而篇,北京:中华书局,1980年;杨伯峻:《论语译注》雍也篇,北京:中华书局,1980年。

子认为"治乱非天",天既不能使人贫,不能使人病,不能使人祸,也不能"使之富",不能"使之全",不能"使之吉",故绝不可"错其在己者"而"慕其在天者","错人而思天,则失万物之情"。① 这样一来,天人之间的神秘联系就几乎被割断了。然而,不借天威包装、直接宣传自己学说的做法效果并不好。孔子屡遭困厄,荀子"名声不白",均与此有关。法家全凭强力行事,"其轻恬鬼也甚",相信以法莅天下,则"其鬼不神"②,可以漠视天意。但到汉代,兼并战争已经结束,单以亡国灭种相胁迫来继续维持军事专制,便嫌理据不足。于是,重新接续天人关系,先让人"畏天之威",再去恢复人与人"相畏"的等级秩序,就显得十分急迫了。

贾谊已在强调"天有常福",也"有常灾",不可"逆天命"而行。③ 董仲舒更反复申明:"天地者,万物之本,先祖之所出也"④,"人之为人本于天,天亦人之曾祖父也"⑤。他从夏、商、周三代皆"改正朔,易服色,制礼乐"的历史事实中得出结论说:"易姓更王,非继前王而王也",皆"受命于天"⑥,受命之君,"天佑而子之",故"号称天子"。⑦ 在为天子正名之后,他进而指出:"天亦有喜怒之气,哀乐之心"⑧,"天意有欲也,有不欲也"⑨,"天不言,使人发其意;弗为,使人行其中",而"受命之君"即"天意之所予",帝王在郊祭时"謞而效天地谓之号","鸣而施命谓之名",两者"异声而同本","皆鸣号而达天意者也"。皇帝"接上称天子,明以爵事天;接下称帝王,明以号令臣下",因出于其口的号和名均"取之于天",故让诸事"各顺于名","名各顺于天","天人之际"就可"合而为一"。⑩ 基于这样的认识,董仲舒断言:"唯天子受命于天,天下受命于天子"⑪,"《春秋》之法",无非是"以人随君,以君随天",只要本着

---

① (清)王先谦:《荀子集解》卷十一《天论》,沈啸寰、王星贤点校,北京:中华书局,1988年。
② (清)王先慎:《韩非子集解》卷六《解老》,锺哲点校,北京:中华书局,1998年。
③ 阎振益、锺夏校注:《新书校注》卷九《大政上》,北京:中华书局,2000年;阎振益、锺夏校注:《新书校注》卷六《春秋》,北京:中华书局,2000年。
④ 苏舆:《春秋繁露义证》卷九《观德》,锺哲点校,北京:中华书局,1992年。
⑤ 苏舆:《春秋繁露义证》卷十一《为人者天》,锺哲点校,北京:中华书局,1992年。
⑥ 苏舆:《春秋繁露义证》卷一《楚庄王》,锺哲点校,北京:中华书局,1992年。
⑦ 苏舆:《春秋繁露义证》卷七《三代改制质文》,锺哲点校,北京:中华书局,1992年。
⑧ 苏舆:《春秋繁露义证》卷十二《阴阳义》,锺哲点校,北京:中华书局,1992年。
⑨ 苏舆:《春秋繁露义证》卷八《必仁且智》,锺哲点校,北京:中华书局,1992年。
⑩ 苏舆:《春秋繁露义证》卷十《深察名号》,锺哲点校,北京:中华书局,1992年。
⑪ 苏舆:《春秋繁露义证》卷十一《为人者天》,锺哲点校,北京:中华书局,1992年。

"屈民而伸君，屈君而伸天"的精神，把"《春秋》之大义"弘扬起来，"凡百乱之源"皆可消弭，天下何愁不治？① 董氏所著《春秋繁露》内容庞杂，但必须承认，其"大道之要"，乃是通过对天人关系的无缝对接，以论证朝廷"法天而治"的权威性。这自然是皇帝最需要的。所以，连好大喜功又颇为自负的汉武帝也要"垂听而问焉"。② 但这一套说辞已与荀子的《天论》有着根本不同，与孟子的"天视自我民视，天听自我民听"也相去远甚。

（3）引入阴阳五行。阴阳原指日出和云覆日，引申为暗和明、寒和暖、北和南、里和表，后来扩大到凡是活动的、外在的、上升的、温热的、亢进的等，统属于阳；凡是沉静的、下降的、寒冷的、衰减的等，统属于阴。③ 阴阳观念产生很早，应出自对统一体内对应事象互相依存、互为消长、最终达到动态平衡现象的观察和感知，后又吸收气的思想而获得升华。战国后期，邹衍将阴阳与五行结合，形成五德终始说和王居明堂礼，据顾颉刚、王梦鸥等先生分析，这样做是为了配合当时的帝制运动。④ 但《史记·孟子荀卿列传》却认为，邹衍是"睹有国者益淫侈，不能尚德"，才以"五德转移"相警示。他希望王者在阳气增长、阴气消退之时，多做助阳抑阴之事；在阴气增长、阳气消退之时，多做助阴抑阳之事，以此促进五行顺利运动轮回，阴阳正常交感交合，给黎庶带来福祉。其"要归"则是用"顺乎阴阳"进行约束，要人们重视"君臣上下，六亲之施"，抛弃"淫侈"，回到"仁义节俭"。正如司马谈《论六家要指》所概括的："阴阳之术，大详而众忌讳，使人拘而多畏；然其序四时之大顺，不可失也。"⑤

荀子不喜欢阴阳五行，谓其"其僻违而无类，幽隐而无说，闭约而无解"⑥。这种态度与他"唯圣人不求知天"的立场是一致的。⑦ 但到秦汉时期，阴阳五行因受帝王青睐而成为时髦，贾、董之辈不谈论它反而不正常了。特别是董仲舒，

---

① 苏舆：《春秋繁露义证》卷一《玉杯》，钟哲点校，北京：中华书局，1992年。
② 《汉书》卷五十六《董仲舒传》，北京：中华书局，1962年标点本。
③ 卢嘉锡主编：《中国古代科学史纲》，石家庄：河北科学技术出版社，1998年，第626页。
④ 顾颉刚：《五德终始说下的政治和历史》，《顾颉刚古史论文集》卷二，北京：中华书局，2011年，第258页；王梦鸥：《邹衍遗说考》，台北：商务印书馆，1966年，第105页。
⑤ 《史记》卷一百三十《太史公自序》，北京：中华书局，1959年标点本。
⑥ （清）王先谦：《荀子集解》卷三《非十二子》，沈啸寰、王星贤点校，北京：中华书局，1988年。
⑦ （清）王先谦：《荀子集解》卷十一《天论》，沈啸寰、王星贤点校，北京：中华书局，1988年。

他一方面继承邹衍的做法,正式构建起"天人感应"说,意在借天变灾异讽谏王者,甚至提出:"仁之法在爱人,不在爱我";"义之法在正我,不在正人",企图通过倡导"爱人正我"使皇帝弃酷暴而归仁慈①,另一方面,却又将论述的重点转移到辨析阴与阳及五行相互之间的关系上。

伯阳父曰:"阳伏而不能出,阴迫而不能蒸,于是有地震"。《老子》第四十二章曰:"万物负阴而抱阳,冲气以为和"。《易·系辞》曰:"一阴一阳之谓道","阴阳不测之谓神"。诸家所谓的阴阳,都是指两种互相对称、均衡的力量,不分轻重主从。对五行的看法大致亦然。而董仲舒却利用"昆虫随阳而出入"、"草木随阳而生落"等显在的自然现象来高抬阳②,说:既然"阳始出,物亦始出;阳方盛,物亦方盛;阳方衰,物亦方衰","以此见之,贵阳而贱阴也"。③ 于是,均衡便没有了,阴阳互补变成了阳主阴辅,"阴阳之大顺"变成了阴必顺乎阳。董仲舒还强调,阴阳之间的主次关系体现于事物发展的全过程。在他看来,万事万物的变化虽是阴阳消长的结果,但"物随阳而出入","数随阳而终始"④,故而"阴道"便"无所独行,其始也不得专起,其终也不得分功"⑤。他举出的证据是:地虽"出云起雨",但雨必秉天之令,自天而降,人们只会感戴"天功",称颂"天雨",何曾叫过"地雨"?⑥ 可见阴之义,就是"昌力而辞功","并一于阳"⑦。如此微妙的道理都是他以"三年不窥园"的精神独自发现的,并通过对《春秋公羊传》的钻研,积累了不少实例,这在"承秦灭学之后"的"景武之世",确实具有巨大的创新性,故人们便称赞他道:董仲舒"始推阴阳,为儒者宗"⑧。

董仲舒与前辈的阴阳五行家一样,都认为"人生于天,而取化于天"⑨,"天有阴阳,人亦有阴阳","阴阳之气"能够"同类相动"⑩,产生感应。因而也都

---

① 苏舆:《春秋繁露义证》卷八《仁义法》,北京:中华书局,1992年。
② 苏舆:《春秋繁露义证》卷十一《天辨在人》,北京:中华书局,1992年。
③ 苏舆:《春秋繁露义证》卷十一《阳尊阴卑》,北京:中华书局,1992年。
④ 苏舆:《春秋繁露义证》卷十一《阳尊阴卑》,北京:中华书局,1992年。
⑤ 苏舆:《春秋繁露义证》卷十二《基义》,北京:中华书局,1992年。
⑥ 苏舆:《春秋繁露义证》卷十一《阳尊阴卑》,北京:中华书局,1992年;苏舆:《春秋繁露义证》卷十《五行对》,北京:中华书局,1992年。
⑦ 苏舆:《春秋繁露义证》卷十一《阳尊阴卑》,北京:中华书局,1992年。
⑧ 《汉书》卷二十七《五行志》,北京:中华书局,1962年标点本。
⑨ 苏舆:《春秋繁露义证》卷十一《王道通三》,锺哲点校,北京:中华书局,1992年。
⑩ 苏舆:《春秋繁露义证》卷十三《同类相动》,锺哲点校,北京:中华书局,1992年。

主张"推天地之精,运阴阳之类",以别人世间的"顺逆之理"。① 问题在于,经过他的推演,阳尊阴卑、阳贵阴贱已被说成是真理,如此一来,他就可以理直气壮地断言:"君臣、父子、夫妇之义,皆取诸阴阳之道","君为阳,臣为阴;父为阳,子为阴;夫为阳,妻为阴"。② 推而广之,则是"诸在上者皆为其下阳,诸在下者皆为其上阴"。③ "阴者阳之合","合,必有上,必有下"④,"阳得正于上,阴得正于下",此乃自然生成的"尊卑之象"⑤。所以,凡"以下犯上"、"以贱伤贵"者,皆"逆节也"⑥,只有"正阴阳"、"懔名分而安秩序",才是"义之至也"⑦。于是,经过一番逻辑化的梳理,董仲舒就轻而易举地推出了他的"王道三纲":君为臣纲、父为子纲、夫为妻纲。从此,臣对君尽忠,子对父尽孝,妇对夫顺从,下甘心受制于上,都被提到了顺乎阴阳的高度。正是在这个意义上,他宣称:"王道三纲,可求于天","天不变,道亦不变"。⑧ 由于人们普遍存在喜明恶暗、喜阳恶阴的心理和重视阴阳大顺的习惯,董氏的理论不仅为统治者所接收,也在全社会广为流传,产生了深远影响。

对于五行,董仲舒如法进行炮制。他说:"一曰木,二曰火,三曰土,四曰金,五曰水","此其天次之序","木生火,火生土,土生金,金生水,水生木",乃为五行的"父子之序"⑨。与季节相配,则是"水为冬,金为秋,土为季夏,火为夏,木为春"。从自然界来看,"春主生,夏主长,季夏主养,秋主收,冬主藏",也即"父之所生,其子长之;父之所长,其子养之;父之所养,其子成之"⑩,这种"五行比相生"的铁律不可违背,"逆之则乱,顺之则治"⑪。而天和人又是相互感应的,人的行为不慎,会妨碍五行顺利运转和阴阳正常消息;

---

① 苏舆:《春秋繁露义证》卷十一《阳尊阴卑》,钟哲点校,北京:中华书局,1992年。
② 苏舆:《春秋繁露义证》卷十二《基义》,钟哲点校,北京:中华书局,1992年。
③ 苏舆:《春秋繁露义证》卷十一《阳尊阴卑》,钟哲点校,北京:中华书局,1992年。
④ 苏舆:《春秋繁露义证》卷十二《基义》,钟哲点校,北京:中华书局,1992年。
⑤ 《周易乾凿度》,清乾隆二十一年(1756)刻本。
⑥ 苏舆:《春秋繁露义证》卷三《精华》,钟哲点校,北京:中华书局,1992年。
⑦ 苏舆:《春秋繁露义证》卷三《精华》,钟哲点校,北京:中华书局,1992年;苏舆:《春秋繁露义证》卷十一《阳尊阴卑》,钟哲点校,北京:中华书局,1992年。
⑧ 苏舆:《春秋繁露义证》卷十二《基义》,钟哲点校,北京:中华书局,1992年;《汉书》卷五十六《董仲舒传》,北京:中华书局,1962年标点本。
⑨ 苏舆:《春秋繁露义证》卷十一《五行之义》,钟哲点校,北京:中华书局,1992年。
⑩ 苏舆:《春秋繁露义证》卷十一《五行之义》,钟哲点校,北京:中华书局,1992年。
⑪ 苏舆:《春秋繁露义证》卷十三《五行相生》,钟哲点校,北京:中华书局,1992年。

倘若五行失序，阴阳错行，天就会降下灾祸，那样的话，麻烦可就大了。故而，人世间和天之五行一样，也必须是"诸父所为"，其子皆应"奉承而续行之，不敢不致如父之意"。① 经过他的阐释，孝和由孝推衍出来的忠就由人道升华成了"天之经"。② 不守忠孝之义不仅意味着破坏了社会伦常，也等于是破坏了由五行运转所体现的自然法则。

（4）确定君权神授、政教合一的统治思想新体系。汉儒与荀子一样，重视综合治理。但却不是诸种手段的简单拼合或多管齐下，而是力求通过融汇，实现统治思想的体系化。

董仲舒把这个新体系叫作"大本"。他说："天令之谓命，命非圣人不行；质朴之谓性，性非教化不成；人欲之谓情，情非制度不节。是故王者上谨于承天意，以顺命也；下务明教化民，以成性也；正法度之宜，别上下之序，以防欲也；修此三者，而大本举矣"。③ 表面看，以区分等级上下为核心的行政手段变成了鼎之一足，实际上，它却因与"承天意"、"明教化"融为一体而被大大加强。

春秋的"王者"、汉代的皇帝是整个体系的关键，其作用是"取天地与人之中以贯而参通之"。董仲舒强调："造文"时，王字被写作"三画而连其中"，表示的就是这个意思。④ 由帝王主祭，能"见不见"、"知天命鬼神"⑤，而天又是"百神之大君"⑥，"是故天子每至岁首，必先郊以享天"⑦，从而，他便成了"通天地、阴阳、四时、日月、星辰、山川、人伦"的"德侔天地者"⑧，由他受命施教，自会"海内顺之，犹众星之共北辰，流水之崇沧海"⑨。于是，皇帝的意志便带上了极大的神性，他的指示也变成了具有绝对权威的圣旨，甚至他的每一句话，也都成了金口玉言。从此，"不谨事主"，就等同于"不敬畏天"，有谁还敢犯这样令神人共愤的罪过呢？

---

① 苏舆：《春秋繁露义证》卷十《五行对》，钟哲点校，北京：中华书局，1992年。
② 苏舆：《春秋繁露义证》卷十《五行对》，钟哲点校，北京：中华书局，1992年。
③ 《汉书》卷五十六《董仲舒传》，北京：中华书局，1962年标点本。
④ 苏舆：《春秋繁露义证》卷十一《王道通三》，钟哲点校，北京：中华书局，1992年。
⑤ 苏舆：《春秋繁露义证》卷十六《祭义》，钟哲点校，北京：中华书局，1992年。
⑥ 苏舆：《春秋繁露义证》卷十四《郊语》，钟哲点校，北京：中华书局，1992年。
⑦ 苏舆：《春秋繁露义证》卷十五《郊祭》，钟哲点校，北京：中华书局，1992年。
⑧ 苏舆：《春秋繁露义证》卷七《三代改制质文》，钟哲点校，北京：中华书局，1992年。
⑨ 苏舆：《春秋繁露义证》卷九《观德》，钟哲点校，北京：中华书局，1992年。

董仲舒指出："诸所受命者，其尊皆天也。"也即天子为诸侯之天，君上为臣下之天，父为子之天，夫为妻之天。所以，在整个体系中，天子固然是受命于天的，此外，像"诸侯受命于天子，子受命于父，臣妾受命于君，妻受命于夫"，等等，"虽谓受命于天亦可"。① 这样，天子使诸侯、君使臣、上使下、父使子、夫使妻便都有了奉天行事的意义，而被使者除了无条件服从，已经别无选择。"州国人民"在董仲舒看来，不过是"瞑而待觉"者，"无德于天地之间"，"弗扶将，则颠陷猖狂"，只"可使守事从上而已"②，自不必说了。即便是"为人臣者"，也只有"朝夕进退，奉职应对"、"供设饮食，候视疢疾"、"委身致命，事无专利"、"竭愚写情，不饰其过"、"伏节死难，不惜其命"、"推进光荣，褒扬其善"、"受命宣恩，辅成君子"的份儿。③ 由于"相反之物，不得两起"为"天之常道"④，"当阳者，君父是也"，"不当阳者，臣子是也"⑤，故而，"君不名恶，臣不名善，善皆归于君，恶皆归于臣"⑥，"功成名就，归德于上"⑦，才是臣子之义。相反，"当阳"、"象天"的君父，"足不自动而相者导进，口不自言而傧者赞辞，心不自虑而群臣效当"，"莫见其为而功成矣"。⑧ 这正说明，新的思想体系一旦确立，不但皇帝的旨意会变成"绝对命令"，自天子至庶民的等级划分也会更加绝对化。

董仲舒深知，人只有"畏天"，才能"相畏"。于是，他向西周的前辈们学习，重新肯定天的赏善罚恶功能。《论语·季氏》明载："君子有三畏：畏天命，畏大人，畏圣人之言。"依照孔子对天的一贯态度，此段话不过是强调应对三者抱有敬畏之心而已，别无更深意蕴。董仲舒却引申说：天如"无伤害于人"，孔子怎么会害怕呢？"以此见天之不可不畏敬，犹主上之不可不谨事"。不过，"不谨事主，其祸来至显；不敬畏天，其殃来至暗"，暗到"默而无声，潜而无形"，如同"自然"发生一般。照他的意思，"天殃"与"主罚"的区别，仅在暗与显

---

① 苏舆：《春秋繁露义证》卷十五《顺命》，锺哲点校，北京：中华书局，1992年。
② 苏舆：《春秋繁露义证》卷十五《顺命》，锺哲点校，北京：中华书局，1992年；苏舆：《春秋繁露义证》卷十《深察名号》，锺哲点校，北京：中华书局，1992年。
③ 苏舆：《春秋繁露义证》卷十七《天地之行》，锺哲点校，北京：中华书局，1992年。
④ 苏舆：《春秋繁露义证》卷十二《天道无二》，锺哲点校，北京：中华书局，1992年。
⑤ 苏舆：《春秋繁露义证》卷十一《天辨在人》，锺哲点校，北京：中华书局，1992年。
⑥ 苏舆：《春秋繁露义证》卷十一《阳尊阴卑》，锺哲点校，北京：中华书局，1992年。
⑦ 苏舆：《春秋繁露义证》卷十七《天地之行》，锺哲点校，北京：中华书局，1992年。
⑧ 苏舆：《春秋繁露义证》卷八《离合根》，锺哲点校，北京：中华书局，1992年。

耳。在高位者，可谓之大人，能"见人所不见者"，则谓之圣人。董仲舒认为，"天地神明之心"，"人事成败之理"，五行生克、阴阳消息之端，皆"拟于神者"，唯大人、圣人"能见之"，一般人即使经过疏解，也"终弗能见"。所以，他就提出："问圣人者，问其所为而无问其所以为"，只有"问其所为而为之"，问其"所不为而勿为"，老老实实地照着大人、圣人的吩咐去做，方可无过和免祸。① 董氏的这番说教，不仅从新的角度证明了大人、圣人之言同天命一样"亦可畏也"，而且大大增加了他所建构的专制统治体系的神秘性。

董仲舒重视教化，当然就不会不谈道德。他希望皇帝"子孙畜万民"②，能多施一些仁爱。但主要措施却只有"喜怒必当义乃出，如寒暑必当时乃发"及"厚其德而简其刑"这一些③，大致未超出通过反对法家重刑主义以消除暴戾之气的范畴。他十分明确地说：用以划分身份等级的天子、诸侯、大夫、士、民五种名号"名各有分"，"皆中天意"，"事各顺于名，名各顺于天"，"顺而相受，谓之道德"。④ 为了使这种以顺为特点的最大的道德得以风靡，以收化民成俗之效，他要求天子"视天如父，事之以孝"⑤，"郊祀致敬"时，"法其命如循诸人"，"法其道而以出治"⑥。他觉得，"君者，民之心也；民者，君之体也；心之所好，体必安之，君之所好，民必从之"⑦，只要上边认真带头做出样子，就一定能把忠孝精神贯彻到底。到那时，"亲有尊卑，位有上下"，"民如子弟，不敢自专"，"既有所劝，又有所畏"，"邦君父母，不待恩而受，不须严而使"，"化大行"而"法不犯"，又何须乎"峻法重诛"？⑧ 董仲舒还把这种新型统治体系的特点概括为两个字，即尊和神。他说："不尊不畏，不神不化"，"尊者所以奉其

---

① 苏舆：《春秋繁露义证》卷十四《郊语》，锺哲点校，北京：中华书局，1992年；苏舆：《春秋繁露义证》卷十三《同类相动》，锺哲点校，北京：中华书局，1992年。
② 苏舆：《春秋繁露义证》卷十五《郊祭》，锺哲点校，北京：中华书局，1992年。
③ 苏舆：《春秋繁露义证》卷十二《阴阳义》，锺哲点校，北京：中华书局，1992年；苏舆：《春秋繁露义证》卷十二《基义》，锺哲点校，北京：中华书局，1992年。
④ 苏舆：《春秋繁露义证》卷十《深察名号》，锺哲点校，北京：中华书局，1992年。
⑤ 苏舆：《春秋繁露义证》卷十《深察名号》，锺哲点校，北京：中华书局，1992年。
⑥ 苏舆：《春秋繁露义证》卷十一《王道通三》，锺哲点校，北京：中华书局，1992年；苏舆：《春秋繁露义证》卷六《立元神》，锺哲点校，北京：中华书局，1992年。
⑦ 苏舆：《春秋繁露义证》卷十一《为人者天》，锺哲点校，北京：中华书局，1992年。
⑧ 苏舆：《春秋繁露义证》卷十三《五行相生》，锺哲点校，北京：中华书局，1992年；苏舆：《春秋繁露义证》卷六《立元神》，锺哲点校，北京：中华书局，1992年；苏舆：《春秋繁露义证》卷六《保位权》，锺哲点校，北京：中华书局，1992年；苏舆：《春秋繁露义证》卷九《身之养重于义》，锺哲点校，北京：中华书局，1992年。

政也；神者所以就其化也"。① 意谓只有上尊才能使在下者畏而听命；只有借助神力，才能让人从化如流，"差贵贱"而"返王道之本"。② 据此，我们完全可以认为，君权神授、政教合一才是董氏政治思想新体系的本质。

以上四点表明，以陆、贾、董为代表的汉儒虽用接过荀子等级制理论基本内核的办法来"返制度"，即由法返礼，由"一孔"变"多孔"，但却通过吸收各家，实现了思想上的突破。他们既继承荀子，又超越荀子，实代表着等级制理论发展的新阶段。在新理论的指导下，社会等级结构也必然会发生若干变化，其大要略如下述。

从陆贾"贵仁义，贱刑威，述《诗》、《书》、《春秋》、《论语》，绍孟、荀而开贾、董"③，到贾谊"言三代与秦治乱之意"，更定诸律令，使列侯就国④，再到董仲舒"以正义明道之说，建儒术不祧之宗"⑤，都受到了当政者的鼓励和支持。陆贾著《新语》，论次古之成败，"每奏一篇，高帝未尝不称善，左右呼万岁"⑥；"追观孝文玄默躬行以移风俗"，又去肉刑、减死罪、定刑期，则"谊之所陈"，亦"略施行矣"⑦；至于董仲舒，更以"天人三策"备受垂青，自汉武帝开始，"推明孔氏，抑黜百家，立学校之官，州郡举茂材孝廉，皆自仲舒发之"，及"老病致仕，朝廷每有政议"，仍"数遣廷尉张汤，亲至陋巷，问其得失"，其所著之书，或"明经术"，或"说《春秋》事得失"，"皆传于后世"，不断被人"掇其切当"，播为国典。⑧ 就这样，经过数代人的努力，作为帝王与知识精英互动的产物，有别于秦的"一政"、为"汉家自有"的新制定型了。这种制度曾被汉宣帝概括为"霸王道杂之"⑨，一般人常简单理解为软硬两手兼施，霸和王固然勉强可以与政和教相对应，而实际上它却是一个天地人"合以为体"、

---

① 苏舆：《春秋繁露义证》卷六《立元神》，锺哲点校，北京：中华书局，1992年。
② 苏舆：《春秋繁露义证》卷四《王道》，锺哲点校，北京：中华书局，1992年。
③ 严可均：《新语序》，王利器：《新语校注》，北京：中华书局，1986年，第215页。
④ 《汉书》卷四十八《贾谊传》，北京：中华书局，1962年标点本。
⑤ 王耕心：《贾子次诂叙录》，阎振益、钟夏：《新书校注》，北京：中华书局，2000年，第538页。
⑥ 《汉书》卷四十三《陆贾传》，北京：中华书局，1962年标点本。
⑦ 《汉书》卷四十八《贾谊传》，北京：中华书局，1962年标点本。关于"定刑期"问题，可参阅高恒：《秦律中"隶臣妾"问题探讨——兼批四人帮的法家"爱人民"的谬论》，《文物》1997年第7期，第43—50页。
⑧ 《汉书》卷五十六《董仲舒传》，北京：中华书局，1962年标点本；《后汉书》卷四十八《应劭传》，北京：中华书局，1965年标点本。
⑨ 《汉书》卷九《元帝纪》，北京：中华书局，1962年标点本。

"相为手足"、"不可一无"的大体系。① 这个体系的奥秘在于"承天意"、"明教化"与"正法度"高度有机统一。用已经体系化了的统治思想代替秦人绝对、片面的"一政",是汉人变秦、更化的主要内涵。正是这个体系支配了后来中国的古代社会。谭嗣同说:"二千年来之学,荀学也;二千年来之政,秦政也"②,此论断并不准确。毋宁说:二千年来之学,董学也;二千年来之政,汉政也。

董学、汉政的基本架构是君权神授、政教合一,设置这一架构的目的是贯彻三纲。天人、阴阳、五行、灾异祥瑞、《春秋》大义及人性善恶均围绕这一中心展开。随着三纲的确立,社会中的每一个人都被纳入了三大秩序当中,君臣、父子、夫妇之间的尊卑、上下、逆顺变得神圣不可淆乱,臣犯君、下犯上、子犯父、妇犯夫,不仅违制,抑且违天、违阴阳、违五行、违自然。于是,三纲成了中国长期顶礼膜拜的三大道德准则,"顺之者昌,逆之者不死则亡"。不过,父为子纲、夫为妻纲主要用于区别家人身份,虽对社会等级产生基础性的影响,本身却不是社会等级。更何况,"春夏事急,浚井次墙",难免会有"子使父,弟使兄"的事情发生;男女既结为一体,晨兴夜寐,同宿同飞,也必致黾勉同心,荣耻共之;③ 故而,尽管统治者希望通过"三时务农,一时讲礼"和隆婚冠之仪等手段来复孝弟之道、夫妇之节,但对多数普通家庭来说,内部的等级关系尚存些微松动。究其实,三纲当中,真正主导社会等级划分的是"君为臣纲"。

秦汉以后的君主要指皇帝,广义的臣则指皇帝以外所有的人。然而,如前所言,在董仲舒们的眼里,民是"无德于天地之间"的"瞑而待觉者",这样一来,真正能算作臣的人便被缩小为一个特殊集团,包括贵族和官僚,可称为狭义的臣。于是,从大的方面看,全体国人便分成了君、官、民三级。韩愈在《原道》篇中说:"君者,出令者也;臣者,行君之令而致之民者也;民者,出粟米麻丝、作器皿、通货财,以事其上者也。"④ 这正是对三级制的准确概括和客观反映。一方面,由于"君权神授","普天之下莫非王土,率土之滨莫非王

---

① 苏舆:《春秋繁露义证》卷六《立元神》,锺哲点校,北京:中华书局,1992年。
② 谭嗣同:《仁学》,北京:中华书局,1962年。
③ 陈立:《白虎通疏证》,北京:中华书局,1994年,第247页。
④ 骐昶校注:《韩昌黎文集校注》卷一《原道》,上海:上海古籍出版社,1986年,第16页。

臣"已被视为不可摇撼的天意,不仅"事无大小皆决于上",由皇帝垄断一切国家事务,而且他还握有对私人财产的最后处置权,一句话,一道令,产权的归属就变了,就此点而论,不管是狭义的臣,还是广义的臣,命运均由朝廷掌握。正所谓"君要臣死,臣不得不死",生活在"君为臣纲"的牢笼里,便没有任何人的自由和平等;另一方面,官僚、贵族又高踞于编户齐民之上,官民分野实若天壤。唐德宗时,彭偃在上疏中说:"天生烝人,必将有职……故贤者受爵禄,不肖者出租税,古常道也。"① 既称"常道",显然是一种毋庸置疑的社会观念。这一观念在汉代因托之天道而强化,其根子却可远溯到先秦。孔子反对弟子"学稼"、"为圃"②,认为"耕也,馁在其中矣;学也,禄在其中矣"③;孟子更是明确地宣称:"有大人之事,有小人之事……或劳心,或劳力;劳心者治人,劳力者治于人;治于人者食人,治人者食于人;天下之通义也。"④ 这就表明,三级制下,又存在官民两分的"常道"和"通义"。不正视这一点,就无法正确了解中国古代的历史,也无法认清儒家等级制理论在区分治与被治方面所起的关键性作用。

皇帝至尊,踞于九天之上,民氓至卑,抑于九地之下,只被视为可驱而牧之的群羊。这一客观事实所造成的结果是,虽然人分三层,但中国古代的各类特权却主要在官僚贵族队伍中进行分配,"天上"、"地下"都因其过于特殊而不在其列。秦依二十级军功爵确定身份,汉代承之,并开始向吏民赐爵,既扩大了范围,也改变了军功爵的性质。而且,当时有爵与做官完全是两回事,故与爵级并存,另有一套与责权大致匹配的官吏的秩级,形成爵秩相互疏离的双峰并峙格局。后来,随着赐爵的猥滥,这种爵秩体制消歇了。魏晋南北朝始行九品中正制,为以官品为中心的官本位开启了先河。至唐宋,完全走向成熟,出现了九品十八等三十阶,把职事官、文散阶、武散阶、勋官与爵级熔为一炉,以位阶区分上下,更加有条不紊,秩然有序,学者称之为"一元化多序列的复式品位结构"⑤。从此,官僚有了个人的级别,待遇、地位、影响力都与级别挂

---

① 《新唐书》卷一百四十七《季叔明传》,北京:中华书局,1975年标点本,第4758页。
② 杨伯峻:《论语译注》子路篇,北京:中华书局,1980年。
③ 杨伯峻:《论语译注》子路篇,北京:中华书局,1980年。
④ 杨伯峻:《孟子译注》卷五《滕文公上》,北京:中华书局,1960年。
⑤ 阎步克:《中国古代官阶制度引论》,北京:北京大学出版社,2010年,第473、476页。此段对古代官阶制度演变的综述主要采自该书。

钩,升一级就是一重新天地。与此同时,由于董仲舒确立了"诸在上者皆为其下阳,诸在下者皆为其上阴"和"诸所受命者,其尊皆天也,虽谓受命于天亦可"的基本原则①,上下级之间的关系也成了君臣关系,"长即君,属即臣","一人兼君臣二役"②,对下是君,对上是臣。随之,"君为臣纲"也便由天子决定臣民的命运发散为上级决定下级的命运。至于民,直接实施管理的"父母官"既是其父,也是其君,当然也是他们的纲。这就意味着他们不仅要慑服于皇帝,而且要对官员俯首帖耳,唯命是从。

礼的本质是"别异"。自从荀子建构了"维齐非齐"论,贾谊、董仲舒们又一致强调,必须借助"等级、势力、衣服、号令"以"明尊卑"③,礼的"章疑别微"功能更被空前重视,并发挥到极致。皇帝当然要使用巨型的宫殿、陵寝和排场的威仪造成天神般的皇家气派,以显示其身份、地位和权力,借此慑服其臣民与敌手,自不必说了。即使匍匐于皇帝御座前的官僚,也依官品可以享受各种礼制待遇。这些待遇突破了先秦以祭器为主的礼器序列,变得更加贴近实用。从汉代的车马制度、封土制度、棺椁制度、玉衣制度、金饼制度等,逐渐扩及楼堂屋宇、婚丧祭祀、车舆冠服、饮食言语诸方面,几乎达到巨细无遗的程度。因为不够级别者绝对不可僭用,所以,礼制待遇既区分了等级,又固化了不同人群的社会生活样态。不仅如此,官僚在领取优厚俸禄的同时,还在政治、经济、法律上享有特权,最主要的是免纳赋税,免服徭役和兵役,通过八议、爵减、官当、收赎等渠道免受刑罚等,这与"民不出粟米麻丝、作器皿、通货财、以事其上,则诛",形成鲜明反差,从而使官僚与普通编户间的鸿沟越来越深。官僚的礼制待遇和特权可以保留到退职以后,还可惠及亲属。"品官的直系尊亲属及配偶原在封赠之列,他们本身也取得特殊的身份,他们的享受自得依照其所封赠的品级","便是品官的子孙、姊妹、弟侄不在封赠之列的,也得享受与父祖、伯叔、兄弟相同的生活方式"。④ 品官去世,他的特权仍可由其子孙继承,例如,宋朝规定,子孙可用父祖生前的官职减免科差,减免的额度

---

① 苏舆:《春秋繁露义证》卷十一《阳尊阴卑》,锺哲点校,北京:中华书局,1992年;苏舆:《春秋繁露义证》卷十五《顺命》,锺哲点校,北京:中华书局,1992年。
② 梁启超:《先秦政治思想史》,北京:东方出版社,1996年,第91页。
③ 阎振益、锺夏校注:《新书校注》卷一《等齐》,北京:中华书局,2000年。
④ 瞿同祖:《中国法律与中国社会》,北京:中华书局,1981年,第162页。

则由各位子孙平分。① 特权是一种"只取不予的非常权利"②,"有士农工商之利,而无士农工商之劳",官僚凭借它就能占有乃至垄断优质社会资源,攫取社会财富,过上令人欣羡的生活,并获致显赫的社会声望。故"官之位高矣!官之名贵矣!官之权大矣!官之威众矣!五尺童子皆能知之"③。如此一来,当官和升官就必然成为挡不住的诱惑,吸引人们前赴后继地在这条路上狼奔豕突。

中国古代是一个典型的农业社会,长期实行重农抑商政策,手工技术也被视为淫技奇巧。人的聪明才智无从施展,相比之下,唯有步入仕途,方可谋得大利,又能泽被后世。故早在战国末,吕不韦就发现了"耕田之利"十倍、"珠玉之赢"百倍、"立国家之主"则其利"无数"的利得差异。④ 郡县制初立,已产生了因"厚薄之实异"而"轻辞古之天子,难去今之县令"的恋官风。⑤ 士人或负书,或带剑,仆仆于千里之途,周游于列国之间,其驱动力主要在于"干禄"。西周贵族势力强固,偏重于用亲;春秋始倡用贤,实仍优先选用子弟中的有能力者;秦人用商君之法,使"官爵之迁与斩首之功相称",激励了战斗热情,却留下了"以勇力之所加而治智能之官"、"则不当其能"的弊端。⑥ 至董仲舒,建议"立五经博士,开弟子员,设科射策,劝以官禄"⑦,为汉武帝所采纳,孔子"学而优则仕"的理想才真正落到了实处。著名老儒鲁人申公"弟子为博士者十余人",其中,"孔安国至临淮太守,周霸至胶西内史,夏宽至城阳内史,砀鲁赐至东海太守,兰陵缪生至长沙内史,徐偃为胶西中尉,邹人阙门庆忌为胶东内史",而官"至于大夫、郎中、掌故"者"以百数";"仲舒弟子遂者"有"兰陵褚大、广川殷忠、温吕步舒","褚大至梁相","步舒至长史","弟子通者,至于命大夫,为郎、谒者、掌故者",也"以百数";而仲舒"子及孙皆以学至大官"。⑧ 自汉武帝时公孙弘为相封侯,到元帝时"韦、匡、贡、薛,并致

---

① 阎步克:《中国古代官阶制度引论》,北京:北京大学出版社,2010年,第377页。
② 美国著名经济学家索尔斯坦·维布伦语。转引自刘绪贻:《中国的儒学统治》,北京:中国人民大学出版社,2006年,第4页。
③ 欧阳钜源、黄世仲:《廿载繁华梦》负曝闲谈,北京:华夏出版社,1995年,第121页。
④ 范祥雍:《战国策笺证》卷七《秦策五》濮阳人吕不韦贾于邯郸,北京:中华书局,2006年。
⑤ (清)王先慎:《韩非子集解》卷十九《五蠹》,锺哲点校,北京:中华书局,1998年。
⑥ (清)王先慎:《韩非子集解》卷十七《定法》,锺哲点校,北京:中华书局,1998年。
⑦ 《汉书》卷三十《艺文志》,北京:中华书局,1962年标点本。
⑧ 《史记》卷一百二十一《儒林列传》,北京:中华书局,1959年标点本。

辅相","自后公卿之位，未有不从经术进者"①，以至于名儒夏侯胜骄傲地宣称："苟明经术，其取青紫如拾地芥耳"②，而邹、鲁间也传出了"遗子黄金满籝，不如一经"的民谚③，真可谓之天下"靡然向风"。汉之朝廷"公卿大夫士吏彬彬多文学之士"，"盖利禄之路然也"④，正表明儒生与官僚之间已实现完美结合。隋唐科举制的创立又使这种结合日臻正规、完善和稳定，终于形成了靠举业正途登上高位的知识精英垄断官僚队伍的局面。由于读书的生员是官僚的预备队，所以，自汉开始，朝廷也都仿照优待官吏的办法向他们赐予免税、免役、犯罪缓刑及"得以礼见官长而无笞箠之辱"等特权。从此"书中自有千钟粟，书中自有黄金屋，书中自有颜如玉，书中车马多如簇"成了知识界的普遍共识⑤，读书就能做官，做官才能发财，所谓"天行健，君子自强不息"，对于某些封建士人来说，就是孜孜以求地向上爬。正因为官品制度在不断发挥着引导社会流动、塑造社会分层的作用，故而到封建社会的后期，便出现了一个集官僚、地主、士大夫于一身，又拥有雄厚实力的士绅阶层，并使其与普通民众的对立成为最基本的阶级对立。而在官僚队伍内部，虽有人员的变化和流动，但品位结构、等级特权和上下从属关系却从未动摇。在这样一种由君为臣纲统率起来的、等级化的统治模式中，"有能力、有雄心、有才智或勇气的人，都被吸引和强迫着在学习和注疏六经上耗费全部的年华和精力"，他们在因跃上新等级而得到满足的同时，"也都变成了唯皇帝之命是从的臣仆；他们只有对皇帝和皇室的忠心，一般都没有推翻其所臣事的王朝的愿望和能力。于是，统治家族的安全也就比较有保障"。⑥ 很显然，这套办法在维持统治秩序、以便使既得利益免受威胁方面，要比秦的"一政"更有效、稳妥得多。或正因为如此，刘向才盛赞通过变秦、更化创立新思想、新制度的董仲舒，说他"有王佐之才，虽伊、吕亡以加，管、晏之属，伯者之佐，殆不及也"。⑦ 从后世虽千变万化，却始终不出汉制藩篱来看，董氏膺此殊荣，实当之无愧。

---

① （清）皮锡瑞著、周予同注释：《经学历史》，北京：中华书局，2004 年，第 65 页。
② 《汉书》卷七十五《眭两夏侯京翼李传》，北京：中华书局，1962 年标点本。
③ 《汉书》卷七十三《韦贤传》，北京：中华书局，1962 年标点本。
④ 《史记》卷一百二十一《儒林列传》，北京：中华书局，1959 年标点本；《汉书》卷三十《艺文志》，北京：中华书局，1962 年标点本。
⑤ 《宋真宗劝学诗》，（清）钱德苍辑：《解人颐》，长沙：岳麓书社，2005 年。
⑥ 刘绪贻：《中国的儒学统治》，北京：中国人民大学出版社，2006 年，第 33 页。
⑦ 《汉书》卷五十六《董仲舒传》，北京：中华书局，1962 年标点本。

五、余 论

"古者未有君臣上下之时，民乱而不治"，① 如果任由男女无别、父子无别、君臣无别的情况延续下去，人类就很难走出蒙昧，摆脱野蛮，迈入文明。所以，确立体现"夫妇匹妃之合，父子兄弟之礼，君臣上下之义"的等级制，就成了早期社会向前发展的推进器。同时，等级制度强调服从，还能起到使民敬上、"易使"和"弗畔"的作用②，减少了不必要的杀戮和动乱，有利于秩序的建立和国家的稳定。从这些角度看，无论是古代两河流域的社会等级划分，还是印度及伊朗的种姓制度、欧洲的封建等级制③，等等，当然也包括中国以区别等级为核心的礼制，它们的出现都有一定的必然性和合理性，都曾充当过历史进步的不自觉的工具。应该给予适当的评价，而不是简单否定。

但是，历史的脚步永不停息。代表近代社会的工业文明和民主制度终将取代古代的农业文明和君主专制。与之相伴，商业交换更加活跃，并走向海外；靠法律的设立来构建和调整国际、国内秩序成为时代的迫切需要。实践使人们认识到，没有公平交易，就没有健康、可持续的市场经济，因此，买卖双方必须平等；没有衡平、无欺视、无例外原则的确立，法律就会成为一纸空文，因此，法律面前必须人人平等。更重要的是，民主主义"始终坚信普遍沟通的可能性"，认为"具有合理知识和正常善意的人都可以超越民族和社会阶级进行沟通"，民主制度的实质不过是"通过谈判"、"相互让步、彼此妥协"、"达成共识"，不赞成靠诉诸武力、通过斗争、实行专政来解决问题。民主制的理论并不复杂，但要付诸实施，却一定得有一个最基本的前提，即：有关双方"必须以自由人和平等人的身份相处"，"把自由、平等二者视为道德的态度"，而给对方以尊重。相反，如果没有这种态度，"相互理解就几乎不可能"，"任何真正意义上的沟通和谈判"也不会成功。④ 由此可见，平等和民主、自由、法治、工业文

---

① 蒋礼鸿：《商君书锥指》卷五《君臣篇》，北京：中华书局，1986年。
② 杨伯峻：《论语译注》子路篇，北京：中华书局，1980年；杨伯峻：《论语译注》宪问篇，北京：中华书局，1980年；杨伯峻：《论语译注》阳货篇，北京：中华书局，1980年；杨伯峻：《论语译注》颜渊篇，北京：中华书局，1980年。
③ 施治生、徐建新主编：《古代国家的等级制度》，北京：中国社会科学出版社，2003年。
④ （美）乔治·萨拜因：《政治学说史》下卷，邓正来译，上海：上海人民出版社，2010年，第632—634页。

明、市场经济、科技进步、思想启蒙一样，都是近代社会的题中应有之义，共同标志着一个新时期的到来。近代国家称共和国，即承认公民作为独立自由的个体，应该平等共处，并采取一人一票的办法，选举立法机关和国家领导人。

另外，我们还应该看到，无论哪种等级制，都是建立在不平等的基础上的。它们重特权，尚差等，对下层劳动群众极尽压榨剥削之能事，以牺牲普通人的基本权利为代价，其本质是恶，不是善。而且，在这些制度中，个人所处的地位往往取决于"出生的偶然性"，其后果有可能是"让小孩支配老人，让傻瓜领导贤哲，让一小撮人富可敌国，而让大众缺吃少穿"，"伦理上的不平等"与"生理上的不平等"极不相称，当然就会因其违背自然和荒谬绝伦，而令人无法忍受。① 于是，随着受教育面的扩大和个人知识、能力的增长，到社会角色的转换不再难于实现的时候，曾在历史上起过正面作用的等级制，也便失去了继续存在的前提，完全走向了反面。

正是在这样的大背景下，世界格局全面刷新。一些国家较早开启了去等级化进程，为民主制度的建立提供了基础和保证，反过来又促进了工商业的繁荣，最先迈入近代，变成了先进者和强大者；一些国家则酣睡不醒，死抱着等级制不放，继续在以农业文明和君主专制为骨架的古代体制下苟延残喘，远远地被抛在后边。在一定意义上可以说，平等与否已成为近代和古代的分水岭，也是鉴别先进与落后的试金石。

英国曾经有典型的等级制度。所有的人都可以在社会等级的金字塔上找到自己的位置。但是，高踞于金字塔顶端的君主却很早就成为法律约束的重点。1215年6月15日签署的《大宪章》宣告国王不可擅自征税，申明贵族拥有被协商权和监督国王、反抗暴政的权力，从而使国家行政必须征得多数同意的原则得以确立。② 以后，《大宪章》的内容又多次被重申，公然践踏宪章精神的查理一世于1649年1月30日被送上断头台。1688年"光荣革命"后，英国趁机制定并通过了一系列限制王权的法案，最重要的有：1689年的《权利法案》、1694年的《三年法案》、1701年的《王位继承法案》和《任职法案》。其中，《权利法案》规定：不经议会同意，国王无权终止任何法律效力，不得终止议员在议会

---

① （法）让·雅克·卢梭：《论人类不平等的起源和基础》，高煜译，桂林：广西师范大学出版社，2002年。

② 阎照祥：《英国近代贵族体制研究》，北京：人民出版社，2006年，第19页。

中的发言权,不得征收赋税,不得招募和维持军队。《三年法案》使议会成为国家政权中的常设机构。《王位继承法案》则向世人表明:议会可以议立新君,从根本上动摇了君权神授说。① 近代后期,随着"议会至上"政治传统的逐渐稳固,开始由两大政党根据选举结果轮流组织责任内阁,多数党党魁理所当然成为内阁首相,取代国王,总揽内外事务。君主尽管仍是名义上的国家元首和政府首脑,但实际上仅剩下了被咨询权、鼓励权和警告权三种微不足道的权利,凡属于议会通过的法案,女王总是毫无例外地签署。② 英国王权的衰落虽非悬崖飞瀑,一泻而下,直接跌入谷底,却最终走向了有名无实的虚君制。

紧随国王之后,下一个被限制的是拥有特权的世袭贵族。英国贵族既有封闭性,又有开放性。一方面,国王为巩固权力,常以乡绅出身的亲信取代战死、绝嗣或被罢黜的旧臣,而当两党轮替、多数党领袖成为实际的政府首脑时,他们往往要求国王按照自己上报的名单,加封足够数量的新贵,以改变上院成分和党派力量对比,于是,资产阶级、自由职业者,甚至所谓的"无产者"都进入贵族队伍,加快了爵位流动,改变了贵族的内涵;另一方面,在重商主义、圈地运动、资本主义工商业强劲发展的浪潮中,部分贵族凭借实力,捷足先登,积极参与,自身也走上了资本主义化的道路。正如剑桥史学家 J. O. 林赛所说:"英国贵族和资产阶级相互渗透的程度使英国的社会状况看起来要比中欧和东欧的状况先进 150 年"。③ 英国议会约在 1341 年形成了两院制。凡有公侯伯子男爵号者,均可参与上院活动。下院议员则由选举产生,且人数较多,自认为更有资格代表人民,因而在征税及预算问题上,要求有更多的发言权和决定权,很早就出现了由下院"单独掌握钱袋子"的政治传统。到 19 世纪中后期,随着由下院多数党领袖组织责任内阁的制度的形成,上院权利向下院转移的趋势更加明显,终于使"议会至上"演变成了"下院至上",上院对下院议案的否决只具有拖延和试探性质。1911 年 8 月 18 日,一项更重要的议会法诞生了,它明确规定:凡下院通过的预算案,在闭会一个月前提交上院,而上院于一个月内未作修正或通过者,该法案就可以直接呈请国王批准,成为法令。其他公议案,经过下院连续三次会议通过,交上院被否决后,也可以直接呈请国王批准成为法

---

① 阎照祥:《英国近代贵族体制研究》,北京:人民出版社,2006 年,第 165 页。
② 阎照祥:《英国史》,北京:人民出版社,2003 年,第 319—320 页。
③ 转引自阎照祥:《英国近代贵族体制研究》,北京:人民出版社,2006 年,第 158 页。

律。如此一来，上院的余威便大大减弱，再也不能成为扼杀自由党或工党的有效工具，同时也大大降低了世袭贵族对于立法的兴趣和关注度。所以，1911年议会法的通过被视为英国议会史的转折点，也是不列颠上院贵族权利衰落的里程碑。同时，该议会法还确定了改造上院的总基调，即将来建立非世袭性的第二院来代替它。①

正因为存在贵族的流动和下院至上这样两个重要前提，加之党派、思想家的组织引领及群众运动的推波助澜，政府陆续制定并实施了一系列剥夺贵族的政策。比起欧洲大陆，英国贵族依照传统，必须缴纳直接税，且不得承包税收，原本经济特权就相对较少。1688年，分级人头税制出台，开始考虑不同等级群体收入上的差异，体现了贫富有别。而新设的一般资金体系则开征了三种税，即凡拥有物品、商品、货币和债权等资产的个人要按年利润上缴8%；雇员按年收入上缴5%；对所有的土地、房产、矿产和什一税收入征收5%的所得税，到1692年，又将所得税率提升为20%②，以后逐步形成了累进所得税。1894年，自由党内阁决定征收遗产税，最初税率只占拥有100万英镑以上家产者财产总量的8%，1909—1914年，已增加到15%，1919—1930年达到40%，1930—1934年，达到50%，1939年达到60%。③而工党艾德礼政府更将其提升到80%，因而被讥为"持刀劫掠"。④筹集不到款项者可以延期支付，但不能超过八年，还必须支付8%的欠税年息。1907年，阿斯奎斯政府制定的预算案又对年收入超过2000英镑的"非劳动所得"征收超额所得税。⑤上述措施对世袭土地贵族的打击是沉重的，但却依赖立法机构和法律程序缓慢推进，从而使任何人无法抗拒。《谷物法》废除后，欧洲、美洲、大洋洲的廉价粮食涌入，地租降至最低点。贵族入不敷出，不得不出售地产、庄园、宅第、家具和艺术品以换取现金应急，有的干脆将房子上缴，辟为博物馆或纪念馆。文官制度的改革和《秘密投票法案》的通过则打破了贵族对行政部门的垄断，削弱了他们对选举的操控力。于是，以大地产为标志的旧经济体制走向瓦解，原在金字塔上层的特权阶级坠落地平，失去了家财，失去了政治天地，也失去了社会自豪感。尽管

---

① 阎照祥：《英国近代贵族体制研究》，北京：人民出版社，2006年，第243页。
② 阎照祥：《英国近代贵族体制研究》，北京：人民出版社，2006年，第148页。
③ 阎照祥：《英国近代贵族体制研究》，北京：人民出版社，2006年，第248页。
④ 阎照祥：《英国近代贵族体制研究》，北京：人民出版社，2006年，第256页。
⑤ 阎照祥：《英国近代贵族体制研究》，北京：人民出版社，2006年，第240页。

上院仍是"伦敦最好的俱乐部",愿意参加会议的"积极贵族"却已为数不多了。鉴于此,1998 年 11 月 24 日,伊丽莎白女王驾临上院,宣布剥夺 759 名世袭贵族的议员席位和表决权①,为封建等级制度的终结正式举行了安魂礼。此后,不列颠虽仍有贵族,却仅是一种残余。他们可以翻阅家谱,展示族徽,陈述光辉的往事,而与之相伴的只有感慨、遗憾和叹息。作为等级制被废除的重要成果,成年男子的普选权和妇女选举权得以实现,以养老金制度、最低工资标准制度、国民医疗保健法、国民保险法为基本内容的福利国家得以建立;1903 年的《温德汉法令》将佃户购地借款的还贷时限延长到 68.5 年,利息降至 3.25%,政府还给予 12% 的补贴,加快了土地流转的速度,使佃户变为有独立经济的农民;工人生产条件、生活状况改善,劳资矛盾缓解;一场静悄悄的革命逐步成功。②虽不能说英国是一个平等社会,但消除等级、争取平等却代表了这个国家的前进方向。

英国的经验主义加上法国的理性主义汇成 18 世纪启蒙的全盛时期。③但两国虽仅一水之隔,法国却是欧洲大陆最强大的王国。独裁专制本已达于极点,百年战争以法国的胜利而告终,更使王权获得进一步抬升。贵族和国王站在一起,共同沉浸在声色犬马、花天酒地之中,三级会议形同虚设,穷兵黩武使国库被掏空,租税十分沉重,农民要将收入的五分之四交给王室、教会或老爷,特权者对无权者的侵害肆无忌惮,整个金字塔的重量都压在最下一层的基石上。不堪重负的人民试图自己起来,砸碎等级制的枷锁,于是就有 1789 年 7 月 14 日攻打巴士底狱的暴动和各地农奴焚烧劫掠主人宫堡的风潮。群众运动中涌现出来的革命领导者于 1789 年 8 月发表了《人权宣言》或者叫《人和公民权利的宣言》,正式写上了"人生而平等自由"这句话,喊出了时代的最强音。与英国式的渐进不同,法国是在不得已的情况下采用了"猛火炖肉"的办法,难免会做出夹生饭,经过雅各宾派专政、拿破仑战争、波旁王朝复辟和 1830 年革命、1848 年革命、1871 年革命,最后才使民主共和国巩固起来。虽然在相互残杀中付出数万人的生命代价,但是,农奴制和等级特权废除了,体现人权主义的宪法被确立,法制得到统一和改良,言论自由、出版自由、信教自由有了保障,

---

① 阎照祥:《英国近代贵族体制研究》,北京:人民出版社,2006 年,第 280 页。
② 阎照祥:《英国近代贵族体制研究》,北京:人民出版社,2006 年,第 249 页
③ 陈乐民:《欧洲文明十五讲》,北京:北京大学出版社,2004 年,第 149 页。

自由平等终于成为法国社会的主色调，即使复辟的君主也无法将其抹杀。更重要的是，拿破仑把法国革命的口号"自由、平等、博爱"传布于全欧洲。在他于滑铁卢败北以后，欧洲确曾一度出现了强烈的反动，然而，法国革命的精神却深深植根于各国人民心中，任何外在的压力都不能阻止其发芽展叶，旧式等级制的废除和社会风俗的改变已只是时间问题了。而以人类平等为基本原理的《拿破仑法典》不仅规范了法国的法制，后来也成为德、意、荷、比诸国纷纷效法的典范。①

美国的独立略早于法国大革命。最初的创建者主要是来自英国的知识精英、底层劳动者和冒险家，大部分属于清教徒。他们背井离乡，远涉重洋去冒险，本身就带有摆脱压迫性环境的冲动。到了新大陆才发现，再退回去已不可能了，只能组织起来，完全实行自治、民主的方式来管理自己，并用清教徒的道德规范相互约束。正如《五月花号宣言》所说：必须"通力合作，改善生活"。② 因为这个新生的国家没有旧的封建等级制的包袱，国民普遍处于中等水平，面对险恶的环境和英国对殖民地的压迫，共同利益远大于相抵触的利益，其领袖人物的脑子里又装满了培根、洛克经验主义一派的思想，所以，不仅《美国独立宣言》庄严宣称："人人生而平等。他们从他们的造物主那里被赋予了某些不可转让的权利，其中包括生命权、自由权和追求幸福的权利。为了保障这些权利，才在人们中间成立政府。"③ 而且联邦宪法明确禁止授予贵族头衔，禁止为各种形式的特权提供辩护④，反对在"自然和正义的利益之外制造差别"，即反对"通过赐予所有权、赏金和独占性的特权从而使富者更富，强者更强"。⑤ 为此，各州纷纷废除了长子继承制。⑥ 于是，平等成了政府应予尊奉的根本性原则的代名词⑦，"高度勤劳和能力"成了人群自然区分的基础⑧，政治平等、机会平等既使社会充满活力，也使成功人士获得声誉和尊重。来自苏格兰贫困织布工家庭的美国钢铁大王安德鲁·卡耐基曾在其著作的序中解释说：正是这个共和国

---

① 参考陈衡哲：《西洋史》下册，北京：中国大百科全书出版社，2011年，第303—347页。
② 陈乐民：《欧洲文明十五讲》，北京：北京大学出版社，2004年，第170页。
③ 陈乐民：《欧洲文明十五讲》，北京：北京大学出版社，2004年，第248页。
④ （英）J.R. 波尔：《美国平等的历程》，张聚国译，北京：商务印书馆，2007年，第45页。
⑤ （英）J.R. 波尔：《美国平等的历程》，张聚国译，北京：商务印书馆，2007年，第157页。
⑥ （英）J.R. 波尔：《美国平等的历程》，张聚国译，北京：商务印书馆，2007年，第121页。
⑦ （英）J.R. 波尔：《美国平等的历程》，张聚国译，北京：商务印书馆，2007年，第137页。
⑧ （英）J.R. 波尔：《美国平等的历程》，张聚国译，北京：商务印书馆，2007年，第40页。

"消除了他的母国在他出生时给他烙下的低人一等的耻辱印记,使他在伟大的法律面前和在他自我评价中能够与世上任何人平起平坐,无论他是教皇、皇帝、牧师还是国王——因此,他不是任何人的臣民,而是一个自由人,一个公民。"① 字里行间虽不免有溢美之词,但仍可以反映出美国比英国更平等。在安德鲁·杰克逊担任总统时,法国人阿列克西·德·托克维尔赴美考察后写道:"平等在每一天都会给每一个人带来许多小小的快乐。平等的魅力每一个时刻都能感受得到,每一个人都能获得……平等产生的激情一定既热烈又普遍。"② 大约晚于托克维尔三十年,英国人詹姆斯·布赖斯又论及美国人对待"他人成就"的现实主义态度,认为卓越可以"激发起人们的兴趣甚至敬意",但不会因此就感觉到"好像他是瓷器质地的,而自己只是陶器"。③ 正是这种"人人都是人"的强烈的平等观念在起作用,才形成了重视开拓进取、厌弃被动服从和逆来顺受的美国式的个人主义价值观,卑躬屈膝的体态语言在社会意识中受到普遍憎恶。④ 众所周知,平等虽然是美国政府的政治宣言和政策原则,但事实上却存在着主奴之间、不同族裔和宗教之间、男女之间及贫富之间的严重不平等。正因为如此,废奴运动、民权运动、女权运动及工人运动才充斥于美国史。一波接一波的抗争催生了若干宪法修正案和《向贫困宣战计划》等。通过这些法案和计划的实施,美国政府大体发挥了保障平等和利用权力均衡机会的作用。美国的各类平等问题在新闻报道中显得较为突出,恰恰说明平等在这里有着较高的被关注度。

启蒙运动使人走出了轻视自己、只知顺从上帝、顺从等级的中世纪,个人权利在争取平等的过程中获得发展,成为社会进步的原动力。18 世纪 60 年代至 19 世纪初,英国率先完成了工业革命,在国民生产总值中,农牧业所占的比重迅速下降,而工业产值则大幅度提高,1850 年,已占世界工业产值的 39%;商业贸易额占世界贸易总额的 35%。⑤ 欧洲紧紧追随,美国后来居上,俄国将都城从莫斯科迁到彼得堡,主动脱亚入欧,日本积极实行明治维新,成为在亚洲推进工业化、民主化的枢纽。由于一切生产工具都得到了迅速改进,交通变得空前便利,这些国家的资产阶级便将价格低廉的商品,当做"征服野蛮人最顽强

---

① (英)J. R. 波尔:《美国平等的历程》,张聚国译,北京:商务印书馆,2007 年,第 426 页。
② (英)J. R. 波尔:《美国平等的历程》,张聚国译,北京:商务印书馆,2007 年,第 124 页。
③ (英)J. R. 波尔:《美国平等的历程》,张聚国译,北京:商务印书馆,2007 年,第 425 页。
④ (英)J. R. 波尔:《美国平等的历程》,张聚国译,北京:商务印书馆,2007 年,第 31—32 页。
⑤ 阎照祥:《英国史》,北京:人民出版社,2003 年,第 255 页。

的仇外心理的重炮",占领大片的海外殖民地,使之成为自己的原料供应基地和商品倾销市场,并在那里建立新型生产关系和管理制度。由此,近代世界秩序得以定型,马克思、恩格斯在《共产党宣言》中将其归纳为"乡村屈服于城市","未开化和半开化的国家从属于文明的国家","农民的民族从属于资产阶级的民族","东方从属于西方"。① 不管感情上能否接受,也不管殖民统治曾经将多少"勤劳的宗法制的和平的社会组织"无情地"投入苦海"②,都必须承认,这一巨大历史现象的本质就是落后从属于先进,古代从属于近代。

中国历史上也不乏起义和抗争,但都与去等级化无关。改朝换代之类的大变局之后,出现的是新皇帝取代旧皇帝,新上司取代旧上司,新主子取代旧主子。政治制度仍是具有强烈别异功能的礼,政治理论仍是荀子的分论、维齐非齐论和董仲舒的王道三纲,权力的合法性仍然源自君权神授和政教合一,体现和强化等级的办法仍是"以财物为用,以贵贱为文,以多少为异,以隆杀为要"③,即用宫室、陵寝、冠服、器用等物质待遇和仪节来突显身份,作为地位和特权的标志。甚至官僚队伍的一元化多序列的复式品位结构,自唐代逐渐定型后,也几乎未变,始终大别于以"职"为基本要素、责权利高度统一的现代文官科层体制。④ 等级制度为皇帝和各级官僚显贵规定的特权既惊人的丰厚,又是一种"只取不予的非常权利"⑤,生活上可以奢靡无度,自不待言,他们又无时无刻不处在群下的服从谄媚和庄严威仪的包围之中,只要是个官,人们看他时,连眼神都不一样,久而久之,他们便会把一切荣耀和享受看成自己的"天然权利",再也舍不得丢给别人。所以,人的社会地位与对等级制的认可度成正比,地位越高,越要赞美等级制度,越要肯定礼。在现行政治体制中得到特定优惠的人,最害怕打破现状,也必然成为社会变改的最大阻力。

1840年,英国的炮舰打开了中国的大门,东方睡狮一觉醒来,才知道天朝之外,尚有西方文明。第一批睁眼看世界的人,或积极译介欧洲启蒙思想家的

---

① 马克思、恩格斯:《共产党宣言》,《马克思恩格斯选集》第一卷,北京:人民出版社,1972年,第255页。
② 马克思:《不列颠在印度的统治》,《马克思恩格斯选集》第二卷,北京:人民出版社,1972年,第67页。
③ (清)王先谦:《荀子集解》卷十三《礼论篇》,沈啸寰、王星贤点校,北京:中华书局,1988年。
④ 阎步克:《中国古代官阶制度引论》,北京:北京大学出版社,2010年,第211页。
⑤ 美国著名经济学家索尔斯坦·维布伦语。转引自刘绪贻:《中国的儒学统治》,北京:中国人民大学出版社,2006年,第4页。

著作，希望带进变改新风；或谋求推动清政府自上而下变法维新；而最高统治者却步步为营，始终不肯对他们寄生于其间的等级制痛下杀手。慈禧于戊戌变法、义和团运动失败后，迫不得已地宣称："世有万古不易之常经，无一成不变之治法……不易者三纲五常，昭然若日星之照世；可变者令甲令乙，不妨如琴瑟之改弦。"① 朝中重臣张之洞也说："夫不可变者，伦纪也，非法制也；圣道也，非械器也；心术也，非工艺也"，"所谓道本者，三纲四维是也。若并此弃之，法未行而大乱作矣"。② 死守着"中学为体，西学为用"这条线不肯逾越，就是因为他们只是想利用西方的科学技术来延续对自己有利的旧制度，压根儿不想真的将其彻底埋葬。至于为什么"三纲五常"是"道本"、是"圣道"、是"伦纪"，且"昭然如日星之照世"一样的"不可易"，他们认为这是"天之经，地之义"，完全用不着解释，解释了，反而有损其神圣性。但地方乡绅比较粗鄙，也比较率真，尚肯直抒胸臆。在湖南，《邵阳士民驱逐乱民樊锥告白》中就说："人人平等，权权平等，是无尊卑亲疏也。无尊卑，是无君也"。③ 试想，整个社会平等了，连国君都不在乎了，谁还把官绅当回事？所以，各级官员和皇亲国戚站在一起，都把平等二字视如洪水猛兽，恨入骨髓，深恐平等会把等级冲垮。而能够抵挡平等、民主、自由潮流的堤防，也只有这三纲五常了。肉食者紧紧抓住最后的稻草不放，葬送了中国与世界接轨的机遇。辛亥革命一起来，君主立宪的道路就再也走不通了，权力集中于金字塔尖的专制主义与以层级依附为特点的臣民主义死扭在一起，共同构成了中国的国粹。

1949 年，在中国共产党的领导下，搬掉了三座大山，"打倒了内外压迫者"，"中国人从此站立起来了"④，劳动人民社会地位获得大幅提升。但三大差别并未完全消除，新的阶层分化又凭借变化了的气候条件不断滋生。对此，每个有责任感的人都不能无动于衷。

平等不是平均。平等是相对的，不是绝对的。平等是指公民相互之间权利平等，不能指望生来能力都一样，因此，也就不可能使人在努力之后的结果上实现平等，运动员、歌唱家、律师、医生、工人、农民、保洁员或其他人，根

---

① 国家档案局明清档案部编：《义和团档案史料》下册，北京：中华书局，1959 年，第 914 页。
② 张之洞：《劝学篇》变法，郑州：中州古籍出版社，1998 年，第 133、135 页。
③ 苏舆编：《翼教丛编》卷五，上海：上海书店出版社，2002 年。
④ 《毛泽东文集》第五卷，北京：人民出版社，1996 年，第 344 页。

据各自服务于公众的水平和资历，得到不同的荣誉、名利和地位，常被视为理所当然。正是不平等的能力和努力在自由发挥后造成了不平等的结果，这才决定了不可能建立平等分配商品的制度，任何开放的社会都不可避免地存在贫富差别。同时，如何处理好平等和效率的关系，也早已成为世界政治理论界密切关注的重大课题。然而，更大的原则却是：人人都是人；人生而平等；后来的不平等都是人为的，或与环境条件有关，因而也是反自然的。国家的目标是实现正义，正义即平等地对待每一个人。这样做不仅是为了让不幸和弱势的人们也能在经济发展中获得相应的利益，更是为了调动全社会的潜能，争取进步和繁荣。平等的生活可以激发激情与活力，角色随时转换，大门向所有人敞开，可以产生意想不到的智慧与创造，国家发展的快慢实取决于它能在多大程度上促进个人机会平等。平等是一个伟大的目标，中国共产党十八次代表大会的政治报告庄严地将它纳入了二十四字社会主义核心价值观。平等没有终点，与已取得的成就相比，我们还有很多的地方没有做到。但是采取行动和不采取行动效果截然不同。只要我们坚定地把平等的程序当做立国的出发点和重要方法，我们就有可能在广大人口中造成一个近似的平等。